近世節用集史の研究

佐藤貴裕 著

武蔵野書院

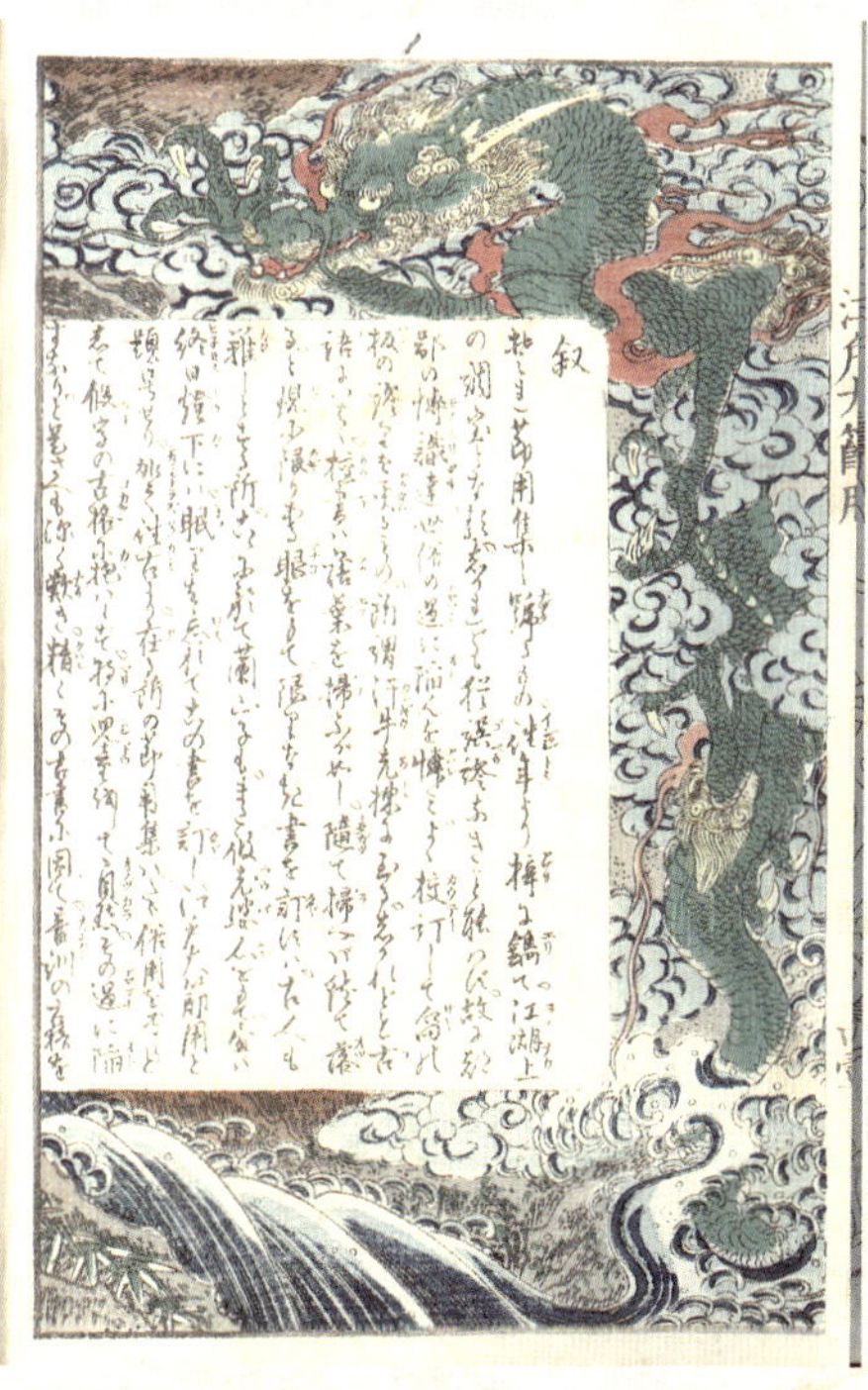

『江戸大節用海内蔵』 三都ではもっとも遅く大型本を刊行。叙にも錦絵がおごられる

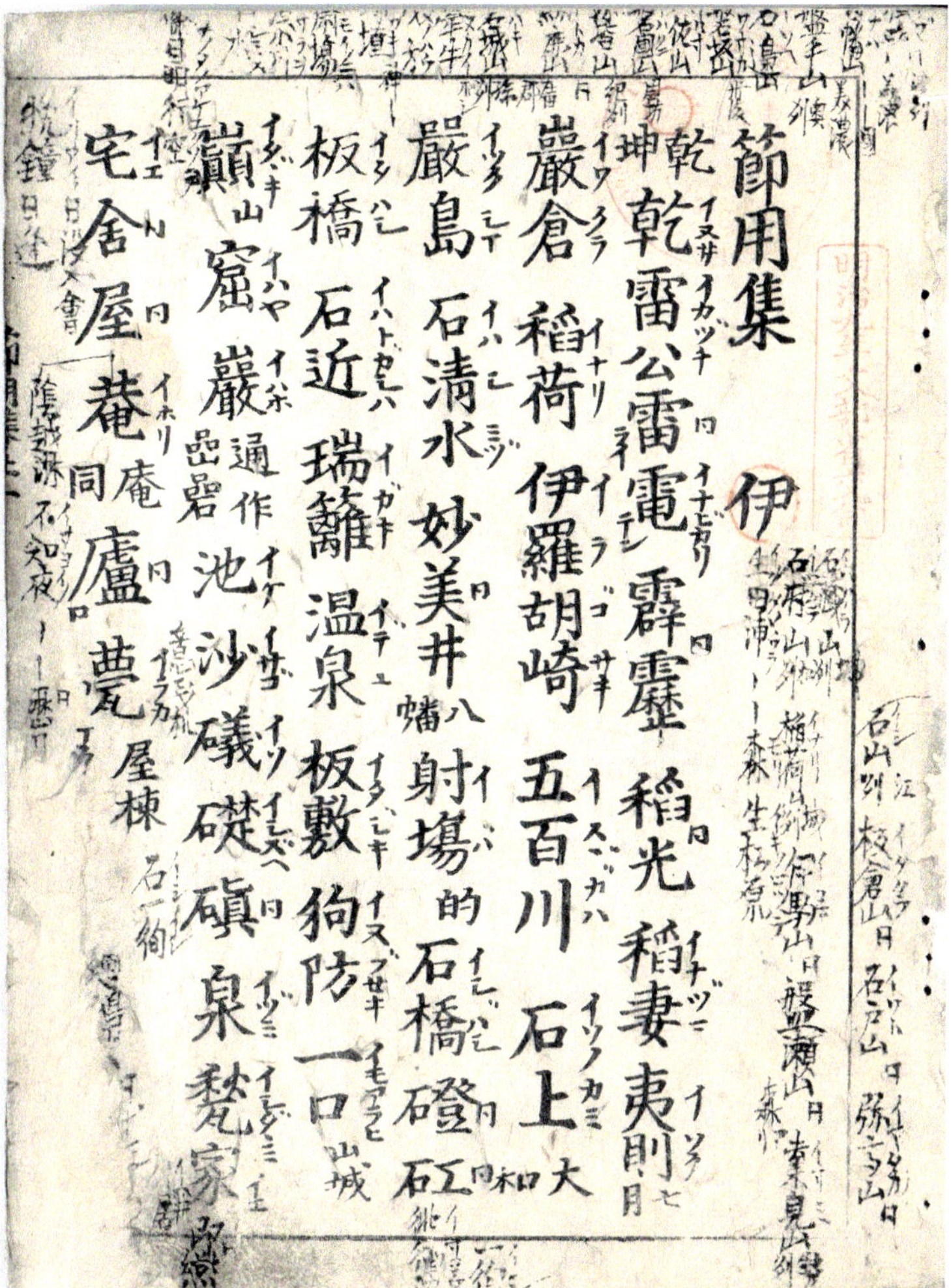

節用集　伊

乾坤　乾　雷公　雷電　霹靂　稲光　稲妻　夷則七月

巖倉　稲荷　伊羅胡崎　五百川　石上　大和

嚴島　石清水　妙美井　射場　的　石橋　磴　石工

板橋　石近　瑞籬　温泉　板敷　狗防　一口　山城

巓　窟　巖　通作　嵒碞　池　沙　礒　礎　磒　泉　甃　家

宅　舎　屋　菴　同庵　廬　甍　屋棟

口絵１　『節用集』易林本原刻（国立国会図書館蔵）

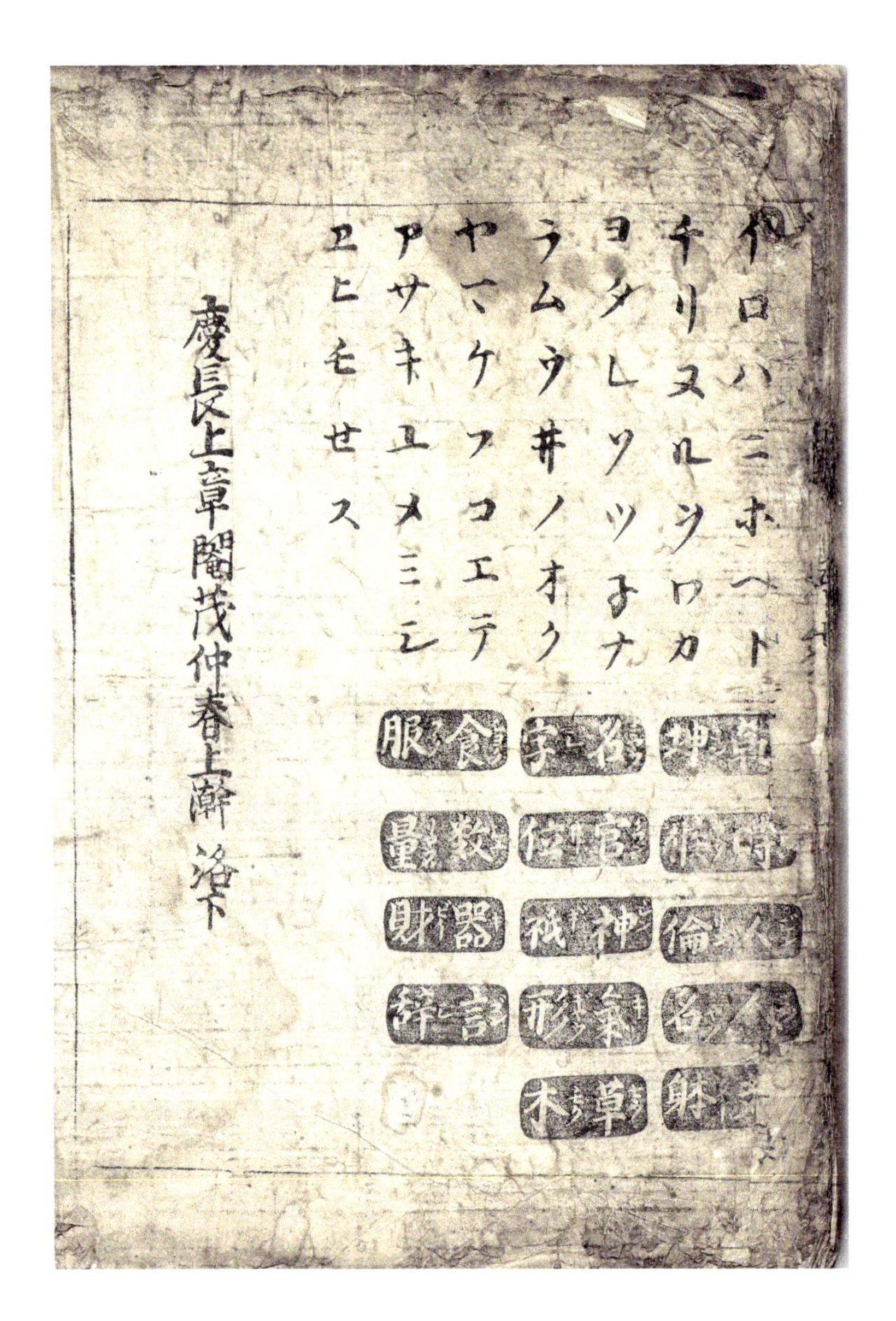

イロハニホヘト
チリヌルヲワカ
ヨタレソツネナ
ラムウヰノオク
ヤマケフコエテ
アサキユメミシ
ヱヒモセス

乾坤　名字　食服
時節　官位　数量
人倫　神祇　器財
人名　氣形　言辞
[illegible]　草木

慶長上章閹茂仲春上澣　洛下

口絵２　寿閑本『節用集』刊記

寿閑の名のないタイプ。イロハ・門名の一覧に注意。振り仮名も備わる。

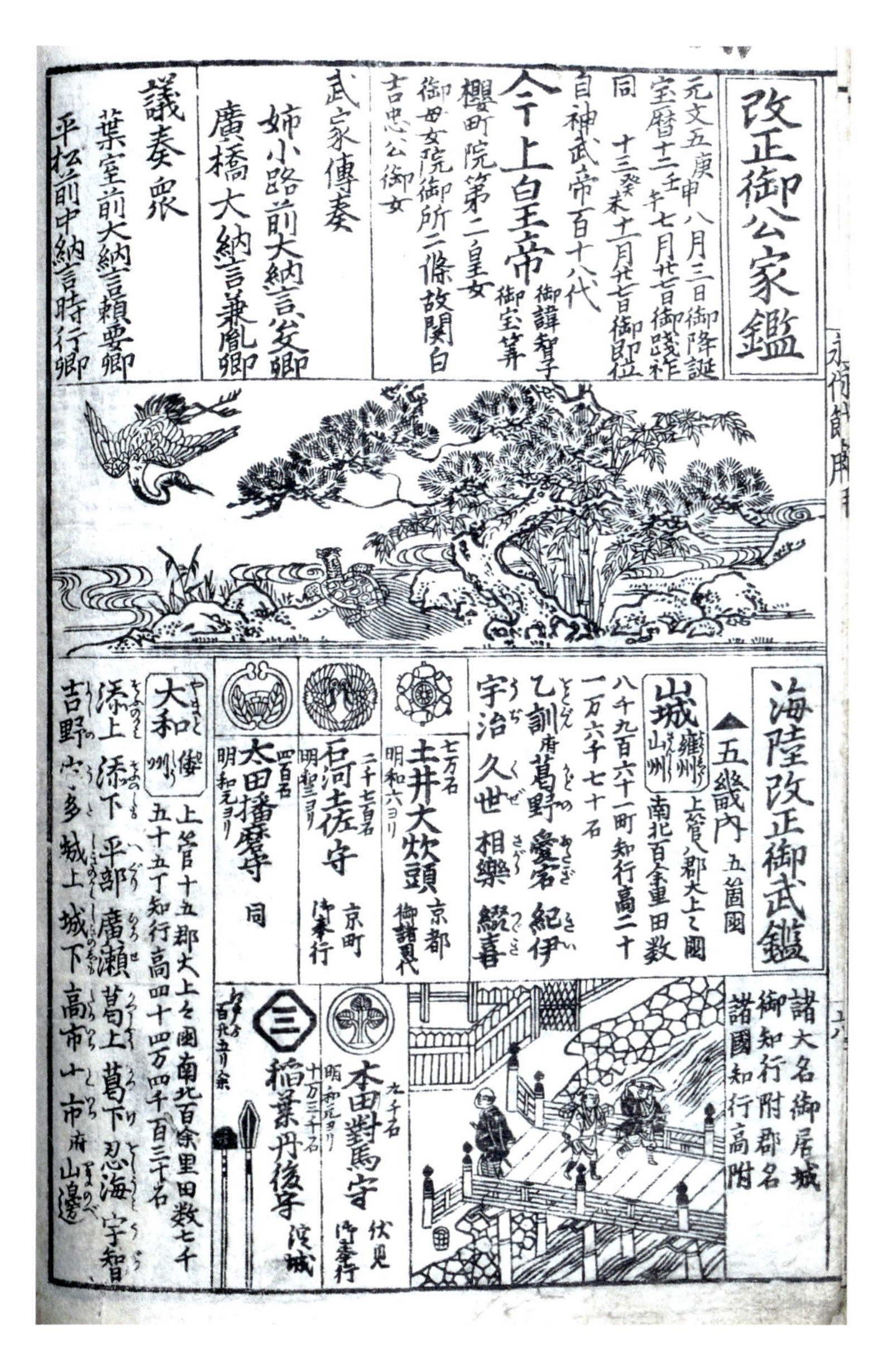
改正御公家鑑

元文五庚申八月三日御降誕
宝暦十二壬午七月廿日御践祚
同 十三癸未十一月廿七日御即位
自神武帝百十八代
今上皇帝 御諱智子 御宝算
櫻町院第二皇女
御母女院御所二條故関白
吉忠公御女

武家傳奏
姉小路前大納言公文卿
廣橋大納言兼胤卿

議奏衆
葉室前大納言頼要卿
平松前中納言時行卿

海陸改正御武鑑

五畿内 五箇國
山城 雍州 山州 上管八郡大上之國 南北百余里田数
八千九百六十一町 知行高二十
一万六千七十石
乙訓 葛野 愛宕 紀伊
宇治 久世 相樂 綴喜

七万石 明和六ヨリ
土井大炊頭 京都 御所司代

二千七百石 明和三ヨリ
石河土佐守 京町 御奉行

四百石 明和元ヨリ
太田播磨守 同

大和 倭 和州 上管十五郡大上之國南北百余里田数七千
五十五丁知行高四十四万四千百三十石
添上 添下 平部 廣瀬 葛上 葛下 忍海 宇智
吉野 宇多 城上 城下 高市 十市 山邊

諸大名御居城
御知行附郡名
諸國知行高附

本田對馬守 伏見 御奉行

稲葉丹後守 淀城

口絵3 『永代節用大全無尽蔵』

18世紀の節用集では日用教養記事が多数付録されていく。挿絵も豊富。

口絵４　『江戸大節用海内蔵』

現代の書籍・雑誌などのグラビアのような付加価値を与えるもののようである。

ふしひ
見ゝく
ちらぬ花
めつらし
雪咲
尾張
春のゝ
さくたぬ
富士乃芝山
千種有功卿

目にかゝ
あらやさぬ
五月富士
[illegible]

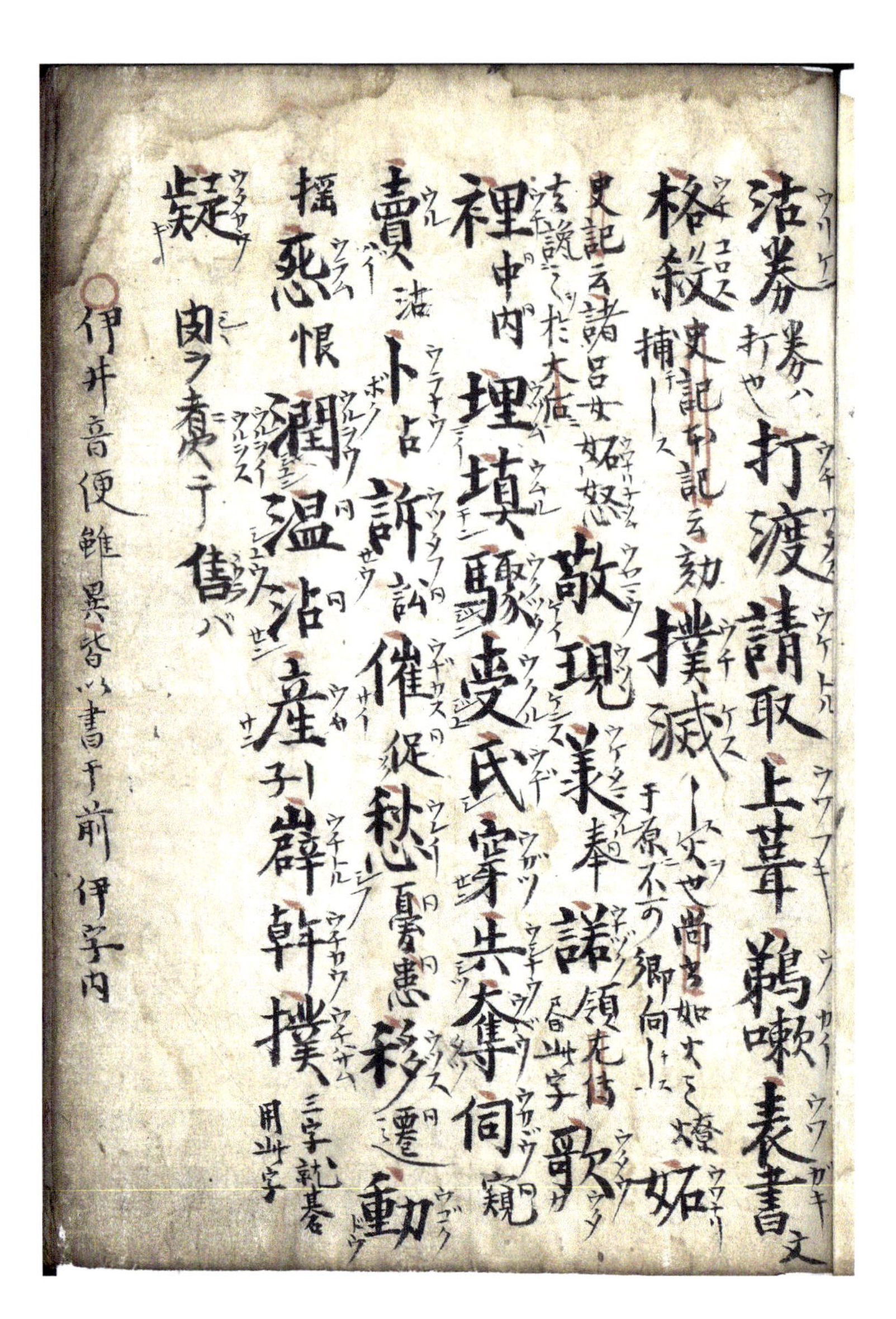

口絵5　古本節用集「是心本」

小泉吉永撮影。毎語に朱点。最終行に部を集約した旨の注あり。

近世節用集史の研究

まえがき

本書は、近世節用集の展開を跡づけ、その辞書史的意義を検討するための基礎的研究である。

節用集は、その誕生期である戦国・安土桃山時代にも相当数の写本がおこなわれており、近世においては営利出版により多様な異本を簇生させつつ、広範な利用者を獲得していった。それゆえに、時代時代の広範な言語生活に寄与したであろうこと、言語資料としての活性も獲得していたであろうことが容易に想定されるところであって、実際、国語史資料として活用されてきたところである。

ただ、なまじ原本が多数現存するためか、利用が容易であり、ために心理的な距離も近いこともあってか、古辞書としての史的展開や社会的位置づけについて承知されることがないままに利用されているように思われる。国語資料として決して円満な姿ではなかろう。

そのような現況を見るにつけても、節用集、ことに多彩な異本が生み出された近世節用集の展開を描いてみたいと思うにいたった。もちろん、その営みは、国語学的研究の側からみれば資料研究の一つとなるであろうし、辞書史的研究からも、近世における一大勢力の史的記述として一定の位置を与えられるものと思われる。

さて、近世の節用集史を描くと一口に言っても、節用集に対するアプローチに種々のものがあり得、節用集へのスタンスも多様に存しうる。また、検討をおえて一定の成果が得られれば、それを公開することになるが、そこでも、どのように示すかでいくつもの手法があることになる。たとえば、前著（佐藤二〇一七）では、近世の節用集のほとんどが営利出版によって世に問われたことに注目して、近世出版史との関係が深い事象や、出版史に軸足をおいた検討を行なったのであった。

したがって、逆に、ここでは、出版史の側面とかかわりの薄い事象を主にしたり、出版事情の現実とは一旦切り離して節用集を見つめるといったスタンスで、節用集史を描こうと思う。もちろん、出版事情との結び付きをまったく断ち切って論じることは不可能であり、最低限の関係については触れなければならず、事象によってはあえて出版史の諸状況を積極的に取り込んで検討する必要もでてくる。が、それでも、「辞書の歴史」としてイメージしやすい側面での検討を中心に史的展開を記述しようとするのである。

本書での記述のありようと方針の大要を記しておこう。

近世節用集史を記述するにあたって、まず、諸本の総体を捉える方法論と俯瞰法を示し、ついで節用集史を大きく変えたと考えられる事象に注目して時代区分を導きだし、さらに区分内の微妙な流れや大要では捨象されがちな細部について言及していくこととした。大局的・巨視的に捉えることを基礎・土台とし、これに、局部的・微視的に把握したことどもを載せていき、豊かな記述を目指すということになる。

近世節用集史の流れそれ自体のイメージとしていえば、一見、動いてすらいないように見える大きな海流のようなものと捉えられよう。もちろん、その表面では大きなうねりとして大気と接するわけであり、その段階をわれわれは見たり体験したりすることができる。その細部では、小波が立っていたり、波が砕けて流れが乱れていたり、あるいは泡でおおわれて淀むこともあるだろう。そのような、大小各部分における事象をできるだけ把握していき、事象間の関係のありようを有機的に記述し、最終的には組織だった流れを説明し尽くすことを目的としたい。

全体の構成は次のようになった。なお、各部での具体的な概要は、それぞれの最初に「導言」で触れた。

第一部・序論　論の前提となるスタンス・資料の扱いなど、基本的な態度・見つめ方などに触れていく。

第二部・総論　史的展開の大筋を捉えて提示する。本書の根幹となる部分である。

第三部・各論　枝葉に当たる部分や、裏側からの検討を行なうことで、実態に迫った記述とする。

第四部・展望　前三部の記述と研究の現況に照らしつつ、今後進むべき方向について見通しを述べる。

本書であつかう節用集の定義ないし範囲であるが、規定するのは簡単なようで困難である。たとえば、外形としてのイロハ・意義分類という特徴だけで規定するのでは、書籍の性格として隣接する他書と区分することがむずかしい。したがって、内容面での規定も必要になるが、これも単純ではない。一七世紀の諸本の多くは易林本の収載語を中心とするが、一七世紀末期ごろより動きがあり、古本節用集印度本の一本から増補したり（上田万年・橋本進吉 一九一六）、『多識編』・『字彙』・以呂波韻など他書との交渉も広くあり（米谷隆史 一九九二・一九九四・一九九七ａ）、世話字集のようなものとの関係も検討されている（古屋彰 一九七八）。また、日本語の字音語としての漢語だけではなく、正格な詩文で用いそうな用字を積極的に示す『大成正字通』（天明二年〈一七八二〉年刊）なども存する。こうした変容とともに、改編・増補のありようにも目配りした定義が必要になってきそうである。

結局のところ、少なくとも付録部分を除いた辞書本文については、その存在意義・本文系譜・改編増減・検索組織などの方面から規定することで、穏当な定義に近づくのではないかと思う。たとえば、つぎのａ～ｄのすべてを満たすものを節用集と規定することは許されよう。そして、それは、近世節用集に親しく接する研究者の脳裏にある、いわば最大公約数的な節用集像でもあろう。

a　主として、日本語で書記するための用字集・簡易国語辞典

b　主として、易林本『節用集』の所収語の系譜をひく

c　主要本文には、さまざまに増減・改編が加えられることがある

d　語頭の仮名書きのイロハ検索とともに、他の検索法をも交えて二重以上の検索組織をもつ

簡単に検証してみよう。唐話辞書は読むための辞書というべきものであるから、イロハ分類・意義分類が施されている場合でもａｂに抵触することにより節用集と見るにおよばない。ただ、既存の節用集に唐話を増補したものを節用集から排除しなくてよいのはｃの規定によることになる。

『下学集』・色葉集・語彙集型往来は、イロハ分類か意義分類かのいずれかで組織されるので、ｄにより節用集と見るにおよばない。また、意義分類だけを用いるものは、語義の連環・まとまりを尊重するという方針があることになる。仮にその下位分類としてイロハを採用したならば、語義のまとまりを切断することにもなるため、語彙集型往来などでは、むしろ積極的に二重検索を採ることがなかったとも考えられる。

以呂波韻は、イロハ・意義の二重検索をとるので、節用集と同様に使えることになる。が、本来の利用法は漢詩・聯句のためのものであるから、ａの観点により節用集と認めなくてよいものである。もちろん、韻書であるからｂにも抵触しよう。ただし、ｂのような本文を核とするものに以呂波韻より増補したものは節用集として認めてよいであろう。

また、『戯場節用集』『芝翫節用百戯通』などの疑似節用集も節用集には含めない。もちろん、擬する本体の盛行あればこそのパロディ本であるから、節用集史の論述のための参考・援用資料としては十分に注目してよいものである。

表記について

書名は内題を掲げた。内題が存しないものは題簽・表紙見返し・扉・序跋などから採ることとした。角書や割注は〔　〕に包んで示すのを原則とした。正確さを要する場合には／によって改行を示すことがある。

引用に際して、近世・近代のものの表記は、漢字は現行のものに改め、仮名遣いは元のままとした。句読点・鍵括弧などは私に補うことがある。現代のものは、原本のまま引用した。

検討する諸本について、おおむね佐藤の蔵本によるので所蔵者名の掲出を省略した。また、現存本が多いものについても同様である。ただし、版種・誤刻など細部を検討する場合は、このかぎりではない。

目次

第二部　総論——近世節用集史概観……65

第四部　展望――新たな課題へ

第一部　序論

導言

序論として、近世節用集の全体像を把握するための道具立てと実践を示した。三章からなるが、第一章が辞書史的記述の方法論、第二章が概観をめざした諸研究の紹介・検討、第三章が書名を手がかりとした諸本概観の具体例となっている。

第一章では、辞書史的な記述とは何かを意識した方法論と、それからする諸本へのスタンスについて述べた。まず、諸本の位置づけを捉える基礎として、検索法をはじめとする形式上の諸特徴と、本文系統上の位置づけとの二元的な把握が必要であるとした。また、近世節用集史の展開を大まかに記しながら、諸本間の興廃について記述していくために「対立と棲み分け」との説明原理を提案した。さらに、現存の確認できない異本への対処法に触れた。

第二章では、近世節用集史の記述につながる先行諸研究を概観した。これらについて予備知識を得つつ、正すべきは正し、補充すべきは補充していく必要を述べるが、まずは、節用集史の俯瞰の多様なスタンスが知られればと思う。なお、より広く節用集研究史の情報を得たい向きには、今後の課題を検討するために基礎的な整理をおこなった第四部第一章を参照されたい。

第三章では、書名を手がかりに諸本を俯瞰しようとした。他の二章とは色合いが変わるが、より実践的に節用集史を把握しておくことは、第二部以降の理解を助けるものと考え、序論に含めることとした。基礎資料は巻末付録「近世節用集一覧」（年次順）だが、これには、諸本ごとに収載語数・検索法などを注記してあるので、近世節用集の変容も知られる資料ともなっている。

第一章　視点・方法

はじめに

本章では、筆者の、節用集へのスタンスについて記すこととした。それは、個々の節用集を対象とする場合でもあり、相似た節用集群を対象とするものであり、さらには、近世節用集史の流れの捉え方に及ぶものでもある。

まず、諸書の、節用集中における位置づけを把握するために、検索法を主としつつも付録事項の有無、付録がある場合にはその分野・用途、判型といった、どちらかといえば形式・外形に関わる側面と、節用集研究の中核ともいえる本文の系統関係との（少なくとも）二方向から把握する必要があることを示した。いわば平面座標上に諸本をプロットする感覚での把握法である。

ついで、近世節用集の展開史の大まかな見取り図を示し、変容のありようについて「対立と棲み分け」との観点から説明することにより、諸本群の関係のありようを有機的に把握し、展開史記述の基礎とした。

以上が本章の主要部である。補論として、第四節は諸本の特徴をよりきめ細かく把握するためのケーススタディとし、第五節は死角とでもいうべき未確認書への対応案を提示した。

第一節　形式と系統

近世の節用集は、初期こそ易林本の改編本がおこなわれたものの、寛文年間（一六六一～一六七三）以降、収載語・用字を増補したものをはじめ、頭書（本文上欄）を導入したもの、教養記事を併載したもの、検索法を改めたものなど、種々の異本が生み出されていく。それらはまた、おびただしく刊行されもしたので、全体としては混沌としたもののように見える。したがって、研究にあっては、それらの諸本を腑分けすることからはじめることになる。その際、試みに、本文の系統や収載語の異同に関することがらと、検索法をはじめとする判型・書名・付録など形式的な側面との二方向から注目しようと思う。

このように二つの面から迫ることは、あまり意味をなさない場合もありえよう。たとえば、近世前期のもののように、本文系統もほぼ一つであり、検索法もイロハ・意義検索しかないような場合である。しかし、一方では、積極的に二面性を認めなければ位置づけられない異本もある。本文系統と検索法とにかぎれば、『三才全書誹林節用集』（元禄一三〈一七〇〇〉年刊）は、イロハ・意義検索という古本以来の検索法であるが、本文は意義・イロハ検索の『合類節用集』（延宝八〈一六八〇〉年刊）によるものである（小川武彦 一九八四）。また、早引節用集すなわちイロハ・仮名数検索の『〔宝暦新撰〕早引節用集』（宝暦二〈一七五二〉年刊）は、その本文をイロハ・意義検索の『蠡海節用集』（延享元〈一七四四〉年刊）に依拠するものである（第三章第七節）。また、『いろは節用集大成』（文化一三〈一八一六〉年序）も早引節用集の一本と把握されるべきものだが、その本文は意義・イロハ検索の『和漢音釈書言字考節用集』（享保二〈一七一七〉年刊）に依拠するのである。(1) これらを、仮に、本文の系譜にかかわる特徴を「系」、形式的な特徴を「型」と称するならば、それぞれつぎのように把握されるべきものとなろう。

『三才全書誹林節用集』　合類節用集系　従来型＝イロハ・意義検索
『〔宝暦新撰〕早引節用集』　蠡海節用集系　早引型＝イロハ・仮名数検索

『いろは節用集大成』　書言字考節用集系　早引派生型＝イロハ・仮名数・意義検索

従来、近世節用集が営利的に出版されたことは知られているが、その点を問題の核としてとりあげたり、商品的な側面に注目して諸本を位置付けるような試みは少なかったように思われる。今後、近世節用集を論ずるにあっては、このような視点を重視する必要があるものと思うが、そのためにも、一度は、本文の系統といった内容を重視する観点から切り離して、書肆の経営上の意向がより強くあらわれるような部分――検索法や体裁・付録類の質と多寡といった側面から見直すことが必要になってくるであろう。

たとえば、一八世紀初頭には、頭書（本文上欄）を二段とした「三階版」が現れ、そのプライオリティを節用集・百人一首などの分野別に切り分けて権利の分有をはかる紛議があった（佐藤　一九九五a）。また、一八世紀前半では節用集を教養全書・作法書と見る傾向がおこるが、これは日用教養付録などの営業政策面での工夫が深くあずかるところであろう（佐藤　一九九四b。第二部第二章）。また、一八世紀後半に新たな検索法が種々考案されるが、その原動力は、新規の工夫により版権を得て独占販売を目論む書肆の営業判断によるものである。そうした力は、新規さをねらうあまり有用性を度外視することまであるほどのものであった（佐藤　二〇〇〇a。第二部第三章）。このように、商品として見つめることで初めて了解される事象が少なくないことを認めなければ、近世社

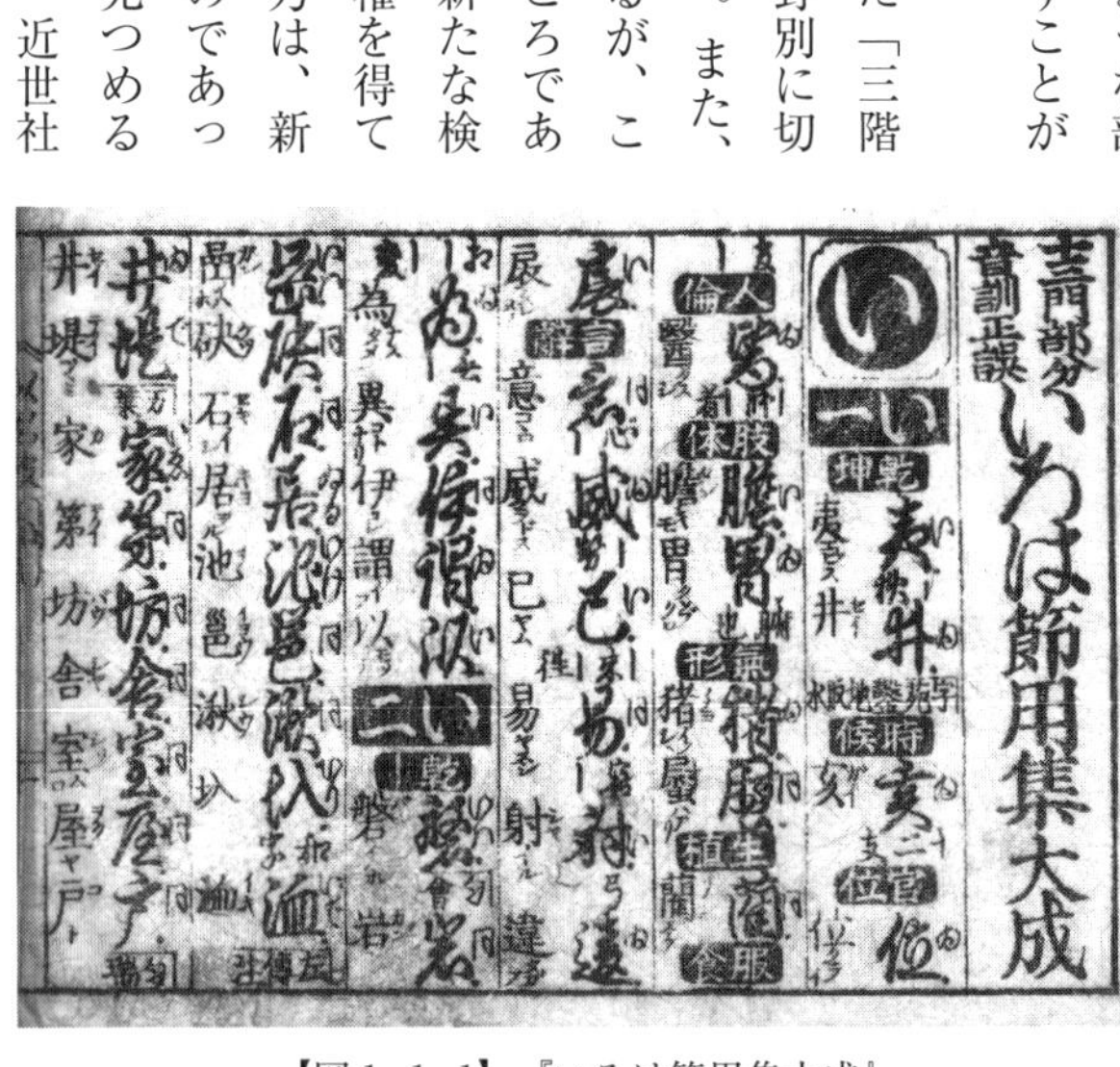

【図1-1-1】『いろは節用集大成』

会のなかに節用集を定位することは困難になるものと思われるのである。

第二節　展開概観

近世節用集をみると、多彩な書名・体裁・組織・レイアウトなど形式面に目がいきやすい。このことは、供給する書肆の側も同じだったのではなかろうか。購買者をひきつける工夫がもっとも効果を発揮するのは、やはり目のいきやすい形式面だからである。その著しい例が書名であろう。本書巻末付録「近世節用集一覧」を見れば、一八世紀以降、絢爛たる要素をまとった書名が目につくようになるが、これもそうした工夫の一環なのであろう。

その書名でもそうであるが、近世節用集を通覧すると、ある特徴ごとに年次上のまとまりがあることに気づく。こころみに図示すれば次のようになろう。注目した特徴は①から⑩までとなった。各項から直下に降ろした線は行なわれた時期のおおよそを示し、太さで量を示してみた[2]。

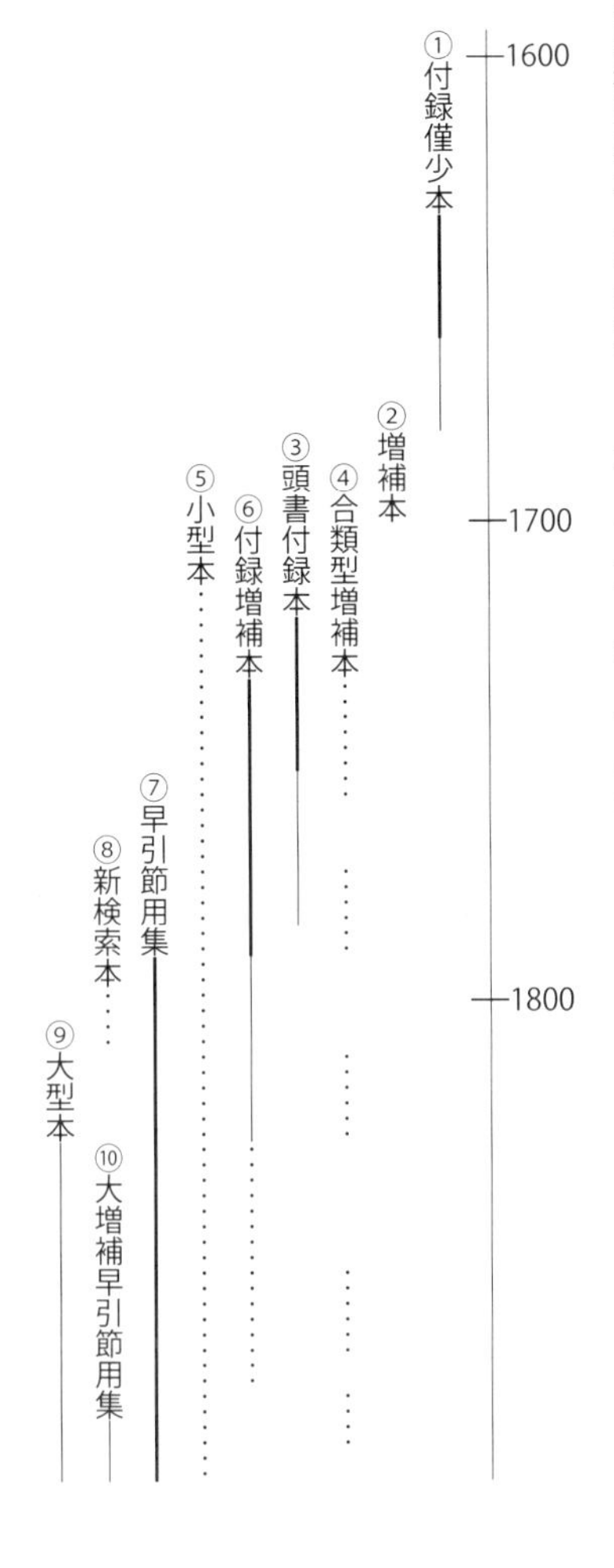

この一〇項に分けた理由や各項間の関係などを簡単に記しておこう。

①付録僅少本　③⑥に比して付録が著しく少なく、②④に比して語数も少ない。初期のものをのぞき、真草二体を示す。大本が多いが、初期には半切横本も行われた。例、易林本諸版・『節用集』（慶長一六〈一六一一〉年刊）・『二体節用集』（元和末・寛永ごろ刊）・『真草二行節用集』（寛永一五〈一六三八〉年刊）など。

②増補本　語数の多いもの。付録は少ない。真草二行表示。例、『真草二行節用集』（寛文二〈一六六二〉年刊）・『新刊節用集大全』（延宝八〈一六八〇〉年刊）・『広益二行節用集』（貞享三〈一六八六〉年刊）など。

③頭書付録本　頭書（本文上欄）に要語解説を掲載。語数は①に似るかやや劣る。真草二行表示。例、『頭書増補二行節用集』（寛文一〇〈一六七〇〉年刊）・『頭書大益節用集綱目』（元禄三〈一六九〇〉年刊）など。

④合類型増補本　意義・イロハ検索。語数は多く、注も詳しめだが、付録は少ない。頭書や真草二体を示すものは少ない。例、『合類節用集』（延宝八年刊）・『広益字尽重宝記綱目』（元禄六年刊）・『和漢音釈書言字考節用集』（享保二〈一七一七〉年刊）など。

⑤小型本　判型小さく、付録・語数とも少なく、行草体だけを示すものが多い。例、『真草増補節用集』（延宝三年刊）・『万倍節用字便』（享保四年刊）・『俳字節用集』（文政六〈一八二三〉年刊）など。

⑥付録増補本　③に日用教養記事を付録したもの。頭書の語注も同様の付録に代わられていく。また、付録が巻頭にも配されるようになる。原則として真草二体を示す。例、『大広益節用集』（元禄六年刊）・『大益字林節用不求人大成』（享保二年刊）・『永代節用大全無尽蔵』（宝暦二〈一七五二〉年刊）など。

⑦早引節用集　イロハ・仮名数検索。付録は少なく、半切以下の大きさ。例、『〔宝暦新撰〕早引節用集』（宝暦

二年刊）・『〈増字百倍〉早引節用集』（宝暦一〇年刊）・『大全早引節用集』（天明八〈一七八八〉年刊）など。

⑧新検索本　付録はわずかで、半切以下の小型な判型が多い。例、『早字二重鑑』（宝暦一二年刊）・『広益好文節用集』（明和八〈一七七一〉年刊）・『大成正字通』（天明二年刊）など。

⑨大型本　体裁は⑥に似るが、収載語・付録ともさらに増補した大部のもの。真草二体を表示。例、『都会節用百家通』（寛政一三〈一八〇一〉年刊）・『倭節用集悉改嚢』（文政元〈一八一八〉年刊）・『永代節用無尽蔵』（天保二〈一八三一〉年刊）・『江戸大節用海内蔵』（文久三〈一八六三〉年刊）など。

⑩大増補早引節用集　語数の多い早引節用集。意義分類も導入するものや、付録を大幅に増やしたものもある。例、『いろは節用集大成』（文化一三〈一八一六〉年序）・『〈早引〉万代節用集』（嘉永二〈一八四九〉年刊）・『〈増補音訓〉大全早引節用集』（嘉永四年刊）など。

諸本のまとめかたは右の一〇項に限らないし、こうした分類自体、どこかしら無理があるものである。たとえば、『新刊節用集大全』は②大増補本に属させたが、同類の他本にくらべて語注の多いことが特徴的であり、その点は④合類型大増補本に近いことになるなど、截然と分類することはなかなかに困難ではある。このようなことからあるいは、②と④を統合することも考えられ、ならば他にも③頭書付録本と⑥付録増補本を、さらには⑦早引節用集と⑩大増補早引節用集とを統合してもよさそうである。が、現段階では右のように一〇項目ほどに分類することが、大要の把握と諸特徴への注視のバランスがとれていると考えられる。

第三節　対立と棲み分け

近世節用集は、特徴ごとに右のようにまとめられるとして、それを示しただけで記述研究が終了するとは考えられない。これを出発点として諸特徴の消長を説明しなければならない。それをどのように行なうかが問題となる。

特徴の消長は、言い換えれば新旧交替であり、より言えば新・旧の対立と淘汰の結果であろう。したがって、より鋭く対立する特徴のペアを明らかにすることで、消長の要因をより的確に説明できることになる。たとえて言えば、語形交替を解釈するように消長を説明しようということである。語形変化の要因はさまざまだが、たとえば旧語形の不足不備を改めるために新語形が登場するタイプは、節用集において従来の特徴を超克するために新たな特徴が起こるのに似る。この場合、新語形の登場は旧語形の急速な廃語化をまねくが、節用集でも新特徴が旧特徴を駆逐することが考えられる。たとえば、①付録僅少本から③頭書付録本への、③頭書付録本から⑥付録増補本への推移によくあてはまりそうである。二つの関係とも、語数・検索法・判型の点で類似するので、付録の有無・ありようだけが鋭く対立することになり、それがそのまま①③諸本の衰微の要因と考えられるのである。

別途、語形変化には、新語形と旧語形とのあいだで意義差・用法差を構成したことにより、それぞれに新たな存在価値が生じた結果、併存することがある。これは、⑦早引節用集と⑨大型本の併存に比すことができる。それぞれの特徴をまとめると、次のような隔たりが顕著に認められる。

	検索法	付録	判型	語数
⑦早引節用集	イロハ・仮名数	僅少	美濃半切・三切	一～二万語程度
⑨大型本	イロハ・意義	日用教養・多	美濃判	二万語以上

⑦は、日用教養付録はほぼ存せず、検索法も簡明なものを採用するなど、辞書に徹したものとなっている。これに対して⑨は、付録内容が多岐にわたり、量も多いため、総合教養書というに近いものである。このように両者は相違点が多いため、対立項というよりも次元の異なった存在になっている。それぞれに固有の価値を持つことになるので

「棲み分け」の状態となり、長らく併存するか、交替があるにしても緩やかであることが推測される。

　このように、近世節用集の形式上の特徴は個々別々に生まれるような突発的なものはなく、先行する特徴と何らかの関係をもちつつ、存在するもののように思われる。

付録の様態など	語数少	語数多
付録僅少（古本的）	①	②④
付録僅少（辞書的）	⑤⑦⑧	⑩
頭書付録（要語補注）	③	
付録増補（日用教養記事・挿絵）	⑥	⑨（⑩）

　ただ、このような関係の存在に拘泥するあまり、他の消長の要因を見失ってはならないだろう。たとえば、先の図や右表からすると、①の語数の僅少さにあきたらず、②④の増補本が企画・刊行されたのであろうが、一部の例外をのぞけば、一八世紀以降には衰微してしまう。この要因として、本文語数の充実よりも、⑥の教養記事の付録の方が購買者にとって魅力だったことが考えられるが、一方では、②④の語数が多く大部なために売価も高くなり敬遠されがちだった、つまり、衰微の原因がそれ自体にあることも考えられるわけではある[3]。

　それはともあれ、まずは、対立と棲み分けの関係に注目することで、諸本の消長をより的確に説明できそうである。

　例示を重ねよう。先の図のように一七〇〇年前後には②（④）と⑥が現れるので、いずれは両者の特徴を兼ね備えた⑨大型本の登場することが予想される。これは一〇〇年後に刊行されるのだが、ここまで遅れた理由としては、②（④）が振るわなかったように、大型本が購買者から敬遠されがちだったことが考えられる。したがって、⑨が現れるという事態には、余程のきっかけなり刺激なりが必要だったことが容易に想像されるのである。その刺激の役を果たすのは⑦早引節用集なのだが、これは⑧新検索本を生み出す刺激ともなった強烈な存在である（第二部第三章）。このため、早引節用集の版元以外の書肆は、早引節用集とは次元の異なる本を生み出さざるをえなくなるが、その一つが⑨にあたると解釈できることになる。検索法は古本以来のイロハ・意義検索を採るものの、収載語と日用教養記事のさらなる増補により、棲み分けを選んだ（選ばされた）ということになろう。

一方、⑩大増補早引節用集は、対立か棲み分けかの判断がむずかしい存在である。それぞれ、対照すべき対象を決めかねるし、目的観なり志向性も見極めがたいからである。あえていえば、⑨の増補傾向が早引節用集にもおよんだということになろう（第二部第五章）。うわべだけを見れば、⑨への同調というか、付和雷同的な、単なる流行への対応のようにも見える。が、おそらくは、早引節用集のイロハ・仮名数検索が、節用集のスタンダードとして定着したことを示すのであろう。標準化すれば、対立するものは他にないことになるが、それだけに新たな動きである大型化という動態をそのまま取り込むことがありうる、ということなのではなかろうか。対立と棲み分けだけで説明しようとすれば⑩は例外的な存在となるが、それはすでに近世節用集の動態の説明原理からは離れた存在になったことを意味するのであろう。

このように、近世節用集の諸本が対立を基本として互いに関係しあうと捉えることは、有用性の高いアプローチであるように思われる。任意の諸本群間で、そのような関係の有無やありようを明らかにすることで、単に年次順に並べるだけにとどまらない、有機的な消長の説明と、それからする近世節用集の変遷の動的な把握が可能となり、近世節用集の記述研究が完成に近づきやすくなるものと思われるのである。

第四節　特徴の内部へ

これまでは、特徴ごとに分類した①～⑩の諸本間での問題を中心にみてきた。ついで、特徴の内部に目を向けてみたい。ここでは、④合類型大増補本と⑧新検索本を例に採りあげる。前者では、諸本群の内部でも対立と棲み分けの関係が認められることを、後者では細部の特徴をみることでより豊かな記述ができることを示したい。

〔一〕合類型の諸本の興廃

『合類節用集』は、一〇巻五〇〇丁におよぶ大部のもので、見出し表記は楷書である。当時の実用的な書体は行草書であり、節用集においても真草二体を示すのが普通になっていたので、『合類節用集』は規模・表記の点で一般性にとぼしく、敬遠されがちだったと思われる。が、やがて『鼇頭節用集大全』（貞享五〈一六八八〉年刊）が刊行される。真草二行表示となり、頭書をも備えるものであって、③頭書付録本の体裁をよそわせたものである。ついで刊行された『広益字尽重宝記綱目』（元禄六〈一六九三〉年刊）は、縮刷版というべきもので、行草書表記に改めたため、より受け入れられやすかったと考えられる（佐藤一九九四a・一九九五a）。これらは『合類節用集』の版元・村上勘兵衛とは異なる書肆が刊行したのだが、のちに村上が版権を支配することになる。

一方で、村上は、大型の『和漢音釈書言字考節用集』を刊行する。楷書表示で語数も多く、語によっては詳細な漢文注がつくものである。おそらく、当時の節用集の概念からはかけ離れた存在であったろう。『合類節用集』以上に敬遠されたであろうが、一方では、学術的色彩が濃く、随筆などにも援用されるほどの水準をもつものであった。

このように『合類節用集』は、その内容を受けつつも判型・書体・体裁の点で対立する異本と、内容の充実の点で対立する異本とに引き継がれたことになる。このため、『合類節用集』の存在価値は低下し、再版されることもなくなったと捉えることになろう。合類型の諸本間の検討から、先にみた対立と棲み分けの関係が特徴内の異本間においても適用できることが知られるのである。

〔二〕新検索本『大成正字通』

ついで⑧新検索本をとりあげる。ここでは特徴内のより小さな特徴に注目してみたい。

大坂の吉文字屋・堺屋は、イロハ・意義検索のほかに、濁音・長音・撥音をあらわす仮名の有無を利用する検索法を考案し、一連の節用集を刊行した。それだけでも十分に特徴的だが、さらに拗音・長音・四つ仮名などで多様な仮名表記がありえた諸語について、同一の読みとなる語を一箇所に集める工夫もなされている。一大流行を見る早引節用集でも、語を検索する際には「仮名で（正しく）書くこと」がまず求められるのとは対照的で、いかに先進的な試みがなされていたかがうかがえるのである。

『大成正字通』（天明二〈一七八二〉年刊）の「字のよみはじめ　字の繰出し様」では次のように例示する。

　　　くわう　　　　こうぢやう
光　こう　　口上　くわうぜう
　　かふ　　　　　かふじやう

かやうの字ハ「ク・コ・カ」いづれの部ニ有之候哉しれがたく候間、別に「こう」〔くわう／こう〕と申部を出し申候（＊陰刻は鍵括弧で包み、句読点を補った）

このような措置のために、イロハは単純に四四部を示すだけではなく、拗音・長音・四つ仮名などによる部が入りくむことになる。そこで、表紙および巻頭に「丁付合文」を付し、目当ての箇所を示すのである。一・二行めを示せば次のようである。通常のイが一の一、すなわち一巻の一丁めから始まるのは順当だが、イウは遠く六巻めに配され

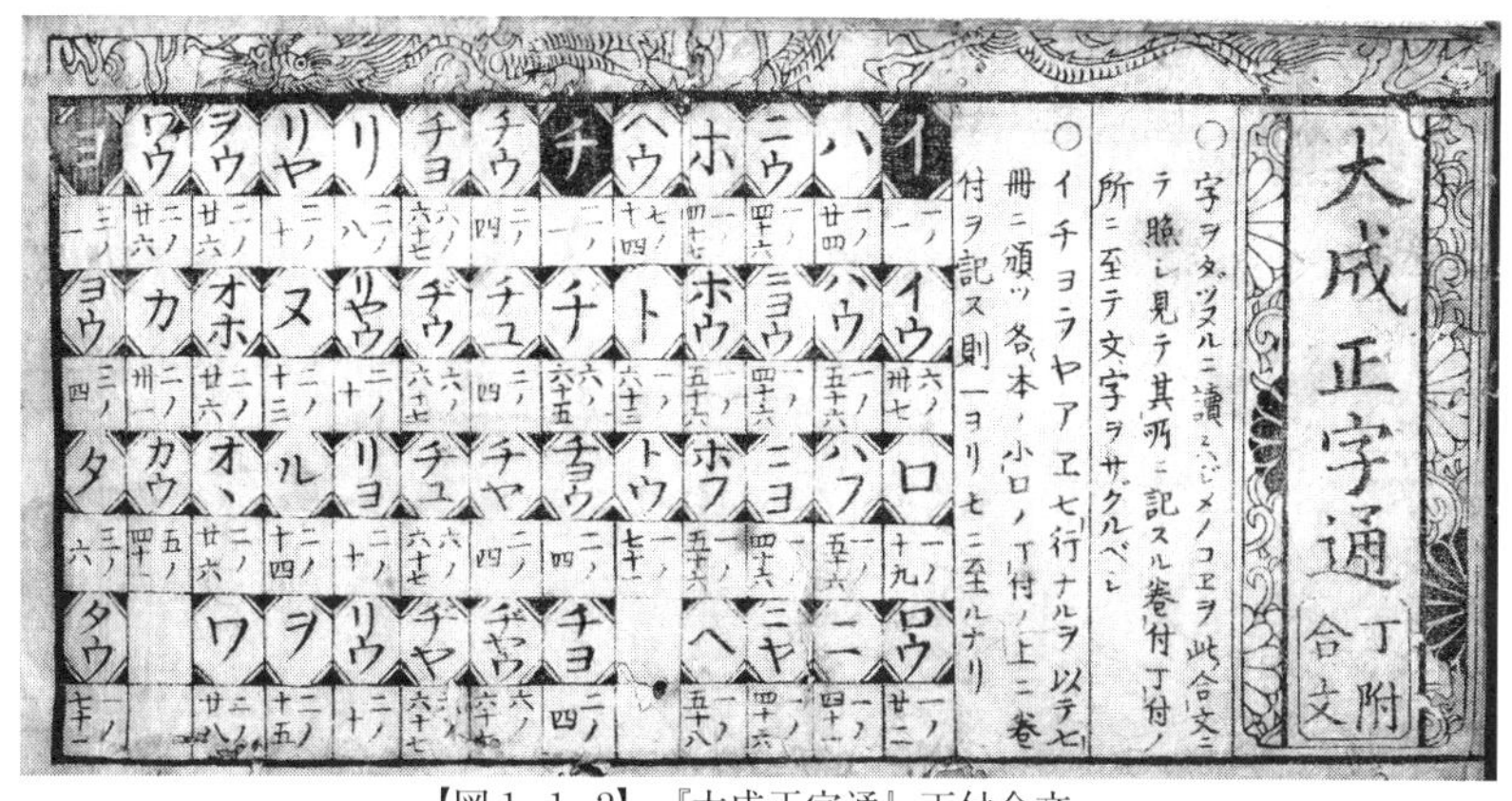
大成正字通　丁附合文

○字ヲタヅヌルニ讀ミハジメノコヱヲ此合文ニテ照シ見テ其所ニ記スル巻付丁付ノ所ニ至テ文字ヲサグルベシ

○イチヨラヤアヱ七行ナルヲ以テ七冊ニ須ツ各本ノ小口ノ丁付ノ上ニ巻付ヲ記ス則一ヨリ七ニ至ルナリ

【図1-1-2】『大成正字通』丁付合文

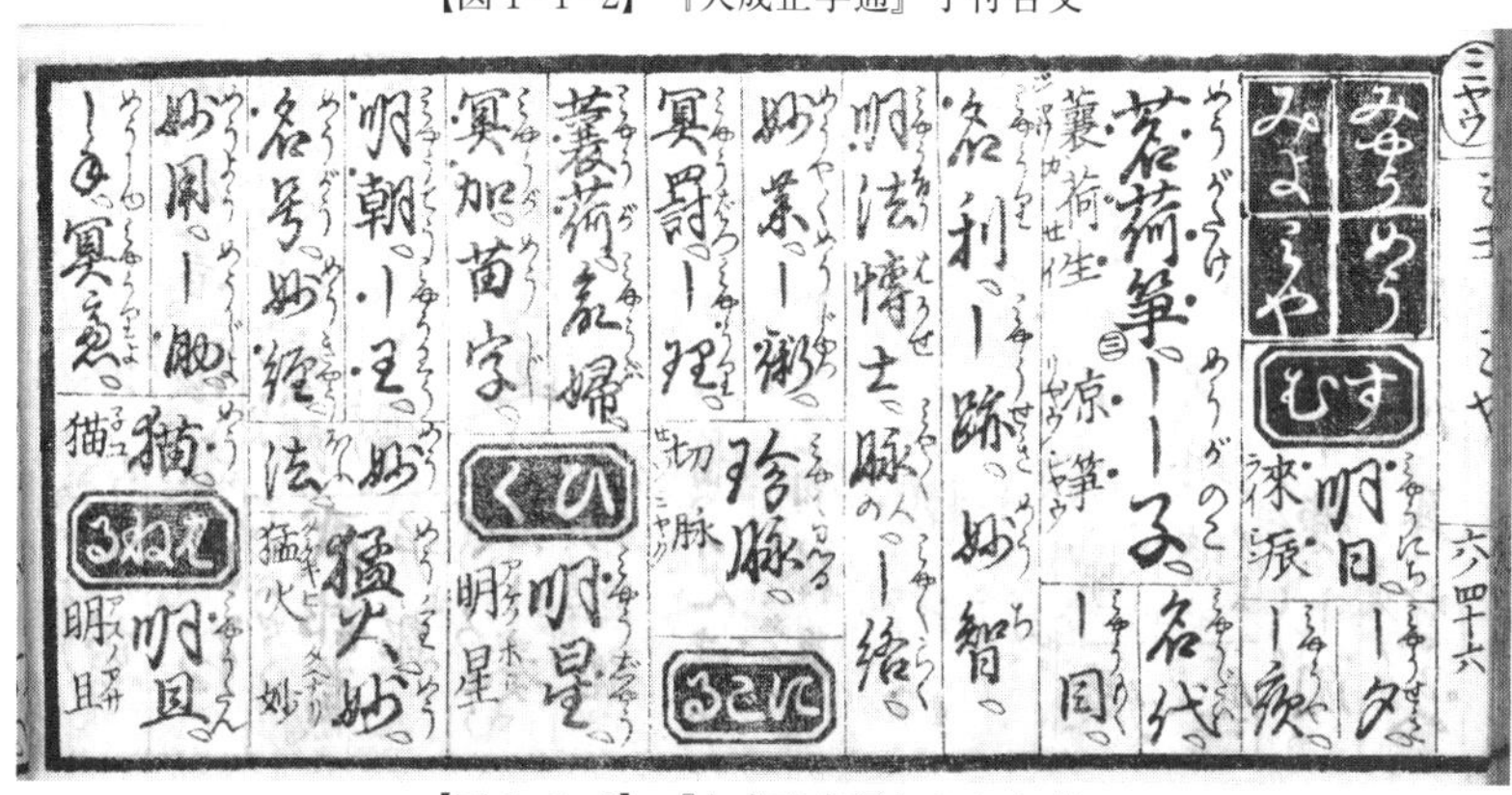
【図1-1-3】『大成正字通』ミヤウ部

るのである。一見して、通常の節用集とは異なることが知られよう。

イ一ノ一　イウ六ノ卅七　ロ一ノ十九　ロウ一ノ廿二　ハ一ノ廿四　ハウ一ノ五十六　ハフ一ノ五十六

これ以前の諸本でも丁付け目録を備えるものがあるが、それらは本文自体は、単に語頭のイロハ順に並ぶだけなので、さほど有用ではなかったであろう。が、変則的なイロハ順の『大成正字通』にあっては、丁付け合文は必須のものであり、その最初に「字ヲタヅヌルニ読ミハジメノコヱヲ此ノ合文ニテ照シ見テ其所ニ記スル巻付丁付ノ所ニ至テ文字ヲサグルベシ」とあるのも、見落としてはならない重要な注意書きなのである。

さらに丁付目録の効果をあげるためか、版心にも工夫が認められる。普通、版心の文字はその中央に配されるため、袋とじの折り目によって丁の表・裏に分かれる。が、『大成正字通』などの諸本では、文字を左寄りに配し、折り目を右寄りにして文字全体を見せるのである。[4] 二つの点で通常とは異なるので明らかに意図的にしたものと思われ、周到な工夫と評せるものである。

しかし、このために丁付けは見開き右端（丁裏）で確認することになる。やや不自然であるが、文字の偏心の方向を右に、折り目を左寄りにすれば丁表（見開き左端）に文字がくるので解決するし、その方が自然でもあろう。では、なぜ『大成正字通』では、見開き右端（丁裏）という不自然な配し方になったのだろうか。不自然だからこそ、編者なり書肆なりの意図が強く反映しているものと思われる。

実際に字を引くとき、ことに手の動きに注目してみたい。丁付合文で目当ての丁付けを確認し、それよりもやや多めの箇所に右手親指の腹をあてて開き、目当ての丁まで親指の力をぬいて丁を送る。一丁ずつ送ってもよいが、目当ての丁まで一度に過不足なく送ることができればなおよい。そのためには、開かれている丁の丁付けと送るべき丁の量（あるいは目当ての丁付け）を把握したうえで、親指の位置・力を加減することになる。このとき、丁付けが各丁裏右端にあるので、はじくべき丁の量と丁付けと親指の位置関係が一目で把握できることになる。つまり、視線の移動を最小限に抑えることになり、ひいては検索に集中できることにもなる。こうしてみると、版心文字の偏心はエルゴノミクスの領域に踏み込んだ考案であり、それを彫刻・製本の常識をまげてまで実現したことになる。高度で細心な配慮と英断の産物だったのである。

〔三〕新検索本の多彩さ

右のような推定を考え過ぎとする向きもあろうが、新検索本の多彩さをみれば、了解できるのではなかろうか。

一つは、『〔早引捷径〕画引節用集』であり、現存は確認されないが、意義・イロハ・片仮名総画数の順に引くものだったことが知られる[5]（高梨信博　一九九〇b）。漢字字典の画数検索から発想したものであろうか。

　此節用は日用取扱文字不残あつめ、門部分、傍に真字を付、引やうは片かなの画にて引べし。たとへば休の字を見るには、ヤスム合して六画と成る。言語門やノ部六画ニあり。又鱈の字を引ニはタラ五画と成る。気形門たノ部五画ニあり。いづれも此例に引べし。紙数を繰るニ及ばず、引字即席に出至て早し

当時、片仮名で日本語を書記することがどれほど一般的だったかに問題もあろうし、早引節用集のような仮名字数ならばともかく、片仮名画数となると片仮名をそらにかきながら検索することになろう。また、そのように一旦は片仮名で書かなければならないということは仮名遣が一定していない近世にあっては、やはり問題になる。語によっては、たとえばアハワ行のいずれの片仮名を採るかで総画数が異なるようなことが起こるからである。このように、片仮名総画数への着眼は目新しい反面、検索の有用性については不安が残るのである。『大成正字通』が刊行された時代とは、こうしたものまで考案され、実際に刊行された時代なのであった。

いま一つ紹介しよう。北田宣卿撰『〔類字新撰〕字引節用集』（安永二〈一七七三〉年刊）である[6]。本体はイロハ・意義検索の節用集だが、「熟辞挽」と称する工夫がある。これは、部首から漢字を検索し、ついでそれを頭字とする熟字（世話字・難字を多く含む）を引けるようにしたものである。「偏冠早見目録」（部首検索）の指示をたよりに「一字之部」で漢字をひき、そこで指示された箇所で熟字を引くことになる。この二つの目録にも工夫があり、「偏冠早見引様」にあるように、丁の表裏だけでなく行まで示す詳細さをほこる。

　下二ノ七　イ　かくのごとく右に丁付有バ二丁めの表の七くだりめといふ事なり

　上三十九ノ六　頁　かくのことく左に丁付有バ三十六丁めの裏の六くだりめの事なり

本文は、イロハ・意義検索の節用集の内部に熟字集を埋めこんだ形になっている。たとえば、キ部草木門の「木」を頭字とする部分は次のようである。

木耳。ー芙蓉。〔木瓜。木李。木履。木刀。木虱。木兎。木蓼。木舞。木屋。木実。木立。木口。木曽。木通。木犀。木香。（略）木欒子。木兎。木工頭。木目漬。木乃伊。木槵子。木綿襷。木綿付鳥。木蠹〕

割行部分が熟字検索に対応する本文になる。その配列は、部分的にイロハ順となるように見えるが、原則として読みや意義の別、あるいは漢字と読みの対応なども関係がないようなので、辞書としての完成度は低いようである。このような熟字検索は、部首から引かせることからも知られるように、漢字で表記された日本語を読むための工夫である。

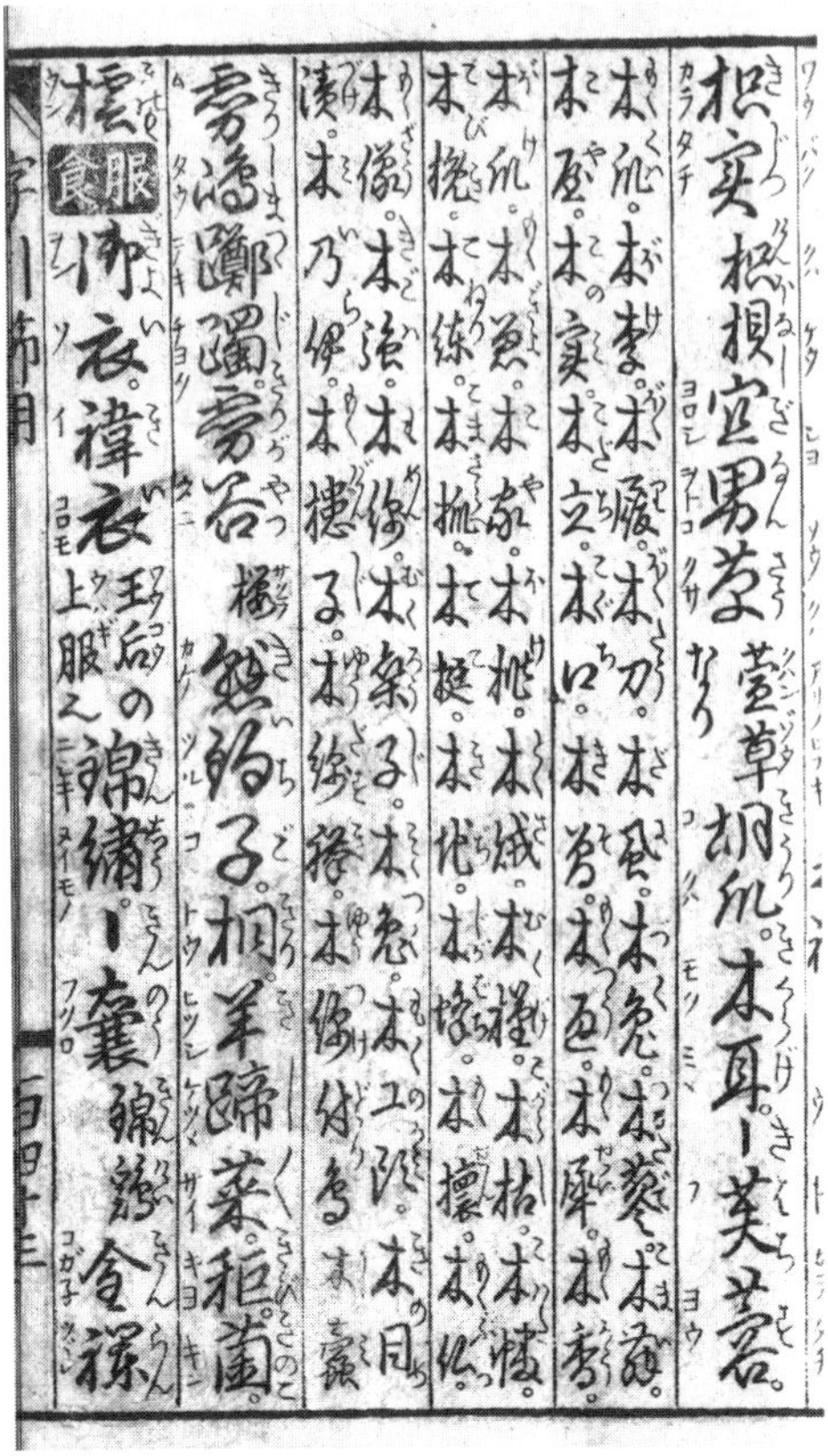

【図1-1-4】『〔類字新撰〕字引節用集』キ部草木門

今著ス所ハ訓音ヲ以字ヲ索ル而已ニアラズ、俗間通用ノ書翰証文等及ビ凡和流ノ草書ニ読ガタキ字アレバ其画ヲ以シ、又其筆法ノ似ヨルモノヲ以、速ニ能読事ヲ得セシム。

世話字・難字をはじめ、日本語の漢字表記を示す書籍は、節用集をはじめ何種類かあるわけだが、日本語で用いる漢字表記の読みを知るための語彙集はそう多くはない。その点だけでも、この「熟字挽」は価値のあるものと思われるが、さらにそれを節用集の本文に組み入れてしまったことが、斬新であり奇矯でもあろう。たしかに節用集と「熟字挽」は日本語の漢字表記を求める辞書なのだが、読みからするのと字形からするのとで、アプローチがまったく異なるからである。そうしたものを一書のなかで実現してしまった点で、本書は固有の位置を占めることになろう。[7]

このような『〔類字新撰〕字引節用集』は、新検索本に入るものではないが、いま、読むための辞書まで節用集本文に導入させた、当時の出版界の雰囲気や、版権を得るための考案の過熱ぶりを象徴するものとして採りあげた。これに、さまで有用性が高いとも見られなかった片仮名総画数まで検索対象とする『〔早引捷径〕画引節用集』が実際に刊行されたことを考え合わせるとき、先にみた『大成正字通』の版心文字の偏心をめぐる推測も単なる想像ではなく、やはり、編者・書肆たちが検索の便を考え抜いての措置だったと考えてよいように思われるのである。

第五節　未確認書への対応

「対立と棲み分け」によって近世節用集の諸本の興廃を描くには、諸本全体の概観図を可能なかぎり正確に作ることが必要であり、そのためには異本の発見につとめることも重要な作業となる。が、これには相当の労力がかかる。まず、どれほど未発見の本があるかわからず、際限がないということがある。この点、当時の書籍目録・広告・本屋仲間の記録類などにより、刊行の有無や、未発見書の内容の大概が知られることもある。が、これらの資料にも限界はある。書籍目録では刊行時期は大まかになるし、掲げられた書名も実際のものと小異することが少なくない。広告もやはり同様の短所があり、極端な例だが刊行されなかったことを証しうるものもある。[8] 本屋仲間の記録では、江戸の「割印帳」が「印刷本が行事に提出された時点で記載されたもの」（多治比郁夫 一九八四）なので、刊行年は正確に知られるが、享保一二（一七二七）年から文化一二（一八一五）年までしか現存しておらず、また、江戸仲間で売買された書籍に限られることになる。よく利用される大坂の「開板御願書扣」は開版免許の申請書類の写しなので、実際に刊行されたか否かや、正確な刊行年は知られないとみるべきものである。

そこで別に、版権（板株）に注目することが考えられる。近世的版権は、当該書籍のプライオリティを保証するものであり、取得するには他にない独自性を有することが必要だった。それだけに書肆にとっては重要な権利であるので、事が起これば記録類にも丁寧に記述されることが少なくない。

このおかげで、案件によっては、刊行に至らなかった本の存在まで知られることがある。たとえば、早引節用集の版元は、有用性の高い新検索本をつぎつぎに模倣書として刊行できないようにしていったが、本屋仲間の記録類は、出版にいたらなかったイロハ二重検索をはじめ、イロハ・五十音検索などの節用集が複数企画されていたことまで知らせてくれるのである。近世節用集の研究にとって、版権問題への注目とその根本資料である本屋仲間の記録類は欠かすことのできない資料ということができよう。

しかし、これにも限界がある。一つは、版権問題がおこらなければ、どのような点が版権の要点となる特徴なのかが分からないということがある。大坂本屋仲間の場合、板株台帳や開板御願書扣があるため、かなりのことが知られるが、それでも版権の要点が何であるかは記されておらず、京都・江戸の場合はそうした記録類すら残っていない。

二つめの難点は、版権の（概念の）確立時期が不明確なことである。制度としては元禄一一（一六九八）年に京都・大坂でそれぞれの町奉行に重版（無断複製）・類版（意匠盗用）の禁令を出させたことにはじまるとしてよく、江戸についても上方書肆の出店や販売をうけおう書肆を中心に上方の禁令に準じるようになったと見るのが妥当のようである。が、それ以前に出版されたものをもって版権を行使した例もある。

たとえば『合類節用集』ではいくつかの版権問題が認められるから、その刊行された延宝八（一六八〇）年まで版権の存在をさかのぼらせられよう（佐藤 一九九九）。それ以前では、記録に残されたものがないので現存書をたよりに推測するしかない。『頭書増補二行節用集』（寛文一〇〈一六七〇〉年刊）が頭書を導入したが、版権にまでいたったかどうかといえば両様が考えられる。まず、版権の要点は、節用集にかぎれば頭書の導入であり、後発の②大増補本や④合類型大増補本が原則として頭書を導入しないのは、これを版権と認めたために遠慮したものと考えることができる。しかし、頭書のある節用集はのちに種々の書肆から出版されるので、版権として確立していなかったとも見られるのである。

このように未確認の本については、当然のことながら、資料の限界をわきまえて扱わなければならない状況ではある。が、その限界も、資料類を活用してはじめて知られるものであろう。限界を理由に用いないのではなく、まずは、限界まで資料の有用性を引き出すことが肝要である。

おわりに

右に述べてきたのは、いくつかに群化しうる諸本群を認め、その諸本群間に有機的な関係をみつけだし、相互に史的意義を見いだしていくということであった。その基本的な考え方が「対立」と「棲み分け」なのだが、これは歴史学で言えば史観にあたるものとなろう。それだけに、人によっては容認できないとするものもあろうし、筆者自身も、必要以上に拘泥してはならないと考えている。よりよい見地が見いだされれば、それに従いたく思うし、それをまた見いだしていくのが本務とも考えている。

第四節では、諸本群の内部へ入り込み、その記述を行なおうとした。同じことは他の諸本群にも適用できることであり、どの群においても実施して、より詳細な記述につとめる必要があろう。その際、注意すべきは、⑥付録増補本であろう。第三部第七章でも一部触れるように、付録内容の異なりで⑥に属する節用集を複数購入したとおぼしい例もあるが、付録内容の差こそ、他書との差別化をはかるポイントであった。結果、多種多様な付録が他ジャンルの書籍からもたらされるのだが、そのために、付録記事をめぐる版権問題も多発したのであった（佐藤 一九九五ａ）。

このように⑥に属する諸本を検討するには、付録の差を的確に把握しなければ十全な記述は望めないことになろう。が、日用教養記事の知的分野は多様であるから、国語学の埒外の問題と取り組む可能性も容易に想像されるのだが、今後、考えていかねばならないことになろう。その方途については、改めて第四部第三章にて言及する部分がある。

注

（1）佐藤（一九八七・一九九二）・山田俊雄（一九九一）参照。なお、『和漢音釈書言字考節用集』と『いろは節用集大成』の改題再版本『［早引］永代節用集』（天保一四年刊）との対照索引に、Antelmo Severini,Carlo Puini（1875）がある。いち早く、『和漢音釈書言字考節用集』の改編本の存在に気付いていたものと思われる。

（2）厳密には市場占有率などを割り出すべきだが、その把握はほとんど不可能なので、筆者の印象を参考までに記した。

（3）④合類型増補本については別途検討を要しようか。たとえば、『合類節用集』の場合、収載語や用字の特殊性がしばしば指摘されるが、そうした内容面での特異性も購買者に敬遠されたことを考えておいてよい。が、いま、②と同じ特徴を重視して同趣のものと見ておく。また、同じく④の『和漢音釈書言字考節用集』についても別に解すべきで、幕末まで再版されるので衰微とは言いづらいが、再版のインターバルが長いので衰微しているようには見えよう。なお、幕末になってからは再版ペースが短くなる。

（4）類似の先例に楫取魚彦『古言梯』（明和二〈一七六五〉年刊）がある。柱題は版心中央に、部名は右（各丁表左端）に、丁付は左（各丁裏右端）に配する。なお、本文直前にかかげられた五十音図は、目録の機能も兼ね、丁付けが施されている。これは「あいうゐを」に丁付けを右左に配するが、それぞれ丁の表裏に対応する。なお、部名のみの偏心には『蠡海節用集』（延享元〈一七四四〉年刊）・『早引節用集』（宝暦二〈一七五二〉年刊）などがあり、いずれも版心左（各丁裏右端）へよせている。また、左右に部名を配したものに、早く『真草増補節用集』（延宝三〈一六七五〉年刊）がある（第三部第六章）。

（5）江戸本屋仲間の「割印帳」寛政四年一二月二五日割印分に「画引節用集」の名が見えるので、実際に刊行されたことが知られる。なお、改題本に『〔画引節用〕懐宝早字引』があり、大坂本屋仲間の「出勤帳」一八番享和元年五月一五・一六日に関連記事がある。米谷隆史氏蔵本には、角書の異なる『〔新撰捷径〕懐宝早字引』（刊記脱）があり、イロハ・意義・片仮名総画数検索となっている。あるいは『〔早引捷径〕画引節用集』も、実際に刊行されたものは、イロハを先に立てる検索法だったのかもしれない。

（6）早く山田忠雄（一九八一。五四ページ）に紹介がある。

（7）同趣の目的で編纂され、同様の引き方をするものに『扁引重宝字考選』（安永三〈一七七四〉年刊）がある。これは独立した一冊の書籍であって、『〔類字新撰〕字引節用集』のように節用集本文へ熟字引本文を組み入れることはない。ただ、現存書を見ると『合類節用集』の改編本『大広益字尽重宝記綱目』と合冊されているものが多いので、発想ないし書肆の心づもりとしては、節用集と対になる存在として意識されていたようである。その点では、『〔類字新撰〕字引節用集』と通じよう。

（8）天明元（一七八一）年以降の早引節用集諸本には、「安見節用集・二字引節用集・五音引節用集」と称する新検索本の内容紹介つきの広告が見えるが、実は、この三本を早引節用集の版元は刊行できなかった。第二部第三章で触れるように、言語門において二字めの仮名をイロハ順に並べる『新増節用無量蔵』への遠慮があったためと考えられるが、裁判・示談各件の費用は早引節用集の版元が負担したようである（少なくとも『新増節用無量蔵』の版元に請求した確証はない）。これも早引節用集の版権（というより売れ行きか）を守るための必要経費ということなのであろう。

第二章　節用集史の記述のために

はじめに

近世節用集のありようを俯瞰的に描こうとする試みは、必ずしも組織的なものではないが、結果として重層的・多角的になされてきている。本章では、そうした営みを紹介しつつ、筆者なりの位置づけをほどこすこととした。こうした作業は、国語学においても細分化が進んでいるので、一分科のありようを整理して示すことにもなり、益するところがあるかと思われる。また、何より、現在までの研究状況を確認・点検する意味があり、忘れられている視点・分野を発見する手がかりにもなるかと思われる。

第一節　概略の説明

近世節用集のありようを知るには、まずは概括的な解説に依るのが効率的である。ただし、百科事典などでは古本節用集が中心になりがちで、近世節用集は十分な解説がなされないことが多い。したがって、より専門性の高い事典類、たとえば、佐藤喜代治編『国語学研究事典』『漢字百科大事典』『日本語学研究事典』、国語学会編『国語学大辞典』、日本語学会編『日本語学大辞典』、沖森卓也ほか編『日本辞書辞典』、西崎亨編『日本古辞書を学ぶ人のために』などの記述に依ることになる。もちろん、これらの事典類にあっても、書き手のスタンスによって捉え方・叙述法が変わるので、複数の記述を相照らしてみることが必要である。

ついで、論文ほどの長さで概説を試みたものに依ることになる。

佐藤貴裕（一九九三）「書くための辞書・節用集の展開」

佐藤貴裕（一九九六）「近世節用集の記述研究への視点」（第一部第一章（改稿））

久保田篤（二〇〇〇）「近世の節用集について」

菊田紀郎（二〇〇四）「近世節用集」

佐藤貴裕（二〇一一）「節用集と近世社会」

柏原司郎（二〇一二）「第一部　研究篇」（『近世の国語辞書　節用集の付録』）

やはりこれらも、書き手のスタンスや執筆意図により、それぞれに特徴的である。

たとえば、同じ佐藤のものでも、佐藤（一九九三）では、文献にあらわれた近世節用集の利用例を紹介しつつ、一八世紀後半での検索法の考案に焦点をあてて近代までを概括的に扱うが、佐藤（一九九六）では近世節用集諸本の規模・体裁・検索法などから見取り図を提示しつつ、近世節用集の展開史を「対立と棲み分け」によって説明しようとの主張があるものである。また、佐藤（二〇一一）は、節用集を送り出す書肆・出版を重視した展開史と、節用集利用の諸相について具体例を通して述べ、言語生活史的研究の重要性を訴えている。

久保田（二〇〇〇）は、先行研究をよく渉猟し、時期ごとの代表的な節用集に触れつつ要点を述べていくもので、具体性と概括性のバランスがよい。特徴ごとの諸本一覧表は展開史の俯瞰に便利で、「近世節用集関係参考文献」も網羅性が高い。菊田（二〇〇四）は、「近代日本語研究」とのテーマ特集論文であるため、節用集の具体例を引きつつ、どのような点が近代語（近古二分観による近代語）研究に資するかを重点的に説いている。柏原（二〇一二）は、

B五判九〇ページにおよぶ概説である。多方面にわたる先行研究を吟味・紹介しつつ、是非の判断を示しているのは評価できる。が、先行研究の渉猟が十分ではないなど、注意すべき点がないではない（佐藤 二〇一四b）。叙述が一見散漫な印象を与えもするが、それは大部のものであることと、自由闊達な視点から説く傾向があるためであろう。

右の諸論文は、どれか一つを軸にすることはよいとしても、一つに限定し依拠しきって近世節用集を捉えるべきものではない。やはり、複数のものを読み合わせる必要がある。

第二節　『〔開版〕節用集〔分類〕目録』

より直接的に俯瞰するには、山田忠雄編（一九六一）『〔開版〕節用集〔分類〕目録』の通覧と熟読が欠かせない。

〔一〕その特質と価値

山田蔵書と亀田次郎旧蔵書を中心とする三四〇本の調査結果をまとめたものだが、亀田旧蔵書については国立国会図書館（一九五五）・同整理部（一九六〇）などの目録があったが、近世節用集は三類型にまとめられるだけであった。が、山田（一九六一）では、はるかに詳細な分類を試みており、諸本の書誌情報も豊富かつ実際的であって、書名（内題を原則とする）・刊年・行数・体裁（付訓仮名の種類など）・丁数（丁飛ばしも明記）・刊行者・備考などが記載される。

備考では、たとえば『頭書大益節用集綱目』の項では「十三門ナルモ官苗（官位）倫名（人倫）等ノ新名目ヲ用ヒ、順序ヲ改メタリ」と簡潔に記されるのだが、新たな門名を用いたとの情報はさておき、「順序ヲ改メタリ」がこの際重要である。というのは、それまでの節用集では、イロハ各部の下位分類である門（意義範疇）の配列順が各部ごとに一定しないのが通例であった。もちろん、各部が乾坤門からはじまり、言語門に終わるといった原則のようなものはあり、このほかの門でも、時候門・神祇門は各部前半に、人倫門・肢体門はこの順に隣接するといった傾向は認められる。が、逐一部ごとに見ていけば、一定の配列順には決していないのである。そのようななか、『頭書大益節用集綱目』では、各部での門の配列を一定にしたというのが「順序ヲ改メタリ」に込められた意図なのである。(2)

このような指摘は検索法の歴史を論じるうえで貴重な情報なのだが、通常の書誌的な目録では望みえないところであり、辞書史学の目をもったものの手になる目録として山田(一九六一)は固有の価値を持つものと思われるのである。(3)

〔二〕形態による諸本分類

山田(一九六一)では、諸本の詳細な分類が注目される。巻頭の「分類基準表」から主要部を略記すれば次のようである。(4) いま、段の上げ下げを分類枠の大小と捉え、それぞれに記号を与えて読み取りやすくしてみた。

A　二体ナラザル　モノ

B　本文行体ノ　左傍ニ　真ヲ　小書キセル　モノ

①〜⑦（冒頭の語群の相違で細分）

C　大改変ヲ　クハヘタル　モノ

①　い部乾坤門ガ　「乾」以外デ　ハジマル　モノ

甲〜丙（冒頭語「陰陽・伊勢・靄雲」により細分）

②　乾坤門ノ　次ニ　言語門ヲ　オク　モノ

③　乾坤門ノ　前ニ　言語門ヲ　オク　モノ

④　いろは各部内ノ　第二分類ガ　意義分類ニ　ヨラナイ　モノ

甲　すむ・にごる・ひく・はねるデ　ワケル　モノ

乙　偶数音節・奇数音節デ　ワケル　モノ

丙　音数順ニ　ヨル　モノ〔早引節用集〕

a～f（冒頭字「位・伊・以・夷・圯・意」により細分）

⑤　いろはヲ　意義分類ノ　下位ニ　オキタル　モノ

⑥　第二音節マデ　いろは引ヲ　クリカヘシタル　モノ

このような形で整理することで、ほぼすべての近世節用集が把握できることになる。さらに、段下げに注意すれば、山田の脳裏にある展開・派生関係がうかがえるのかもしれない。たとえば、C②とC③を隣り合わせたのは、各部における言語門の位置をより前方に寄せていることに類似を見るのであろうが、C③とC④が隣り合うのは、C④の諸本（甲～丙）も、やはり言語門（相当語）を各部の初めに配する点などに共通性を見いだしたからであり、さらにはC③の諸本の中からC④諸本（甲～丙）への派生を想定しているのかもしれない。

〔三〕分類法の偏り

一方では、山田（一九六二）の分類法に偏りのあることは知っておきたい。たとえば、B⑥類「乾　陰陽デ　ハジマル　モノ」については、冒頭語群の語・語順や最終語（ス部言語門）などの相違を手がかりに、実に四六類型に細分している。注力のさまがしのばれるわけだが、逆に、B②類「乾　雷公　雷　霹靂　電　稲光デ　ハジマル　モノ」では六三本を一類型に収めてしまっている。B②類には『真草二行節用集』（寛文二年刊。同五年再版）のように「永禄十一年本（印度本、弘治二年本類の中）の如き異本を以て従来の本に増訂を加へたもので、「ゐ」「お」の両部を「い」「を」に併せ」（上田・橋本 一九一六）るなど、本文系統や組織の上で大きく改編されたものがあるにもかかわらず、である。一方では、こうした例外を除けば、B②類諸本間の異なりは大きくはない。ただ、さまざまな相違があることは、柏原司郎・木村秀次・菊田紀郎・高梨信博・佐藤らによって検討されつつある。

右の『真草二行節用集』（寛文五年版）では、備考欄に冒頭語が別途追記されているので救われているが、山田（一九六二）の分類規則の一つである「冒頭語群の差異に注目した分類」が機能しない場合もある。冒頭部に注目するのは、上田・橋本（一九一六）による古本節用集の三分類を意識してのことであろう。ただし、古本節用集において「伊勢・印度・乾」の三類型に分かつのが有効であるのは、それが本文の改編と同期しているからである。「伊勢」などの旧国名を巻末にまわす改編を受けて「印度」が冒頭に繰りあがり、さらにイロハ四七部立てにして「印度」を廾部に移したために「乾」が冒頭に繰りあがったと推定されるのであった。このような連動の事実が、山田（一九六二）では検証されないまま、冒頭部の異同のみから分類しているように思われる。

同じことはC④丙（＝早引節用集）の下位分類にもあてはまる。たとえば「意」を冒頭に置くものは二本あるが、『〈世用万倍〉早引大節用集』は『大全早引節用集』からの改編本と考えられ、『〈真草両点〉数引節用集』は『いろは節用集大成』『〈早引〉永代節用集』などからの縮約本であり、ひいては『和漢音釈書言字考節用集』の系統を引くものである（佐藤 一九八八）。この例も含めて、早引節用集においては、冒頭語の相違は本文系統の相違と連動するものとは限らない[5]ことが明らかにされてもいる（佐藤 一九八七）。

〔四〕形態分類の注意点

もう一点注意すべきは、右の「分類基準表」が、体裁（真草二行かいなか）・言語門の位置・検索法によって大きく分類されること、つまり形式的特徴を優先する点である。もちろん、そのこと自体は、研究者の見識・経験によって形成された尊重すべきスタンスの反映であるから可否を論ずるに及ばない。ただ、そのような組織立てを採ったために惹起される目録の制約については承知しておく必要があろう。

たとえば、山田（一九六二）では形式的特徴を優先して分類するため、本文系統への顧慮がなされていない。たとえば、次の諸本では、山田（一九六一）の枠組みを超えながらも本文系統上の関係のあることを指摘しうる。

C③『蠡海節用集』

→C④丙『〔宝暦新撰〕早引節用集』→C④丙『〔増補改正〕早引節用集』ほか[6]

C⑤『和漢音釈書言字考節用集』

→C④丙『いろは節用集大成』→C④丙『〔早引〕永代節用集』ほか[7]

→C①甲『大成無双節用集』（佐藤 二〇〇三a）

→B⑥『字貫節用集』（菊田 二〇〇七）

以上、山田目録には、組織的な諸本分類を展開して近世節用集のありようを把握・提示しようとしたことや、辞書史研究者ならではの情報が豊富に添えられたことなどは高く評価できるが、その分類方針ゆえに本文系統については十分に反映できていない部分のあることが知られた。

ただ、こうした点を考慮しても、一九六〇年代にこれほどの目録があったことは十分驚嘆に値するし、多くの近世節用集研究が山田目録を参照してきたことを合わせ考えれば、近世節用集の全体像の俯瞰はもちろん、現存諸本の調査・同定の基礎や研究の出発点となる情報を含む、有用性の高い目録であることは間違いのないところである。

第三節　多角的な俯瞰

俯瞰とは対象（群）の全体を把握するための手法なので、細部を切り捨てることもやむを得ないことがある。それゆえ、注目すべき点を見逃すなどして、かえって対象の理解が行き届かなくなることもありうる。そこで、ある注目点・範囲に限定しつつ全体を注視する、とでもいった手法があってよさそうである。特定の角度からの俯瞰と言い換えてもよいだろうか。十全な俯瞰のためには、部分的だからこそ精緻になされうる注視が前提となるとも言えよう。幸い、近世節用集においては、以下に見るような多角的な俯瞰の蓄積があるところである。

〔一〕高梨信博「近世節用集の序・跋・凡例」

諸本の序・跋・凡例を翻刻して時代ごとに一覧・紹介するものであり、編集方針・販売上の書肆の意図を通覧・俯瞰するのに適しているといえよう。

序・跋などは、編者・書肆の手になるから宣伝臭の強いものが多いが、節用集観や言語観をうかがわせる例も少なくなく、近世節用集の送り手の、節用集に対する生のスタンスに接近できることにもなろう。もちろん、序・跋にうたわれた思想が、そのまま節用集本体に反映され、実現されているかは、別途検証を要することでもある。

この手法の弱点は、序・跋の類を持たない諸本では言及の仕様のないことであり、そのような節用集も、たとえば一七世紀には多く存したのである。しかしながら、そうした諸本はそもそも編者・書肆も惰性的に生産していることが多いものと思われる。とすれば、序・跋・凡例を持つ諸本を優先的に紹介していくというスタイルも首肯されよう。

一連の「近世節用集の序・跋・凡例」は、早引節用集をのぞけば、時代順に翻刻・紹介されるので史的展開を把握しやすい。また、展開にかかわるコメントも適宜なされるので、高梨のスタンスや展開史観もうかがわれて興味深い。高梨には別に「近世刊本付載蔵版目録中の節用集」があり、それらにも短文ながら、当該書に対する書肆の広告文が載ることが少なくなく、合わせて参照したい。

一連の紹介は、公刊後、二〇年ほど経過しており、その間に新たな異本の発見もあったであろうから、補遺篇が待たれるところである。たとえば『倭漢節用無双嚢』天明四（一七八四）年版は、「御公家鑑」を見開き一面だけで示す異本をよく見かけるが、栃木県立文書館・岐阜県関市立図書館蔵本などは内容の豊富な「御公家鑑」を一五丁にわたって頭書に配している。おそらく、こちらが原態なのであろう。この異本には、巻末に二〇行におよぶ趣旨説明がある。「中西華文軒蔵版抜萃目録」と題されてもいるので、広告文として見るのがまずは穏当だろうが、分量からして注目してよいものと思う。また、『字彙節用悉皆蔵』宝暦一三（一七六三）年版の見返し丁表、すなわち通常なら表紙に糊付けされて隠れる部分に口上が配されている（米谷隆史氏教示）。亡くなった当主の宿願を果たした刊行とのことであるが、こうした例が他にないともかぎらず、補遺篇を望む次第である。

〔二〕佐藤「近世節用集版権問題通覧」

『大坂本屋仲間記録』を中心とする記録類から、節用集関連の版権問題すべてを拾い上げ、出版の現場における節用集のありようを通覧したものである。可能なかぎり現存書に同定することで、問題点をより的確につかもうとするところに特徴がある。また、出版の現場は現実の社会であるから、辞書としてのみ見ていたのでは発想できないことがらに遭遇することもあろうし、社会的存在としての節用集のありようを知るためにも有効な資料である。

近世節用集の展開史を編むにあたっては、出版界においてどのようなことが刊行の際に問題視され、それがためにどのような影響があるのかを具体的に見極める必要がある。たとえば、優秀な発案・工夫がなされれば、単にそれが一般に広く認められて多くの追随書を生むのか、あるいはプライオリティを守る工夫が十全に機能して、発案の踏襲や模倣される範囲が限定的になるのかなど、節用集が生み出される現場での種々相を把握する必要がある。それらの諸問題を承知しておくことで、近世節用集の展開が単線的なものなのか、迂回すべき問題点を抱えたものなのか、あるいは二つ（以上）の流れとして複線的に捉えるのがよいのかといった判断も得られやすくなるはずとの目論見もあった。

一連の検討を通して得た副次的な産物として、近世節用集の展開史を記述するにあたり、できるかぎり具体的な現実に則して考える態度を養えたことがある。たとえば、元禄年間に節用集の刊行が増えるという現象があったとして、それを解釈するのに「元禄文化を背景とした文運の興隆による出版増」などといえば説明した気になり、また、そうした言説が他の納得も得やすいことがある。が、それだけに厄介である。雰囲気・イメージからする説明を極力排除し、事態の発生要因を、より現実的・直接的な形で説明したいとの態度を育んだように思う。

なお、一連の検討は修訂・増補をほどこして、佐藤（二〇一七）に再録した。

〔三〕佐藤「近世節用集書名変遷考」

近世節用集の書名については、『万福節用大乗大尽』『連城大節用集夜光珠』『男節用集如意宝珠大成』のような、大仰・珍奇なものが興味本位に採り上げられることがある。が、多くの諸本に接していると、時期ごとに特徴的な書名・書名要素のあることが知られてくる。もちろん、山田（一九六一）を通覧したり、本書巻末の「近世節用集一覧」などを眺めるだけでも、誰しもそのような印象を抱くものと思う。そうした事柄も一つの現象として研究対象と位置づけ、近世節用集の展開史を描くための一助とすることを企図したものである。

次章に示す検討が最新のもので、書名の字数と、基称である「節用集・節用」のありようにだけ注目したものである。「万福・大尽・如意宝珠」など絢爛たる書名要素について触れていないので、はなはだ簡素な対象の採り方であるが、一八世紀前半に刊行された諸本の書名の異様さを浮き彫りにし、それと節用集の構成の変化とを結びつけることができており、この種の検討の基礎となりえているとともに、展開史を描く際の、重要な視点として書名が存することを証するものとなっている。

〔四〕石山秀和「節用集の出版と普及過程」

論題からは察しにくいが、石山の関心事は近世節用集の変容過程にあり、付録の増大とその内容の変化に注目するものである。検討対象は、亀田次郎旧蔵書のうち、「乾」を冒頭語とする諸本である。一〇〇本近い近世節用集の付録のありようを、いち早く報告したことは高く評価できる。

まず注目すべきは、一七〇〇年前後における付録内容の交替を指摘したことである。易林本からひきつがれてきた京町尽・名乗字・五山之沙汰・数字・分毫字様・韻字・南瞻部州大日本国正統図などが享保年間（一七一六〜一七三六）以降では激減し、これに先だつ貞享年間（一六八四〜一六八八）以降では禁中図・公家鑑・服忌令・太刀折紙之法式・短冊色紙之書法・制札寸法・日本図・三都図・年代記など多様な付録が現れており、結果、貞享年間および元禄年間（一六八八〜一七〇四）が付録内容転換の過渡期になるという。また、新たな内容の付録を付しはじめたものとして、江戸の書肆、ことに須原屋を指摘するのも見逃せない。

ただ、貞享・元禄ごろの節用集では、付録の付され方などが不安定なことがある。たとえば、ある本において巻末付録の隅にスペースを設けて刊記を配しているが、その刊記部分をそっくり削って空白とし、そのまま通常の付録として転用することもある。このほか、同じ内容の付録が、本によって巻頭あるいは巻末に配されるなど一定せず、あるいはそのときどきにおいて、よくいえば柔軟な構成を採っていたかとも疑われる。したがって、付録の諸状況を見極めるためには、より多くの諸本を見ておく必要はありそうである。

〔五〕柏原司郎『近世の国語辞書　節用集の付録』

書名からも知られるように、付録にしぼりこんで近世節用集の俯瞰をめざしたものである。

「第二部　資料篇」は、この書の大部分を占めるもので、各種の付録がいずれの節用集に存するかを一覧させたものである。対象とした本は、柏原蔵書と、亀田旧蔵書を含む国会図書館蔵本を中心とする諸本である。柏原蔵本の一覧には、国会図書館蔵本との重複の有無が明記されており、全体では三〇〇本ほどを対象とすることが知られる。

「資料篇」の本体である「刊本節用集の付録事項一覧稿」は一一二ページから九五九ページに及ぶもので、付録記事によっては、その構成要素まで検索しうる詳密なものである。たとえば、『大船節用字林大成』には頭書付録として「御座船」があり、各大名の所持船の略図が載せられるが、その一々の大名名もすべて立項してある。親藩の松平姓では「松平安芸守」以下「松平大和守」まで三三名を立項することになる。

このような規模・密度の索引により、付録記事の流行時期や、付録記事と諸本との関係も簡単に知ることができるようになった。昨今の近世史学では、節用集をはじめとする、近世庶民向けの書籍についてメディア性を認め、どのような思想形成に寄与したかをさぐる研究がおこなわれつつある。柏原のデータは、そうした他分野の研究にも寄与できよう。

〔六〕前田富祺「語彙研究資料としての節用集」

近世節用集を中心に、古本から近代までの一五〇本を選び、一〇語について、その有無と語形のバリエーションを調査・一覧したものである。単純に計算しても一五〇〇回の検索を要するが、薬指のように「ナナシユビ・クスリユビ・ベニサシユビ」と、はじまりの仮名が三種あるものもあるので、延べの検索回数はさらに増えることになる。

近世節用集が、実際に語を収載するにあたってどのようなものを載せるのか、また、それがどのように変わっていくのかが知られる、収載語からの俯瞰を試みた論考といえよう。調査結果を利用すれば、語史・語彙史研究においてどのような近世節用集を利用すればより効率的な調査が実施できるかといった目安も立てられることになる。

調査結果の一覧では、諸本の配列順を山田（一九六一）に準ずるため、その基準での分類が考慮されていることになる。一方では、収載語形を一覧してあるので、収載語による諸本の分類の可能性を示したものとも捉えられる。実際、山田（一九六一）B⑦類の『〔新増四声〕節用大全』の収載語を、他のB類諸本とひきくらべて「別の系統と言って良いであろう」との判断を示すにいたっており、山田（一九六一）の欠点であった、他の類型に属する諸本間の本文系統が不明である点なども、カバーできることがある。

〔七〕佐藤「東西方言対立語からみた『書言字考節用集』の性格」

『和漢音釈書言字考節用集』の収載語の特異性を浮き彫りにするため、比較的語数の多い節用集一三本と比較したものである。比較のポイントは、近世方言集の二本以上か『日本言語地図』において、東西対立の認められる一二三語につき、その収載状況を確認した点にある。収載の認められた語は五九項目であり、そのうち一二項目の江戸語形を『書言字考節用集』が収載していることが知られ、方言上の特異性が明らかになった。

史的展開としては、はじめ関西方言形を載せるものばかりだったのが、幕末期にあっては『江戸大節用海内蔵』のように江戸語形を積極的に収載するものが現れるにいたったことが知られた。文運の東漸という文化史的な側面と同調するものと捉えられるわけだが、「文運の東漸」というとき、それは一八世紀中ごろ以降の現象をいうが、一〇〇年以上も遅れて節用集の中にも現象として現れたことになる。ただ、『江戸大節用海内蔵』は出版の難航したことでも有名であるから[8]、出現の遅れについてはまた別途評価すべき余地もあろう。

これはいわば、方言史研究からの節用集へのアプローチでもある。節用集は、漢字をひくための辞書であるから、まずは文章を書くための存在であり、その所収語も文章語本位ということになる。そうした辞書の性格が、どのように口頭語である方言（語形）と関わるかを検討したものともいえよう。もちろん、対立的な両者の関係のありようの詳細については、今後、検討すべき余地が多く残されているけれども、そうした検討への契機となればと思う。

おわりに

右のように近世節用集史の俯瞰はさまざまに得られつつあることが知られた。が、さらに、補うべき点もあるので、少々言及する。

まず、山田（一九六一）の編纂以降、半世紀以上が経過しており、第二の山田目録の編纂が待たれるところである。徹底した諸本・異版の発見と充実した記述、山田の分類を継承しつつも批判的に最適化された分類によるものが構想されてよい。新たな諸本・異版の発見については、佐藤も書名研究の一環として押し進めているが、また別途、近世節用集の総目録をめざした企画について一・二聞き及んでもおり、進展が待たれるところである。こうした試みは、最終的な完成形を提示するのがもっとも簡明なのだが、たどりつくまでの労力を想像すれば、多人数で分業できるようなシステムを構築した方が効率がよさそうである。また、完成形以前の状態でも、むしろ段階的に公開してしまって、他からの批評なり工夫なり援助なりを受けつつ作業を進めることを考えてもよい。

ついで気になるのは、国語学的アプローチからの節用集の俯瞰が少ないことである。前田の示した語彙からの俯瞰についても、他の語によってさらに検討の幅を広げるといった余地がある。ただ、いくつかの語については、個別語史研究上の必要から、ある一定数以上の諸本を調査したものがないではない。それらを統合しつつ、さらに多くの語におよぼすことが考えられよう。その際、語彙面だけではなく、表記史や音韻史研究なども交渉しつつ検討されてよい。たとえば「栗鼠・蜜柑」の「りつす・みつかん」がいつから「りす・みかん」と表記されるのか、またそれは音韻史の知見とどのように関わるのかといった事柄にも興味がもたれるところである。

注

（1）重複書を除いた数字である。内訳は、亀田本が約二〇〇本、山田本が約二五〇本。近世節用集は再版まで考慮すれば六〇〇本以上あると見積もられるので（巻末「近世節用集一覧」）、決して多くはない。
（2）高梨信博（一九九七b）・米谷隆史（二〇〇一）の調査結果を考慮すれば、このように判断される。
（3）ただ、出版・印刷についての記述には、ある種の緩みがあるようである。たとえば、『大海節用和国宝蔵』の刊年を刊記にしたがって「元禄六年季春」（一六九三）と記すが、付録の「日本年代記」の最新年が宝永七（一七一〇）年であることには言及していない。この点は、先行した国会図書館（一九五五）の処理がうまく、刊行時期として「宝永7年頃刊」とし、刊記の年記については「元禄6年刊本の後印」と注中で触れることで、より刊行の実態に近い形で記すのである。また、山田（一九六一）では、刊記に二つ以上の年記が記される場合、より早いものを重視する傾向があって注意を要する。たとえば『新撰正字通』の項では刊年として「寛政二年二月」と記しつつ、その左傍に「〔文政五年補刻〕」と注するのだが、「寛政二年二月」の記載も文政五年補刻版の刊記によって遡らせたものを流用しているようである。

（4）ただし、目録本文中の表記と異なる部分がままある。C「大改変」・C①乙「伊勢」はそれぞれ本文中では「大改編・伊勢国」である。

（5）ただ、諸本の同定作業を前提とするとき、冒頭部は分かりやすい位置でもあり、それを詳述してあるのは利便性が高い。

（6）まず佐藤（一九八七。注9）で『蠡海節用集』と『〔増補改正〕早引節用集』の関係に言及した。その後、高梨信博氏より『〔増補改正〕早引節用集』の前身にあたる『〔宝暦新撰〕早引節用集』望月文庫本の存在を知らされ、佐藤（一九九〇b）などで『蠡海節用集』と『〔宝暦新撰〕早引節用集』の関係として言及しえた。

（7）まず佐藤（一九八七。注9）で言及し、佐藤（一九九二）で詳述した。また、山田俊雄『ことばの履歴』（岩波書店〔新書〕、一九九一）にも二書の関係への言及がある。なお、これらに先だつものに “Repertorio sinico-giapponese. parte prima” (Successori Le Monnier(Firenze), 1875) として刊行された Antelmo Severini・Carlo Puini 共編 “Registro alfabetico delle voci contenute nel Wa kan won seki siyo “ken “si kau setu you siu, e nel compendio di esso Faya “fiki yei tai setu you siu” （“ は濁点をアルファベット上に転写したものであろう）の存在を二〇一二年秋になって知りえた。一八七五年のイタリアでは、『いろは節用集大成』の改題再版本というべき『〔早引〕永代節用集』が『和漢音釈書言字考節用集』の compendio（簡約版。注記の整理・縮約をいうのであろう）として本文の系統関係が把握されており、さらに両書の見出しのアルファベット順対照索引が作られていたのである。

（8）博文館編輯局編（一八九四）『〔伝家宝典〕明治節用大全』「例言」に「高井蘭山の江戸大節用を編輯するや、其宝永元年の元版に就き、天保四年より文久三年まで三十余年を経て始めて成り、其間書肆の之が為に産を傾むけたるもの数家なりしと、其の巻帙の大に、資料の多き、勢ひ然らざるを得ざるなり」とある。

第三章　書名要素「節用集・節用」の通史

はじめに

近世節用集の書名は多様多彩だが、その特徴的な部分については時期による興廃がある。この点、近世節用集の内容・検索法・構成法が、やはり多様ながらも時期による興廃のあることに似ている。そこで、この二つの事態の関係を検討することが求められるが、書名の検討結果だけでも、記述的研究に資する価値がある。

また、節用集研究から切り離しても書名という対象には固有の価値を認めてよい。近世における命名・商品名のまとまった資料になりうるし、語構成論的に変遷を検討するのも興味深い。「頭書増補節用集大全」と「大全早引節用集」を比較しただけでも、〈大全〉の出現位置の異なりや、それにともなうニュアンス差、〈節用集〉の位置による名としての印象の異なりなど、追究したくなる事例がすぐにも思い浮かぶのである。

右のような必要性・可能性とともに、近世節用集の全容を把握する上でも書名を手がかりに検討することは有効であろう。そこで、本章では、近世節用集の書名の基礎的な部分、つまり字数・基称〈節用集・節用〉とその位置にしぼりこんで通覧・検討することとしたい。

検討の資料は、巻末に配した「近世節用集一覧」である。この一覧の詳細については付記した解説に依られたい。書名の判明しない二本と、参考のため掲示した一本については、検討からはずすこととした。

以下、近世全体を二五年ごとに分けて一期とし、これを単位に検討していく。なお、最初の単位では易林本などの慶長刊本を含み、最終の単位は二五年に満たない一八年となった。書名の本体に付随する角書などにも魅力的な課題を設定しうるのだが、問題を単純化するために今回は対象としなかった。

第一節　字数の変遷

字数ごとに集計したのが表一である。各期の最高値をゴシックフォントで強調した。

下部の合計欄によれば奇数字名の多いことが知られる。歌舞伎外題などでは陽数である奇数に整えることが多いといわれるが、やはり、〈節用集〉に〈真草〉〈大成〉などの二字要素が修飾・補完するという、なかば機械的な足し算の結果と見るべきであろう。また、偶数でも八字名のように八九本を数える場合もあるのをみれば、やはり、数の陰陽にはさしてこだわりはなかったものと思われる。一方では、書名字数が偶数であるのは一八世紀前半に集中するようであり、この時期だけ他と異なる現象が多いことは以下に述べるところで、注意してよい。

ついで、時期ごとに見ていこう。一七世紀では、字数が段階的に増

平均	合計	12	11	10	9	8	7	6	5	4	3字	表一
3.3	14								2		**12**	～1625
5.2	21						7		**9**		5	～1650
6.6	28				1		**21**		6			～1675
8.2	75	1	2	1	**44**	2	15	3	7			～1700
8.3	93		5	5	30	**36**	9	2	6			～1725
7.7	51		2	5	6	**16**	14	3	5			～1750
6.7	67		1	1	8	7	**25**	4	20	1		～1775
6.2	63			2			**31**	1	29			～1800
6.4	80		1	2		12	**31**	2	29	3		～1825
6.1	81		2	2	3	5	19	2	**46**	2		～1850
6.9	65		3	1	3	11	**25**	5	16	1		～1868
6.9	638	1	16	19	95	89	197	22	175	7	17	合計

え、最後の一六七六〜一七〇〇年では九字名が他を圧し、平均値は近世中最高の八・二字に達する。書名の要素は「頭書増補節用集大全」のように、「頭書」といった体裁を表すものや「増補」など直接的・実際的なものが主である。

一八世紀前半は、平均字数で八字前後であり、最多本数も七〜八字名が占め、近世を通じて字数の多い時期となった。ただ、最多本数は九字名から八字名に落ちている。後に見るように基称として〈節用集〉よりも〈節用〉を多用することや、直接的・実際的な要素よりも修飾的・印象的な要素を効果的に配置するような作法の変化があったものと思われ、そうしたことが字数にも反映したのであろう。

一八世紀後半では、平均字数で六字台、最多本数も七字・五字と急速に減少するが、一八世紀前半の反動のようでもある。が、さすがに一七世紀前半ほどまでの揺り戻しはない。このように見れば、字数の増加が頂点をむかえた一七世紀末・一八世紀前半は特異な時期であることになろう。

個々の事例を見ていく。一〇字以上の書名は延べ三四本あるが、改題を含め、再版が多いことが注意される。

一三字「大極節用国家鼎宝三行綱目」（元禄三年か）

一一字「増補頭書両点二行節用集」（延宝九年・貞享四年・享保一二年）

「大益字林節用不求人大成」（享保二年）

「和漢音釈書言字考節用集」（享保二年・明和三年・文政元年・天保一一年・弘化三年・安政三年・万延元年・文久元年）

「女節用集文字袋家宝大成」（正徳元年？・享保五年）　「女節用集罌粟囊家宝大成」（享保六年・寛保三年）

一〇字「新大成増字万宝節用集」（元禄一三年）　「大万宝節用集増字大成」（元禄一七年・宝永ごろ）

「大広益節用不求人大成」（正徳五年・享保四年・文政一〇年）

「男節用集如意宝珠大成」（享保元年・元文元年・明和六年・寛政ごろ）
「大万宝節用集字海大成」（享保一八年・元文三年・元文五年・文化一一年）
「大広益字尽重宝記綱目」（寛延二年・天明元年・寛政一一年）
「大日本永代節用無尽蔵」（嘉永二年・文久四年）

これらの諸本は、たとえば『大極節用国家鼎宝三行綱目』は隷書体も表示する点が特徴的であり、『和漢音釈書言字考節用集』は合類体で詳細な漢文注をもつ近世節用集の白眉である。『大広益字尽重宝記綱目』は『合類節用集』を一冊に圧縮、行書表記としたもので、男・女を冠したものは特定用途向けであろう。つまり、他の節用集とは異なる性格を持っており、それゆえに近世を通じて再版される独自の価値があったもののようである。たしかに、〈国家・鼎宝・三行・音釈・書言・字考・如意（宝珠）・男・女〉などが他の節用集には見られない独自の要素ではある。

【図1-3-1】『大極節用国家鼎宝三行綱目』。枠の切れから入れ木による改題が知られる。原題『頭書大益節用集綱目』

そもそも字数の多い書名はたやすく発想されもしないし命名もされないように思われる。もちろん、相応の事情・裏付けがあれば別だが、購買者にとっては分かりやすい名がよいであろうし、かといって分かりやすすぎるのも購入のし甲斐がないと判断されるかもしれない。ある種の適度さ・中庸が求められるはずだからである。

第二節　基称の興廃

表二によれば、近世全体を通してほぼ〈節用集〉が優勢であり、短縮形の〈節用〉がこれにつぐ。また、〈節用集・節用〉を用いない書名が延べ四四本もあるのは不審ともいえるが、古本節用集にも例があるところではある（後述）。

節用集の書名の基称として〈節用集〉が優勢なのだから、〈節用〉が優勢ないし拮抗する一八世紀前半は特異な時期であるといえよう。〈節用〉は、一七世紀末には一本しかないが、次の二五年間では一気に四四本に増え、〈節用集〉の四七本に拮抗する。さらに一七二六〜一七五〇年では〈節用〉が三三本となって〈節用集〉の一四本を圧倒し、一八世紀前半における〈節用〉の増加傾向がピークに達するのである。

表二	〈節用集〉	〈節用〉	その他	合計
～1625	**14**			14
～1650	**21**			21
～1675	**28**			28
～1700	**73**	1	1	75
～1725	**47**	44	2	93
～1750	14	**33**	4	51
～1775	**34**	25	8	67
～1800	**33**	17	13	63
～1825	**45**	27	8	80
～1850	**65**	12	4	81
～1868	**49**	12	4	65
合計	423	171	44	638

一八世紀後半以降では再転して〈節用集〉が優勢になる。結局、〈節用〉の最盛期は一七二六〜一七五〇年の二五年間と、長く見積もってもその前後の二五年ずつということになる。が、書名要素として広くおこなわれたことは確認でき、それ以降も減少に転じるものの、絶えてなくならないのは重視されよう。もちろん、なにゆえ〈節用集〉が復興し安定しえたかを検討することも重要であり、そのことにより書名における「対立」が立証されるとすれば、〈節用〉の短命の要因も明らかにできよ

う。あるいは、時期からいえば、早引節用集の登場との関係が考えられるが、書名の上で要素〈早引〉を採るものの数はさして多くはなく、直接的な影響をどこまで認めるか、間接的な影響があるとすればどのようなことなのか、改めて考察したく思う。

目に立つ例として一件のみ触れる。一七世紀においてただ一本、〈節用〉を用いるのが『大極節用国家鼎宝三行綱目』である。この書は『頭書大益節用集綱目』(元禄三〈一六九〇〉年刊)の改題本であり、その本文を流用するので、元禄三年からあまり遠ざからない時期の刊行と推定される。しかし、基称に〈節用〉を用いることや、これを修飾・補完する〈大極・国家・鼎宝〉などの意味の傾向からすれば、一八世紀前半での改題・刊行がふさわしいように思われる。ただ、近世節用集中の最多字数を擁する書名でもあるので、一期間中の書名の平均字数が最高となり、かつ、字数別で最も本数の多い五字(一八二六〜一八五〇年の四六本)につぐ九字(四四本)を記録した一六七五〜一七〇〇年中にあることはふさわしく、象徴的な存在とも言えそうな位置にあることになるのは注意される。

第三節　基称の位置

表三では、基称〈節用集・節用〉が書名の末尾にくるのか否か、そしてそれが〈節用集〉と〈節用〉とでどう異なるのかに注目して表とした。「その他」は、書名中に〈節用集・節用〉を含まないものである。

全体としては、〈節用集〉は書名末尾に現われることが普通であるが、〈節用〉は末尾には現れない。逆に、末尾ではない位置に〈節用〉は現われることになり、それは非末尾の〈節用集〉よりも多いことになる。書名内の位置の分布が比較的明瞭に認められることになる。

時期ごとに見れば、一七世紀中では〈節用集〉が末尾にあることが普通であるが、これは、単称の「節用集」も末尾

表三	〈節用集〉		〈節用〉		末尾	非末尾	その他	合計
	末尾	非末尾	末尾	非末尾				
~1625	**14**				**14**			14
~1650	**20**	1			**20**	1		21
~1675	**28**				**28**			28
~1700	36	**37**		1	36	**38**	1	75
~1725	14	33		**44**	14	**77**	2	93
~1750	6	8		**33**	6	**41**	4	51
~1775	23	11		25	23	**36**	8	67
~1800	**29**	4		17	**29**	21	13	63
~1825	**32**	13		27	**32**	**40**	8	80
~1850	**59**	6		12	**59**	18	4	81
~1868	**44**	5		12	**44**	17	4	65
合計	305	118	0	171	305	289	44	638

扱いにしているためである。一八世紀には〈節用集・節用〉とも一挙に非末尾が優勢になり、ことに〈節用〉の優勢が顕著である。これは前節の検討からも予想できるところで、「短縮形〈節用〉は末尾に来ない」との情報が加わったということである。

が、この「末尾に来ない」という性質は、まず本来形〈節用集〉が獲得したものであった。一六七五〜一七〇〇年には、末尾三六本に対して非末尾が三七本もあるのであって、こうした〈節用集〉のありようが次の時期における〈節用〉の非末尾化を準備したと読めることになる。ただ、末尾から解放されたことが短縮形を生んだのか、短縮形の誕生が非末尾化を加速したのかは判断できない。

さて、この一七世紀末に基称〈節用集〉の位置を末尾から動かしたのは、〈大全・綱目・大成〉などの、いわば書名のまとまりを付けるような働きをする補完要素とでもいうべきものである。これらはその持つ意味は漠然としているといえよう。たとえば、「頭書増補節用集大全」の修飾要素であれば、〈頭書〉は本文上欄部（の語注）というきわめて具体的な箇所を指示しており、〈増補〉も収載語の追加という具体的な行為を意味する。ところが、〈大全〉や〈綱目・大成〉は落ち・漏れのない完成度を歌うのであろうが、〈頭書・増補〉にくらべれば漠然とした意味しかなく、ならば「意味」というのも許されないものかもしれない。購買者に購入の決断を迫ったり、あるいは購入後の安心感を与えるだけのものとして、つまりはイメージを示すだけのものと見られるのである。

このことは注意してよかろう。すでに一七世紀末においてイメージ主体の要素が、基称〈節用集〉の位置を書名末尾から追い出しているわけである。これにつぐ一八世紀前半には、財宝・豊富・永遠をイメージさせる多様な修飾要素・補完要素が使われ、また、基称も〈節用集〉から〈節用〉に変化するとともに書名末尾からより遠くへと放たれていく。そのような展開――位置上、基称を末尾から追い出したという点と、意味上、漠としたイメージの要素を書名に持ち込んだという二点――を招来したものとして〈大全・綱目・大成〉があるとの見通しが立つからである。しかも、〈大全・綱目・大成〉がイメージを示すだけのものとはいえ、財宝・豊富・永遠を表す要素よりはまだ現実的な意味を残した要素と捉えられようから、橋渡し的存在としてふさわしいことが一層注意を引くのである。

ついで、一八世紀後半に目を転じよう。非末尾〈節用〉が有力ながら、一七五一～七五年には末尾〈節用集〉がわずか二本差にせまり、次の二五年では逆転して、これ以降、末尾での〈節用集〉がふたたび安定的に用いられることになる。急速なゆりもどしと、その後の安定がここでも認められることになる。

表四	前部多	前後同	後部多	その他	合計
～1625	2	**12**			14
～1650	**15**	6			21
～1675	**28**				28
～1700	**69**	3	2	1	75
～1725	19	7	**65**	2	93
～1750	10	1	**36**	4	51
～1775	25	3	**31**	8	67
～1800	**29**	4	17	13	63
～1825	**34**	5	33	8	80
～1850	**62**	2	13	4	81
～1868	**47**	2	12	4	65
合計	340	45	209	44	638

もう少し基称の位置を細かく捉えてみよう。表四には、基称の前・後の字数を比較してまとめてある。基称よりも前の字数が多いもの（例、頭書増補節用集大全）、同数となるもの（単称「節用集」を含める）、後の字数が多いもの（例、永代節用無尽蔵）の順に配した。

前部要素と後部要素とが同字数になることはまずなく、前部要素の字数が多い書名が最多であり、ほぼ近世全期を通じて見られることになる。これに対して後部要素の字数の多い書名は、一八世紀前半とこれにつづく一七七五年までの七五年間で優勢になっている。しかも、一七世紀までと一八世紀前半とでは、ほぼ正反対の分布を呈することになった。一方、この後部要素の字数が多い書名は、一八世紀後半にはすみやかに衰え、一九世紀には落ち着くことになる。このような点においても、一八世紀前半にのみ突出が認められるのである。

第四節　基称を用いない諸本

一般に、命名のありようとして、広く通用する基称があるのなら利用すべきであろう。基称を取り込みさえすれば、そのものが何物であるかを端的に示せるので、現代風にいえば商品解説や宣伝費が大幅に省けるからである。また、現代の薬名として「・iン」で終わるものが多いが（柴田武　一九七七）、こうした要素も薬品名としての同定を促す特徴であり、ひいては購入者に〈きちんとした薬〉という安心感を与えることに寄与するはずである。

したがって、逆に基称〈節用集・節用〉を用いない節用集については、相応以上に注意をはらって見ていくことが必要かと思われるのだが、やはり大勢を占めるわけではなく、次のような諸本が認められるのみである。

A広益字尽重宝記綱目（元禄六年・宝永二年・享保八年）　B悉皆世話字彙墨宝（享保一八年）
C森羅万象要字海（元文五年・安永二年・寛政元年）　D万国通用要字選（寛保二年）
E大広益字尽重宝記綱目（寛延二年・天明元年・寛政一一年）　F五車抜錦（宝暦七年・文政五年）
G百川学海錦字選（宝暦一一年・明和五年）　H早字二重鑑（宝暦一二年（二種）、嘉永六年）
I新撰正字通（明和六年・安永九年・寛政二年・文政五年）　J大魁訓蒙品字選（安永二年？）
K急用間合即坐引（安永七（二種）年・安永九年・天明二年・天明六年・寛政元年・寛政六年）
L大成正字通（天明二年・享和二年）　M懐宝早字引（享和元ごろ）　N仮名字引大成（文化二年？）

O字引大全（文化三年）　P俗字早指南（文化七年）　Q早字引大正（文政五年）

R掌中要字選（文政一〇年・天保一二年）　S大全早字引（天保一三年）

T訂正早字引（天保一四年・文久三年）　U雅俗幼学新書（安政二年・慶応元年）

なかには、節用集から離れたり、他本とは一線を画したりしたいとの意図があるものもあろう。実際、一般的な近世節用集の姿からは遠いものや、他の節用集との近さを知られては不都合であろうものもあるようである。

たとえば、体裁では、FRは一枚刷り折本、Cは三段分割の紙面それぞれに記事を進行させる三階版、Uは漢字表記を楷書のみ示して付訓は掲出字の直下に片仮名で配するものである。検索法では、Hはイロハ順を単語の二字めで施し、KLは濁音・撥音・長音など特殊仮名の有無によるもので、Mは片仮名総画数順である。これらの独自性ゆえに、他の節用集とは一線を画そうとしたことが考えられる。なお、Nは、現存が確認できないため詳細は知られないが、早引節用集の版元から類版指定を受けたものなので、仮名数検索か仮名順検索を採用したものであろう。

本文系統のうえでは、AEがほぼ全面的に『合類節用集』（延宝八〈一六八〇〉年刊）に依拠しており、Uも『永代節用無尽蔵』（天保二〈一八三一〉年刊）との関係が濃厚なものである。したがって、これらは本文上の関係を知られないことが重要であったかと思われる。これに呼応するものか、体裁も原本から離れようとした気味が強い。『合類節用集』は分冊体で、楷書・片仮名表記であるが、AEは一冊仕立ても可能な分量に圧縮されており、行草書・平仮名表記を採っている。『永代節用無尽蔵』は、行草書・平仮名表示を主とし、楷書・片仮名表記を従とする真草二行体で、付録の豊富な大型本であるが、Uは楷書・片仮名表記のみで、付録もないものである。

また、右の諸書のなかには、別ジャンルの基称を流用するものもある。AEの「重宝記」、Bの「字彙」、Fの「五車抜錦」、Gの「百川学海」・ILの「正字通」など一八世紀までのものに多い。辞書であることを示そうとした要素には、ＡＥの「字尽」、Ｂの「字彙」または「世話字」、Ｇの「錦字選」、Ｊの「品字選」、ＣＤの「要字」、Ｈの「早字」、Ｋの「即坐引」、ＯＱＳＴの「字引」、Ｐの「俗字」、Ｒの「要字選」があることになる。節用集からは離れるにしても辞書であることは認知させたいというせめぎあいのなかから生まれた書名なのであろう。

書名の印象としては、一八世紀前半までのものは字数が多く、別ジャンルの書名も導入するので衒学的・高踏的でもある。が、これ以降のものでは比較的馴染みやすく分かりやすいものが多そうである。「急用間合即坐引」などはまさにそうであろうし、「新撰正字通」「大成正字通」などは『正字通』を援用するが、字面を理解するだけでも辞書であることが容易に知られることになる。

右に掲げた諸本のうちＣＦＧＩＪＫＬＲは、大阪の書肆・吉文字屋のかかわるものである。吉文字屋は、早引節用集に対抗するように特殊仮名検索の節用集を刊行したが、書名においても趣向を凝らしたものを編み出す一方、のちにはその書名を和らげて刊行することもあった（佐藤 二〇〇二ｂ）。書名に意を用いた書肆の典型といえよう。

おわりに

一八世紀前半に新たな事象が流行し、その後半には終息するという動きが、右の諸点には共通して認められた。それだけに、背後には流行をうながす大きな力と、それを鎮静化する力のあることが予想されるのである。

まず、一八世紀前半の「力」とは、元禄一一（一六九八）年に発布された重版・類版の禁令であろう。広く複製行為を禁じたので、新刊書には、先行書に抵触しない工夫、端的にいえば新規性が求められた。その簡便な方法として、節用集では日用教養記事を付録することが行われたと考えられ、実際、一八世紀初めごろには、付録内容の新旧交替が確認されてもいる（石山秀和 一九九八）。また、往来物・教訓書・百人一首などでも同様の動きをとることが知られおり（鍛治宏介二〇一〇）、やはり重版・類版禁止令の影響と見てよいであろう。

このように強力な法令が近世節用集の書名にも影響したのであろう。新規性を獲得して版権を得れば、その管理のためには固有の書名があった方が便利であり、新規性を獲得したからにはそれを端的に購買者に知らせるためにも新たな固有名が必要であろう。そして、新たな書名の構成法も編み出され、字数の増加や基称の短縮、そしてその位置の変更をきたすにいたったのであろう。節用集の体裁の新しさと書名の構成法の新しさがあいまって、一八世紀前半の新しい命名法の流行を形成したというわけである。

ところが、そうしたうねりは一八世紀後半以降に、急速な鎮静化をむかえた。この背景に考えられるのが早引節用集の急速な流行であろう（佐藤一九九〇b）。その影響力も大きく他の書肆を刺激して新たな検索法の考案を呼ぶほどであり（第二部第三章）、一九世紀には主流格の節用集として定着していくものである。その書名は「大全早引節用集」のように、〈節用集〉を基称として末尾に配するという一七世紀的なものであった。

ただし、巻末の「近世節用集一覧」によれば、一八世紀後半以降では、早引節用集ではないにもかかわらず、基称を〈節用集〉として末尾に配するものが少なくない。ことに注意すべきは、急激なゆりもどしの認められる一八世紀後半である。早引節用集自体の刊行数は少ないながら、『字典節用集』『蠡海節用集』（各四本）『広益好文節用集』『早考節用集』『袖中節用集』（各二本）ほか全二五本が、「早引節用集」と同じ構成法の書名なのである。それらの多くは美濃判半切や三切といった小型判であるから、あるいは、基称〈節用集〉を取り込まねば節用集であることを容易には主張できないものとも捉えられよう。ただ、そうしたものが一八世紀後半以降に多く刊行されるならば、やはり小型であった早引節用集の盛行に触発されてのことと考えられようか。ハンディな形態だけでも採り入れようとする節用集の刊行を招来した可能性が考えられるのである。

第二部　総論——近世節用集史概観

近世節用集の展開は、おおよそ次のような四段階にまとめられる。

第一期　典型形成期（〜一六九〇年ごろ）　古本節用集から脱化し、近世節用集らしい形態的典型を獲得する。

第二期　教養書化期（〜一七五〇年ごろ）　言語関係以外の付録を充実させ、様々な異本が生まれる。

第三期　検索法開発期（〜一八〇〇年ごろ）　早引節用集の登場により、検索法の新案が盛んになる。

第四期　二極化期（一八〇〇年ごろ〜）　早引節用集と、これに対峙する大型本が主体となる。

これは、早引節用集の登場とその影響を、辞書史上、インパクトの強い出来事として重視するものである。近代には早引節用集だけが流布することも考え合わせれば自然な流れであろう。さらに、近世前半と後半とで、それぞれに重要なポイントを考慮して二分し、あわせて四期とした。

〔一〕典型形成期

慶長から元禄までの節用集では、版権制度の存在が明確には確認できないことから、節用集出版も比較的おだやかに推移したものと思われる。が、初期の易林本と、貞享・元禄年間の諸本とを比較するとき、そこには素朴・簡素と複雑・緻密の対照といった大きな印象の異なりがある。その差分の形成について第一章にて検討することとした。

〔二〕教養書化期

ついで、挿絵入りの日用教養記事をさかんに付録する時期がくる。辞書には一見不似合いな内容も含むので、なにゆえ節用集に採り入れられたのか検討する必要があり、一時期として特立してよいかと思う。この時期には、版権（板株）の管理制度と管理組織が整備されるので、独占販売のために独自性・新規性を獲得する必要があった。その簡便な方法として日用教養記事を併載することが行なわれたのであろう。第二章にて検討したい。

〔三〕検索法開発期

仮名数検索により版権をえた早引節用集が登場するや、他の書肆もこぞって検索法を新案した結果、多様な検索法を見るにいたる。が、早引節用集の版元は、もっとも有用性の高い、イロハ二重検索の『早字二重鑑』を類版（意匠盗用）に指定することに成功した。このため、仮名数検索が事実上のスタンダードな検索法となり、近代までつづく地歩を固めることになる。そうしたゆがみをもつ時期でもある。第三章にて、本屋仲間記録なども援用して検討する。

〔四〕二極化期

新たな検索法の開発にも将来性を見いだせないと判断した書肆たちは、一〇名前後からする共同出版（相合版）によって大部な節用集を送り出していく。検索法は古本節用集以来のイロハ・意義検索ながら、挿絵入り教養記事と収載語を大量に増補したものである。仮名数検索と付録を切り詰めた早引節用集とは可能なかぎり距離をおいて、「棲み分け」をはかったものと見られるが、過熱した様相も含め、第四章にて見ていくこととする。

一方、大型化は、早引節用集にもおよぶこととなった。一見、皮肉のような事象であるが、すでに早引節用集が主流となったために、節用集に起こるすべての変容を被ることになったものと捉えたい。そう解釈することで、近代でのさらなる早引節用集の隆盛にも滑らかに接続するのである。詳細については第五章にて検討する。

第一章　典型形成期

はじめに

本章では、節用集が近世的典型を獲得していくありようについて確認・検討する。

従来、いわゆる近世前期の節用集の変容については、元禄年間を中心とする時期が注目されてきた。日用教養記事や挿絵が大胆に導入されたりなどするためであるが、そのような目につきやすい事態だけでなく、いわば元禄期を準備したとでもいうべき様々な営為をもあまさずすくいとり、考察したく思う。そうすることはまた「節用集の元禄期」を浮き彫りにすることにも益するはずである。

そこで、近世節用集史の第一期を元禄前半ごろまでとし、これを近世的典型の形成期と位置づけたい。そして、その形成過程を的確に把握するために、検討すべき事象の集中する時期として寛永年間（一六二四〜四三）までと万治年間（一六五八〜六〇）以降とに二分し、それぞれの様相を見ていくこととする。かたわら、これらとはまた別の様相を呈する寛文・延宝年間（一六六一〜八〇）についても評価を下しておきたい。

第一節　寛永まで

近世節用集の祖とされる易林本『節用集』〈慶長二〈一五九七〉年跋〉の原刻版と近世中ごろの節用集を比較したと

きの差分が、ほぼそのまま第一期での展開となる。以下、原刻版から改められた順に諸特徴を確認していくが、ひとまず寛永年間（一六二四〜四三）までを見ておきたい。なお、辞書機能の本質的な部分にかかわるとはかぎらない特徴も機械的に採りあげることとした。

〔一〕部名・門名標目の陰刻

易林本原刻版では、内題・部名（イロハ標目）・門名（意義分類標目）が陽刻（白地に黒）されており、写本と同じようなものになっている。先行する天正一八年本でもすでに標目類を陰刻（黒地に白抜き）で表すことができていることを思えば、易林本原刻版の陽刻は、他のいくつかの事象と同様に、版本としてのありようを十分に把握しないまま刊行におよんだことを思わせる（第三部第一章・第三章）。

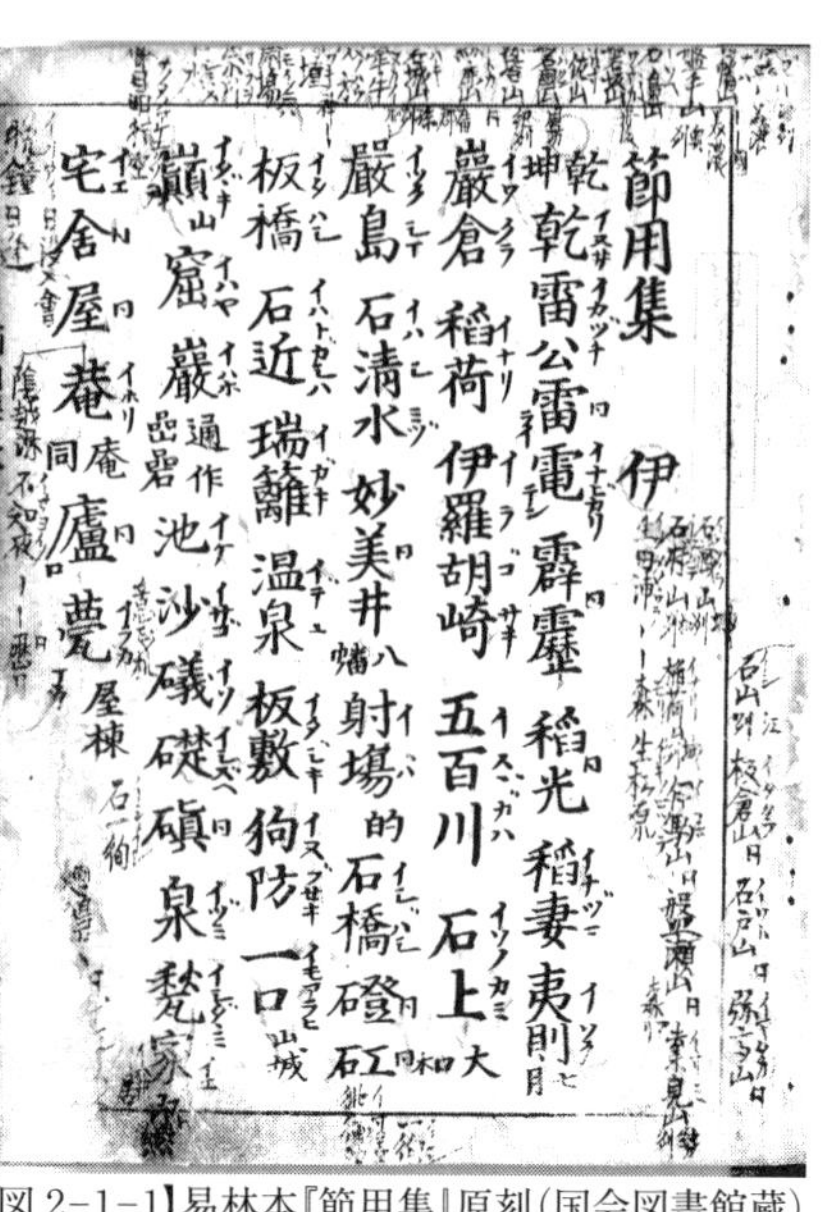

【図2-1-1】易林本『節用集』原刻（国会図書館蔵）

【図2-1-2】『永代節用大全無尽蔵』

平井版易林本（慶長一五年以前刊）において標目類は陰刻に改められた。この改変は諸本に踏襲されていくが、陽刻にする場合でも部名・門名の周囲に修飾をほどこすなど、本文から何がしか際立たせるように措置されることになる。なお、内題については、一七世紀中ごろ以降、ふたたび陽刻が普通になる。

標目類の陰刻は検索時の目当てとなるものなので、小規模な工夫とはいえ辞書史的な変化としては看過できない。

〔二〕行草書体表示

易林本も含め、古本節用集では漢字表示を楷書とするのが一般であるが、寿閑本（慶長一五年刊）・草書本（同じころ刊）[1]は、当時の実用書体である行草書体表示とした。草書本には三つの版種が知られており（山田忠雄 一九六四）、大いに歓迎されたことがうかがえる。寿閑本の版種は一種だが、易林本の割行見出しを大書したため紙数が増えたり、それを軽減するために一面八行の窮屈な版面としたり（草書本は一面七行）、振り仮名が片仮名のままであるなど（草書本は平仮名）、固有の問題によって購買者から敬遠されたものと思われる。が、それはともかく、近世の極初期にあって、草書本・寿閑本の二種類の行草書表示の節用集が刊行されたことを重視しておきたい。

〔三〕真草二行表示

慶長一六年本では、寿閑本を流用した[2]行草書体本文の左傍に楷書体表示を添えたのが新味である。この真草二行表示は、草書本系の『二体節用集』（元和・寛永ごろ版ほか。横本）にも採用され、横本の流行とともに典型的な表示様式として近世節用集の中に広く定着し、早引節用集を介して昭和初期まで踏襲されることになる。実用書体の併記は、現代のペン字体併記の簡易国語辞典に通じる発想であり、その意味では先進性が高く評価されよう。

〔四〕付訓の平仮名表示

行草書体表示・真草二行表示により先進的に見える寿閑本・慶長一六年本だが、付訓は古本以来の片仮名であった。

この点は、草書本が平仮名表記とし、源太郎版（元和五〈一六一九〉年刊）・横本『二体節用集』などもこれにしたがうところとなり、近世節用集を通じて典型的な付訓表記として定着することになる。

〔五〕イロハ・門名の一覧表

寿閑本の巻末、すなわち刊記と同じ面に、イロハ・門名を一覧表示するのが早い例である。寿閑本から派生した慶長一六年本では、巻末に付録を増補したためか、イロハ・門名の一覧は上巻末丁裏面に移動することとなった。寿閑本系統の寛永六年本（縦本）もこれを無批判に踏襲して上巻末に置く。

こののち、イロハ一覧については、寛永六年本が寛永一二年に再版されるおりに三巻本に改められたため、巻頭に移動したのが早い例であろう。門名一覧については、『二体節用集』（縦本。寛永九年刊）が冒頭に配したのが早い。(3)「部分之名」と称し、各門の簡単な解説も付された。寛永一二年本もこれを流用することになった。

このように、イロハ一覧などは初めから冒頭にあったのではなく、なかば事故のような偶然が連続したために冒頭部に押し出されたもののようである（第三部第六章）。つまり、その出現当初から目録としての機能的必然性が認識されないままに付されたのだが、やがて丁付けを付記するようになって丁付け目録（丁付合文）となり、表紙に目録題簽としても付されたりするなど、目次としての機能を果たすべく冒頭にかかげられるようになるのである。

〔六〕界線

易林本などごく初期のものは行界が存在せず、代わりに空白によって次行との境界にした。行界を設けるのは慶長一六年本からであるが、これは、行草書と楷書を並記する、当時としては特異なレイアウトであるために配慮されたものと思われる。

なお、慶長一六年本では、行草表示と楷書表示との境界にも界線（以下、真草界）を引いている。これには、後述のように『真草二行節用集』（寛文二〈一七六二〉年刊。外題、〔真草〕増補大節用集）など例外的に用いたものもあるが、通常のものでは『真草二行節用集』（正保三〈一六四六〉年刊）までで用いられなくなり、近世節用集の典型にはならなかった。廃された理由としては、楷書表示へも付訓する「両点」（後述）のために、紙面の自由度をはかる必要があったことが考えられよう。

ただ、注意すべきは、もっとも早く両点を採用したと目される『真草二行節用集』（無刊記両点版）の刊行時期である。慶安三（一六五〇）年から明暦四年（＝万治元年。一六五八）ごろの刊行であれば[4]、真草界の排除を両点実現のためと関連づけられよう。ただし、両点は、工夫豊かな『頭書増補二行節用集』（寛文一〇〈一六七〇〉年刊）でも採用されていないので、『真草二行節用集』（無刊記両点版）の刊行時期についても慶安から万治と推定してよいか、判然としない面もある。

〔七〕収載語の整理

草書本から派生した源太郎版は、漢文・変体漢文などで使われる難語とありふれた語とが削除されており（柏原司郎一九七三a）、その規模は全体の約三割におよび、「源太郎版以下の諸本は略本といってもよい」という（高梨信博一九九二）。逆に、慶長諸本は語数の多い、やや高級な存在であって、「詩文等に用ゐる語が比較的多くして通俗の語は割合に少い」（上田・橋本一九一六）との指摘もあるところである。そこで、源太郎版では、質・量両面で通俗性を獲得すべく、相応の洗練をおこなったということなのであろう。この本文を引き継いだ諸本が元禄前半ごろまでの第一期の主流になるだけに、重要な改編だったことになる。

〔八〕判型

近世節用集の典型的な判型は美濃判縦本としてよいが[5]、慶長諸本ではやや大振りである。

なお、元和から寛永前半の実用書には横本が多かったためか（和田恭幸 二〇〇二）、源太郎版や『二体節用集』などは美濃判半切横本を採用している。先がけた源太郎版は、前項でも触れたように内容・語数の面で通俗性をはかったものだが、判型でもそうした志向があったことがうかがわれ、改編意欲の旺盛さが現れたもののようである。

やがてこの横本が敬遠されることは、寛永七年本のように、横本の本文を版下段階で切り貼り・敷き写しなどして作られた縦本があることからも（柏原 一九七三b）推測できよう。節用集での検索は、イロハ・意義分類で分かたれた語群のなかから必要な漢字を読み取るので、見開きで一覧できる語数は多い方が丁めくりの手間が少なくて済む。そこで、半切横本よりも紙面の広くなる美濃判縦本に回帰したものかと思われる（第三部第二章）。

〔九〕巻数

源太郎版は、横本ながら一面九行取りするのと収載語数の削減により慶長諸本と同様二巻に収まったが、横本『二体節用集』は楷書を添えたため三巻になった。この『二体節用集』は、元和・寛永ごろの無刊記版、寛永三年嘉久版、寛永六年版、刊年数字削除版が知られていたが、元和・寛永ごろ版には部分的に新刻を含むものがあり、寛永三年版には寛永六年に再摺した本があり、別途新刻された寛永六年版にもわずかに改修した異本もあり、大いに盛行したことがうかがわれる（第三部第二章）。

このように三巻本が流布した結果であろうか、本来、二巻本であった寛永六年本（縦本）は、寛永一二年の再版時に版木を改修して三巻本に改めている。後続の『真草二行節用集』『頭書増補二行節用集』諸本も三巻構成を踏襲しており、三巻であることがあたかも節用集であるための要件のように通念化していたことがうかがわれる。なお、三巻といっても、必ずしも三分冊とはかぎらず、三巻それぞれに仮綴じしたうえで一冊に合冊したものも多い。

三巻仕立ての傾向がいつごろ終息するかは精査していないが、おおむね元禄後半には激減するようである。『頭書増補節用集大全』（元禄一三〈一七〇〇〉年刊）あたりが最後のものかと見られるが、「享保新撰／読字大全」との角書のある『珠玉節用万代宝匣』（刊年不記）は一冊本ながら、本文に注意すると、もと三巻本であることが明瞭である。ただし、これは『新撰節用集』（元禄三年刊）の改題改修本なので例外とすべきかもしれない。

〔一〇〕書名の固有化

近世初期の節用集は、書名としては「節用集」と称するだけであった。現代の研究書ではときに『易林本節用集』『草書本節用集』などと表記されるが、「易林本」「草書本」は便宜上付された形容・特称であって実際の書名ではない。原本には「節用集」とだけ記されるのである。

初めて固有名を与えられたのが横本『二体節用集』である。この後、『真草二行節用集』（寛永一五年刊）・『二行節用集』『頭書増補二行節用集』（寛文一〇〈一六七〇〉年刊）などが現われるが、第一期のあいだは書名の新奇さは競われず、別の書肆から刊行されても同名であることが多い。

〔一一〕挿絵

『真草二行節用集』には、寛永一五年の初版以来、一点だけ挿絵がある。冒頭丁の裏面、七字区切りのイロハ一覧の背景に、真竹と黒竹であろうか、葉を茂らせた竹が描かれるのである。なにゆえ竹が選ばれたのかといえば、「節」からの連想や、文人画に取材されやすいことなどが思い浮かぶが判然としない。以下に述べるのも推測である。

とある語彙集が「節用集」と呼ばれる理由は、にわかには知られない。もちろん、「節用而愛人」（『論語』学而）を由来とする説などを知っていれば別だが、営利的に出版・増産された近世節用集であれば、そうした教養を持ち合わせない人にも販売することになる。得体の知れないものに代価は支払いにくいから、何ゆえ「節用集」と称するかは問題となったであろう。書名の由来に正面から回答しないまでも、とりあえず得心してもらう工夫が必要だが、それがこの挿絵ではなかったか。竹の（節の）成長の速さにあやかって、すみやかに学を修められるから節用集というのだ、とでも説明するわけである。見開き左の内題に相対するように竹図が配されるのも工夫なのであろう。竹の上部にあしらわれた雲に目がとまれば、学のある人なら『下学集』の由来とされる「下学而上達」（『論語』憲問）をも想起したかもしれず、とすれば、なかなかに行き届いた図像なのかもしれない。

それにしても、文字ばかりあることが普通である辞書にあっては、このような挿絵は何とも目をなぐさめてくれる。そこにまた、書肆のねらいもあろう。『二体節用集』は、語数削減・横本・真草二行表示により通俗を志向したが、時期的に後続する『真草二行節用集』も同様の発想から挿絵を導入したとも推測される。

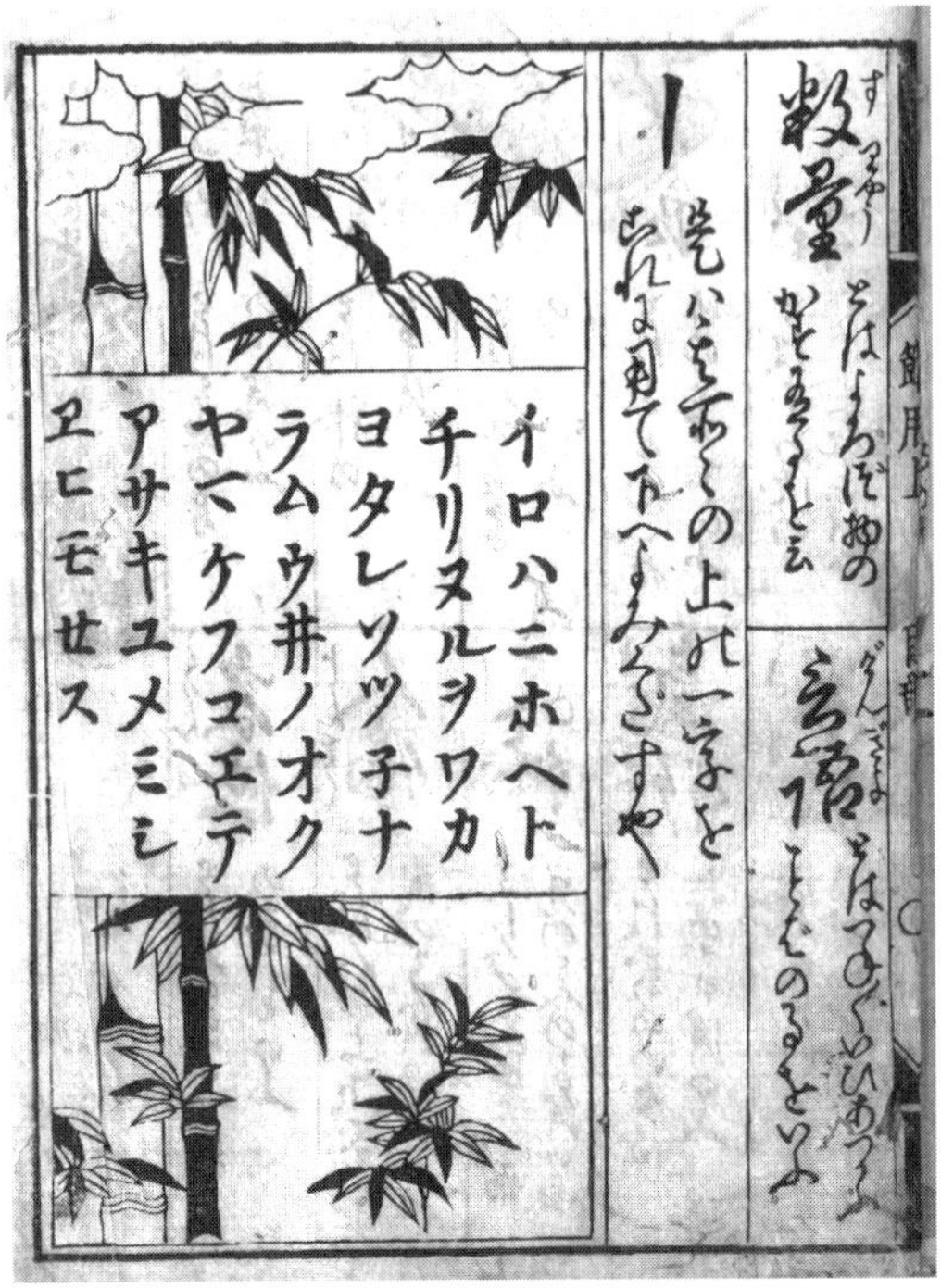

【図2-1-3】　『真草二行節用集』万治元年版

付録中に図像を多く載せるようになるのは貞享・元禄期の節用集であるから、この竹図は四〇〜五〇年も早いことになるので、貞享・元禄のものに直結するとは考えにくい。ただ、『頭書増補二行節用集』（寛文一〇〈一六七〇〉年刊）の京都大学文学研究科図書室本には挿絵が存するので（亀田次郎旧蔵書にはない）、丁寧に諸本を調査すれば、あるいは他にも『真草二行節用集』と貞享・元禄の諸本の挿絵とをつなぐ存在が見出されるかもしれない。

ここまでに見た諸特徴は寛永初期のものが中心で、寛永一〇（一六三三）年ごろには半ば以上定着する。意外なほど早く近世節用集の典型の第一段階は形成されたことになろう。一方では、この期に興った横本や真草界・三巻本などの特徴は、廃れたり少数派に転じることになるので、早くから試行錯誤があったこと、すなわち、書肆による活発な動きがあったことがうかがわれるのである。

近世節用集の最大の特徴は木版印刷に付されたことだが、ちょうど寛永期の出版界は古活字版から木版への転換期にあたっていた。利益を産みやすい再摺の容易さから木版に移行したのであろうが、その成果というべきか業界としても活況を迎えていたのであろう。節用集に相次いだ工夫・改良は、そうした活況に煽られるかのように集中したかと思われ、特に判型・巻数の件ではそのような影響が色濃く現れているようにも思われる。

第二節　万治以降

寛永一〇（一六三三）年ごろ以降、しばらくは新たな変化がないのだが、これは寛永期までの変化が相応に充実していたことをうかがわせるものである。やや間をあけた万治（一六五八〜一六六一）以降において節用集の根幹にかかわる重要な変化が現れることになる。

〔一〕句点

収載された項目同士の切れめは、易林本をはじめ、一七世紀の諸本ではしばらくは空格によるのが普通であった。句点を用いた早い例に『真草二行節用集』（万治元年刊）があるが、一般化するのは『頭書増補二行節用集』（寛文一〇〈一六七〇〉年刊）からと思われる。

ただ、これ以降に刊行されたものでも例外があり、『合類節用集』（延宝八〈一六八〇〉年刊）は空格による古い形を採っている。『節用集大全』（同）では、楷書表示を行草書表示の下方に四角囲みで示すのを特徴とするが、これによって次の語との境界としている。これらはともに、語を増補したりイロハを四四部に改めるなど、改編意欲の旺盛な節用集である。柏原司郎（一九七四）は次のようにいう。

> 補助符号を用いない節用集には、古本節用集の内容・体裁に比べて、新趣のあるものという共通点が見出せる。これに対して、二体節用集に用いない理由は、先行版本の表記や体裁を、継承する性格が強いためであったと思う。つまり、補助符号のない近世節用集には、
> 新旧二つの対立する性格が窺えるのである

増補傾向の強い諸本は内容面で新規性を打ち出していているといえるが、表記面では保守的であるという興味深い事象が存することになる。

【図2-1-4】『真草二行節用集』万治元年版

〔二〕楷書表示への付訓（両点）

大書された行草表示の左傍にある楷書表示にも別訓を施すことを両点という(6)。もっとも早いかとされるものに『真草二行節用集』（無刊記）があり（高梨 二〇〇五）、この本は『真草二行節用集』（寛永一六年版）の本文にもとづくという以外、刊行時期を確定できないが、あるいは、前述のよう

に、慶安三（一六五〇）年ごろの刊行かもしれない（前節〔六〕参照）。

これを除くと『頭書増補二行節用集』（延宝七〈一六七九〉年刊）・『増補頭書両点二行節用集』（延宝九年刊）などが早い例となる。前者は楷書左傍に平仮名付訓、後者は右傍に平仮名で付訓する。『広益二行節用集』（貞享三〈一六八六〉年刊）は楷書右傍に片仮名付訓するが、これが典型として定着することになる（佐藤二〇〇〇a）。

節用集に両点が導入された契機としては、近世版本としての近さや、近世節用集に初めて組織的に導入された際には平仮名付訓であったことから『両仮名雑字尽』（万治二〈一六五九〉年刊）などとの関係が考えやすい（米谷隆史二〇〇五）。これに先行するかという水田甚左衛門版（酒井憲二一九八六）、『両仮名手本』（本屋甚左衛門版。小泉吉永二〇〇二）、『御成敗式目』（明暦三〈一六五七〉年、山本版）、『累用字尽』（明暦ごろ、山本版）などとの突き合わせも必要であろう。なお、単なる左傍訓としては、易林本をはじめとする慶長刊本類にも少数ながら字音などを付訓する例があり、『雑字類書』（広本）では頻繁に施され、『落葉集』では左傍にも付訓することが原則になっているが[7]（高梨二〇〇五）、近世節用集の両点に直結するかは定かではない。

漢字に対する別訓を掲げる点では漢和字典類との関係も抑えたい。実際、倭玉篇が節用集と合刻された例に早く寛永一六年版があり（山田一九五九）、後の一八世紀にも合刻の例があり、『字彙節用集悉皆蔵』（宝暦一三〈一七六三〉年刊）のように節用集との融合を試みた例もあって（佐藤二〇〇〇a）、漢字をめぐる音・訓のやりとりがなされやすいように思われるからである。米谷（二〇〇五）では、数種の漢和字典類から両点の依拠本を特定しようとしている。

〔三〕頭書

頭書は、語注を載せる場として『頭書増補二行節用集』（寛文一〇年刊）により導入されたものである。のちに典型的なレイアウトとして定着するが、この本は、句点やツメ（版心における帯印の段差によるイロハ表示）を備えた、改変意図の旺盛な本なので（第三部第六章）、頭書による語注の導入も明確な意図のもとになされたのであろう。

『頭書増補二行節用集』では、見出し間の境界を句点で示したり、同字符も短く切り詰めたりするなど、紙面を有効利用しようとする志向が見てとれる。[8] そのような場に、新たな語注を織り込むとすれば、まずは割行表示を採ることになるだろうが、それでは見出しと割注とを見分けながらの検索を強いることになる。[9] そうした弊害をさけるために語注の別掲を考え、頭書の導入に至ったのでもあろう。

ただ、頭書はさておき、なぜ語注が必要だったのかはよく分からない。実際、語注は後に廃されて、頭書は日用教養記事や挿絵が配されることになる。したがって、それと同程度のものとして頭注を捉えることができるはずで、実際、跋文には「頭書にしるし童蒙の便り」とするが「博洽の人の為にあらず」というのである。そこで『頭書増補二行節用集』によって、意義分類ごとの頭書施注率を確認すると、平均で七パーセント（六九五語／全九九〇四語）だが、官位門が五八・二パーセント（一一三語／全一九四語）と断然高く、名字門二八・二パーセント（三七／一三一）、神祇門二一・四パーセント（六／二八）、乾坤門一九・九パーセント（二一九／一〇九八）などと続くという（木村秀次 一九八一）。突出する官位門が、庶民には無縁のこと・ものである一方、それゆえに憧れの存在とも見られるから、施注の多さから単純には俗への志向があるかどうかは判断しがたく、頭書導入当初の目論見も必ずしも俗に寄り添うものとは限らなさそうであり、結局、頭注の意図も判然としないことになる。

〔四〕イロハ四四部立への回帰

易林本のイロハは四七部立てであり、跋文にもあるように、もと四四部立てだったのを定家仮名遣によって四七部に編成しなおしたのであった。四四部立てへの回帰は、まず『真草二行節用集』（寛文二〈一六六二〉年刊。「増補大節用集」）にエ・ヱ部を残した四五部立てとして現れ、『合類節用集』『新刊節用集大全』（延宝八〈一六八〇〉年刊）に四四部立てとして現れた（上田・橋本一九一六）。この後は、『増補二行節用集』（延宝四年跋）・『広益二行節用集』（貞享三〈一六八六〉年刊）などが四五部立てを採るものの、『鼇頭節用集大全』（貞享五年刊）・『頭書大益節用集綱目』（元禄三〈一六九〇〉年刊）などをはじめとして四四部立てがつづき（高梨一九九七ａｂ）、近世節用集の典型として定着していく。

注目すべきは、右の諸本が、大幅な増補や、門・部の順に組織を改編したもの、篆書を加えて三書体表示としたものなど、改変の度合いが強いことである。旺盛な編纂意欲がなければ、四七部立ての慣例を打ち破ることはできなかったということなのであろう。これらの諸本については次節において再び触れたい。

〔五〕部名の仮名表記

イロハ各部の標目は、易林本以来、真仮名であった。平仮名になるのは『頭書増補二行節用集』『二行節用集』（寛文一〇年刊）などからであろう。些細ではあるが、俗への寄り添いが端的に知られる部分として注目してよいかと思う。それにしても『頭書増補二行節用集』はここでも他に先んじたことになり、その旺盛な改変意欲とともに、近世節用集の典型の形成を論ずるうえで重要な本であることが再確認できる。

〔六〕教養記事付録

教養記事付録の先縦として『真草増補節用集』（延宝三〈一六七五〉年刊）が注意される。それまでの諸本と同様、巻末に「南瞻部州大日本国正統図」を掲げるが、さらに「諸国名物之記」を併記するのが特徴的である。「山城」の場合、国異名・郡名は三行で終えるが、「名物」は「洛陽典薬頭屠蘇白散半／井龍脳丸延寿院延齢丹」以下、四丁強（七一行）にわたって詳述している。このような「諸国名物之記」は全紙数の六分の一ほどをも占めており、扉にも「改正真草／増補節用集／国々名物」と書名と同格に記されるなど、並々ならぬ意図が知られるのである。

なお、「諸国名物之記」は松江重頼編『毛吹草』（正保二〈一六四五〉年刊）の巻四とほぼ同内容である。同書は当時の代表的な俳諧指南書であることを考慮すれば『真草増補節用集』は句作向けの節用集をめざしたものであろうか。

以上、万治年間以降においては、組織や特徴的なレイアウトの形成、教養記事付録の萌芽といった、重要かつ大胆な変更を擁する諸本が集中することになった。このことは、寛永期までがどちらかといえば小規模な改良が多かったのとは対照的で、近世節用集の典型の形成が、性格を異にする二段階を経るものであることが知られるのである。

このような時期だが、ことに寛文・延宝年間（一六六一～一六八一）に特徴的な諸本が集中したように思われる。そうしたことを思えば、第一期から外して一時期を立てることも考えられることになろう。また、そのような時期をどう位置づけるかを示すことで、時代区分に対する筆者の態度も明らかにできるかと思う。次節で述べてみたい。

第三節　寛文・延宝期諸本のあつかい

〔一〕寛文・延宝期増補本の史的意義

寛文・延宝期の特徴的な諸本は早くから注目されていた。

寛文二年出版の真草二行節用集は、永禄十一年本（印度本、弘治二年本類の中）の如き異本を以て従来の本に増訂を加へたもので、「ゐ」「お」の両部を「い」「を」に併せ、各部に新な語又は門を加へ、付録にも、帝王、院、東宮、后宮、親王、執柄者、将軍等の称号、大内之所々殿并十二門名、姓氏などを増し、冊数も、従来の二冊又は三冊であつたのを七冊としたなど、旧来の体裁を改めた所が多い。（中略）新刊節用集大全（七冊）は、僧恵空の作であつて、従来の諸本に於て、楷書を草書の傍に付したのを改めて、之を草書の下に移し、門数を増して十八門とし、多くの語及び註を増補し、且、「ゐ」「お」「ゑ」の三部を「い」「を」「え」に併せて大に従来の面目を改めた。巻頭の語も、従来の諸本は何れも「乾」であつて、易林本の特徴を存して居たが、此の書に於ては、「陰陽」を巻頭に置いたのである。合類節用集（八巻十冊）に至つては、伊呂波引を改めて分類体とし、先、天地以下二十四門に分ち、門の中を更に伊呂波に分って語を列ねたもので、節用集編著以来の体裁が、此の本に至つて全く一変したのである。（上田・橋本 一九一六）

右引用中の『真草二行節用集』は寛文五（一六六五）年に再版され、さらに増補した『増補二行節用集』（延宝四〈一六七六〉年跋）・『広益二行節用集』（貞享三〈一六八六〉年刊）も現われるにいたる（米谷 一九九七ａ）。また、『合類節用集』には改編本『鼇頭節用集大全』（貞享五年刊）もあることを考えあわせると、これらの増補本諸本は、第一期の範囲でも相応のまとまりを形成することになる。こうした諸本が、辞書の根幹である検索組織や収載語数に関して大胆な改新を行なったことは注意される。

収載語の増補は、節用集が辞書である以上、当然考えられるべき発展のありようの一つである。ことに、それまでの節用集が源太郎版での大量の削除を経た略本的内容だったので、収載語の充実した節用集が企図されるのは必然であったともいえよう。そして、寛文・延宝期において大幅な増補が実現され、後続した類似書・改編書によってある程度以上の需要が確かめられたとき、書肆の脳裏には新たな節用集観が加えられたことだろう。語数を増し語注も豊富に施した、一段高い教養層に応じる節用集が存在してよいという確信である。そのような意識の変化が書肆になければ、たとえば後の『和漢音釈書言字考節用集』（享保二〈一七一七〉年刊）のような、漢文注も豊富で、典拠や参照項目を注するような、次元を異にする節用集も生まれなかったであろう。そしてまた、そのような『和漢音釈書言字考節用集』に「節用集」の名を与えることもなかったはずであろう。

一九世紀にくだるが、イロハ・仮名数検索を採用した早引節用集の台頭により、従来型のイロハ・意義検索の節用集が変質を余儀なくされたとき、語数と付録の増補を志向するものが現れたが、そのような手段をとりえたのも、寛文・延宝期における増補本の影響が背景にあったからとも考えられる[10]。寛文・延宝の増補本諸本は、四四部立てを除けば近世節用集の典型に位置付くような特徴を提供しえなかったように見えるが、高度・重厚な異本が節用集として存在してよいという確かな地歩・余地を形成した可能性があるものと見ておきたく思う。

〔二〕寛文・延宝期増補本の特異性

寛文・延宝の諸本は旧来の特徴を保つことで異質である。右二節に採りあげた特徴の採否を一覧してそれを確認しておこう。典型と同じものに○印、準ずるものに△印、古態のものに×を与えた。なお、挿絵以下の特徴は一般的な節用集でもなかなか備わらないので、寛文・延宝期の諸本が旧来どおりなのは変調ともいえない。比較のため、『広益二行節用集』（貞享三〈一六八六〉年刊）・『鼇頭節用集大全』（貞享五年刊）も併記した。

	陰刻	行草	二行	付訓	一覧	界線	判型	挿絵	句点	両点	頭書	部仮名	付録
真草二行節用集	○	○	○	○	○	△a	○	×	×	×	×	×	×
増補二行節用集	○	○	○	○	?	△a	△b	×	×	×	×	○	×
合類節用集	△c	×	×	×	△d	×	△b	×	×	×	×	△e	×
新刊節用集大全	△c	○	○	○	△d	×	○	×	△f	×	×	×	×
広益二行節用集	○	○	○	○	○	○	△b	×	×	○	×	○	×
鼇頭節用集大全	△g	○	○	○	△d	○	○	×	○	○	○	○	×

a真草界有り　b半紙本等　c特殊な陽刻　d部名一覧欠　e片仮名　f楷書表示代替　g一部陽刻

この諸本のなかでも動向が定まらないのが界線である。単純に古い方からいえば、界線なし∨行界・真草界あり∨

行界のみあり、の順になるから、古い方から二段階までを用いるものが多いことになる。『広益二行節用集』『鼇頭節用集大全』ではさすがに新しくなっている。ことに後者は意欲的で、『合類節用集』の改編本ながら、新しさを装おうとの志向が明らかである。なお、『鼇頭節用集大全』は江戸の松会版で、『合類節用集』の版元・村上勘兵衛（京都）とは異なる。版権（板株）が公認されている時期なら、重版同様の類版とされておかしくないものだけに、目ざとく新しい特徴を採り入れて、違いを演出したのかもしれない。

判型も注意される。それまでの縦本にない半紙本や中本をとるのだが、美濃判よりも小振りになるのはやや不審である。見開き時の一覧性なら美濃判の方が有利であり、巻数も少なくなるので製本の手間も省けるからである。手間に見合う価格をつけても、この種の節用集を欲する購買者はついてくると判断したのだろうか。真意は判然としないが、外見からして一般的な節用集とは差別化がはかられる結果とはなった。

また、イロハ一覧がないのも注意される。教養層向けの工夫として語数を増補したのだとすれば、同じ理由でイロハ一覧を示す必要がなかったということなのだろう。こうしたことも含めて、古い特徴を残す意味は、軽々に新しい特徴に飛びつかないことをアピールして、ステータスを保持する目的があったのではなかろうか。一方では、一般的な節用集に採られた諸工夫が、辞書の本質的な部分での改良には与らないと判断したため、採るに及ばないとした結果、古い特徴を残すことになったのでもあろう(11)。この点、『鼇頭節用集大全』が意欲的に新しい特徴を揃えてきたのは対照的であり、時代の遷移を反映したとも、『合類節用集』を流用したため、粉飾に走ったものとも考えられる。

〔三〕節用集史における寛文・延宝期

さて、寛文・延宝における特徴的な諸本が右のような性格を持つのであるから、寛文・延宝期を第一期から切り離して別途一時期を形成することが考えられよう。

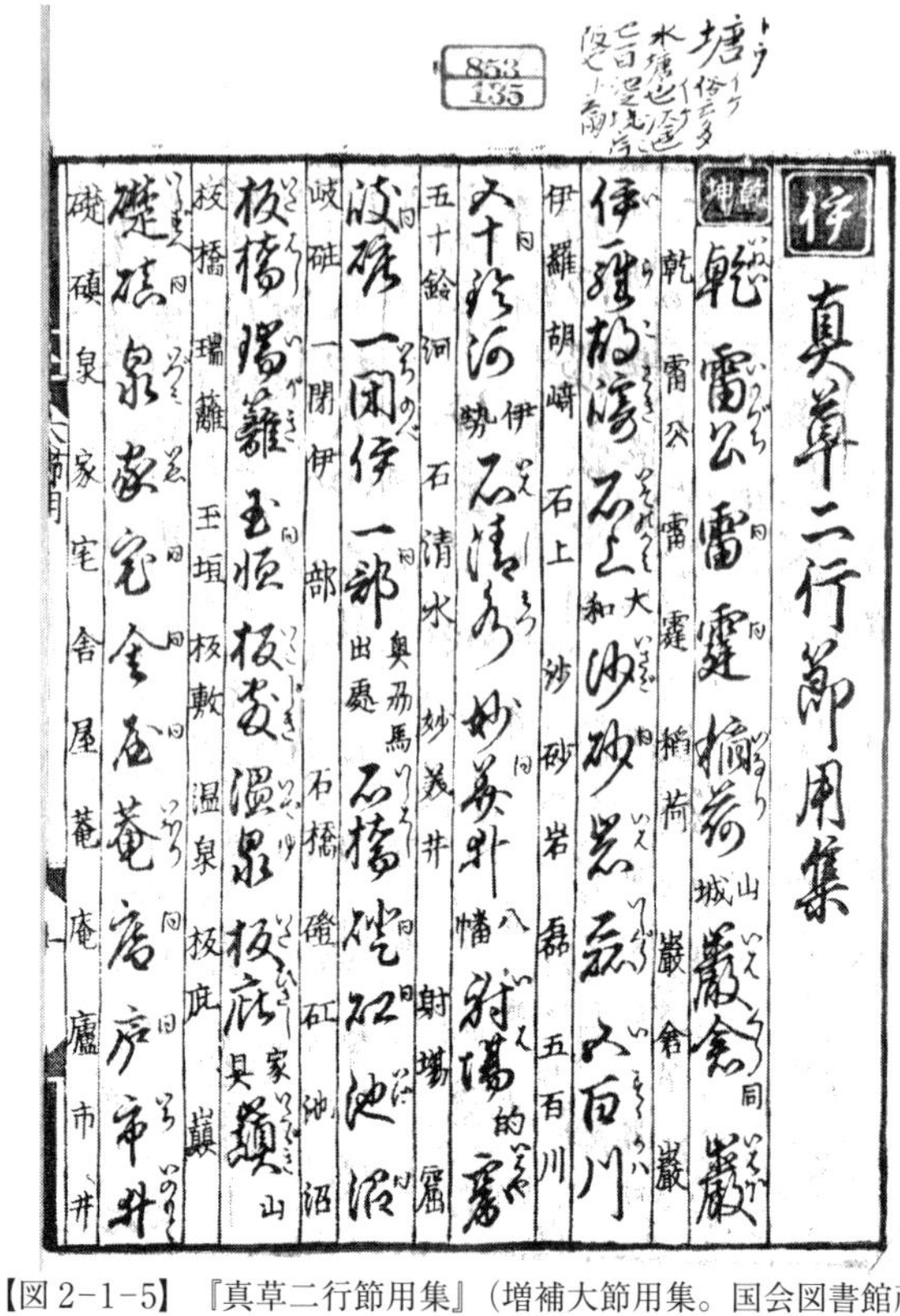
真草二行節用集
伊
乾坤

【図2-1-5】『真草二行節用集』（増補大節用集。国会図書館蔵）

ただ、近世の節用集は、語数一万語から一万五千語程度のほどほどのものが中心的な存在であって、刊行数でも圧倒的である。現代では影印本のあるお蔭で『合類節用集』『新刊節用集大全』などが親しみぶかい節用集になってしまっているが、近世の現実としては、そうしたものはむしろ異端なのである。つまり、異端の存在が少々多いからといって、ある時期を特別視するのは、数多く存する主流の存在を軽視することにほかならない。であれば、寛文・延宝期を第一期から切り離すのは不自然ともいえよう。また、右の諸本が保持していた古い特徴は、第一期の諸本も共有するものであった。その点では、寛文・延宝期の特徴的な諸本は紛れもなく第一期的存在としうるのである。

もちろん、寛文・延宝の増補本は、一般的な節用集とは格段の異なりを見せるのはたしかである。したがって、互いに対立して他を駆逐しあう関係ではなく、棲み分ける存在であったと捉えることもできよう。着々と新規の工夫を盛り込んでくる一般的な節用集と、これに反発し、別種の価値を与え離れていこうとする寛文・延宝期の増補本という構図が成立しているように思われるのである。

ただ、両者は、没交渉であったわけではない。たとえば『新刊節用集大全』について、先行する諸書と関係のあることは木村（一九八二）・米谷（一九九七ａ）の説くところで、さらに木村は『頭書増補二行節用集』の頭注との密接な関係を指摘している。あるいは、『頭書増補二行節用集』の頭注が、詳注を特徴とする『新刊節用集大全』を企図させたとも考えられるのである。

おわりに

近世節用集の典型形成期は、寛永前半までと万治以降とにピークがあった。どちらかといえば、寛永までで は俗に寄りそう、使いやすさを重点においたものが、万治以降では根幹的な部分での改編が見られるという異なりが見られた。なお、両ピーク間には停滞期があることになるが、停滞の理由については別途考えたい。

本章では、時代区分の指標として本文系統を採ることはほぼなかった。源太郎版での削除本文が後の諸本が踏襲したことも、系統よりは、略本というスタイルの問題として捉えた。本文系統からの区分は可能かもしれず、なされる必要もあろうかと思う。第一部第一章で示したように、型と系（本文系統）とで諸本を位置づけるのであれば、時代区分もそれぞれの観点からなし、その後に突き合わせるという手順を考えたい。

これにかぎらず、さまざまな視点からの時代区分案が提出されてよく、記述的研究が未完成であるうちは、そうすべきであるとも思う。よりメタな立場からいえば、どんな視点からにせよ、時代区分をするという切り口が、諸本への見方を増やすことになり、それはそのまま豊かな記述への契機となるからである。

提示された諸案の突き合わせは、おそらく、互いの欠を洗い出しつつ補完することになろう。切れ目を入れる時点が同一となっても観点が異なる以上、区分の的確さや確度を増すことになったり、区分内の様態を立体的に示すことになるのではないか。いずれにしても記述的研究を豊かにすることは確かかと思われる。今後の研究の進展に期すばかりである。

注

(1) なお、両書の先後関係は定かではない。草書本から寿閑本が派生したとする説もあるが、「十分に　証明された　うへでの　論では　なかつた」(山田忠雄 一九六四)とも言われる。

(2) サ部数量門などでは語順の相違が認められるが、原則として寿閑本を襲うものとなっている(第三部第三章)。このほか、濁点の有無や語の増補など、寿閑本との小異はある。

(3) 一方のイロハ一覧は、『二体節用集』寛永九年版の冒頭にはない。

(4) 高梨信博(一九九六)を参照すると、無刊記両点版は、同じ『真草二行節用集』のなかでも、真草界を設けない点で慶安三(一六五〇)年以降の諸本に通じ、内題を陰刻とする点で万治元(一六五八)年以前の諸本に通じる。版面の印象は慶安三年版に近い。なお「無刊記両点版」との命名は高梨(一九九六)による。

(5) なお、近世後期以降に流布する早引節用集にあっては、美濃判半切横本が典型となり、これより小さい判型(三切縦本・三切横本)も語数の少ないものでは行われていった。これは、明和元(一七六四)年の版権紛議により早引節用集の側に制約が付されたためのことである。蒔田稲城(一九二八)・佐藤(二〇〇四)参照。

(6) 「両点」は、本来、一行書き本文漢字に右傍訓・左傍訓の備わることをいう。近世節用集では「本文左傍に併記された楷書表示にも付訓が備わること」を両点と称するのが普通であるから、原則として真草二行表示の定着後のものにいうことになる。なお、定義について、高梨(二〇〇五)は『日本国語大辞典』(第二版)の「両点」のブランチ四「早引節用集などで、表出漢字の左右に音と訓を分けて記すこと」のうち「早引節用集などで」とあるのを不正確だとするのは首肯される。後述のように、早引節用集にかぎるものでなく、早引節用集の刊行以前から存するものだからである。この語釈は、たとえば「そも〳〵　両点　を　冠するばあひの　おほくは、早引節用集の　類が　さうで　あるやうに、左右　両がはで　音・訓を　よみかへる　ものが　普通で　ある」（酒井憲二一九八六）のような記述に依拠したのであろう。

（7）他に早い時期のものに上杉謙信『消息手本』（永禄一一〈一五六八〉年写、一部両点）もあるという。これも含めて往来物については小泉吉永氏より教示を得た部分がある。記して謝意を表する。

（8）頭字を同じくする熟語が並ぶ場合、二語め以降において頭字の代わりに記される縦棒様の符号。

（9）一見、さして窮屈とも思えない紙面との印象があるが、これは丁寧な筆運びによるまとまりのよい書風が効いている。実際、書風まで考えにいれて紙面構成されたのであろう。さすがに凝縮感は『真草二行節用集』諸本などと比較すれば明らかに感じられる。

（10）より現実的には、寛文・延宝期増補本の後裔である『和漢音釈書言字考節用集』が幕末まで再版されるので、それがより直接的な影響を与えたり、大型本への改編・増補の目標となったりしたことであろう。もちろん、これは、増補語の原拠として『和漢音釈書言字考節用集』が起用されたという直接的な事態もあるが、一〇巻一三冊の威容そのものが、早引節用集への対抗手段として大型化という道のあることを、書肆たちに想起させる契機になったと推測してみたいのである。

（11）遅くとも延宝ごろには、版権を意識する書肆もあり、実際にその権利を行使したこともあった（村上勘兵衛が『合類節用集』（延宝八〈一六八〇〉年刊）の版権を根拠に、『広益字尽重宝記綱目』（元禄六〈一六九三〉年刊）での本文流用を訴え、版権の三分の一を割譲させた一件など。佐藤 一九九九）。したがって、他書の版権を尊重するために、他書での新規の工夫を容易には流用しなかったことも考えられる。

第二章　教養書化期

はじめに

前章で見たように、近世節用集は、その第一期において真草二行表示・両点・頭書・句点などの骨組みを得たといえよう。本章であつかう第二期では、これに、様々な日用教養記事による肉付けがなされたと捉えることができる。そうした変化が、第二期のはじまりに重なる元禄期に認められることは早くから指摘されていた。

元禄以後の諸本に於ては、易林本以来、仮名遣に従つて分つて居た「い」と「ゐ」、「を」と「お」、「え」と「ゑ」など、同音の仮名を一つに併せて、愈便利になつたのである（但、この事は延宝に新刊節用集大全に於て既に行はれて居たのである）。（中略）又、附録にも追々、種々のものを附加して、本文の後のみならず、其の前、及び上欄にも及び、単に辞書たるのみならず、日常生活に必要な万般の知識を与へる家庭事彙をも兼ねるやうになつたのである。（上田・橋本 一九一六）

日用教養記事を付録に採り入れる過程を抑えるかたわら、この大きな変化に隠れがちながらも、同期するかのように現われる様々な特徴を有する諸本にも注目して、第二期の状況を的確に把握したく思う。

第一節　教養書化への注視

本書では、節用集史の動態を把握するのに、より影響力のある事象についてまず注目したく思っている。その点、一八世紀前半を中心とする第二期については、辞書である節用集を「家庭事彙」へと変化させた事態、すなわち、日用教養記事を付録していく傾向を中心的事態と考えたい。もちろん、研究者ごとに視点・見解は異なってよいのであって、ほぼ同時期の節用集について、次のような複数の見方が存在してはいる。

まず、岡田希雄（一九三六）は元禄期を「天和・貞享・元禄・宝永の三十年間」と規定したうえで「文芸復興期ではあつたが、辞書界は、決して、文運に平行して居たのであるとは云へないのである」といい、米谷隆史（一九九七b）も「延宝期の合類節用集や新刊節用集大全が節用集以外の編纂資料をも駆使して大規模な増補改編を行っていたことと比較すると、元禄期の節用集はいささか新たな展開に欠けるようにもみえる」という。これらは、主として辞書の内容面・本文についての進展に関心があることからする発言である。

一方、高梨信博（二〇〇六）は、古本節用集の乾本（易林本類）以来の四七部立てから四四部立てに回帰したことを重視する。

近世節用集の流れのなかには、たとえば、早引節用集の起点となった宝暦二年（一七五二）刊の『〔宝暦新撰〕早引節用集』のように、大きなふしめとなるものがあるが、元禄期における四十四部系の登場も、そうした大きなふしめの一つと考えるべきものである。実質的には古本節用集の内容を引きついできたといえる四十七部系から、四十五部系を経て、全面的な改編とはいえないまでも、四十四部系では、さまざまの面で、近世的とよびうるような方向への転換がなされており、それが以後の近世節用集の主流となっていくのである。

たしかに重要な変化であり、四四部立てへの移行・回帰は、前章でも確認したように近世節用集の典型的な特徴でもある。ただ、早引節用集の登場と比肩しうる性格・事態との評価はいかがであろうか。早引節用集は、伝統的な検索法を廃して仮名数検索を導入し、日用教養付録も排除して辞書に徹した革新的な存在であった。それだけに、重版（無断複製）・類版（意匠盗用）の多発を招来し（佐藤 二〇一七）、一方では多様な検索法の開発を間接的に促進するなど（第二部第三章）、当時の出版界にも大きな影響を与えたのである。したがって、近世節用集史を的確に捉えるには、四四部立てへの移行・回帰と早引節用集の登場とを同等のものとは見ない方がよいように思われる。

そこで、本章では、第二期の特徴としてやはり教養書化を重視することとしたい。増補された付録記事は、日本図・禁中図・公家鑑・武鑑・日本史略年表・物忌令・暦日・易占・武具図・料理献立・囲碁・将棋・茶道・華道・算盤・日用医療等々多岐にわたるが、これらは辞書である節用集には本来なじみにくいものである。そうした異質なものを抱えこめば、節用集に対する利用者の目にも変化を生じさせよう。また、この後に続く第三期の主役となる早引節用集は、この種の付録記事を徹底して排除したのであった。このことを考慮するとき、相照らして日用教養記事を付していくことこそを第二期の主要な特徴と捉えることが、本書の節用集史の記述上の視点である「対立と棲み分け」にも適合するものといえる。

第二節　教養書化の過程と要因

〔一〕教養書化の嚆矢

近世節用集において、辞書である節用集には似つかわしくない教養記事を付録した先蹤としては、前章でも言及した『真草増補節用集』（延宝三〈一六七五〉年刊）の「南瞻部州大日本国正統図并諸国名物之記」が注意される。古本節用集の付録にもある国郡名集に諸国名物を大量に増補したものであるが、扉にも「改正真草／増補節用集／国々名物」と大書するなどアピールしている。名産名物の列挙は語彙集型往来に似るので節用集の付録にふさわしそうだが、詳細な内容を小振りの字で記すのは手習い用ではなく、やはり情報自体に価値があるのであって、節用集の付録としては「異質」なものを取り込んだ早期の例と解すべきものである。

この「諸国名物之記」は、松江重頼編『毛吹草』（正保二〈一六四五〉年刊）の巻四とほぼ同内容である。同書が代表的な俳諧指南書であることを考慮すれば、名産名物は句作の契機になるものであり、ならば節用集は句作に必要な文字を提供する辞書となろう。さらに、横長の三切判であることを考慮すれば、俳諧愛好家向けの、携行性に配慮した近世的韻事の書とも捉えられよう。とすれば、『真草増補節用集』の付録は「異質」ではなくなるので、教養書化の例にも含まれないと見られる。ただ、すでに特定用途向けに変貌したとも言えなくもなく、右のような関係を見出せない人には異質を抱え込んだものと見なされようから、やはり教養書化の嚆矢と捉えておいてよいかと思う。

〔二〕教養書化への転機

実質的な教養書化への過程は、早く岡田希雄（一九三六）が亀田次郎旧蔵書により『頭書大益節用集綱目』（元禄三〈一六九〇〉年跋）の篆字併記、『頭書大広益節用集』（元禄四年刊）の頭書挿絵、『頭書増補節用集大全』（元禄五年刊）の教養書化に触れ、高梨（一九八七）も『頭書増補節用集大全』の付録に言及する。さらに石山秀和（一九九八）は、亀田次郎旧蔵書における「乾」を冒頭に配する九五本を調査して次のような見通しを示した。

①易林本から貞享元（一六八四）年刊行の初期のものには、京町尽・名乗字・五山之沙汰・数字・分毫字様・韻字・南瞻部州大日本国正統図（日本図は省略）などの付録が備わる。

②この後、『頭書増補節用集大全』（貞享二年刊）に禁中図・公家之次第・公家鑑が、おなじく貞享三年本に、服忌令・太刀折紙之法式・短冊色紙之書法・制札寸法などが現われる。

③元禄に入ると、日本図をはじめ様々な付録が加わわり、『頭書増字節用集大成』（元禄一〇年刊）では三都図・年

代記が初出する。しかし、貞享元年までの伝統的な付録（①）も併存させている。
④享保に入ると、二十四節気・五山之沙汰・分毫字様・韻字・南瞻部州大日本国正統図など、貞享元年までの初期付録（①）が極端に減り、貞享二年以降の新たな記事（②）が中心的に付録される。
新旧付録の混在する元禄年間（③）を過渡期として推移をなめらかに跡づけている。ただ、これは亀田次郎旧蔵書でのことであり、対象とした全九五本のうち、貞享から享保のものも二一本にすぎない。この時期には最大一七〇本が刊行されたと見込まれるので（本書巻末付録）、今後の調査で補訂される余地はあるが、異質なものが付録されはじめる②と、旧来の付録が消えていく④が押さえられたのは尊重しておきたい。

〔三〕教養書化の要因と影響

問題は、異質な記事を付録していった理由である。元禄文化の興隆にともなう豊かな展開などという回答を採るまえに、近世節用集が出版書であることに鑑み、まずは、出版制度との関わりに変容の要因を求めたく思う。しかも、出版制度の核となる板株制度の確立は、第二期に重なる元禄・享保期であるから重視しないわけにはいかない。

書肆たちは、比較的早くから仲間を形成し、相応に版権の運用をしていたようだが、元禄一〇年前後には三都とも幕府により重版（無断複製）・類版（意匠盗用）の禁令をださせることに成功した。法制度上からプライオリティの尊重を獲得したということである。さらに、享保半ばには三都の本屋仲間が公認されて書籍内容の自主管理を幕府から指示されるが、その審査過程において版権侵害の点検も組織的に行なえるようになった。このように近世的版権制度は、法律上も実行組織上も整備され、社会的に確固とした基礎が築かれたのである。

このような版権制度を背景に、第二期では特徴的な節用集が編まれていく。近世節用集の雄である『和漢音釈書言字考節用集』（享保二〈一七一七〉年刊）や、『女節用集文字袋』（宝永六〈一七〇九〉年刊ほか）・『男節用集如意宝珠大成』（享保元年刊ほか）のような性別向け節用集とでもいうべき異本もこの時期に現れる。所属語数が多くなりがちな言語門で二字めもイロハ分けした[1]『新増節用無量蔵』（元文二〈一七三七〉年刊）もやはりこの時期に刊行されるのである。このほか、新規性のある考案は書籍のすべての面におよんだと見られ、検索法や書名・判型・レイアウト・行の使い方（界線をほどこしての割行など）などをめぐっても版権問題は起きたのである（佐藤二〇一七）。

一方で、版権制度のもとでは、版権をもつ他書に対抗するために、版権取得には至らないようなささやかな工夫であっても盛りこむことが行なわれたようである。たとえば、当時の節用集では、意義分類（門）の順序がイロハ各部ごとに一定しなかったが、『頭書大益節用集綱目』以降、整備するようになり（高梨一九九七b、米谷隆史二〇〇一）、また、「相対仕・有難存候・相渡・相済・預手形・預銀・被遊」のような書簡・文書用語の収載も元禄以降になされだすという（米谷一九九七b、高梨二〇〇六）。こうした改変についても、他の、版権を有する諸本との販売競争を勝ち抜く必要はあるのだから、いわゆる差別化のための営為と考えておきたい。

このように、版権制度の確立によって独占販売が保証されると、新規性のある考案・開発が次々と行なわれることとなり、結果、多様化が招来されるにいたった。いわば構造的多様化とでも呼ぶべき状況が現出したのである。

ここで注意しておけば、版権を取得するのに必要なのは新規性であって、それは有用性よりも優先されるということである。新規であるには他と異なればよいので、有用性は二の次で構わないのである。さらには、見せ掛けだけの新しさであっても（とりあえずは）それでよく、ひいては原拠を悟られないような工作を講じるものも現れることとなる。そこで、このような新規性の獲得が過熱した状況を把握しておきたく思う。近世節用集研究において、版権を意識した考察・検討はそう活発ではなく、第二期における様相も教養書化に目を奪われがちなのであるが、それと同根の現象として新規性の獲得競争のさまにも目配りし、節用集界が、教養書化に突き進んでいった様相をより的確に捉えたく思う。

第三節　新規性獲得の過熱化

〔一〕多階版での過熱

『頭書増補二行節用集』（寛文一〇〈一六七〇〉年刊）により頭書（本文上欄の要語注）が導入された。下段の辞書本文で簡便に漢字を得、頭書で語注を読むという二重の使い方が実現したのである。さらに、大坂の伊丹屋は『大広益節用集』（元禄六〈一六九三〉年刊）において「増補倭玉篇」を最上段に配した三階版を作った。この倭玉篇は筆画・付訓などが細かく刻された[2]充実したものであり、当時の節用集の付録としては出色の存在であった。

この三階版が他の書肆と係争となった件が興味深い（佐藤 一九九五a）。宝永六（一七〇九）年ごろ、伊丹屋は『大広益節用集』を根拠に三階版『千載集』『百人一首』を刊行したが、同じく大坂の柏原屋は三階版『百人一首』を刊行していたので、それ

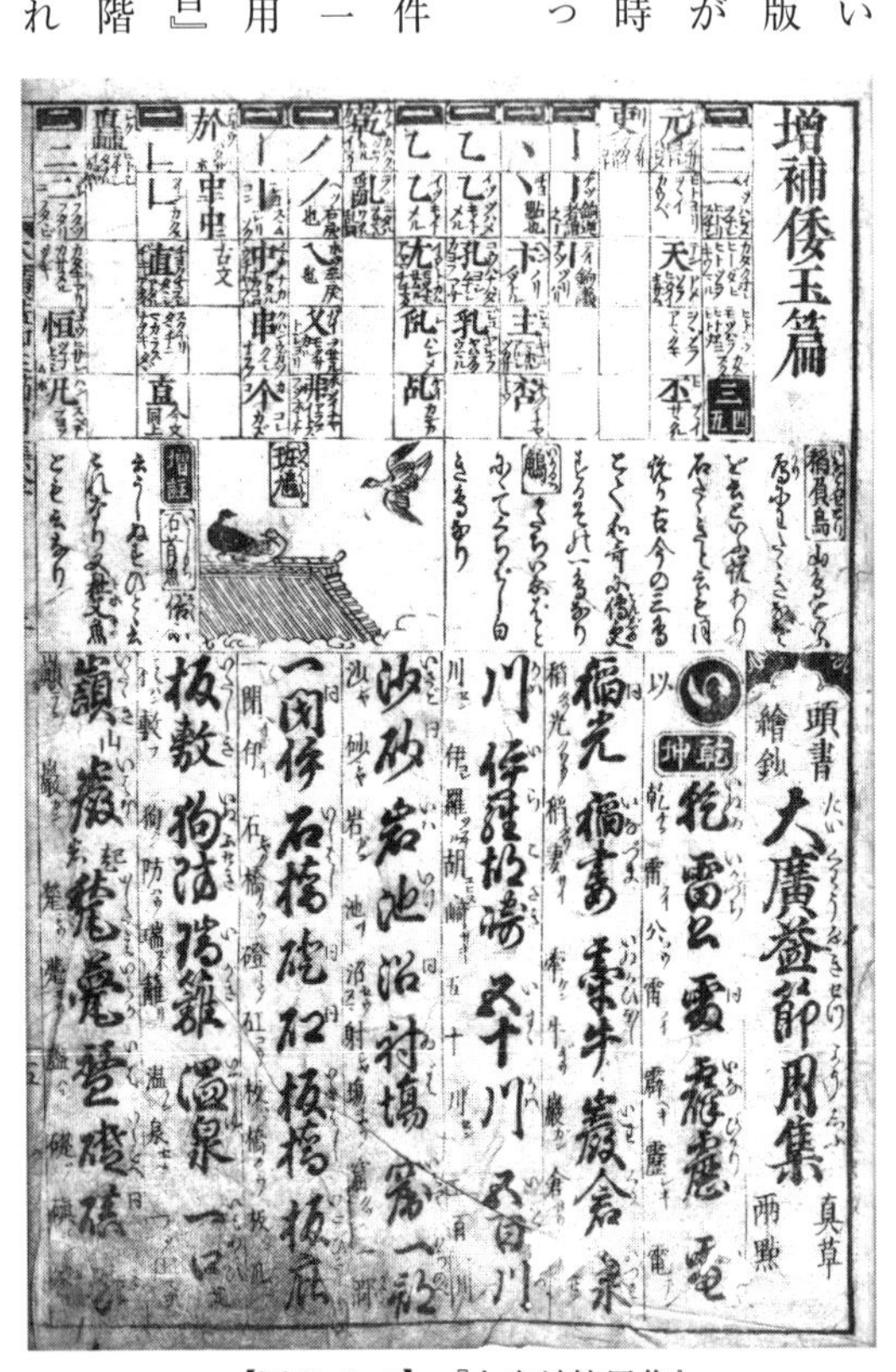
増補倭玉篇
頭書
繪鈔
大廣益節用集
真草
両點

【図 2-2-1】『大広益節用集』

を根拠に吉文字屋・敦賀屋とともに三階版『字林節用集』を刊行した。それまでは、節用集と歌集とで内容により棲み分けていた三階版であったが、互いの領分を踏み越えて三階版を刊行したのである。

両者に一応の版権の根拠のある本件は、相当に紛糾したらしく、大坂本屋仲間は衆議の結果を次のようにまとめることとなった。

一節用集・百人一首、三階板之義は不及申、四階五階成不申候
一節用集本文之所、三階板伊丹屋茂兵衛一人ニ而御座候
一字林節用集、吉文字屋市兵衛・柏原屋清右衛門・敦賀屋九兵衛相合板一代切ニ而御座候（大阪府立中之島図書館編（一九八二）「裁配帳」一番）

第二項において三階版の節用集が伊丹屋の版権であることを確認し、第三項において柏原屋らの『字林節用集』の再刻を認めさせないことにしたものである。そして第一項は、何人にも四階版・五階版の刊行を認めないとするものである。これは同趣の争いの禍根を絶つ措置だが、四階・五階とエスカレートすることを想定するのが興味深い。当時の出版界には、有用性よりも新規性を求めるような過熱化があったことがよく分かる例である。

〔二〕改題

新規性を追求したものではないが、新しさの演出として改題することがあるように思われる。近世節用集史上、第一期に同一書名の節用集が数多く刊行されるので、第二期での多様な書名が現われる事態が対照的に見え、改題についても時期的な特徴として捉えられよう。ただ、この書名の多様化には、同一書名では版権管理上、問題をきたすことがありうるという、制度的な制約ないし制度運用上の要請があるものとも推測される。したがって、他の新規性の問題とは同一に扱えないともしうるが、やはり版権管理に絡む問題ではあり、ここに扱うこととした。なお、外題や

角書などまで含めれば多様さがより際立つであろうが、当面、本文冒頭の内題本体を中心に考えることとした。

高梨（一九九二）が二種五本の覆刻改題本を指摘するほか、山田忠雄（一九六一）によれば、さらに多くの類例が得られる。次に、これまで知られなかった諸本を中心に例示しておく。いずれも版木を同じくするものだが、内題以外の改刻や、一部版木を新刻した可能性のあるものを含んでいる。

二体節用集[3]（元禄二年刊。岐阜県図書館）→袖宝節用集（寛延三年刊）

新撰節用集（元禄三年刊。大阪市立大学）→珠玉節用万代宝匣[4]（享保ごろ刊）

頭書大成節用集（元禄九年刊）→大万歳節用集（国立歴史民俗博物館）

頭書増補節用集大全（元禄一三年刊）→大徳増補節用集大全（埼玉県立文書館）

頭書増補宝鑑節用集（元禄一三年刊[5]。長崎歴史文化博物館）→頭書増補宝撰節用集（元禄一六年刊。架蔵）

永代節用重宝無尽蔵（宝永ごろ刊。埼玉県立文書館）→万福節用大乗大尽[6]（正徳二年刊。棲息堂文庫）

万徳節用筆海類編（宝永七年以降刊）→大嘉節用無量宝蔵[7]（享保五年ごろ刊）

如意節用宝集大成（享保ごろ刊。石川県立歴史博物館）→寿海節用万世字典（享保一四年刊）

このほか、『大大節用集大家蔵』（元禄ごろ刊）のように、「家蔵」のみ行草体で他は楷書体のようなものは、原本が特定できなくとも改題を想定してよいかと思う。また、内題と柱題が大きく異なるものも注意される。山田（一九六一）によれば『大広益節用不求人大成』『大魁節用悉皆不求人』の「我宝節用」、『大広益拾遺節用集』の「雑書節用集」、『森羅万象要字海』の「増続節用不求人」などがある。また、同版ではないが、行取り・一行の字配りはおろか、書風の細部まで似せたものがあり、なかには、頭書付録は異なっても本文だけは酷似するものもある。この種の例も山田（一九六一）で一〇組ほど見られる。

原本の体裁を改めたうえで改題したものも準じて扱えようか。第一期の『合類節用集』（延宝八年刊）は八巻一〇冊の大部のものだが、第二期には、小型横本とした『広益字尽重宝記綱目』（元禄六年刊。古屋彰 一九八四）、イロハ・意義検索の小型縦本に改編した『三才全書誹林節用集』（元禄一三年刊。小川武彦 一九八四）などがある。

〔三〕書名からみる異質さ

第一部第三章では、内題の所用字数と基称〈節用集・節用〉のありようを二五年ごとに検討したが、そこでも指摘したように、第二期の大半が含まれる一七〇一～五〇年では、その前後の時期とは異なる傾向が見られた。

まず、平均字数では、一六七五～一七〇〇年の数値が最高であったが、一七〇一～五〇年がこれに次ぐのであった。これは、『増補頭書両点二行節用集』のように実質的な要素を重ねる形から、『大海節用和国宝蔵』『万金節用永代通鑑』のようにイメージ優先の修飾的な要素を用いたため、字数上は縮約したことが考えられる。〈大海・宝蔵・万金・永代〉などの広大・財宝・永久などをイメージさせる要素は、多方面にわたる日用教養記事の付録化を象徴的に表したものであろうから、教養書化をよく反映したものと考えられる。

基称については、一七〇一～一七二五年ではなお〈節用集〉が優勢ながら、短縮形〈節用〉が拮抗し、一七二六～一七五〇年では七割ほどが〈節用〉を用いることになる。また、基称の位置も内題末尾に来ないことが普通になり、さらには書名の前半部に集中するようになるのである。この時期の節用集においては、辞書部分が本体であることはたしかなのだが、その重要度は日用教養記事が多数付録されることにより相対的に低くなっていき、それがまた、基称の短縮化や書名中での位置のずり上がりなどの現象として現れたかのようである。こうした傾向も、一七五一年以降には終息にむかうので、やはり第二期が異質であったことが知られるのである。

〔四〕本文冒頭部での改変

山田（一九七四）では各部門の初めの部分での増補・改編に注目するが、「なにかを　くはへた　といふことを一目瞭然　他に　しらしめるためには　その　ものの　まんまへに　おくに　かぎる」という意図を捉えてのことである。つまり、新味の演出は冒頭部での工作が効果的ということになるが、近世節用集史の第二期においても、子どもだましのような作為を実行してしまう例があり、新規性の追求の過熱を見ることができる。

山田の言葉どおり、増補語から掲げるのが『大万宝節用集増字大成』（元禄一七年ごろ刊）・『福寿皆無量節用大成』（宝永五年ごろ刊）・『万金節用永代通鑑』（享保六年ごろ刊）である。しかも増補分を割行表示にするので、新しさとともに異様さが印象に残る。ただし、イ部時節門以降は原本文に増補本文を続ける通常の形式になるので（山田一九六一）、まさに冒頭部だけの見せ掛けであり、この種の改変の典型となっている。

菊田紀郎（二〇〇七）は、本文冒頭部での行単位の改編のあるものを指摘し、作為を見ようとしている。『大広益節用不求人大成』（正徳二〈一七一二〉年までの記事あり）などいくつかの刊行節用集が、その依拠本である『広大節用大全無尽蔵』（宝永末〈一七一〇〉ごろ刊か）の配列を次のように改めている。

一丁表二行目→三行目→一丁裏一行目→一丁表五行目→四行目→六行目→七行目→一丁裏二行目→三行目（中略）内容をそのままに掲出しているにも拘らず、冒頭部分において、それを感得させないような細工を施した、その結果がこの語序の移動になって現出したと考えたいのである。

〔五〕内題の省略

本文の直前に位置する内題を備えないものがあることも注意されようか。

『合類節用集』（延宝八年刊）やその改編本『鼇頭節用集大全』（貞享五＝元禄元年刊）・『合類節用無尽海』（天明三〈一七八三〉年刊）にも内題がないが、これらには巻頭付録がないので、外題・扉題が本文と直結しやすく、内題を省略できたのであろう。

慶応義塾大学・神戸女子大学に所蔵される、元禄八年ごろの、頭書を備えた刊本は事情が異なるかもしれない。慶応本によれば巻頭付録があるようにも見えるが[8]、それは他の書籍のものを合綴したもののようである。神戸女子大学本は巻頭・巻末欠丁のため、巻頭付録のありようも不明とせざるをえない。もし、巻頭付録がないか、あってもごく少ない場合には、右の『合類節用集』などと同様に考えることができよう。

巻頭付録があるのに内題を欠く例もないではない。秋田県立公文書館には、もともと存した内題を削除して空白としたまま、摺刷・刊行されたものが蔵される。通常なら、埋め木などして新たな書名を刻みそうなものであるが、そうはしないあたりに、何らかの点で他の版権に抵触するなどの事故があったようにも推測される。なお、本書は秋田県立博物館に蔵される『新節用集万物大成』(宝永三年ごろ刊)と同版であり、こちらの方が摺りが早いように見える。

〔六〕頭書増補語彙集の原拠紛らし

第一期に語注用のスペースとして導入された頭書は、第二期には日用教養記事が配されるようになっていくが、中には、増補語彙集を配するものもあった。これは第一期の頭注のようなものではなく、増補語彙集として独立したものである。節用集本文と同様にイロハ・意義検索のものと、意義・イロハ検索のものがあるという(菊田紀郎 一九九九)。イロハ・意義検索なら本文と同じ組織なので、節用集本文で求める字を得られなかった場合、多少の丁の前後はあるだろうが、直上の頭書を見ればよいことになる。ところが、頭書の増補語彙集に意義・イロハ検索を採るものでは、全体として不自然な組織になってしまう。その背後には相応の作為があるように思える。

『大魁節用悉皆不求人』(宝永三年ごろ刊)の頭書記事の一つに「世話字合類大成」がある。「合類」の名のとおり意義・イロハ検索をとるが、この原拠は『反故集』(元禄九年刊)の「諺字」であり、イロハ・意義検索のものなので

（古屋彰 一九八四）、転用に際して改編したことになる。原拠をたどられにくくしたことが疑われるのである。

『頭書増字節用集大成』（元禄一〇年刊）には「増字大全」、『万宝節用集』（元禄一三年刊ほか）には「大増字大成」と題する頭書語彙集がある。比較的規模の大きなものだが、下方の節用集本文と同じくイロハ・意義検索なので参照しやすく、問題もないように見える。ところがこの原拠は、意義・イロハ検索の『広益字尽重宝記綱目』（元禄六年刊）なので（米谷 一九九七b）、原拠紛らしのためにイロハ・意義検索に改編した可能性があることになる。

さらに、この「増字大全」「大増字大成」のいずれかによって頭書に増補したのが『万徳節用筆海類編』の「増字」と考えられる。ただ、ここでも原拠紛らしのためか意義・イロハ検索に改編されており、『万徳節用筆海類編』の辞書本文のイロハ・意義検索とは逆の組織になってしまった。また、右のような経過を踏まえれば、意義・イロハ検索の『広益字尽重宝記綱目』本文がイロハ・意義検索の「増字大全」「大増字大成」に、さらに意義・イロハ検索に回帰したことになる。何とも迂遠なので、あるいは『広益字尽重宝記綱目』から直接『万徳節用筆海類編』「増字」に流用されたと考えたくなるが、『万徳節用筆海類編』「増字」の、たとえば乾坤門内のイロハ各部の標目が【い〔乾坤〕[9]】【ろ〔乾坤〕】などとイロハ・意義分類の順に示されるのは、やはり本来はイロハ・意義検索であったことの名残りと捉えられよう。[10] 結局、原拠紛らしの改編には工作のための工作らしいありようが見てとれるように思われる。

ここで山田俊雄（一九七五）が想起される。『一代書用筆林宝鑑』（享保一五年刊）の頭書語彙集「書面走廻用字」が『広益字尽重宝記綱目』に基づいており、イロハ逆順配列などの工作をするというのである。山田も、本文を周到に整備した編者・中村三近子が「書面走廻用字」の不整備を放っておくのを不審としている。が、この時期の版権紛議には付録記事の原拠をめぐるものが多く（佐藤 一九九五a）、また右にも見たような改編が確認できることも合わせて、これもまた、原拠紛らしの横行を物語る一例と捉えられそうである。

〔七〕コストカットのためのテキスト省略

前掲『大万歳節用集』（国立歴史民俗博物館蔵）は、『頭書大成節用集』の版木を流用するが、一丁の表・裏に言語門収載語が多いような場合、その一丁をそのまま削除することがある。たとえば、ハ部では『頭書大成節用集』の丁付けでいえば七丁めを削除するのだが、このためにハ部器財門・言語門の一部が失われることになった。これでは、六丁めと八丁めの続き具合がよろしくないはずだが、その隠蔽も図っている。

まず本文では、六丁裏の最終行は『頭書大成節用集』の通りであれば次のようであるが、

／切。笘。反首。撥面。権衡。腹帯。鋌。絆綱。柝。紲／（付訓・施注を省略）

『大万歳節用集』では、末尾の「柝。紲」の二字を削除して「【言語】走」と補刻する。これは、削除した七丁めにあった言語門の標目を補いつつ、八丁表先頭の「舞」字に続けて「はしりまひ」を完結させるための弥縫である。

頭書でも同様の工作がある。六丁裏から七丁表での語注は、本来一文が二丁にわたっていた。

（六丁裏）……是より人を娃を馬鹿と　（七丁表）ハいふ也史記李斯が伝に見えたり

『大万歳節用集』では、まず、六丁裏の末尾「馬鹿と」の「と」の左脇に「云」字を埋め木して文を終了させてしまう。一方、七丁裏と八丁表の頭書は、それぞれ別語の語注なので、七丁めの削除は問題ないかに見える。

（七丁裏）【名字】〔新田〕上野の在名　（八丁表）【言語】〔新嘗会〕十一月中の卯の日あかる也……

しかし、頭書の語注はハ部から二部に進んでおり、二部の標目は削除された七丁裏一行目にあったので、それを八丁表の【言語】を削除して【に】を埋め木するのである。

このように、大胆に丁単位で削除しながらも、その前後の連絡は周到に保とうとしているあたり、巧妙と言えよう。原拠である『頭書大成節用集』とは全同でなくするための原拠紛らしかとも思われるが、いささか乱暴なありようで

ある。一方では、コストを切り詰めるためのものかと思われるが、いずれにしても利用者不在の論理によるものであろう。『大万歳節用集』は、改題のことも合せて、第二期のマイナス面を代表する存在といえよう。

おわりに

近世節用集史の第二期には、板株制度を背景として有用性の高いものが編み出される一方、明確な出口を見いだし得ないのか、迷走するものもあった。そうした例ではあっても、有用性の高いものを開発する難しさと、板株を得ようとする思いの強さを読み取りうると考えられる。

続く第三期では早引節用集が刊行され、新たな時代を開くことになるが、早引節用集の仮名数検索も、版権を得るべく開発された工夫ではあった。その意味では、第二期の諸本の工夫も早引節用集の仮名数検索も、ともに版権制度下における構造的多様化の産物として、同質のものであることになる。ただし、早引節用集のインパクトが桁違いであったことを別途理解することで、近世節用集史の大きな局面が的確に把握できることになろう。

第二期の負の特徴として触れ残した点は少なくない。書名に様々な形容要素が使われるが、本章では直接には扱えなかった。先の、基称〈節用集・節用〉のありようからの検討でも相応に実状を反映していたと考えるが、実体ではなく影だけを語ったようなものではある。補いとして巻末の「近世節用集一覧」を参看いただければと思う。

改題の例でも、さらに多くの例を見出しつつ、他の期での改題が少ないことなどを確認して緻密な対照を試みたく思う。また、刊年不詳本が宝永（一七〇四〜一一）・正徳（一七一一〜一六）ごろに集中することはかつて指摘したが（佐藤　一九九六b）、その後の追補を心がけた「近世節用集一覧」でも事情は変わらなかった。そうした事態の要因も明確には分かっていないが、ここにも第二期の捉えがたさがあるのかもしれず、今後に期すばかりである。

注

(1)このほかにも工夫のある、第二期にふさわしい特徴的な節用集である。詳しくは佐藤(二〇〇二c)参照。

(2)「増補倭玉篇」は一行一〇ミリ幅だが、すでに『聚分韻略』(寛永三〈一六二六〉年刊など)も一二～三ミリ幅、袖珍版『改正小字彙』(貞享四年刊)では九ミリ幅なので、技術的には驚くには当たらないのかもしれない。

(3)行草一行表示ながら「二体」を名乗るので、これ以前に別の書名を採っていたのかもしれない。なお、他に伝本が知られないので、所蔵者名を記した。以下、同様である。

(4)書名以外にも改刻個所があり、原拠本とは傾向の異なるものを目指したものか。佐藤(二〇一二a)参照。

(5)『頭書増補大成節用集』(元禄一二年刊)などを覆刻したものか。なお、元禄一三年刊としたが、若杉哲男(一九八〇)中の同名書の年記を参考までに付したものである。

(6)同版と見られるが、『永代節用重宝無尽蔵』に後刷のような荒れがあり、新しい記事をもつ『万福節用大乗大尽』に早い刷りのような鮮明さも認められる。保存状態の差もあるが、別本の出現により確実な検討を期したい。

(7)『万徳節用筆海類編』の柱題は「無量節用」なので、相似る『大嘉節用無量宝蔵』からの改題が疑われる。が、『大嘉節用無量宝蔵』の内題は書跡拙く、「嘉」字も「士」に「加」を下接した省画で、痛みによる匡郭の切れも多いので、こちらを改題本とした。

(8)グーグルブックス所掲の画像による。「節用集」http://books.google.co.jp/books?id=-Cdt8ZRGPpEC。

(9)【 】は陰刻を、〔 〕は割行表示を表す。

(10)このほか、『広益字尽重宝記綱目』数量門の所収語は二〇〇語近いが、『万徳節用筆海類編』「増字」には七語しかなく、これは「増字大全」「大増字大成」のロハニコ各部数量門に存する七語と一致する。また、同字符(直上の語の同一個所の字が同じ場合に用いる略号)は『広益字尽重宝記綱目』では用いられないが、「増字大全」「大増字大成」も『万徳節用筆海類編』「増字」も、ハ部言語門の「花」を頭字とする「ｌ姿。ｌ情」の二例に用いており関係が認められる。刊年(推定を含む)も勘案すれば、『広益字尽重宝記綱目』から「増字大全」「大増字大成」そして『万徳節用筆海類編』「増字」に改編されたと考えられよう。

第三章　検索法開発期

はじめに

節用集は、近世の全期を通じて収載語や付録の増補をはじめ、頭書での語注・付録の増補など、内容面での充実がはかられてきた[1]。このような発達は、検索法にもあてはまると予想されるが、近世前期（一七五〇年以前）では新たな検索法の考案はほとんどなく、近世後期（一七五一年以降）、特に一七九〇年までに集中的に現れるのである。

本章では、近世後期に現れた検索法をまず一覧することからはじめ、それらが必ずしも年を追うごとに改良されていかなかったことに注目した。そして、その背景には早引節用集の版元による版権の拡大解釈が影響していたことを確認しつつ、検索法開発期たる第三期が近世節用集史のターニングポイントであったことを明らかにする。

第一節　近世節用集の検索法

まず前期と後期の検索法の概略を示しておこう。なお、以下、語を分類するイロハや意義分類などの指標を分類基準とよび、それらによって構成される検索の組織を検索法とよぶ。また、検索法のなかで分類基準の順序を示す際には第一分類・第二分類などと呼び、検索の実際を重視する場合には第一検索・第二検索などと呼ぶことにする。

前期の検索法は、古本節用集と同様、仮名一字めのイロハ分類と、その下位に意義分類を配する二重検索が主流である。その中では『新増節用無量蔵』（元文二〈一七三七〉年刊）が言語門所属語に対して仮名二字めでのイロハ分類を施して、部分的な三重検索とするのが注目される。また、そこまでの改良には至らないものの『万倍節用字便』（享保四〈一七一九〉年刊）などが、言語門をイロハ各部の意義分類のはじめに配したり、『蠡海節用集』（寛延三〈一七五〇〉年刊）・『字典節用集』（寛延四年刊）も言語門から配列するとともに、それまで必ずしも一定でなかったイロハ各部の意義分類の順序を統一するなどの営為はあった（第三部第六章）。

このようなことからすると、近世前期にあっても検索法への関心と新たな考案の機運はあったかと推測される。しかしながら、新規の検索法は『合類節用集』（延宝八〈一六八〇〉年刊）・『和漢音釈書言字考節用集』（享保二〈一七一七〉年刊）など、意義分類をイロハ分類の上位に置く、いわゆる合類型が現れたにとどまる。

結局、近世前期の検索法は、分類基準はイロハと意義分類だけで、これらを組合せた二重検索が中心であったことになる。また、次のように言い換えることもできよう。節用集は、漢字の「形」を知るための辞書であり、「音」（仮名）と「義」（意味）から引くのが近世前期までの通念であった。音・義それぞれに一つずつの分類基準が用意されており、これによって漢字（形）を得るのが近世前期の節用集における検索法だったということである。

これに対して近世後期では種々の試みがなされる。分類基準では、古本節用集以来の検索法に不可欠だった意義分類を廃するものが現れ、仮名数検索・五十音検索・特殊仮名検索（濁音・長音・撥音をあらわす仮名の有無による）など、仮名のありように注目した検索への傾斜が顕著となるのである。さらには片仮名総画数で検索するものや、仮名第二字までイロハ検索をくり返すなどの近代的な検索法も考案され、前期には見られない多彩さを呈するのである。

そこで次節では、後期節用集の検索法を一覧することからはじめたい。

第二節　近世後期節用集の検索法

まず、管見の書や、大坂本屋仲間の記録類（以下『大坂記録』）にある版権紛議で問題となったものを刊行順に挙げておく(2)。なお、早引節用集は多くの異本があるが、『〔宝暦新撰〕早引節用集』の事項だけを示した。また、初版と再版とで内容や体裁などの異なりが少ないものは初版だけを示した。「検索法」の項については、諸本とも第一分類はイロハによるので、第二分類以下を記すこととした。「意義」直下の数字は分野数を示す。

書名	刊行年	類別	検索法（第二分類以下）	備考
①早引節用集	宝暦2（一七五二）年刊	A	仮名数	三切縦本
②国字節用集	宝暦7（一七五七）年成	B	イロハ	計画のみ
③早考節用集	宝暦11（一七六一）年刊	C	意義6・清濁	三切横本
④早字二重鑑	宝暦12（一七六二）年刊	B	＊イロハ	三切横本
⑤安見節用集	宝暦12（一七六二）年刊	B	イロハ	三切横本
⑥千金要字節用大成	明和元（一七六四）年求版	A	意義21・仮名数	美濃判
⑦万代節用字林宝蔵	明和3（一七六六）年刊	A	意義13・仮名数	美濃判
⑧連城節用夜光珠	明和5（一七六八）年刊	C	清濁引撥・意義6	三切横本
⑨広益好文節用集	明和8（一七七一）年刊	A	偶数奇数・意義13	半切縦本本
⑩急用間合即坐引	安永7（一七七八）年刊	C	＊清濁引撥・意義6	三切横本
⑪二字引節用集	天明元（一七八一）年成	B	イロハ（語末）	詳細不明

⑫五音字引節用集	天明元（一七八一）年成	B	五十音（語末）	詳細不明
⑬大成正字通（初版）	天明2（一七八二）年刊	C	＊清濁引撥・意義14	三切横本
⑭画引節用集大成	天明4（一七八四）年刊か	A'	意義10・片仮名総画数	三切横本
⑮大成正字通（再版）	享和2（一八〇二）年刊	C	＊意義11・清濁	三切横本
⑯偶奇仮名引節用集	文化元（一八〇四）年刊	A	偶数奇数・仮名数	半切横本
⑰蘭例節用集	文化12（一八一五）年刊	B	イロハ・意義9	半紙本
⑱いろは節用集大成	文化13（一八一六）年序	A	仮名数・意義13	半切横本
⑲万代節用集	嘉永3（一八五〇）年刊	A	仮名数・意義15	半切横本

②④〜⑦⑪⑫は主として『大坂記録』による。③詳細は天明五年版による。④真字版・草字版あり。東北大学狩野文庫天明写本も参照。⑦架蔵本も参照。⑨安永三年版・天保三年版などもあり。⑩行草一行本・真草二行本・美濃判本（天明二年ごろ。改題書に「万徳節用集」「国宝節用集」などあり。⑭寛政四年本もあり。いま改題本と目される『懐宝早字引』（享和元年ごろ刊。米谷隆史氏蔵）による。⑯改題本『長半仮名引節用集』が広く行なわれる。

「＊」は、語頭における仮名の異なりではなく、同一発音のものを合して別掲することを示す。

右掲の諸本では、第二分類以下に取り入れた分類基準により、A：仮名数によるもの（準じるものはA'）、B：イロハ・五十音など仮名の順によるもの、C：清濁引撥などの特徴的な仮名の有無によるもの、に三分した。この類別ごとに諸本の検索法についていくらか詳述しておきたい。

〔一〕仮名数検索（A A'）

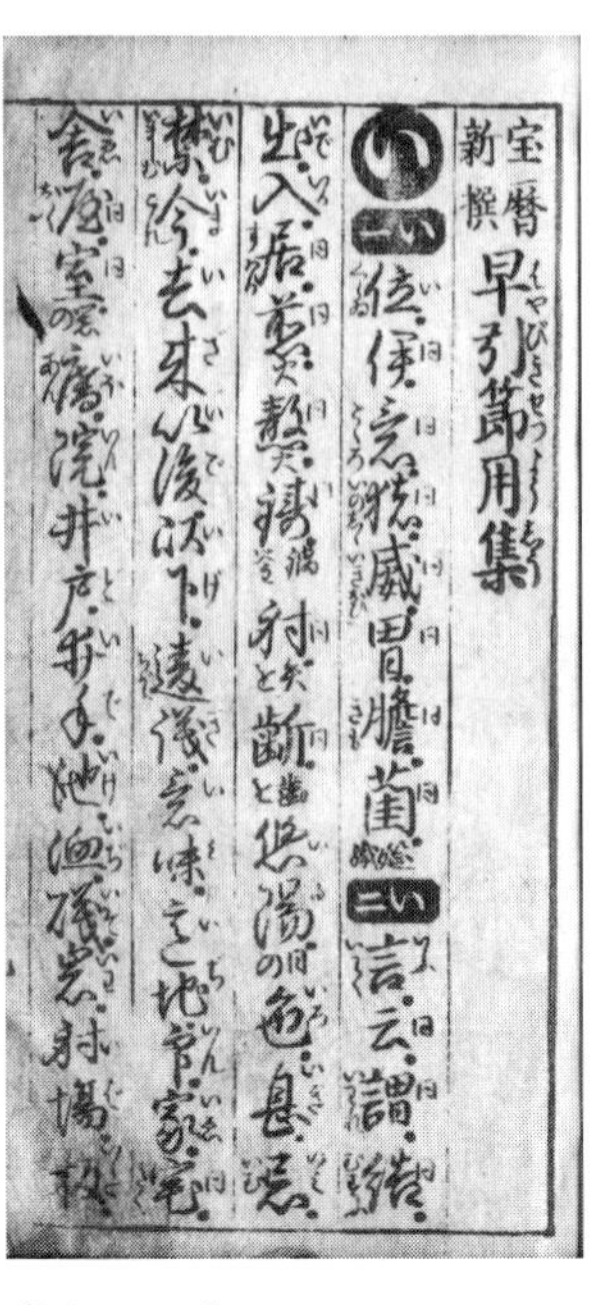

【図 2-3-1】
『〔宝暦新撰〕早引節用集』

①『早引節用集』は、理解しにくく曖昧な点もある意義分類の代わりに仮名数を採用したものである。[3] ただし、仮名数検索が分かりやすいとはいっても必ずしも完全なものではない。仮名書きした場合を前提とするので、拗長音などでは字数上の振れが存することになるし、語頭の四つ仮名や開合・拗音ではイロハのどの部に属するかが明瞭でないなど、従来のイロハ・意義検索節用集からの問題を引きずっているともいえる。⑥『千金要字節用大成』は現存が確認されないが、「廿一門分ケかな之次第ニ而、文字引出し候書」(『大坂記録』差定帳一番)で、イロハ・意義・仮名数の三重検索かと思われる。[4] ⑦『万代節用字林宝蔵』はイロハ・意義で仕分けられた語群内を仮名字数の少ないものから並べたものである。[5] ただし、仮名数の別を強調する標目類は示されない。⑱『いろは節用集大成』は早引節用集の一種で、第三分類に意義分類を採用している。⑨『広益好文節用集』・⑯『偶奇仮名引節用集』・⑲『万代節用集』は少々変則ながら仮名数の偶数奇数分類を採用する。第三分類は、⑨が意義、⑯が仮名数である。なお、⑯は意義範疇を語ごとに小字で記すが、検索法には関わらず、注に近いものとなっている。⑭『画引節用集大成』は片仮名総画数が目をひく。このような点まで分類基準に持ち出すことに検索法開発の過熱ぶりが認められる。

〔二〕仮名順検索(B)

②『国字節用集』は刊行されなかったが、『大坂記録』に「国字節用与申類句分之節用集写本(略)右類句分節用

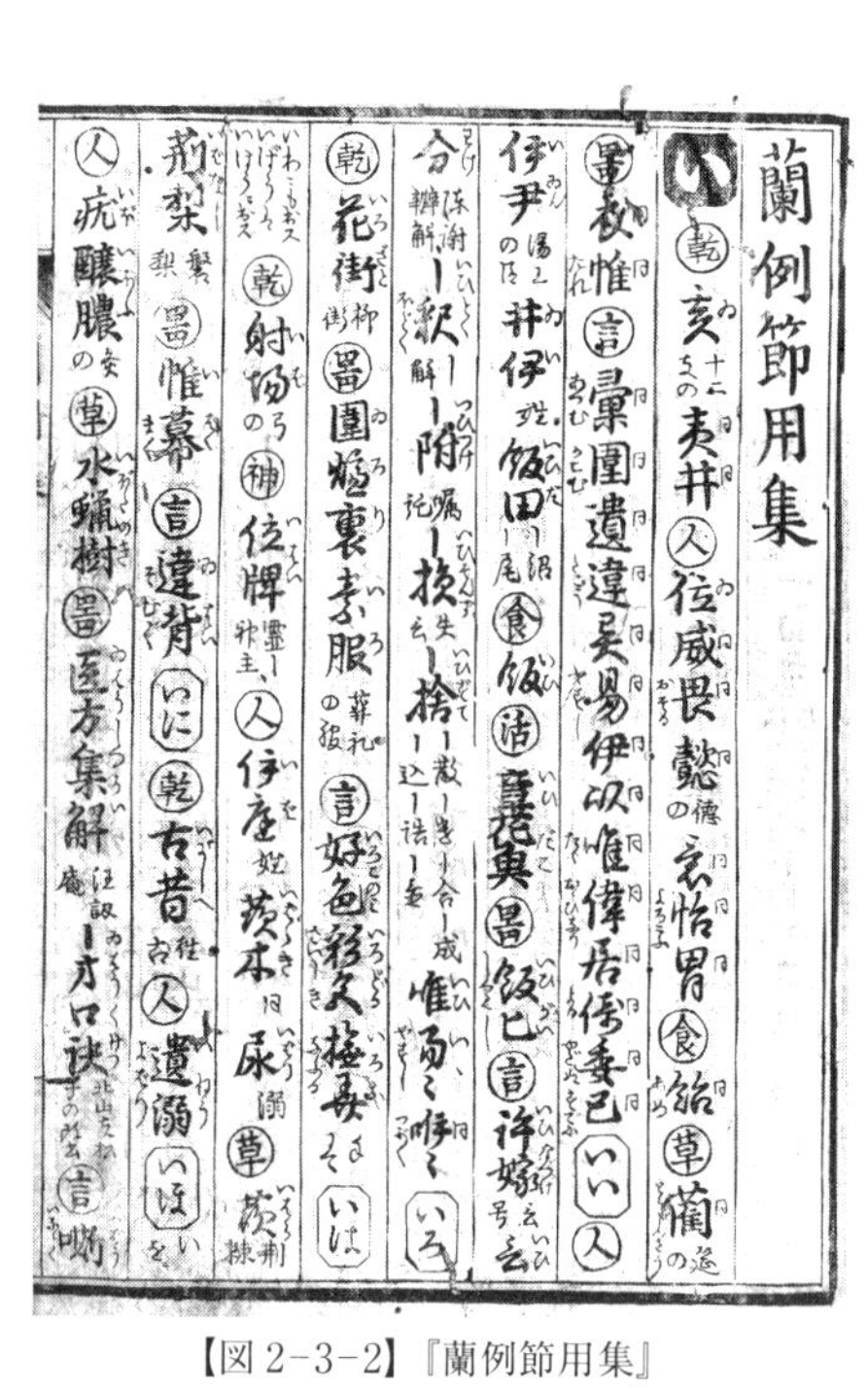
蘭例節用集

【図2-3-2】『蘭例節用集』

集ハ、私方ニ従先年所持仕候新増節用之趣向ニ御座候」（備忘録）とある。「類句分」の意味が不明だが、「新増節用」は、この書状の筆者で京都の木村市郎兵衛の蔵版書『新増節用無量蔵』（元文二〈一七三七〉年刊）のことである。言語門所属語については仮名二字めでもイロハ順に配列するので、「国字節用集」も同様かあるいは全編にイロハ二重検索を施したものであろう。④『早字二重鑑』は当時の版本は現存しないようだが、『大坂記録』や東北大学狩野文庫蔵天明二年写本によるとイロハ二重検索のものである。また、発音と正書法とが一定しない語は一箇所にまとめるなどして（以下、変則のイロハ分類）、その所在を空見出しで示している。⑤『安見節用集』も現存が確認されないが、『大坂記録』には「常体いろは分ニ而、二声目を又いろは分ニして、文字引出ス書」（裁配帳一番）とあり、イロハ二重検索である。⑰『蘭例節用集』もイロハ二重検索だが、さらに意義分類を施すものである。巻末に「此書一切売店に出さず彫刻家蔵して同好書写の労をはぶく」とあり、営利目的の出版ではない点が注意される。イロハ二重検索は「西洋言語之書」（序）からの影響と思われ、先行の④⑤とは無関係のようである。⑪『二字引節用集』・⑫『五音字引節用集』はともに現存が確認されないが、『大坂記録』（裁配帳一番）によれば、第二分類を語末仮名のイロハ順・五十音順とするものである。以上、このグループの諸本は、小異はあるものの、基本的に検索効率はすぐれている。

〔三〕特殊仮名検索（C）

この類のものはいずれも三重検索であり、早く山田忠雄（一九八一下）にも紹介されている。⑧『連城節用夜光珠』は、イロハの下を「清濁引撥」、すなわち、濁音（半濁音を含む）・長音・撥音を示す仮名を含む語をそれぞれ「濁・引・撥」に配し、これらのないものを「清」として各語を分類するものである。⑩『急用間合即坐引』では、第二分類の清濁引撥の有無は語末の仮名に限り、濁・引・撥の仮名が重出する語では、引・撥・濁の順に有無を調べていく。濁音の拗（長）音は「濁」に入れるなどしている。また、④が採用したような発音優先のイロハ分類をとり、仮名表記の複雑さから逃れようとしている。このためイロハ順は複雑になるが、丁付合文（目次）で詳細に示している。⑬『大成正字通』初版もほぼ同様だが、濁音の拗音は「引」に入れる。③『早考節用集』・⑮『大成正字通』再版はイロハ・意義検索の下に清濁を施す。

以上、近世後期に考案された検索法を見てきたが、多様であるがゆえに、問題や疑問もある。まず、後期になって、なぜこのように多くの検索法が考案されたのかという素朴な疑問がある。一応は、最善の検索法をめざしての試行錯誤とみることができ、確かに、分類基準の多様さやその適用位置をみれば、あらゆる可能性を探ったともいえる。しかし、すべての検索法が最善をめざしたものだったかというと、有用性に疑問のあるものも存するようである。

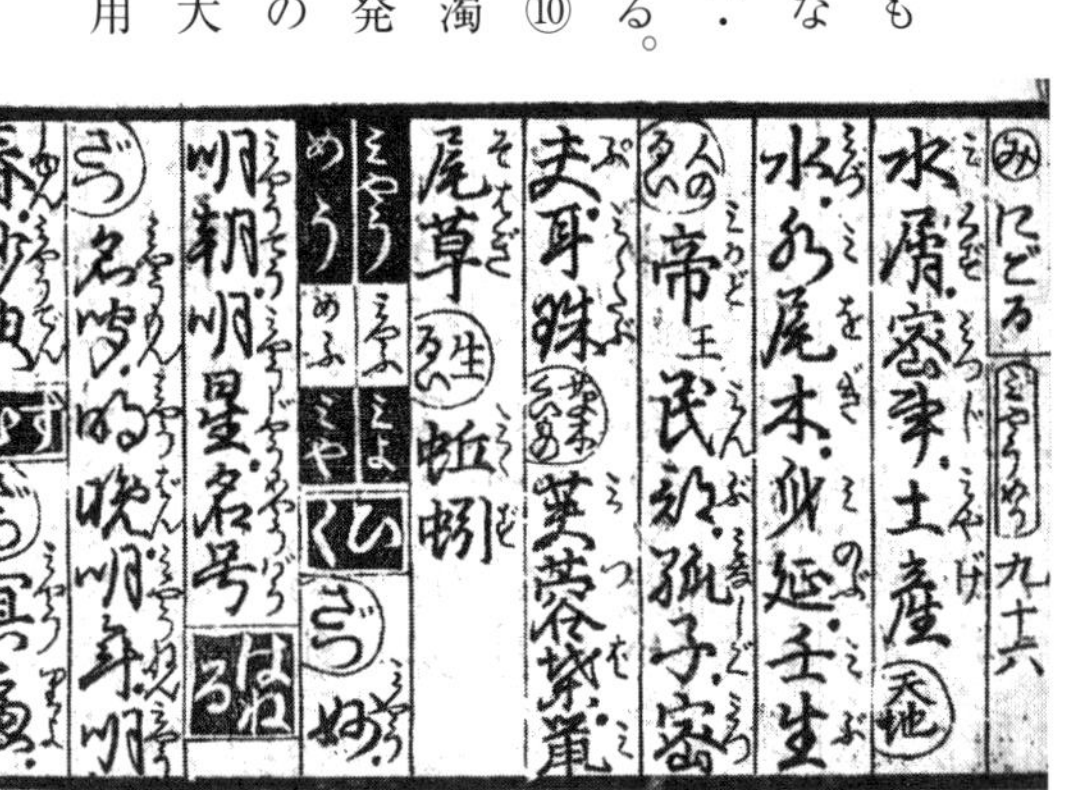

【図2-3-3】『急用間合即坐引』

また、考案の間隔をみると、⑭と⑮とで一七年の開きがあるが、①から⑭までは平均二年強と短い。すなわち、宝暦二年から天明四年までの三三年間に、新たな検索法の大半が集中することになる。通俗的な辞書の検索法がこれほど多く考案された時期はないだけに、短期集中という現象も問題となろう。

大まかには以上のような問題があることになるが、以下、これらについて回答なり解釈なりをえるために考察をすすめていく。まず、各々の検索法の有用性を検討することからはじめたい。

第三節　新たな検索法の評価

検索法の有用性とは、求める語をいかに速く引けるかということになる。そのためには検索法自体の簡明さが求められよう。目新しいものでも、複雑であったり不明瞭であっては有用性が高いとはいいづらい。また、不自然なものも同様である。そのような観点から、私案として、次に挙げるａ～ｆを有用な検索法の条件とし、これをもとに諸本の検索法を検討し、論述の目安をたてることにした。

ａ分類基準の明快さ　分類基準は、意義分類のように概念の理解しにくいものや不分明な点のあるものより[6]、イロハや仮名数のように曖昧さの少ないものの方がすぐれている。

ｂ分類基準の分割効率　節用集での検索は、複数の分類基準で仕分けられた語群から語を読み取るものである。したがって、分類基準の数が少ないほどシンプルであり、仕分けられる語群の規模は小さいほど求める語以外の語を見ないで済むため、迅速に引けることになる。つまり、一つの分類基準で多くの語群に分けられる指標の方が有用性が高いと判断できる[7]。

ｃ分類基準へのなじみ　分類基準は、利用者がなじみやすいものがよい。五十音よりイロハがよりよいであろうし、語末に注目させるよりは、語頭から仮名二字めまでに注目させる方が自然でなじみやすい。

d仮名書きの多様さへの対処　同一の発音については、複数の仮名表記の可能性があるので、仮名書きを前提にした検索法では、長音・拗音・四つ仮名などが絡むと煩雑になってしまう。同一発音の語は一箇所にまとめるなどの対処があることが望ましい。

e検索法全体としての簡明さ　分類基準は多いほど仕分けられる語群内の語数は少なくなり、検索に有利である。しかし、三重検索・四重検索であっても、分類基準が三様・四様では、円滑な検索は望めない。

f分割語群数　bのように、検索法で分割される語群数は多いほど検索に有利である。それを計量的に示すために、イロハは四四、意義分類は当該節用集の採用する分割数、仮名数は一〇、片仮名総画数は一六とし、それらの積によって分割語群数を算出し、比較の資料とする。

以下、検討を進めていくが、詳細の知られない②⑤についてはイロハ二重検索であることは知られるので、④に準ずるのものとして扱うことがある。

〔一〕仮名数検索（AA'）

①の仮名数検索は簡明だが、仮名書きを前提とするので、拗長音があれば字数に振れが生じやすく、語頭に四つ仮名・長音があればイロハの所属でも振れが生じることがある。なお、仮名数は三～五字語あたりに語が集中する欠点があり、分割数も一〇字くらいまでが実用範囲なので効率もさほどよくない。⑦⑱⑲は、三重三様の分類基準や意義分類の採用が問題だが、第二分類までは①と同様であり、意義分類も第三検索なので、さほど扱いにくくはなかったかもしれない。⑥は、第二分類の段階で意義分類をとるのが問題である。⑨は、三重三様の分類基準や意義分類の導入・偶数奇数分けの効率の悪さなどの欠点もあるが、さほどなじみにくくはないだろう。⑯も仮名数主体なので明快

だが、偶数奇数分けは効率が悪く、偶数奇数を確認してから仮名数に戻るのも迂遠である。⑭はイロハ・意義分類・片仮名総画数の順に適用するので、片仮名総画数を採用した効果は小さく、三重三様の組織もわずらわしい。画数によるのは曖昧さはないかに見えるが、仮名書きを前提とするので、表記の多様性を乗り越える必要がある。

〔二〕仮名順検索（B）

④は、イロハ二重検索なので明快さ・分割効率・なじみ・全体的な簡明さですぐれる。また、変則のイロハ分類によって発音と仮名書きの一定しない語に対処するのはよいが、所在の表示は本文中での空見出しなのでやや不親切である。⑤についてはイロハ二重検索であること以外、不明である。⑰もイロハ二重検索だが、その下位に意味分類を導入するのが注意される。変則のイロハ分類はやはり本文中での空見出しにとどまる。⑪⑫は第二分類を語末の仮名によるので不自然である。特に⑫は五十音順なので一層なじみにくい。しかし、両書とも分割効率はすぐれる。

〔三〕特殊仮名検索（C）

この類はいずれも三重検索だが、分類基準も三様なので煩雑である。また、特殊仮名検索は仕分けて分割される語群数が少ないため、導入するメリットが小さい。③の清濁分類は簡明だが、分割効率は悪い。変則のイロハ分類も施されていない。⑧は、濁・引・撥の重出する語には前述のような補助規則で対応するが、煩雑さは避けられそうになく、補助手段が必要な点では完成度が低いといえる。⑩は変則のイロハ分類をとり、その所在を詳細な丁付合文（目次）で示している点は十分な対応といえる。清濁引撥検索も語末に限っており簡明ではあるが、不自然でもあろう。同趣の検索法の⑬も同様に評価される。⑮は清濁だけで簡明であり、変則のイロハ分類と詳細な丁付合文がある。

〔四〕検索法の評価

A～C類個々の検索法の評価は以上のようである。これをまとめると次表のようになる。評価は高いものから◎○

△×の記号で表し、評価不能なものは空欄にした。fの評価は、各分類基準の分割数の積を採る。一〇〇〇未満を×、五〇〇〇以下を△、一〇〇〇〇以下を○、それ以上を◎とした。

諸本	類別	a	b	c	d	e	f	◎数
①	A	○	○	◎	×	◎	×	2
②⑤	B	◎	◎	◎		◎	△	4
③	C	○	×	○	○	△	×	0
④	B	◎	◎	◎	○	◎	△	4
⑥⑦	A	○	○	○	×	△	○	0
⑧	C	×	×	○	×	×	△	0
⑨	A	○	×	○	◎	△	△	1
⑩⑬	C	○	×	○	×	△	△	0
⑪	B	◎	◎	△	◎	○	△	3
⑫	B	△	◎	×	×	○	△	1
⑭	A'	○	○	△	○	△	○	0
⑮	C	○	×	○	×	△	×	0
⑯	A	○	×	○	×	○	×	0
⑰	B	○	◎	◎	○	○	◎	3
⑱⑲	A	○	○	○	×	○	○	0

まず、①のあと②④⑤と有用性の高い検索法が考案されるのは順調な展開といえよう。しかし、この後、欠点の多い⑧や有用性の低い⑨⑩⑬が続き、比較的有用な⑪が考案されても、再度欠点のめだつ⑮⑯が出、さらに再転して比較的有用な⑰が刊行されるのである。揺らぎのある進展だからこそ最善の検索法を求めての試行錯誤とも言えるが、特に注意したいのは、②④⑤のあと、それを超えられない検索法ばかりが続くことである。近世の節用集は書肆の利益と関係があるのだから、有用性の低い検索法を安易に刊行するとは考えにくくもあるから、その点でも不自然なのである。

また、有用性の高い④では発音と仮名書きの多様性への対応が必ずしも十分ではなかったが、これより有用性の低い⑩⑬⑮で同一の発音となる語を一か所にまとめるなど十分な改良が認められるのであった。また、全般的にA類・B類よりも評価の低いC類ではあるが、濁音・長音・撥音仮名の有無の判断位置をはじめ、詳細な丁付合文を備えていくなど、それなりの発展が認められる。こうした点でも、展開の不自然さが指摘されるのである。

当該書の流布も考慮してみよう。右の諸書のうちでは①がもっとも盛行するのだが、より有用性の高い④のイロハ二重検索は流布しない。⑰もイロハ二重検索を採るが私家版であるから、これは事情が異なろう。④のイロハ二重検索が流布しないのは、④自体に問題がないわけではない。たとえば、漢字一字語は使用頻度の相当低い語まで収載するが、漢字二字以上の語は極端に少なく、その用字も特殊であるなど、実用性に疑問があるのである。しかし、それは収載語の充実などで対応できるのであり（第三部第九章）、有用な検索法が行われないことの説明にはならない。また、以上に検討した検索法は、すべて早引節用集以後の考案であるが、結局は早引節用集が流布していくのであるから、右の諸本の検索法の開発は無意味であったことになる。

このように、近世後期の検索法の多様化は、最善の検索法を求めての試行錯誤と捉えることは困難で、発展のあり方も不自然である。したがって、多様化の要因は、単に検索法の優劣だけを検討するのでは判断がつかず、その背後を見直す必要があることになるのである。

第四節　問題点の考察

前節でみたように、近世後期における検索法の多様化の問題点は、次のように集約されよう。

（一）イロハ二重検索節用集の再版や改良がなされなかったこと。

（二）イロハ二重検索のような有用性の高い検索法が刊行されたあと、それに劣る検索法の考案が続くこと。

（三）有用性の低いC類（清濁引撥検索・清濁検索）において順調な改良が認められること。

（四）もっとも早く考案された早引節用集だけが流布し、その後に考案された検索法は流布しなかったこと。

以下、検討に入るが、近世の版本の刊行には書肆が関わるので、本屋仲間の記録類を積極的に活用することとした。

〔一〕問題点（一）について

『大坂記録』によれば、④『早字二重鑑』は、江戸の前川六左衛門によって、宝暦一二年六月に真字版が、九月に草字版が刊行された。しかし、翌年、早引節用集の版元の一人・柏原屋与市に類版として江戸寺社奉行へ出訴され、最終的には絶版に処せられた。与市が大坂町奉行所に提出した報告書の一部を掲げる。

一宝暦十二年午之年、江戸仲ヶ間前川六左衛門方ニ早字二重鑑致出来、当地柏原屋与市・本屋伊兵衛両人所持之早引節用集ニ差構候ニ付（中略）同（宝暦一三）年十一月十一日於御評定所、寺社御奉行御三人・町御奉行御両人・勘定御奉行御弐人、右御立合之上、早字二重鑑両板共絶板被為仰付（『大坂記録』「差定帳一番」）

⑤『安見節用集』は、『大坂記録』によれば、京都の額田正三郎ほか五名による刊行である。しかし、宝暦一二年一一月、早引節用集の版元の一人・本屋伊兵衛に京都奉行所へ類版として出訴され、翌年一月、版木を買収して示談とされた。伊兵衛が大坂町奉行所に提出した報告書を次に掲げる。

一京都本屋六人ニ而、先達而安見節用集と申書板行出来仕候処、私所持仕来候早引節用同意之類板ニ而御さ候故（中略）段々取扱之対談仕、右差構候安見節用之板木私へ譲り請候、尤右安見節用板元六人へ、為樽代と相応之銀子遣シ（『大坂記録』「差定帳一番」）

このようにイロハ二重検索を施した④⑤は早引節用集の版元によって刊行をはばまれたのである。ただし、「早引節用集ニ差構」「早引節用同意之類板」が、具体的にどのような点をさすのかは必ずしも明確ではない。そこで、「差構・類板」の定義を確認すると次のようであり、類版訴訟自体、問題のある場合があったことが知られる。

此の字句（＝差構）は一般には単に「抗議を申し立つる」場合に使用されて、重板若しくは類板の何れの場合にも『差構える』旨を申立てたのであるが、往々此の字句を類板にして類板と称し得ざる抗議の際に使用し、重板、類板及差構と三段に区画された事があつた。（蒔田稲城 一九二八）

類板とは一言にして云へば類似或ひは模倣書と云ふのであるが、実際問題としての解釈は区々たらざるを得なかつた。（中略）今日から見て類板の事実を認め難きものが鮮くなかつた。然るに微塵にても疑はしきものに対して強いて異を立て、類板呼はりをなし、紛議を醸したことは板株制に伴つた弊害と云ふの外はない。（同）

蒔田は④⑤の場合を「類板呼はり」であるとは具体的に指示していないが、早引節用集の版元が、イロハ二重検索を早引節用集に抵触すると解釈した可能性は考えられる[8]。このことは、のちの⑪『二字引節用集』・⑫『五音字引節用集』も早引節用集の類版と扱われたこと、その折りに三都の本屋仲間に注意を喚起した類版停止の願いに『安見節用集』を併記することからも支持される[9]。⑤⑪⑫の三者に共通するのはイロハ二重検索などの仮名順二重検索だからである。このように、仮名順検索の節用集は、すべて早引節用集の類版とされ、刊行できなくなったのである。もちろん、絶版になった④『早字二重鑑』はともかく、⑤『安見節用集』の場合、版木を買収した早引節用集の版元なら刊行できたはずである。ところが、京都本屋仲間から、イロハ二重検索が『新増節用無量蔵』の検索法に抵触するなどの理由で、『安見節用集』を刊行しないとの条件を課せられていたのである。

安見節用集之板木、他所へ遣シ候而ハ、本形ハ懐宝節用ニ差構候、草字一行ハ字考節用ニ構候、本文之趣向ハ新増節用ニ構候、依之此度大坂柏原屋与市・本屋伊兵衛両人へ、右板木丸板ニ而銀四〆三百匁ニ而売渡候得共、大坂ニおゐて本壱部も摺被出候義、かたく相不成候趣之相対ニ而、内済仕候事（『大坂記録』「裁配帳一番」）

このように、早引節用集の版元さえもイロハ二重検索の節用集を刊行できなかった。したがって、これ以降、イロハ二重検索の節用集は刊行されず、その改良も不可能となったのである。[10]

〔二〕問題点（二）について

④⑤が早引節用集の類版とされたことから、これ以降、同趣の検索法は刊行できなくなった。刊行しても類版とされて版権紛議となるだけだからである。このことは、早引節用集の類版とされる検索法は考案しないという制約として効力をもつことになる。このような背景を考慮すれば、不自然な検索法が考案される要因も明らかとなる。たとえば、⑪『二字引節用集』が第二分類のイロハを語末の仮名とするのは少しでも類似を避けるためであり、⑫『五音字引節用集』が第二分類を語末の五十音とするのは、より馴染みのないものを採用するという一段慎重な対応なのであろう。[11] したがって、C類の一見迂遠な清濁引撥検索も同様に考えられよう。このように、早引節用集の類版にされないことという制約があったために、劣った検索法が続出するにいたったと考えられるのである。

しかし、なぜ劣る検索法を考案してまで、あえて刊行したのだろうか。書肆をそのようにしむけたのはどのようなことなのか。この点を検討することで、問題点（二）への回答は、より充実するものと思われる。

これについては、当時早引節用集が流布しつつあったことを考慮する必要があろう（佐藤 一九九〇b）。早引節用集は、一八世紀後半だけでも種々の性格の異本が刊行される。『〔宝暦新撰〕早引節用集』（宝暦二〈一七五二〉年刊）・『〔増補改正〕早引節用集』（同七年刊など）は携帯に便利な三切で、掲出字も行草字に絞った点で実用本位のものといえる。『〔増字百倍〕早引節用集』（同一〇年刊）は美濃判半切で、他の節用集と同様に真草二行表示としたものである。これに収載されない用字・語彙だけを集めたのが『早引残字節用集』（天明五〈一七八五〉年刊）であり、両者を合冊したのが『大全早引節用集』（天明八年刊）で、寛政八年にはイロハ・仮名数で仕分けられた語群ごとに再編した合刻版も刊行された。一方、『〔明和新編〕早引大節用集』（明和八〈一七七一〉年刊）では、当時の節用集の典型であった美濃判を採り、豊富な日用教養記事を付録している。

これらの刊行数の合計は一八世紀後半だけで、少なくとも二四回が確認される。[12] この数字は当時のイロハ・意義検索の節用集の全数には及ばないけれども、早引節用集が柏原屋（渋川）と本屋（村上）両家合同の版行だけなのに対し、イロハ・意義検索の節用集はその他多数の書肆からの版行であることを考えれば、早引節用集の流布を認めるのに十分な数字であろう。

また、そのような盛行を反映してか、天明以降（一七八一〜）では戯作などでも言及するものが現れ、山東京伝『早道節用守』（寛政元年刊。黄表紙）や楽亭馬笑『〔手管早引〕廓節用』（寛政一一年刊。洒落本）など題目に流用するものも現われる（佐藤 一九九〇b）。また、同時期の各地の重版（無断複製）も早引節用集の盛行を反映するものであろうし、[13] 仮名数を採用したA類の諸本（⑥⑦⑨）が刊行されることも同様に考えられる。[14]

このように早引節用集は稀に見る流布を呈した。それらが他の版元を刺激することは十分に考えられる。たとえば、同時期に刊行された節用集には、

> 此節用は二十二門にわけ一門〳〵ことにいろは分にして（中略）誠に早引字尽し節用とは此書をいふなり。元来字数外の節用とは格別多し（『合類節用無尽海』（天明三〈一七八三〉年刊）「序」）

と早引節用集への対抗意識を露わにした例もある。程度の差や意識の向け方の異なりはあろうが、同様の意識が他の書肆にもあったことは容易に想像されよう。版権制度下における構造的多様化傾向もさることながら、当時の書肆にとって、新たな検索法を考案して早引節用集に続くことは、大きな魅力であったと思われる。ここに、たとえ劣る検索法であっても、それを刊行せずにはおかせない強い動機があったと推測されるのである。

これについては問題点（二）の延長で考えられよう。Ｃ類の清濁引撥検索を含むものだけが早引節用集の類版とは見なされず、刊行が自由であった。したがって、再版のたびに改良することができたのである。また、初めに出た③『早考節用集』・⑧『連城節用夜光珠』の完成度が低かったこともあずかっていよう。

〔三〕問題点（三）（四）

問題点（四）についてもすでに述べたことから回答が得られよう。早引節用集の版元は、有用性の高いイロハ二重検索を類版とすることに成功した。これを根拠に他の仮名順検索についても版権を適用することができたため、他の書肆はそれに抵触することがないよう検索法を考案することになった。その結果、特殊仮名検索によるものが残るが、変則のイロハ分類を除けば、早引節用集よりも劣るものであった。したがって、近世後期に刊行された節用集では、事実上、早引節用集の検索法がもっとも優れたものとなったのである。

以上が、一八世紀後半における検索法の展開に関する解釈である。残る一九世紀の節用集についても一言しておこう。⑮はＣ類なので版権上の問題はない。⑯は早引節用集の類版として紛議になり、当事者間で版木を持ちあうことになった。[15] ⑰は営利的な刊行ではないので問題は起こらない。⑱は名古屋の書肆による刊行で、類版として早引節用集の版元が買い取り、後年再版する。[16] 天保の改革による本屋仲間の解散中（天保一三〈一八四二〉～嘉永四〈一八五一〉年）には、重版・類版が多数横行したが、⑲もその一つである。本屋仲間再興後、類版として早引節用集の版元に買い取られた。[17]

近世後期における検索法の多様化は、以上のように推移したことが知られた。多様な検索法の考案は、一見すると最善の検索法への試行錯誤と見られるが、実際は、早引節用集の版元の版権紛議によって順調な発展を阻害されたものであったのである。

おわりに

第二節で指摘した、宝暦二年以降の三三年間に検索法の考案が集中する要因には言及できなかったが、検討の範囲からある程度の推測は可能である。早引節用集の仮名数検索の適用範囲は、『早字二重鑑』との紛議結果により、仮名順検索までも含むものとなった。この広大な版権に抵触せずに、有用性の高い検索法を考案することは、結局、不可能であったのであろう。このようにして検索法の開発は天明年間をもって、事実上、終焉したことが考えられる。

また、外因の可能性も考えておいてよい。寛政の改革の一環として触れ出された寛政二（一七九〇）年の出版統制令が注意される。通常、反体制的な戯作者たちに向けられたものとして有名であるが、次のような条文を含むのであるから、検索法の開発を止めるような効果を発揮したことが考えられるのである。

一書物類古来より有来通ニて事済候間、自今新規ニ作出申間敷候。若無拠儀ニ候ハ、奉行所え相伺、可受差図候。

（高柳真三・石井良助編（一九四一）。適宜、句読点を改めた）

近代国語辞書の検索法との関わりにも注目すると、早引節用集の位置は興味深い。近代国語辞書は五十音多重検索だが、一つの仮名順の多重検索としては、素朴ながらも一〇〇年以上前の『早字二重鑑』『安見節用集』に見られるわけであった。また、『蘭例節用集』の例を引くまでもなく、その間における西欧の語学書からの影響は小さくない。このことから、早引節用集の版元がイロハ二重検索を類版にしなければ、明治を待たずにイロハ多重検索の節用集が現れたことも考えられよう。

近世後期に開発された検索法を見るにつけ、早引節用集とその版元の果たした役割は重大であったと考えられる。一つには、節用集から意義分類を廃して仮名数検索を導入した点では、明快な検索法をめざしたものと一定の評価を与えうるし、いわばシニフィアンからのみする検索法ともいえるから、近代的であるとも評価できよう。その反面として、通俗辞書における検索法の発展を阻害するという、負の方向にも働いたことを知っておきたく思う。

本章では、節用集史の一八世紀後半を、検索法の開発を中心に捉えようとしてきた。一方、この時期での節用集界の動きは必ずしも単調ではない。今後は、次のような点について注意していきたく思っている。

まず、早引節用集に対抗するように特殊仮名検索を考案し、練り上げていった吉文字屋の動向が気になるところである。この点については、佐藤（二〇〇二ａｂｄ）にて触れるところがあるので、検索法の開発期を一種裏面からうかがい知る部分があろうかと思う。

一方、検索法の開発が注意されるなか、イロハ・意義検索の諸本のなかには収載語と付録の充実を着々と進めていくものがあった。本書での基本的な立場としては、一八世紀後半以降での早引節用集の圧倒的な流布が、一九世紀におけるイロハ・意義検索節用集の大型化を招来すると考えている。が、大型本を準備するような存在が、すでに一八世紀後半の段階で、一定程度存在していたと考えることもありうる。具体的には『倭節用（集）悉改嚢』『字彙節用悉皆蔵』『万代節用字林蔵』『万宝節用富貴蔵』『倭漢節用無双嚢』などがそれで、編者・揮毫・画工に著名人を起用するものもあり、『倭漢節用無双嚢』にいたっては各丁ごとに刻工名を記すなど、丁寧な作りこみを誇示するものもある。今後、これら準大型本とでも呼ぶべき一群の節用集の位置づけについても注意していきたい。

注

(1)山田忠雄(一九六一)ほか、第一部第二章にて言及した辞典類・論文、および本書第二部も参照。

(2)②⑤~⑦⑪⑫の刊年等は大坂本屋仲間の記録類に記述された最初の年とした。

(3)完全に意義分類の影響から脱化したわけではない。たとえば、『〔宝暦新撰〕早引節用集』のイロハ・仮名数で仕分けられた各語群は、言語門に属する語から配列されるのである。これを手がかりに推定すれば、イロハ各部の下位を言語門からはじめる『蠡海節用集』が原拠と考えられる。両者の関係については、佐藤(一九八七)で『〔増補改正〕早引節用集』をもとに指摘し、佐藤(二〇〇四)にてごく一部を挙例して示した。種々の例を掲げたものに高梨信博(一九九四)がある。

(4)二一門と意義分類がこまやかなので、あるいは、イロハ分類はなく、意義・仮名数の二重検索かもしれない。とすればまた、「節用」とは書名にあるものの、「要字」とあることを考慮すると、語数を精選した語彙集型往来に近い存在かもしれない。

(5)早引節用集との係争により絶版となったため、関西大学図書館・米谷隆史氏および架蔵書が見られる程度である。なお、内題のうち「宝」字を落とした『万代節用字林蔵』が諸所に蔵されるが、係争後、通常のイロハ・意義検索に改めて刊行されたものである。

(6)これは、「世ニ有ルトコロノ節用ハ乾坤門言語門等ノ部分十三門或ヒハ十五門ニヨリテ字ヲ捜ルシカレドモ部門繁キニヨリテ却テ混雑ノ事多シ」(『〔宝暦新撰〕早引節用集』序)のほか、門の概念を把握しやすくするために絵を添える例(『絵引節用集』)や、イロハ各部において、意義分類が現われ改まるたびに解説をほどこす例(『早字節用集』)などから判断した。また、「下駄」「鎧」のように用途や意味が明快なものであっても、所属する門がいずれになるのか不分明な場合があること(この例では衣食門か器財門かで迷う。多く器財門に収載)からも同様に判断されよう。

(7)ただし、語数が少ない節用集の場合は、あまり有効な指標ではないかもしれない。語数が少なければ仕分けられる語群数が少なくとも相応に円滑な検索ができるからである。が、ここではシステムとしての有用性だけを見ておくこととする。

(8)本文の流用などにいては考慮しなくともよさそうである。⑤は現存が確認されないので不明だが、④は前述のように特異な内容なので早引節用集の収載語とは大きく異なるからである。

(9)「一　安見節用集(略)／一　二字引節用集(略)／一　五音字引節用集(略)／右三品共、於京都ニ御願相済板行出来候所、私共

方所持之早引節用集之皆々類板ニ而差□難義仕候ニ付、段々対談ヲ以私共へ板行譲り受」（『大坂記録』「裁配帳一番」）。

（10）「本文之趣向ハ新増節用ニ構候」からは、イロハ二重検索の版権は『新増節用無量蔵』の版元にあると判断される。彼ならばイロハ二重検索の節用集を刊行できるはずだが、改訂版『大新増節用無量蔵』（安永二〈一七七三〉年刊）を刊行しただけであった。その理由は不明だが、あるいは、④⑤の類版紛議を早引節用集の版元にまかせ、直接的には手を下さなかったことと関係するのかもしれない。とすれば『新増節用無量蔵』の版元もイロハ二重検索の節用集を刊行できなかったことになろう。

（11）ただし、このような工夫にも関わらず、⑪⑫は早引節用集の類版とされた（注9参照）。

（12）版権侵害となる重版本を除いた数である。内訳は、『〔増補改正〕早引節用集』が計一一回、『〔増字百倍〕早引節用集』が計八回、『大全早引節用集』合冊版が計二回。『〔宝暦新撰〕早引節用集』『〔明和新編〕早引大節用集』『大全早引節用集』（合刻版）はそれぞれ一回である。

（13）京都・大坂（明和七〈一七七〇〉年）、松本（同八年）、仙台（安永三〈一七七四〉年）、江戸（同四年・同七年）におけるもの。

（14）これら四本は早引節用集とのあいだで版権問題となった。⑥は大坂本屋仲間の衆議の結果、大本に限って版権が認められた（『大坂記録』「差定帳一番」）。⑦は絶版となり（同）、⑨は刊行の都度、早引節用集の版元の許可を得ることとなった（『大坂記録』「偶奇仮名引節用集御公訴一件仮記録」）。

（15）『大坂記録』「偶奇仮名引節用集御公訴一件仮記録」による。

（16）『大坂記録』「出勤帳五十一番」天保一一年三月による。

（17）『大坂記録』「出勤帳六十七番」慶応二年一〇月などを参照。ほぼ同時期に『節用早見二重引』（嘉永五〈一八五二〉年刊）・『早字二重鑑』（嘉永六年刊）が刊行されている。なお、『早字二重鑑』（宝暦一二年刊）と本文上も関わりが認められるので（第三部第九章）、本章では検討しなかった。

第四章　二極化期――イロハ・意義検索節用集の大型化

はじめに

一九世紀の近世節用集[1]には、早引節用集の圧倒的な流布と、伝統的なイロハ・意義検索節用集の大型化という二極化傾向が認められる。前者の現象は、明治期において節用集が早引節用集一辺倒になることへの確かな動きと捉えられる。その反面としてイロハ・意義検索節用集は消えていくことになるが、幕末期までに最後の展開を見せることになる。それが辞書本文および付録の大幅な増補による大型化であり、おそらくは明治期において教養全書への転身を招来することになる重要な変化であると考えられる。してみれば、近世節用集の一九世紀は、まさに新旧交代の重要な時期であったことになろう。ただ、その様相の細部にはこれまであまり触れられてこなかった。

本章では、これまで特に位置づけられることのなかった事象や、刊行に至らなかった事例にも触れることで、イロハ・意義検索節用集の大型化の様相を的確に記述したく思う。

第一節　イロハ・意義検索節用集の大型化

まず簡略ながら、一九世紀の近世節用集の状況をおさえておこう。巻末付録「近世節用集一覧」によれば一九世紀に刊行された近世節用集は二二五本となるが、これについて検索法の分布をみると、天保の改革が本格化する天保一二年以前では、古本節用集以来のイロハ・意義検索（部門）が六割強を占めたが、改革以降ではイロハ・仮名数検索（早引）が七割近くを占めており、勢力分布の逆転が知られる。ちなみに、判型別では、改革以前でも美濃判半切（B六相当）以下の小型のものが六割を超えていたが、改革以降では八割にも達する。このように、単純に数だけ見れば、一九世紀は小型化の時代ともいえることになる。

検索法	部門	合類	早引	ほか	合計
改革前	七八	二	三〇	九	一一九
改革後	二八	四	七二	二	一〇六
合計	一〇六	六	一〇二	一一	二二五

判型別	美濃	半紙	半切	三切以下	不明	合計
改革前	三一	一二	四四	二八	四	一一九
改革後	一一	一一	四五	三九	〇	一〇六
合計	四二	二三	八九	六七	四	二二五

このような状況になったのは、やはり半切・三切など小型本を中心に刊行された早引節用集に由来するのであろう。小型本は、一八世紀前半には一割強にすぎないが、その後半には全体の五割にまで増加し、右表の一九世紀の状況につながるように思われる。この一八世紀後半に早引節用集が登場するのだが、触発されて新たに考案された検索法を採用した節用集もほとんどが小型本であった。また、早引節用集は辞書に徹するかのように付録類を絞り込んでいるが（第三部第七章）、このことも後続諸本は倣っていくことになる。結局、早引節用集は、検索法はもとより、判型や付録の絞り込みも含めた、近世後期節用集の新しい典型を確立したのではなかろうか。典型となれば、伝統的なイロハ・意義検索の節用集にも、小型本や付録を絞りこむものも現れることとはなった。

　このような、早引節用集および早引節用集に端を発する新たな典型の拡大に対抗するかのように、伝統的な節用集――イロハ・意義検索の本文に、多様な絵入り教養付録を配する美濃判縦本――のなかには、付録・本文を大幅に増補するものが現れるにいたった。具体的には次に掲げる諸本である。いま、書名ごとに刊年別に示し、諸版の下に丁数（巻頭付録・辞書本文・巻末付録）・書肆数[2]を示す。

書名・刊年	丁数・巻頭	本文	巻末	書肆・大坂	京都	江戸
都会節用百家通						
寛政一三年	四七	二九九	六	五	○	○
文化八年	四七	二九九	二	五	○	○
文政二年	四七	二九九	二	四	○	一
天保七年	四七	二九九	二	四	○	○
倭節用集悉改嚢（文政九年版は『倭節用集悉改大全』）						
文政元年	四一	二六一	二	二	八	一
文政九年	四一	二六一	二	二	六	一
同別版	七一	二六一	二	二	六	一
永代節用無尽蔵（嘉永版・文久版は『大日本永代節用無尽蔵』）						
天保二年	一〇〇	三〇五	一五	○	一〇	一
嘉永二年	一一一	三〇五	一六	○	一〇	一
文久四年	一一二	三〇五	一六	○	一〇	一
江戸大節用海内蔵						
文久三年	一七七	二五〇	一八	○	○	六[3]

総丁数で三〇〇丁を超えて四〇〇丁に達するものもあり、語数も三万語を超えるようになる。それにつれて二～三

冊に製本されることも普通になっていく。版数上は右のように僅か一一本に過ぎないが、その影響は意外にも広範囲に及ぶようである。以下、その様をいくつかの面から見、一九世紀を大型本の時代としても捉えられることを示す。

第二節　大型化傾向の社会背景

〔一〕大型本の重視

まず、わずか一一本に過ぎない一群をもって大型化傾向と見ることにつき、一言しなければならない。

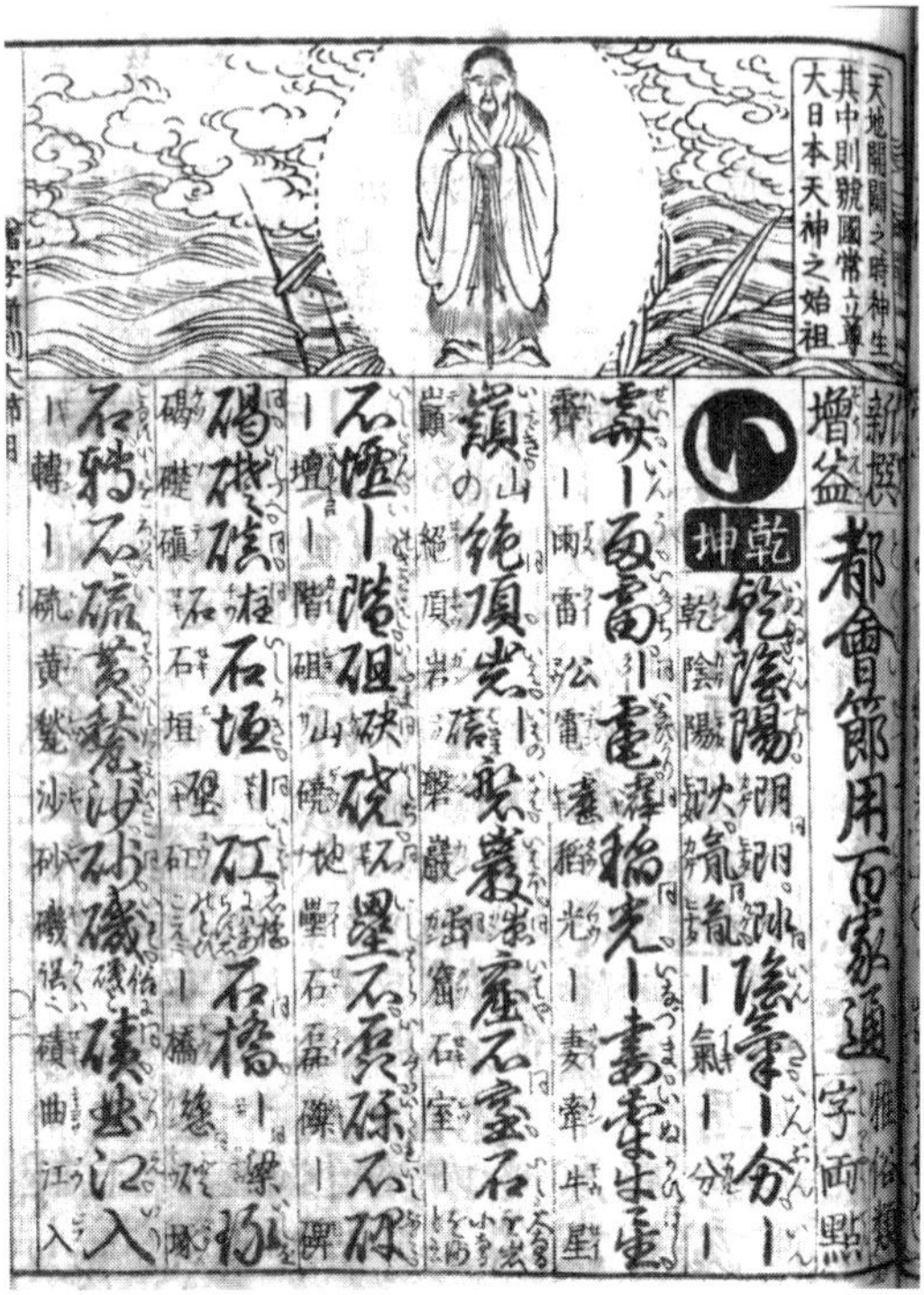

一一本とは、刊記上の刊年別で数えた数字だが、これより増える可能性もないではない。たとえば、寛政一三年版を初版とする『都会節用百家通』が『国書総目録』では寛政八年刊と記載されるのが気になるところである。一九世紀からさかのぼってしまうが、大型書のバリエーションが増える可能性を示すものかもしれない。あるいは、実際の刊行は寛政一三年でも、企画・編集などはそれ以前になされるから、「寛政八年」もそうしたことどもと関わるのかもしれない。また、『江戸大節用海内蔵』においては、刊記の年記は文久三年の一種だけだが、乾

【図 2-4-1】　『都会節用百家通』

巻（上巻）末の年代記の最新年には、元治元年・元治二年・慶応元年・明治三年などのバリエーションがある。[4] これなどは一種の版数表示と見てよいのかもしれず、『江戸大節用海内蔵』の異本として四本を追加することもありえよう。さらに、刊行寸前までたどりついたものも含められようか。大坂本屋仲間記録によれば、文久元～二年に『都会節用百家通』の再版準備のなされていたことが知られる。また、これとの関係は不明ながら、関西大学図書館には厚冊の稿本が蔵されており、書名は記されないものの、元治年間の記事が認められるという（米谷隆史氏御教示）。

このように、一九世紀における節用集の大型化傾向を支持する事象は増えそうである、少なくとも一一本のみによって大型化傾向を主張する無理をおかさずに済むことになる。しかし、それでも二〇本程度までのようである。

そこでやはり、数は少なくとも一本一本が大部であることに注目する行き方もありえよう。すなわち、大部のものを出版することがいかに困難を伴うものであるかを示し、それを成しえたこと自体を特異な事態として評価するわけである。そこでまず考えておいてよいのは経費の膨大さであるが、大型書が刊行されるごとに深刻な経費問題があったことは次の逸話が教えるところである。

一之を聞く高井蘭山の江戸大節用を編輯するや、其宝永元年の元版に就き、天保四年より文久三年まで三十余年を経て始めて成り、其間書肆の之が為に産を傾むけたるもの数家なりしと、其の巻帙の大に、資料の多き、勢ひ然らざるを得ざるなり（『明治節用大全』明治二七年刊、「例言」）

このような逸話が明治なかばにも語り継がれたのだから余程のことなのであろう。実際、ほとんどの大型本は一〇軒ほどの書肆による共同出版（相合版）でなされるのであって、これはまさに出版のためのコストと、販売による費用未回収のリスクを分散させるための手段と見なせよう。そうした措置を介さねば刊行できないとなれば、大型書一本一本の存在自体がいわば事件であり、それだけに十分の重みを持つ出版行為であったと考えたく思う。天保の改革以降、早引節用集の三切本が続々と刊行されていくのだが、これは紙数を抑えた片々たるものであった。経費負担も軽く済んだであろう。そうしたものを等しなみに計量すれば確かに早引節用集の独壇場であるがごとく見えるが、それらとは次元を異にする存在として一九世紀の大型本を捉える必要があるということである。

〔二〕大型本を欲する層の確認

営利事業であるから、コスト分散やリスク軽減をしたところで、買い手が存在しなければ出版には踏み切れないはずである。もちろん、現に大型本節用集が刊行されており、しばしば再版されているという事実があるのだから、そのような需要があったことはたしかであろう。ただ、そのような見方を採れるのは、現在の我々が、過去の事態について問題にするからである。当時の書肆たちとは立場が異なる。つまり、どのような社会情勢を読んで、大型本の版元たちは刊行に踏み切ることができたのか、が問われる必要があるのである。

この点、幸いにも、書籍の流通・受容研究が進むにつれて、より的確に書籍をめぐる人々の関心のありようが知られるようになってきている。そうした成果を参照しよう。

たとえば、遅くとも近世後期には「蔵書の家」なる教養層が育ちつつあったことが知られているが（小林文雄一九九一）、こうした層の存在は多くの研究者により、さまざまな形で確認されている。

数百冊の蔵書を持ち、儒学書や仏書、医学書などをもそれなりに読みこなし、和歌や漢詩文を自ら創作する、知的営為としての読書行為が確かに存在していたのである。しかもそれは村における一軒の庄屋にとどまるものではなく、一定の階層的な厚みをもって存在し、寺僧や手習師匠、医者などを含み込みつつ、村内および村をこえて、さまざまなサークルや書籍の貸借を行うネットワークをもって機能していた。

そうした営為は、一つには自己の「家」の確立とその維持のためであり、二つには地域社会の中で彼らが村落上層としての生活様式や文化水準を保持し、「民俗」に対して新しい知の主導者としての文化的ヘゲモニーの確立をめざすものであったといえる。（横田冬彦 一九九五）

このことは、裏側からみれば「村落における知識人」たちは、「一般百姓や下層からの批判的視線にさらされているのであり、彼らの知的営為の水準はこうした一般百姓の営為の水準に規定されていた」（横田 一九九五）ということでもあるという。「知識人」たちは、その知的水準の保持のために優良な書籍を備えておくことが求められたのである。

書物（紙媒体資料）の収集とモノ（本草、そしてやがて博物）の収集が、ほぼ同時期に、そしてほぼ同一の階層の手でなされていたこと、そして、モノの収集と（図譜を含めた）書物の収集とは、「正しさ」を求めた収集であるという点で同じ方向性を持つものであったことが浮かび上がってくることになる。視覚から受け取る情報に権威が付された時代（視覚文化）のなかで、一方では実物としてのモノが、他方では文字や図像によって視覚的に表現された情報が、他の情報よりも重視されるようになったのであり、さらに言えば、視覚文化の成熟とともに視覚情報それ自体に対する批判的まなざしも育ち、より「正しい」ものが希求され、そのようなモノないし書物を所持していることに文化的、社会的な権威が付与されていったのである。（上杉和央 二〇一〇）

文化的・社会的ステイタスを誇示しうる書籍を求めようとする人々に応えるという手段が、従来型の節用集には残されていたことになる。もちろん、より「正しい」ものを追求すれば専門書に行き着くことになるが、それは一流の蔵書家の求めるところであって、節用集における教養記事や図像は付録ゆえに見劣りのするものであったろう。ただ、一流の蔵書家を満足させなくとも、これに次ぐ層の蔵書家を満足させることができれば、節用集の販売戦略としては正しい。単純に考えて、一流よりもそうした層の蔵書家の方が数として多いはずだからである。また、一流のものの目にかなうような完成度を目指せば作業負担はきわめて高くなるだろうが、そこまで目指さなければ作業負担は軽微で済もう。俗に、完成度九〇パーセントの製品を一〇〇パーセントにまで引き上げるための労力・コストの多大さがさまざまに語られることなども参考になろう。

〔三〕大型本の存在感

大型本の持ちえた一種独特の存在感について触れることで、大型本への需要の精神面・心理面での確認としたい。

すなわちこの書（大型本の節用集――佐藤注）は、それに従う者には、礼にかなっているという意味での正統意識や安心をもたらすと同時に、とくに文の道における一層高度な礼法の存在をも意識させ、それを習得すれば上品の世界に近づくとの感覚を与えうる性格を兼ねそなえていたことが重要である。しかも上品なる人界は、とぎれることなく神仙界に通じていた点も見のがせない。それゆえ、逆に節用集に従わぬことは、タブーを犯したばあいに覚悟しなくてはならないような宗教的苦痛を、時として感じさせたと見てよい。これはたとえば、（中略）大冊本節用集がそれぞれの所蔵家でしばしば「門外不出」や「他家貸出無用」の扱いを受け（京都府下での聞き取り）、さらには、墓石と並ぶほど重要なものと考えられたばあいがあること（福島県下での聞き取り）からも、推定されるところである。（横山俊夫 一九九〇）

このような存在感は、辞書に徹するあまり、教養記事を排除しきった早引節用集には到底望むべくもない。易占・暦日などの日常生活の指針を示し、年表・日本図・世界図・公家鑑・武鑑などにより歴史と地理と支配のありようを端的に示しうる大型本節用集こそがまとえる存在感であろう。もちろん、このような内容がかもす存在感は物理的な体積によっても象徴されるのが望ましいわけであり、大型本節用集はそうした点でもよく応え得たものと思われる。圧倒的な流布を獲得していく早引節用集への対抗軸として、辞書・付録ともに大幅に増補して別種の存在として棲み分ける方向に踏み出したのが従来型のイロハ・意義検索の節用集であるとしてきたが、その受け皿の存在も右のように確認できるのであった。

第三節　形式的な大型化

人間の心理に食い込むほどの存在価値を端的に悟らせるのに、大冊であることは効果があったろう。上背のある人に気押されたり、大きい自動車ほど高級だと見てしまったりなど、大きいことからくる心理的な影響は、我々も日常的に経験するところである。このため、内容の充実はさておき、形だけ厚手に仕立てた節用集も現れることになった。大きさが内容の充実を保証するかのように記号化するのだが、そうした諸本の現われるのも大型化傾向の進捗ないし過熱を示すものであろう。先に触れた『都会節用百家通』をはじめとする大型本の刊行数はかならずしも多くなかったが、こうした例を確認することで補いとしたく思う。

〔一〕『国宝節用集』文化七（一八一〇）年刊

この本は、美濃判縦本である点は、通常のイロハ・意義検索の節用集と同様だが、架蔵する二冊のうち一冊は厚さ五センチほど、他は七・五センチほどにもなる。(5) 後者は、『都会節用百家通』以降の大型本に見紛うほどの威容を誇るが、二三〇丁ほどにすぎないのを、袋綴じの内側に一葉の間紙を挿入して厚みを増しているのである。単純な嵩上げとも見られるが、印字の透過を防いでもいるので、見やすさを志向する実用的な面も認められることになる。

本書の構成は、巻頭から順番に記せば次のようである。

A　巻頭付録一　（丁付け口の一～口の三十）

B　巻頭付録二　（丁付け二十五～六十四、頭書入り往来物。一丁のみ「宝暦通宝」との柱題あり）

C　辞書本文　（丁付け一〜百三十四、「国宝節用集」）
D　巻末付録　（丁付け一〜八、「千字文国字引丁付合文」。丁付け一〜十八、「四体千字文国字引」）
E　広告　（五丁分）

Aの末丁裏に「門部の註」があるので、本来は、これにCの辞書本文が直結するのであろう。そのCの末丁裏に「名乗字」の水性・火性・木性があるが、金性・土性は飛んで奥付けの丁に存する。結局、A＋Cの本文に、奥付を添えたのが本来の姿なのだろう。残るBDはそれぞれ単独に刊行されたか、他の節用集の付録でもあろうが、間に合わせのように合冊されたものと知られるのである。ただ、本書の前身と見られる『急用間合即坐引』（天明二〈一七八二〉年以前刊）・『万徳節用集』（天明二年刊）も、右記ABCによる合冊であった。したがって、合冊という手法自体は以前からあるので一九世紀の特徴ともかぎらないが、大型化を手軽に達成する手法として注意されよう。

合冊時の不体裁を今少し見ておこう。表紙見返しの目次に「万徳引丁附合文」とあるのは前身『万徳節用集』をひきずるものだし、頭書付録の「改正年代記」も最新記事は天明二年のものであり、巻頭の武鑑も「天明改正御武鑑」と旧題をひきずり、内容も改められていない。商品を送り出すものとしての誠実さに欠けるが、当時の大型化のありようを象徴するものとして注意される。

一方では、前身である『万徳節用集』を流用するからこそ、検索法には一定の評価が与えられよう。まず第一検索のイロハ分類では発音を優先することがある。たとえば、普通ならヂ・ジではじまる語はそれぞれチ部・シ部に配するが、本書では別に設けた〈ヂジ〉部に一括するのである。巻頭の「丁附合文」（目次）もそうした特殊なイロハ順を的確に反映している。第二検索は語末仮名の特殊仮名検索とするのが特徴的である。これは、濁音仮名・長音仮名・撥音仮名を採る語ならそれぞれ「濁・引・撥」に配し、それらを採っていなければ「清」に配するものである。

第三検索は意義分類だが、六門に抑えられており、門名も「てんち・人のるい・どうぐいふく・草木くいもの・いきもの・ことば」と和らげられている。検索法が三重三種になるものの、配慮のあることだけは評価してよさそうである。

〔二〕『万海節用字福蔵』文化末年ごろ刊か

架蔵するこの本も合冊体で、構成は、巻頭付録三〇丁[6]、辞書本文の『万海節用字福蔵』六四丁、『明光大雑書を千穐暦』八一丁、往来物四五丁（題名不詳。末尾数丁欠）からなる。総丁数は二二〇丁ほどだが、各丁内に間紙を挿入するため、厚さは八センチほどにもなる。なお、架蔵書は初・末数葉を欠くので正確な刊年は知られないが、『明光大雑書千穐暦』には国会図書館新城文庫の文化一三年版があり、このほかに文化一二年と文化一三年の刊記をもつそれぞれ別構成のものを架蔵するので、やはりそのころの刊行かと思われる。

本体の『万海節用字福蔵』は、『四海節用錦繍嚢』（享保一九〈一七三四〉年版・寛延四〈一七五一〉年版）と同内容だが、匡郭の切れからすると『万海節用字福蔵』と享保版が同版であり[7]、年次的に近い寛延版とは無関係である。したがって、『四海節用錦繍嚢』享保版の付録「日本国并郡御武家」は「享保癸丑歳（＝一八）改」とある当時のものだが、同版である本書の『万海節用字福蔵』もそのまま踏襲している[8]。幕府要職などはしばしば交替するので埋め木して修訂されることが少なくないが、そうした手当てもなされない。一〇〇年近くも前の内容のままなのだから度が過ぎる。

かなりの杜撰さであって、これにくらべれば『国宝節用集』などは良心的ですらある。本書のように空疎な形でも刊行できたところに、当時の大型化傾向が過熱気味だったことが知られるのである。

〔三〕『文翰節用通宝蔵』文化元年刊

明和七年初版の本書にも合冊体が存し、山田（一九六一。通番一三三二）によれば、『新増用文章大全』一三八丁を合冊するという。巻頭部分に合冊内容の目録などがあって、そこに書名なども記されているのかもしれないが、架蔵書は巻頭二・三丁を欠くため、合冊された書名は知られないが、柱題には「新増用文章」とある。各丁ごとに間紙を入れてあるため、厚さは六・五センチにもなる。

さて、前半の『文翰節用通宝蔵』と後半の『新増用文章』では、匡郭間の高さが二〜三センチほども異なっており、いかにも無理に取り合わせたことが明らかである。書肆としては、節用集も用文章も手持ちの、つまり版権を保持しているもので取り合わせたのであろうが、体裁までは統一できなかったわけである。そのような不体裁を呈しても合冊せざるをえないほどに、節用集の大型化が求められていたと推測されよう。

刊年については、巻末に「文化元〔子〕年再版／大坂書林　心斎橋通南久宝寺町　塩屋平助」とあるのにしたがった。直前の一丁「髙橋興文堂蔵書手本目録」とともに新たに添えられたのかは分かりづらいが、匡郭の高さは『新増用文章』に相近いので、そちらのを流用したのかもしれない。

〔四〕『万代節用字林蔵』文化三年刊

架蔵書は、『万代節用字林蔵』の巻末に『万万雑書』（目録題）九一丁分を添えたものである。なお、『万万雑書』は、はじめの四一丁までの丁付けは通しであるが（ただし、丁付け「十二」は欠、「十四」のほかに「又十四」を有す）、それ以降は丁付けが改まっている。前部での本文主要部の行詰めは一六行であるが、後部では一五行なので、他にもう一書を合冊したことになろう。以上の各丁ごとに間紙をいれるため、七・六センチほどの厚みとなっている。

なお、刊年は、裏表紙内側の刊記「文化三〔丙寅〕十二月／京都書林／寺町通松原上ル町　今井七良兵衛／寺町通四条下ル二丁目　赤井長兵衛」にしたがった。版式などからみて、合冊後部の『万万雑書』のもののようである。

〔五〕『万宝節用富貴蔵』文化八年刊か

前章でも一部述べたように、一九世紀における大型書の口火を切るものとして『都会節用百家通』が挙げられることが多く、筆者もそのように記すが、これに先駆けたものとして、あるいは大型化への環境準備をしたものとして、一八世紀後半の、準大型本とでも呼ぶべき諸本にも目を向けていく必要がある。その注目すべき例の一つが『万宝節用富貴蔵』である。早く天明八（一七八八）年初版の段階で二六五丁の威容をほこり、架蔵の一本では表紙の厚みだけで七ミリほどもあるような、おそらくは上製本をも擁するものである。間紙を挿入することはないが、それでも厚さ六センチほどにもなるのである。

このように、相応に充実したものではあるが、架蔵の他の一本では、巻末に『万宝手紙案文』（柱題）を合冊してある。付録の「日本年代記」最新年記は文化八年なので、おそらく、そのころの刊行なのであろう。『万宝手紙案文』はその巻頭の「手紙案文目録」によれば、少なくとも一〇九丁を有するものである。架蔵書は巻頭九丁ほどと巻末の二・三丁ほどを欠くため、正確なところは分からない。が、それでも表紙を欠いた状態で、しかも間紙を入れることがないのに七センチほどの厚みを達成している。厚手の表紙であれば八センチにはなろう。

右のほか、合冊によって大型化をはかったものとして、『玉海節用字林蔵』（延享二〈一七四五〉年刊。合冊体は文政元（一八一八）年刊。外題『万会節用百家選』）・『字会節用集永代蔵』（文化元年刊。合冊体は安政三〈一八五六〉年ごろ刊）などもあるが、佐藤（二〇〇二d）にて触れたので、ここでは省略にしたがう。また、未見のものながら、『国書総目録』にみえる『大増節用万宝蔵』（寛政一一〈一七九九〉年刊）は、『大豊節用寿福海』と『用文筆道往来』を合冊したものらしい。江戸本屋仲間の『割印帳』に見える『増補節用字海大成』（文化七年ごろ刊）には「付録／和漢朗詠

／雑書大全」とあってこれも合冊体かと思われる。

一九世紀のはじまりと、近世節用集の二極化期のはじまりは、『都会節用百家通』が寛政一三（一八〇一）年に刊行されることによって偶然の一致を見るが、右にみたように急場しのぎのような合冊による形式的な大型化が、一九世紀初期といってよい文化年間（一八〇四〜一八一八）に集中するのが興味深い。やはりそのころに、一つの大きな波のような大型化の動きがあったと考えられるからである。

『都会節用百家通』以降、正当な編纂方法による大型本節用集は、京都書肆による『倭節用集悉改嚢』（文政元年刊）まで待つことになるが、それまでの間隙を埋めるかのように、右のような合冊体大型本が試みられたように見受けられる。形式的な大型化といえば、場当たり的で間に合わせの存在のように見られかねないし、実際そうなのであろうが、実のところ、文化年間における大型化の流行なり『都会節用百家通』からの刺激なりを、まさに身をもって証拠立てる存在であったことになろう。

第四節　未刊の諸本

刊行された節用集が表なら、ここでは裏を見ることになる。とはいえ無名人によるものではなく、むしろ著名人としてよいであろう著述家・高井蘭山（一七六二〜一八三八）、農学者・大蔵永常（一七六八〜一八五七?）、戯作者・松亭金水（中村経年。一七九七〜一八六三）らの関わる例である。学識と経験を有する彼らの書であっても稿本・企画のままで終わった例をみることで、大型化傾向の様相をより的確に把握していきたく思う。

〔一〕高井蘭山編『字貫節用』(9) 文化元（一八〇四）年序

稿本として国会図書館に蔵される本書は次のように紹介されるものである。

一〇冊、全五七〇丁。大きさ二四・二×一六・九㎝。文化元年（一八〇四）序。序および凡例を記した第一〜七丁は「書林合刻」の銘入罫紙を用いる。（中略）約三万九千にのぼる見出し語を、意味によって一六門に分類し、さらに読み仮名のイロハ順で四七部に細分する。（中略）見出し語の多くには、その意味・用法等を説明する注が添えられている。これは、同様の形式をとる『和漢音釈書言字考節用集』等の影響を受けたものと思われ、単なる字引ではなく、百科事典的な性格を指向したのであろう。（小坂昌二〇〇一）

三年前に刊行された『都会節用百家通』に触発されたのか、当時の節用集としては破格の規模となっている。内容も異例で、語注の多さも目を引くが、「五百羅漢」に全員の名を注するなど徹したものとなっている。

こうした語注の重視には、蘭山独自の早引節用集批判があったようである。本書の序には次のようにある。

近世早引節用集行レ、門部ヲ別タズ仮名ノ数ニ依テ字ヲ求ム。世俗珍重シテ便利ト思ヘリ。按ズルニ世ノ人ヲ愚ニスルコトコトニ多シ。某字ハ何ニ属スベキ字ナルヲ取失コト是ヨリ始ル

意義分類を廃した早引節用集が流布したために、その字（で表される語）の意味分野が見失われたという。版権や販売実績などの実利的な側面ではないところで早引節用集を批判するのは見識を感じさせる。また、その弊を正すために『字貫節用』の検索法には意義分類を採りいれ、語注も多く、かつ詳しくしたものと思われる。が、それだけに大規模なものになるので、このままの形では刊行されることなく、稿本が残されたということなのだろう。

〔二〕高井蘭山の一本

早川孝太郎（一九四三）に添えられた、河内屋記一兵衛宛大蔵永常書簡[10]にも、蘭山のかかわった節用集に関する記述がある。すでに刊行準備が進んでいる書きぶりなので、『字貫節用』とはまた別のものである。その当時、大蔵永常が大型の節用集を編纂中であったことは、古屋道庵（広瀬旭荘門。医家）の日記（大分県先哲史料館編二〇〇〇）か

らも知られるが、河内屋からの書簡で蘭山本の企画が進行中であると知らされ、刊行を断念したことが知られる。

一合類の義忝奉存候。右は江戸の蘭山先生増字致し候由に相聞へ申候。左候へハ其上拙子が中々難及義に御座候。併し、学者の致し候者、俗人者難見合御座候。右節用はいろはわけには候へとも、一言二言にわけ無之候間、甚見にくく、御座候。早く引け候様致し候へハ、日本一の字引に相成可申候（天保一四年二月一五日）

準備中の蘭山本の写しでも見せられたのであろう。一方では、蘭山を「学者」と遇しつつも、検索法への配慮が欠けるのを遠慮なく批判しているのも興味深い。その背景には「俗人者難見合御座候」とあるように、利用者の使い勝手を最優先しようとする実学的な視点があるのであろう。永常の節用集観が知られて興味深い。

また、天保の改革によって株仲間が解散させられているので、読み仮名を「一言二言にわけ」る仮名数検索を採用しても、早引節用集の版元からの抗議は事実上無視しえた。永常の、仮名数検索に対する見解は、そうした時勢を捉えてのものとも、多く著書を出版してきたものによる機敏さの現れとも受け取れる。

蘭山にも相応の深慮はあるのだが、やはり現実から離れがちなのであろう。先の『字貫節用』もそうで、その語の意味分野を知らせるために意義分類を採用したというが、従来型の節用集の範囲から出ることを敢えてしなかったわけである。意味は語注でも示せるのだから検索法に依存しなくともよいはずだからである。これは現代の国語辞典を基にいうのではない。『字貫節用』の序と同じ年に刊行された『偶奇仮名引節用集』のように、意義分類を廃して仮名数検索を採りつつ、各語の意味分野も見捨てることなく、漢字一字で注する例もあるのである。

したがって、意義検索に固執する理由を、その語の意味範疇を知らせることに求めるのは論として弱いことになろう。とすれば、やはり、仮名数検索の版権の有効性に思いいたる。『字貫節用』における仮名数検索批判も、その背景には、安易に模倣してはならないという、版権を意識した態度の存する可能性を考えておいてよいかと思われる。

蘭山の死後のことになるが、天保の改革時には本屋仲間も解散させられ、版権侵害を監視・規制することができないため、多くの書肆が早引節用集を刊行していた。が、本屋仲間再興後は、主だった重版書が処分されるのであって、心ある書肆ならば、版権を尊重して軽々に早引節用集を刊行することはなかった。そうした近世的版権の強靱さを意識しておいてよい、ということである。

ところで、永常の見たのはどのような節用集なのだろうか。仮名数は採用しないので従来のイロハ・意義検索か、合類型の意義・イロハ検索なのであろう。見出し語数では『和漢音釈書言字考節用集』だけで三二五〇八語なので（高梨信博 一九八〇）、それ以上の語数なのだろう。とすると『字貫節用』なら十分にこの候補になる。ただ、成稿時期が序にある文化元年なら、天保一四年までに四〇年の開きがあるので別の成稿があったとも考えられる。あるいは、蘭山の増補した『江戸大節用海内蔵』の刊記に「天保四癸巳年増補」とあり、蘭山の没年が天保九年であることを考えれば、永常が見たのは『江戸大節用海内蔵』か、それに直結する稿本だったのかもしれない。

〔三〕浜松藩家中某の一本

ひきつづき河内屋記一兵衛宛大蔵永常書簡によれば、永常は、浜松藩家中某に、大冊節用集の計画があることを河内屋に知らせている。

一当家中に

一合類節用集　／　一大全早引　／　一文藻行潦　／　一文語解　／　一書言俗解　／　一名物六帖

其外右等を原本と致し出所を入、日本一之字引を拵度申人有之候。余り大冊に相成候故、彫候人も買候人も有間敷歟に奉存候。如何に可有之哉、御考可被下候（弘化二年四月九日）

永常自身は大型本を断念したものの、他人の企画を河内屋に知らせるだけでなく刊行の可能性まで打診するのが興味深い。普通なら見込みの薄いことを家中某に伝えて済ますところであって、わざわざ書肆に知らせることもないだろう。が、それをしたのは、右の企画規模から推して、蘭山の稿本に対抗できると見たのかもしれない。

当の浜松藩家中某がどのような人物なのかは不明だが、永常に刊行の可能性を尋ねたのだから、相応の学力はあるものの、書肆とのつながりの薄い、自著の刊行経験もない人なのだろう。そうした人でも大型本節用集の編集を企図できたのがこの時代の雰囲気でもあろう。もちろん、資料となる辞書類が豊富に出版されるという環境の整備も込めてのことであるが、注意したく思う。

〔四〕松亭金水編『国字註解節用集大全』ほか

大規模な節用集の試みとして、静嘉堂文庫蔵『国字註解節用集大全』一二巻(安政五〈一八五八〉年序)も注意される。冒頭の覚書によれば、安政元年から足かけ五年にわたって編集された大規模なもので、書名のとおり、原則として収載語すべてに注記が付される丁寧な作りのものである。当時、出版審査にあたっていた学問所の改めも受けており、出資する書肆があれば刊行できる状態であった。松亭金水は、大型化した『江戸大節用海内蔵』の補訂者でもあるから、同書との関係にも興味が持たれるところである。

これも含め、右の諸本が企画されつつも刊行に至らなかったのは、永常のいうように「余り大冊に相成候故、彫候人も買候人も有間敷」ためなのであろう。たしかに、よりよい本を持とうとする教養層のあることは第二節で確認したところだが、そうした教養層であっても経済力には限りがあるわけである。一方、資金の豊富な教養人であれば、他の書籍、それも節用集の増補底本になるような漢籍・字書・類書などを購入することに価値を見出すのではあるまいか。そしてその方がよりステイタスを誇示しやすくもあったろう。

つまり、大型の節用集が刊行されるかどうかは、全書籍中における位置づけにも留意する必要がある、ということになろう。また、このことを踏まえれば、刊行に至らなかったほどの大型本は、やはり、当時における大型化熱とでもいうべきものを端的に証明するものと捉えられるのである。

このほか、写本としては青野至誠写『大増宝節用集』(安政三年写本。東北大学附属図書館蔵)が目をひく。この本は『合類節用集』(延宝八〈一六八〇〉年刊)の写本であって、奥書によれば嘉永五年から書写したという。『合類節用集』の収載語は三万に満たないが、八巻一〇冊の威容から大型書と見る余地がないではない。大部の節用集を書写するという営為が刊行を目的とするのかどうか即断できず、むしろ、そうではない可能性の方が高いであろう。また、書籍を書写するという行為は古来なされてきたことであり、特に注目するには及ばないのかもしれない。が、すでに営利出版による書籍が多く存在する時代であるからこそ、大部の節用集を書写するという行為が、一九世紀の大型化傾向の影響が広く浸透しつつあったことを証する事例となるかもしれず、今後とも類例には注意していきたく思う。

おわりに

以上のように、一九世紀近世節用集においては、大型本が刊行されるとともに、形式的に大型化するような追随者を生んだこと、大型本志向の旺盛な編集意欲の存在したこと、出版界には必ずしも近くない人々にも同様の志向が存したことが確認できた。これらは、一九世紀における大型化傾向が確固としたものであることを証するものと思う。

第一部第一章では、付録充実型の大型節用集が刊行される素地は一七〇〇年前後にできあがっていたと見た。その実現は一〇〇年後の『都会節用百家通』まで持ち越されたが、なぜその時期になったのかを考えるのは、記述的研究上、大変興味深い問題である。右にも幾分触れるところがあったが、やはり早引節用集の影響を考えなければならない。早引節用集は一八世紀後半に検索法の開発競争を引き起こしたが、早引節用集を越えられなかった書肆たちが次に求めたのが大型化だったのであろう。このことは、開発競争のほぼ終了した時期に『都会節用百家通』が刊行されること、さらに早引節用集に対抗するかのように検索法を開発してきた吉文字屋が（佐藤 二〇〇二d）、『都会節用百家通』の版元として名を連ねることなどからも可能性のある推測と思う。

イロハ・意義分類の従来型節用集からはじまった大型化は、ほかならぬ早引節用集にもおよび、その大型化に触れないでは一九世紀における大型化傾向の記述は終わらない。皮肉めいてもいるが、対立していた節用集での現象が襲うのだから、早引節用集が節用集の代表として認知されていく過程での一齣でもあり、あるいはすでに近世節用集の代表格としての位置を占めた証拠とも見られよう。本章の範囲でも、大蔵永常が高井蘭山の一本への評価において仮名数検索の採否に注目したあたりにも、そうした傾向をかぎとることはできそうであった。こうしたことも踏まえつつ、次章において大型化の時代をより細かに見るべく、早引節用集を採り上げたい。

注

（1）こなれない言い方だが、明治直前までの節用集を対象とするのでこう呼ぶ。一九世紀という区分は便宜的に採ったものだが、本章でとりあげる大型本は『都会節用百家通』を嚆矢としており、偶然にも一八〇一年の刊行である。

（2）三都それぞれの書肆数は、版権の異動により小異することがある。

（3）江戸六肆は大書される。丁を改めて、さらに江都四肆・京都二肆・大阪四肆・尾陽一肆が記される。

（4）元治元年は架蔵書、元治二年は亀田文庫・米谷隆史蔵書等、慶応元年は同志社大学蔵書、明治三年は北島書店（長野市）・日本書房蔵書（ともに二〇〇三年一一月閲覧）など。また、関場武（二〇一三）も同様の指摘をおこなう。

（5）厚さを比較することには厳密にいえばあまり意味がない。料紙のわずかな厚みの差で全体の厚さも容易に異なるからである。たとえば、架蔵の『都会節用百家通』一冊本のうち、寛政一三年本は綴元で五九ミリ、文政二年本は八二ミリ、天保七年本は四九ミリであった。以下に厚さを示すのはあくまで目安としてのことである。

(6)欠丁のある巻頭付録は、同版(後述)の『四海節用錦繍嚢』初版本と同一と見て、これにより二一丁分とした。さらに「当流小謡千歳嚢」・文字伝(仮称)・「救民妙方」など九丁分を合冊するので都合三〇丁となる。

(7)ただし、柱題の「新増節用」や魚尾、版心底部の「京板」などは、『万海節用字福蔵』として合冊される(以前の)段階で削除されている。

(8)『万海節用字福蔵』は冒頭部数葉を欠くので武鑑の名称・改年が知られないが、残存部分で確認した。

(9)『字貫節用集』(寛政八年初版、文化三年改訂版)は書名は類似するがまったくの別書である。

(10)この書簡の存在は、米谷隆史氏より知らされた。記して謝意を表す。

第五章　二極化期——早引節用集の大型化

はじめに

前章では、従来型節用集[1]の大型化という現象を、刊行書のみに頼るのではなく、その陰に存した諸事象に目配りして記述した。具体的には、刊行寸前で頓挫した例や、刊行をめざした新規企画、大規模な写本の存在を指摘することで、大型化の旺盛さや本格的な大型化への営みの実質を確認したのである。その一方、合冊による安易な大型化や、さらには間紙挿入による見せかけの厚冊化までみられることから、過熱気味な様子まで知ることができた。

この、早引節用集との差別化をはかるはずの大型化は、当の早引節用集にも及ぶようになった。以下、そうした傾向の認められる諸本を整理・検討して大方の傾向を把握し、未刊書や収載語三万語に満たないものからも大型化傾向が見てとれることを確認していく。前章と相照らすことにより、この時期の様相を浮き彫りにできればと考えている。

第一節　早引節用集の大型化の概要

まず種類・刊行数から見ていく。現在、推計語数三万語をこえる大増補早引節用集には次のようなものを確認しうる。すべて美濃半切横本である。早引節用集であるからイロハ・仮名数検索であるが、さらに意義分類を追加するものも現れたのは注意される。いま、再版や改題本とおぼしいものをまとめてa～dのグループごとに示した。

書名（内題）	刊年	推計語数	意義分類	備考
a いろは節用集大成	文化13（一八一六）年序	三・三万	一三門	角書「十三門部分音訓正誤」
大全早字引	天保13（一八四二）年刊	三・三万	一三門	角書「十三門部分音訓正誤」
永代節用集	天保14（一八四三）年刊	三・三万	一三門	角書「早引」
永代節用集	嘉永3（一八五〇）年刊	三・三万	一三門	角書「早引」
いろは節用集大成	安政5（一八五八）年刊	三・三万	一三門	角書「十三門部分音訓正誤」
b 万代節用集	嘉永3（一八五〇）年刊	六・五万	一五門	宮田彦弼編。角書「早引」
万代節用集	慶応3（一八六七）年刊	六・五万	一五門	宮田彦弼編。角書「早引」
c 大全早引節用集	嘉永4（一八五一）年刊	四・一万	なし	角書「増補音訓」
大全早引節用集	元治元（一八六四）年刊	四・一万	なし	角書「増補音訓」
d 万世早引増字節用集	文久3（一八六三）年刊	三・四万	なし	
万世早引増字節用集	元治（一八六四～五）ごろ刊	三・四万	なし	付録入り版のみ刊行か

従来型の大型書は累計で一一版、多く見積もれば一五版ほどだったので、早引節用集でも同程度の版数が確認できることになる。また、異なり数では、右の早引節用集では四書、多くみても五書だが、従来型も『都会節用百家通』『倭節用集悉改嚢』『永代節用無尽蔵』『江戸大節用海内蔵』の四書と同等である。厳密には諸本ごとの出版数をはじめとする諸状況を考慮する必要があるが、版数・種類からすれば、早引節用集にも同程度の大型化傾向があったことが知られる。ただし、諸本によって大型化のありようは、微妙に、また時に大きく異なり、必ずしもひとくくりにはできない。また、『いろは節用集大成』では刊年が明記されないので刊行時期を特定することからはじめる必要があ

るなどするので、以下に諸本ごとに検討していくこととする。また、刊行に至らなかった事例については、大蔵永常『早々引』『大々全大早引』(ともに仮称)がある。早川孝太郎(一九四三)に紹介される天保一三・一四年の書簡にみえるものだが、これらについては別途検討を加えることとする。

第二節　大型早引節用集の諸相

〔一〕『いろは節用集大成』

従来型節用集の大型化が『都会節用百家通』(寛政一三〈一八〇一〉年刊)についで『倭節用集悉改嚢』(文政元〈一八一八〉年刊)に現れたとすると、『いろは節用集大成』の序の年記には注意が必要である。年記どおりに文化一三(一八一六)年かその前後に刊行されたのなら、大型化が早引節用集に及んだ例とするには、機敏な反応といえるが、早すぎるとも思われるからである。この点については二つの考え方があろう。

まず、序の年記を信用する立場がありうる。その場合、文化末年ごろに成立しえた理由を考えることになる。本書は『和漢音釈書言字考節用集』を忠実に早引節用集化したものなので[2]、機械的な編集作業で事足りたと思われる。また、早くから版権制度が確立されていた三都の書肆ならば、『和漢音釈書言字考節用集』の版権を尊重して『いろは節用集大成』のような改編本は刊行しなかったであろう。が、本書の刊行地である尾張では版権意識が薄いために早期に刊行できたと考えることはできる。

一方、序の年記に従わない立場がありうる。『いろは節用集大成』とおぼしいものが初めて大坂本屋仲間の記録類にあらわれるのは「出勤帳」三八番である。早引節用集の重版書として尾張の「いろは節用集」との名が見えるのだが、これが『いろは節用集大成』をさすなら、文政一〇(一八二七)年か、それをあまりさかのぼらないころの刊行と考えることができる。とすれば、大坂の『都会節用百家通』なら寛政一三年・文化八年・文政二年と刊行され、京都の『倭節用集悉改囊』は文政元年、『倭節用集悉改大全』と改題して文政九年版の刊行を見ている。つまり、京坂二都において大型本が複数回再版されて、大型化傾向が定着するのが文政ごろと判断されることになる。この時期なら、早引節用集にも大型化傾向が波及したと考えても無理がなかろう。また、そう考えることは、『いろは節用集大成』に後続する大増補早引節用集との時間的な離れ方を小さく収められることになり、『いろは節用集大成』だけが、突出して早く刊行されたとみなくて済むのである。

とはいえ、『大全早字引』『〔早引〕永代節用集』はそれぞれ天保一三（一八四二）年・天保一四年の刊行であって、いまだ『いろは節用集大成』とは一五年ほどの開きがあるのは気になる。また、天保の改革によって刊行システムが変わり、本屋仲間による版権管理も不可能な時期なので、特別に刊行しやすかったことが考えられる。通常なら、大増補早引節用集の刊行はもっと遅れるはずだったということである。

以上より『いろは節用集大成』を評価すれば、やはり早引節用集の大増補本としては、早すぎる刊行であり、従来型節用集での大型化の影響下にないと判断する余地があることになろう。単に、これまでにない節用集を開発することで、三都にも通用する版権を得たいとの意図からなされただけの刊行かもしれない。したがって、『いろは節用集大成』と従来型節用集の大型化傾向との関係については、結論を急がない方がよさそうである。

さて、本書の特徴に注目してみると、まず、早引節用集において初めて意義分類を導入したことが注意される(3)。現代の多重五十音検索なら、各語の位置はピンポイントに決まっていて検索にも迷いがないが、節用集では、イロハや仮名数・意義分類などで収載語を小分けし、その語群を通覧して語を探すことになる。したがって、総語数を増やせば検索時に通覧すべき語群中の語数も増え、結果として検索効率が悪くなる。その点、本書では、意義分類（一三門）を導入して語群を細分したものと見えるのである。もちろん、そのような評価はできるのだが、実際のところ、原拠となった『和漢音釈書言字考節用集』が意義・イロハ検索を採っていたことの名残りともいえなくはない。

一方、付録ははなはだ貧弱で「偏冠構字尽・男女名頭相性文字・十干十二支・月之異名・墨移秘伝」が二丁半に納まるだけである。大量の収載語とそれにともなう三重検索には、大型化の波及を見ることができなくはないが、早引節用集の特徴である付録類の乏しさは変わることがない。

〔二〕『大全早字引』

『いろは節用集大成』を、早引節用集の版元の版権として改題したものである。侵害された側が版権侵害書を譲り受け、改めて刊行することはよく行なわれる。問題なく示談に持ち込むことさえできれば、編集・彫刻などの手間が省略できるので、本来の版元としては有利な刊行形態ともいえる。

ならば即座に改題・再版してもよさそうなものであるが、『いろは節用集大成』の刊行を文政一〇（一八二七）年ごろとして、天保一三（一八四二）年に刊行するまで一四・五年経過しているのがまず注意される。したがって、ここまでインターバルを置いたということは、逆に、従来型節用集の大型化が、早引節用集の売り上げにも影響を与えるなどの直接的な効力を発揮しつつあったのがこの時期ごろからであったなどとひとまず考えられようか。たしかに、従来型の節用集でも大冊であればコストはかかるが、その分、付加価値があるわけで、利益も上乗せしやすいなどの旨みがあったであろう。付録を削っていった早引節用集では採れない方策だが、そうした状況下で、収載語の規模だけでも大きくできる『大全早字引』は対応策としてまずまずのものであったろう。

もちろん、美濃判半切とはいえ五〇〇丁におよぶものなので、相応に経費を要する。刊行までの背景には相応の決断があったと考えられよう。それについては、別途、『〔早引〕永代節用集』との刊行時期が一年しか違わないことも考慮すべきであろうか。本文はほぼ同一なのだが、『〔早引〕永代節用集』では全面的に改刻しており、刊行までに手数と時間がかかることになる。早引節用集の版元は江戸での『〔早引〕永代節用集』の刊行情報を聞きつけて、機先を制する意味もあって、急遽、『いろは節用集大成』を改題・刊行するにいたったなどの事情があったものか。

〔三〕『〔早引〕永代節用集』

天保末年に『大全早字引』とともに早引節用集の大型本が二本現れたのだから、そのころには本格的な大型化傾向が早引節用集にも到来したと一応は考えることができよう。ただ、『〔早引〕永代節用集』は『いろは節用集大成』の改刻改題本であるから、一から編集する必要がなく、その分、容易に刊行できるものである。この点をどう考慮するかによって、この本の史的評価も動くことになろう。やはり、一から編集したものが現われないうちは、早引節用集における大型化傾向が認められるなどと軽々に判断してはならない、という慎重論があってよいということである。

さて、『〔早引〕永代節用集』は『いろは節用集大成』をほぼ踏襲するものだが、本文が五〇〇丁半から五〇三丁へと微増している。が、それよりも注意されるのは付録の増補であろう。ただし、そう大規模なものではない。まず、巻頭に三色刷りの「大日本国全図」が見開きで示される。従来型節用集でも巻頭には、絵図をはじめ見開き単位で構成された挿絵がくることが多いが、それを意識してのことでもあろう。が、巻頭の付録はこれのみで、残りは巻末に配された。「偏冠構字尽・〔男女五性〕名頭相生字づくし」に、「手形証文案書・書翰応答書法大概・御改正服忌令・暦世雑書鑑・大日本国郡田数付・万墨移秘伝」が続いて三五丁分となる。この程度では、辞書本文が大部なので付録が増補されたとも言いづらいが、『いろは節用集大成』に比べれば多様なので、なにがしかは従来型節用集の大型化が付録面にも及びつつあることが見て取れよう。

〔四〕『〔早引〕万代節用集』

徹底した増補によって六・五万語という空前の収載語数を達成した大規模なものである。相応に依拠した先行書はあるのであろうが、にわかには判断がつかない点では、『いろは節用集大成』系統の諸本のような改題・改刻などではなく、相当の編集作業を要したものと思われる。この本の登場をもって、早引節用集における大型化傾向が本格化したと捉えてよいかと思う。ただし、いまだ天保の改革が続いている時期であるので、他者の版権への抵触を気にせず刊行できた時期ではある。が、節用集としては空前の規模の刊行であるから、そうした好条件もあまり考慮せずともこの本の史的評価は下しうるともいえよう。

収載語数が多くなると検索効率が問題になるが、『いろは節用集大成』と同じくイロハ・仮名数・意義分類の三重検索を採用する。ただ、門数は二種増えて一五門とするので、細分への配慮のあることが知られる。わずか二種の増加なのでさして評価するに当たらないかもしれないが、編集の実際を想像するとき、意義分類を採りいれただけでも余程の決断があったかと思われる。というのは、『いろは節用集大成』での三重検索は『和漢音釈書言字考節用集』を仮名数で切り分ければほぼ機械的に得られるのだが、『〔早引〕万代節用集』ではほぼ倍の語を収集したうえで意義分類をほどこすからである。

検索効率の向上に通じる、あるいは紙数を抑制する営みとして割行による見出し表示も注意されるが、適用個所はさして多くない。姓氏門や地名・人名・官名など固有名詞的なもの、頭字を同じくする熟字のごく一部、同訓字、三字以上の熟字などでなされることがある程度である。

なお、付録は相応にあり、巻頭に「大日本国全図・清朝輿地全図」(見開き・三色刷)のほか「弁似」(六丁)があり、本文七八二丁をはさんで、巻末に「偏冠圏字尽・男女五性名頭吉字尽・諸証文手形案書・大日本国知行高一宮諸侯封地」ほか三一丁が八一三丁めまでに配される。総丁数の五パーセントに満たないが、『いろは節用集大成』よりは確実に増えていることが知られる。

〔五〕『〔増補音訓〕大全早引節用集』

この本は『大全早引節用集』（寛政八〈一七九六〉年刊ほか）をもとに増補したものである。早引節用集の版元から刊行された大増補本であることは評価されるが、後発にもかかわらず、これといった新機軸を打ち出してもおらず、語数は増えてもイロハ・仮名数の二重検索のままなので、いかにも検索効率が悪い。先行する二系統四種の諸本がいずれも三重検索を採るのとは対照的である。また、見出しの割行表示もおこなわない。結局、『大全早引節用集』をそのまま拡張したようなものだが、割行表示については『倭節用（集）悉改嚢』に権利があり（佐藤 一九九七ａ）、それへの配慮として導入しないのであろう。

原本である『大全早引節用集』では、イロハ・仮名数で細分された語群のなかで、『〔増字百倍〕早引節用集』（宝暦一〇〈一七六〇〉年刊）に由来する部分のあとに「増字」の標目を示して『早引残字節用集』（天明五〈一七八五〉年刊）に由来する増補語を続けていた。二重構造が明らかにされているわけだが、本書ではその標目もなく、一見しただけでは増補の痕跡がないもののようにみえる。

原本文の語と増補本文の語とでは、一般性・頻出性などの差があるのが普通であり、かつ、増補本文まで見なくてよい者・場合もあろうし、増補

【図 2-5-1】　『〔増補音訓〕大全早引節用集』

本文にある特殊な字こそ必要とする者・場合もあろう。一種のランク付けを明示した方が、求める語以外のものを見なくて済むので、結果的に検索効率も高まるはずである。また、「増字」の標目があれば語数を増補したことを主張しやすく、販売戦略としても効果的だったのではなかろうか。

このように、本書では趨勢と逆行する点が認められるが、その結果として、早引節用集が否定したはずの意義分類を受けいれず、余計な標目も示していないため、はなはだシンプルで見やすく、その分、接しやすいものにはなっていると評せようか。付録は「色紙短冊押法并題歌の書やう」「(月異名・十干)十二支」「偏冠構字尽」「男女名頭相性文字」「年代略記」ととぼしく旧来の早引節用集らしい。

〔六〕『万世早引増字節用集』

本書も『大全早引節用集』に基づいて増補するが、検索法もイロハ・仮名数検索のままで、見出しの割行表示もない。が、本書には、辞書本文だけで構成された一冊本のほか、付録を大幅に増補した二冊本のあることが注意される。二冊本は、まず、巻頭の序・目録につづいて「士農工商之図・東都日本橋之景」などの挿絵や「祇園会山鉾之由来・扶桑百将伝」など挿絵入り記事が五四丁付されている。なかには「刻工幸治郎」と刻された図もあり、絵画に注力したことが知られる。従来型節用集では挿絵に注力することは普通に行われていたから、その水準に引き上げようとしたのであろう。巻頭付録につづいて五八四丁の辞書本文があり、巻末に「年代記・武家諸役名目抄・御改正物忌令・諸証文手形案文」など二五六丁の絵入り記事が付録される。こちらの挿絵は面積も小さく数も少ないが、付録の内容は従来型節用集にもよく見られるものである。こうして増補された付録は総丁数の三〇パーセントを超える。

このように従来型節用集からの影響が質・量ともなって付録に反映されるが、詳しくみれば異なる点もある。たとえば、従来型の節用集なら巻頭付録が大幅に厚く、巻末付録は添え物程度なのだが、本書では逆の配分になるのである。これにはある意図が込められているように思われる。というのは、巻頭付録は別丁付けなのだが、辞書本文と巻末付録とは通しになっていて、最終の丁付けは「八百四十」という大きな数字になっている。この数字によって端的に規模を誇ろうとしたため、巻末付録を厚くしたと考えられるのである。このことは、『大日本永代節用無尽蔵』（嘉永二年刊）の最終丁の丁付けが本来「三百廿二」とあるべきなのを、別丁付けの巻頭付録分も合算して「口画百十四丁　本文奥合四百卅五丁」と記した意図に通じるものであろう。大幅に増補したことを数字の上でも端的に示そうというわけである。ちなみに「八百四十」という数字は、前々項の『〔早引〕万代節用集』の最終丁付け「八百十三」をしのいでいる。そのあたりが目標値だったのでもあろうか。

このように、付録のことを考慮すれば『万世早引増字節用集』の付録入り版の登場をもって、早引節用集における大型化傾向が頂点に達したことになろう。

第三節　未刊の諸本

〔一〕大蔵永常『早々引』（仮称）

前章でも一部触れたように、大蔵永常が節用集の刊行を企画し、実際に編集にまでかかっていたことが知られている。早川孝太郎（一九四三）に所掲の河内屋記一兵衛宛書簡によれば、京都の丸屋に持ちかけた節用集見本のことがあるが、過去の逸話として記されるので正確な時期は分からない。ただ、次項で扱う稿本の原本でもあるらしいので、そうは遠くない過去のことなのであろう。

丸善殿持株には有之間敷候得共、御仲間之持株に而可有候合類節用を致増字、拙子かなつかひ之通二字目かな引に致し候得ハ早々引と相成候を、初冊乾坤之巻之いの字之分を認、御掛合可被下与相頼遣し候処、一向一度の

返事□（もカ）無之候（天保一四年一一月一三日付）(4)

「合類節用」は、延宝八（一六八〇）年の初版しか知られない『合類節用集』ではなく、幕末まで再版され、「増補合類大節用集」とも称した『和漢音釈書言字考節用集』であろう。これに増補し、さらにイロハ二重検索にする予定だという。効率のよい検索法を志向するのが印象的である。ただ、「掛合」時の見本として「乾坤之巻之いの字之分」を認めたというが、これは『和漢音釈書言字考節用集』と同じく意義・イロハ検索であって、通常の節用集のとるイロハ・意義検索でないのは注意される。

結局、『早々引』は、書肆たちの関心を引くにはいたらなかった。大規模ゆえに経費回収の見通しが立てにくかったろうし、『都会節用百家通』『倭節用集悉改囊』『永代節用無尽蔵』などの先行諸書を押しのけるだけの特徴・魅力がないと判断されたのかもしれない。また、イロハ二重検索も版権（板株）の問題があって、簡単には事を運びにくくもあったろう（第二部第三章）。結局、永常は本書を基としたらしい別本を河内屋記一兵衛に託すことになるのである。

〔二〕大蔵永常『大々全大早引』（仮称）

合類節用ハ増字を致し十三門もどしスミシ也。此度柏与の早引仕直し候様、引方一二三言をわけ、かなを数致し候ハヽ、大々全大早引とも云様可相成候。尤出所ハ元の如く付申候。京都板元へ早々御懸合之上合類壱部御遣し可被下候（天保一三年九月二九日付）

『和漢音釈書言字考節用集』に増補したものを「十三門もどし」たというが、(5)これは『和漢音釈書言字考節用集』の意義・イロハ検索を、より一般的なイロハ・意義検索に直したというのであろう。さらに早引節用集のように仮名数で配置しなおす予定だという。有用で分かりやすいものをめざす永常の着眼は現実的で的確である。なお「出所」とは用字の出典のことだろうから、学問性も相応に確保する意欲的な計画のようである。「京都板元へ早々御懸合」

は『和漢音釈書言字考節用集』の版元への版権上の配慮を促すものであり、これまた現実的な対処である。

このように『大々全大早引』の編集作業は、刊行を前提にした極めて実際的な作業であった。この点、高井蘭山の『字貫節用』が理想をつらぬくあまり、現実から遊離しがちであったのとは対照的である。しかし、永常に『大々全大早引』の刊行を断念させたのは、ほかならぬ蘭山の節用集だったのである（前章第四節）。

第四節　非大型本にみる大型化

語数三万語に満たないものにも大型化への志向の存することを見ていこう。

〔一〕『〈増補再刻〉大全早字引節用集』

『〈増補再刻〉大全早字引節用集』は、『大全早引節用集』をほぼ踏襲するもので、これといった工夫もないが、少なくとも安政六（一八五九）年版では次のような付録を増補している。

諸証文手形案文（一オ〜二八オ）・暦の略解（二八ウ〜四〇オ）・書状端作之事ほか書状作法（四〇ウ〜四八オ）・目録并箱書付の事（四八オ〜四九ウ）・大日本国郡付ほか地誌関係（四九ウ〜六〇ウ）・御改正服忌令（六一オ〜六五オ）・大日本高名古人寿数（六五オ〜六六ウ）・倭音五十字ほか言語関係（六六ウ〜七〇オ）・年代略記（七〇ウ〜七三ウ）・天神地神之御名ほか年代記・武将伝関係（七三ウ〜八〇ウ）

従来型節用集にも見られるものが多いので新味も少ないが、総丁数の二割近くを占めており早引節用集としては異例の多さである。言語関係の付録が多いのは、節度ある態度と評価すべきだろう。なお、同じ安政六年版でも付録記事のない版もあるようで、このあたりは柔軟に対応したのでもあろうか。

〔二〕『早引万宝節用集』

この本は『大全早引節用集』を基本本文とし、これに増補して推計語数二・七万語ほどとしたものである。検索法や見出しの表示法は『大全早引節用集』と同じイロハ・仮名数の二重検索であるから新味はない。

ただ、本書で注目されるのは「増字」の標目のほかに「再増」の標目を示すことである。「増字」の標目は、たとえば、イロハ・意義検索の『倭節用悉改嚢』（元文六〈一七四一〉年刊）のように、さして語数の多くないものにも認められる。『大全早引節用集』では定着しており、イロハ・仮名数で分かたれた語群のはじめに『〔増字百倍〕早引節用集』（宝暦一〇〈一七六〇〉年刊）に依拠する本文がまず配され、姉妹編『早引残字節用集』（天明五〈一七八五〉年刊）の本文を「増字」として配している。(6) これをさらに増補するものとして『早引万宝節用集』では、「再増」を表示するのである。

『大全早引節用集』の版元が刊行した、その意味では正統な早引節用集の大型本『〔増補音訓〕大全早引節用集』が、他本を援用して三重・四重に増補するにもかかわらず、「増字」の標目すら示さないのとは対照的である。それだけに、「再増」をことさらに明示して増補をアピールすることが、大型化にさらされた証左となろうか。

〔三〕『永代早引節用輯〔大全〕』（見返し題）

本書の伝本、わずかに山口大学棲息堂文庫本およびウェブサイト「とんび岩通信」http://www.page.sannet.ne.jp/mahekawa/の「私的博物館」に掲載された写真の二点が知られるだけである。内題は『〔増字百倍〕早引節用集』であって、早引節用集の正統の版元・柏原屋らの刊行する『〔増字百倍〕早引節用集』とほぼ同内容である。問い合わせたところ、棲息堂文庫本は厚さ五〇ミリほどとのことであった。とんび岩通信本も写真によるかぎり同等の厚さを有するが、電子メールで問い合わせたところ、間紙の存在を確認することができた。したがって、本書は、『〔増字百倍〕早引節用集』ほどの内容のものを、間紙や厚手の料紙を用いるなどして『大全早引節用集』と同等の厚さにまで嵩上げしたものとなろう。

一方で、見返し題を「早引字会節用集」とするものがあり、やはり内題を『〔増字百倍〕早引節用集』とする。刊記も『永代早引節用輯〔大全〕』と同様「嘉永二酉孟秋刻成／山崎美成著／江戸芝神明前／甘泉堂　和泉屋市兵衛梓」である。架蔵する二本のうち一本は、縦一二四ミリ・横一八二ミリで通常の美濃判半切であるが、厚さは二六ミリである。他の一本は、やはり厚さは二六ミリであるが、縦一一二ミリ×横一六五ミリと美濃判半切より一回り小型になっており、これは美濃判半切の余白を詰めてのことである。要するに和泉屋は、一つの版木により、小型版と通常版そして厚冊版の三種を刊行し分けていたことになろう。

小型版や美濃半切版は、早引節用集のもつ、小型・軽量の性質をよく保持していると言えるが、これをもとに擬似的に厚冊化することがあったわけである。早引節用集で初めて真草二行表示を実現したのが『〔増字百倍〕早引節用集』だが、そのねらいは、携帯に不自由しない範囲での真草二行化であったろう。その流れをくむはずの本書にまで形式的な厚冊化が及ぶのであるから、早引節用集にも大型化傾向が波及してきたことの好例となろう。

それにしても、見返し題を差し替えるなど作為的であって、あまり好感の持てるものではない。ただ、相当数刊行されたらしく、架蔵の二本の本文は別版であり、亀田次郎旧蔵本もまた別版と見られる。単純に考えて、嘉永二（一八四九）年の刊行ということは、近世節用集にあっては新しい部類であるから他にも伝本はあるはずで、さらなる別版も確認されないともかぎらない。それらを精査することで早引節用集の大型化の様相が明らかにできる部分があるように思われる。

〔四〕『字宝早引節用集』

安政四（一八五七）年に刊行された本書は、『〔増補改正〕早引節用集』（宝暦七〈一七五七〉年刊ほか）の本文をもつので語数は一万語強にとどまるが、判型・レイアウト・構成が注意される。『〈増補改正〉早引節用集』は小型の三切縦本であったが、一九世紀に簇生した早引節用集では三切横本が多く、別の本文系統になる『〈増字百倍〉早引節用集』『大全早引節用集』も美濃判半切横本を採る。これに反して『字宝早引節用集』は縦本なのだが、これは頭書に付録を配するために、あえてこの判型を採ったもののようである。

また、『〈増補改正〉早引節用集』系の諸本は行書一行表示が普通であるが、本書は真草二行表示を採っている。イロハ・意義検索の従来型節用集では寛永年間（一六二四〜四三）には真草二行表示が定着しており、『〈増字百倍〉早引節用集』『大全早引節用集』もこれを導入するので、それらに倣ったと見られる。

さらに本書には日用教養付録を増補した異本がある。辞書本文は一二二丁だが、巻頭に「夢はんじ・安政年代記」など五〇丁を、巻末に「商売往来・年始状」など四八丁を付すのである。こうなると、辞書本文上欄の付録や真草二行表示とあいまって、従来型節用集の本文を早引節用集に差しかえたような構成を採るものと見なすことができる。このような体裁が実現した背景を考えると、従来型節用集での大型化が早引節用集におよぶほどの大きな流れがあったのだが、その影響の現れの一つとして、縦本や付録などの点だけでも従来型節用集に倣おうとしたのが『字宝早引節用集』ではなかったろうか。直接・単純に大型化を志向するのではなく、大型化していった従来型節用集の装いをまとおうとしたということである。

〔五〕『〈真草両点〉数引節用集』

この本は、『〈早引〉永代節用集』を抜粋しつつ、イロハ・仮名数の二重検索に回帰したものである（佐藤一九八八）。二六九丁の本文に対して、巻末付録が別丁付けで四七丁あり、一五パーセントほどが付録になる。早引節用集としては異例に多い。

その内容は、「諸手形証文之案」「偏冠旁字尽」「〔男女五性〕名頭字尽」「書状端作の法大概」「四季の異名」「十二月異名」「百官名尽」「東百官名尽」「五性名乗字」「花押吉凶の弁」「万進献の物認やう」「懐紙式紙短冊の認めやう」「絵馬幟した、めやう」「封状また結び状の書法」「片かなの書やう」「五音相通」「本朝書法七十二例」「筆法三十八点」「御改正服忌令」「大日本国郡并田数」「十幹并図」「十二支并図」「年暦六十図」「有気無気の事」「潮満干を知る事」「知死期繰方之事」「年中日次吉凶之事」「破軍星繰やうの事」「六曜星日取善悪の事」「万墨移りの伝」と、辞書にふさわしく案文・字・書法などが中心となっているが、易占系のものが多いのも特徴である。「十幹并図」「十二支并図」など、挿絵のあるものもまま存し、早引節用集のなかでは従来型節用集に近い付録の雰囲気を醸している。

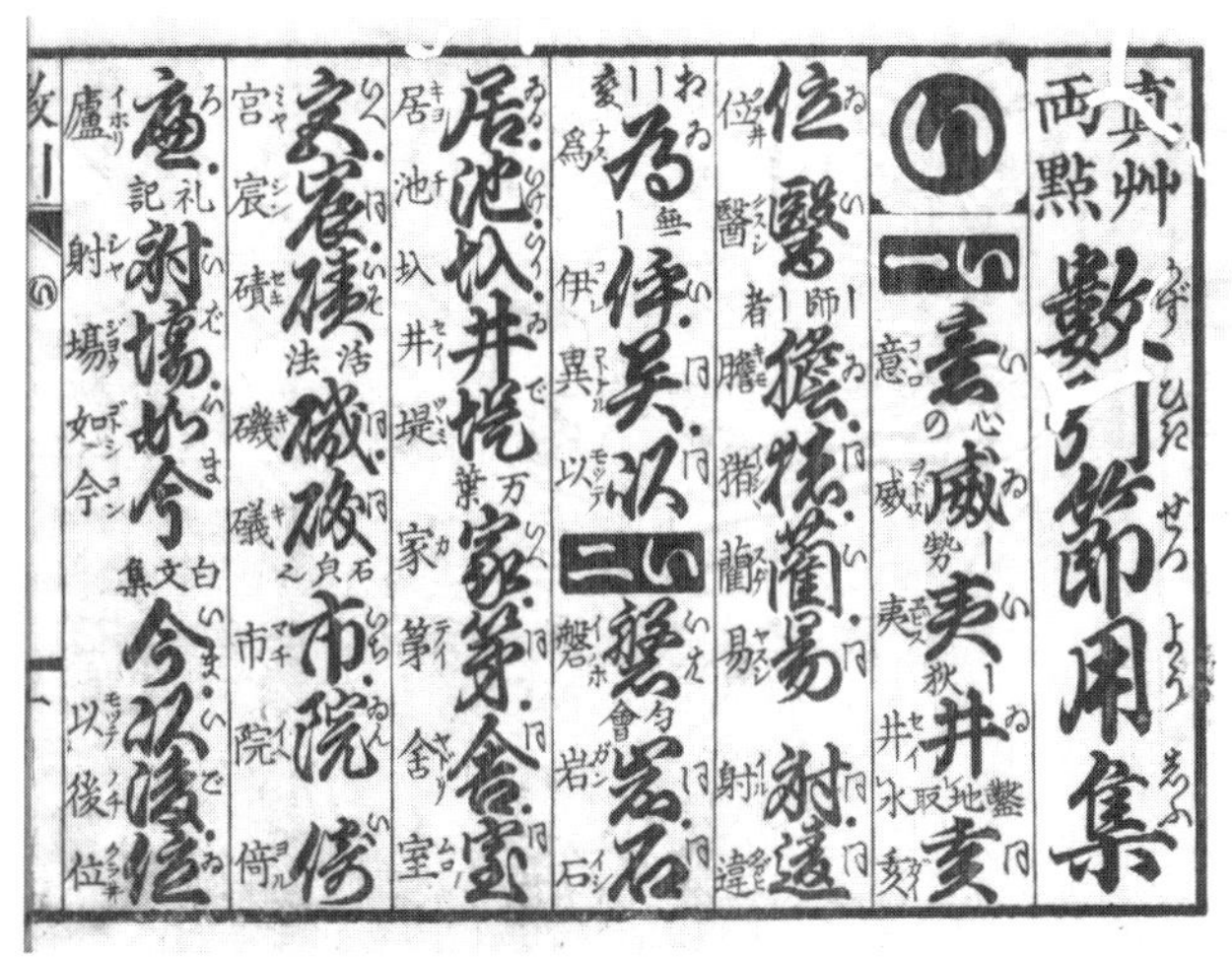

【図2-5-2】『〔真草両点〕数引節用集』

おわりに

以上、早引節用集をめぐる大型化傾向について見てきた。

大型化傾向は、イロハ・意義検索の従来型節用集が早引節用集と共存できるだけの価値を付加するための営みと考えられる現象だった。したがって、早引節用集の側はこれになずむ必要はなかった。しかし、単に収載語を増補するだけにとどまらず、日用教養記事の付録化や、形式的な大型化などの各種の変容が確認されたのである。

まず、『いろは節用集大成』などで意義分類を導入したのが興味深い。収載語の増大にともなう検索効率の改善なり、意義検索をもつ依拠本文からの流用なり、やむをえない理由が考えられはする。が、早引節用集は、検索時に不便であるからと意義分類を廃したものだったはずである。また、日用教養付録も一旦は廃したのだが、大幅に増補したものが早引節用集にも現れた。この余波は、語数のさして多くない本にも現れたことをみれば、従来型節用集の大型化傾向は、より端的に「早引節用集における従来型への回帰」を招来したとも見られるのである。

このことは一方で、従来型が従来型として、早引節用集が早引節用集として、それぞれに持っていた性質上の異なりが解消されつつあるということである。あるいは、早引節用集が、節用集としてより一般的な存在になっていったために、本来、「棲み分け」ていたはずの従来型の節用集に現れた事象をも取り込むことになった、とでも解釈できようか。そう考えられれば、明治以降の節用集が早引節用集一辺倒になるという事態に直結することであり、辞書史の推移としても自然なものと思われる。

ただし、誤解のないように言えば、「勢い」としては直結するが、辞書としての体裁そのものについては別途考える必要がある。たしかに早引節用集は明治以降でも語数の多いものが出はするが、付録類は少量に抑えたものが大勢を占めるのである。ならば、一九世紀近世の早引節用集の動向を把握しようとするとき、大型化をはじめとする従来型節用集への接近は、一部・一時の現象とみておくべきで、付録に対してストイックな、辞書に徹したものが依然として多かったことを忘れてはならない。

また、大型化した早引節用集でも薄様刷りにして厚みを抑えたものがあるので、早引節用集らしく携行性を保持しようとしたものと考えられる。たとえば、最大の語数を擁する『〔早引〕万代節用集』や、早引節用集の版元が刊行した『〈増補音訓〉大全早引節用集』には、通常の料紙の二冊本と薄葉刷り一冊本が存する。ただし、二〜三万語ほどの『早引万宝節用集』でも薄様刷りが確認され、『大全早引節用集』でも、寛政八年版・天保一四年版・嘉永七年版・万延元年版の薄葉刷りを確認しているので、そもそも通常版と薄葉刷りとを用意しておくものなのでもあろう。が、大型化した従来型節用集では原則として薄様刷りは認められないので、[7]重厚長大な従来型大型本に対して、[8]軽便な早引節用集という「棲み分け」の構図は、堅持されていたと見ることができよう。

注

(1)一七世紀末までに発生し、一八世紀には全盛を迎えた節用集を念頭においている。巻頭・辞書本文上欄・巻末に日用教養付録を配し、イロハ・意義検索の二重検索をとり、各々の見出しの楷書と行草書とを併記するなどの特徴を備えたもの。

(2)佐藤(一九九二)によるが、長い注などは適宜略したり、語順を別途整理するなり、相応の改変も施されている。なお、『和漢音釈書言字考節用集』との関係については、佐藤(一九八七)・山田俊雄(一九九一)が言及している。また、『いろは節用集大成』の改題本『〈早引〉永代節用集』と『和漢音釈書言字考節用集』との対照索引に Antelmo Severini.Carlo Puini (1875) のあることに気付いたのは二〇一二年一〇月であった。

(3)通常の早引節用集では、語頭のイロハと仮名字数で収載語を仕分けて複数の語群にするのだが、その語群内での各語にはまとまりが認められ、それは意義検索の名残りと認められる。ただし、その意義範疇を明示することはなされていない。

(4)後に言及する『大々全大早引』(仮称)が天保一三年九月二九日付け書簡に現れるので、その方が早いように見えるが、構成上の特徴や書簡の内容から『早々引』の方が先に存在したものと思われる。次注参照。

(5)この作業により、意義・イロハ分類の『早々引』の方が先に存したと推測される。

(6)ここで参考までに早引節用集諸本の分類と諸本の関係のおおむねを記しておけば次のようである。

A類　『〈宝暦新撰〉早引節用集』『〈増補改正〉早引節用集』など。行草書一行表示の小型本が多い。

B類　『〔増字百倍〕早引節用集』を祖とするもの。真草二行表示。美濃判半切。
C類　『〔明和新編〕早引大節用集』のみ。真草二行。日用教養記事を多く付載。美濃判。
D類　『早引残字節用集』のみ。『〔増字百倍〕早引節用集』にない語による。真草二行。美濃判半切。
BZ類『大全早引節用集』など。『〔増字百倍〕早引節用集』『早引残字節用集』の統合版。合冊版ののち、合刻版が普及。
BS類『〔増補音訓〕大全早引節用集』『万世早引増字節用集』など。BZ類を増補したもの。
E類　『いろは節用集大成』など。『和漢音釈書言字考節用集』の改編本。真草二行。意義分類も追加。
F類　『〔早引〕万代節用集』など。もっとも語数の多い早引節用集。真草二行。意義分類も追加。

（7）『大日本永代節用無尽蔵』文久四年版には薄葉刷りが存する。これを重視すれば、幕末期の節用集は、従来型の重厚長大に対し、早引節用集の軽薄短小との対立的な把握だけでは不十分で、互いに影響を与え合ったと見るべきであろう。ただし、同書の薄葉刷りの現存数は極端に少ないようであり、大勢に影響はないとも考えられる。

（8）例外もある。従来型としてはやや判型の小さい『大成無双節用集』（嘉永二年刊）は枠外余白の大きい半紙判一冊本が普通だが、余白部分を裁ち落とした小型判二冊本もあり、携行を意識したものであろう。また、大型化した従来型節用集ではないが、規模の大きい『和漢音釈書言字考節用集』の万延元（一八六〇）年版にも薄葉刷り二冊本・三冊本がある。

第三部　各論――展開の諸相と研究課題

導言

〔一〕近世初期節用集の重視

近世節用集の研究は、概して初期に手厚くなっている。たとえば、近世節用集の始源である易林本については、古本節用集の一つとして系統・性格・存在意義について先学による言及があり、原刻・平井版・平井別版・小山版などの版種研究も存する。また、平井別版以外のものは影印本も存し、用字索引・用語索引などの研究支援ツールまでそなわっている。これに準じるように易林本から派生した草書本にも版種研究をはじめとする蓄積があり、これにつらなる元和・寛永期以降の諸本の系統関係も検討されている。

ならば、今後の研究において近世初期諸本はさておけるかというに、それはまた別のことである。まず、第三部第二・四・五章で検討をおよぼすもののなかには未知・未紹介の異本も存しており、詰めきれていない課題や触れられてこなかった問題も少なくない。近世節用集の典型形成期として位置づけた時期にあたるが、そのような規定からはずれるものの、言及せずに通りすぎるのは惜しい事象・系統問題も存している。それらに言及することにより近世初期節用集の記述を充実させることとした。

〔二〕新規検索法の以前・以後の重視

一八世紀後半に展開された新規検索法の開発については、第二部第三章で述べた。そこでは早引節用集に端を発する様々な検索法について検討を加えて、改めて早引節用集の影響の大きさを確認したのであった。

たしかに、早引節用集は革新的な存在なのだが、そうしたものが、それ以前の節用集からまったく切り離されて突如登場するとは思われない。もし、そうだとするならば史的展開としては不自然であるから、早引節用集の登場を準備した複数の事象がありえたと考えて注意深く事象を拾っていくのが周到であろう。

逆に、検索法の開発についても、一八世紀後半で終わるとも見られたわけだが、惰性的に尾を引くことを想定するのが周到であろう。実際、版権（板株）を取得しての独占販売という書肆の方策は生きているわけであり、そのための新規の工夫は怠れなかったと考えるべきでもあろう。

そこで、より充実した記述のために、検索法開発期の、以前・以後について目を向けておきたい。

〔三〕第三部の目的

以上のような研究上の要請からすれば、第二部で近世節用集の展開の大要を踏まえた今、細部の把握と、見過ごされがちな点を補足することにより、近世節用集史の全体的な補完を目指したく思う。それを、次のような構成のもとに行なうものとする。

第一章・第二章　　近世節用集の祖である易林本の諸相と、その後継書の一つ横本『二体節用集』の諸相

第三章～第五章　　寿閑本における易林本の構想復元と、その後継書の展開

第六章～第九章　　早引節用集を準備した種々の状況への目配りと、検索法開発期以後の節用集の動向記述

第一章　易林本『節用集』の諸問題

はじめに

近世節用集の記述的研究の一環として、古本節用集の一つとされる易林本について、一定の知識を得ておきたい。近世節用集の祖とされる本がどういうものであるか、逆に、近世節用集が引きついだものが、いかなる物・存在であったのかを心得ておきたく思うからである。

易林本には、古本節用集における最後発のものとして、また、写本が中心である古本節用集のなかにあって刊行された数少ない例として、特異な位置づけをとるものと考えられてきた。そのような価値づけがあるためか、古典籍収集書趣味においても珍重されてきた。そのため、伝本の発掘がさかんになされ、現存本も少なくない。

こうした事情を過大に評価することなく、問題点を言挙げし、それぞれについて回答を与えていくことにより、研究の進展をはかるきっかけを得たく思う。

第一節　易林本の性格

〔一〕部名・門名標目の陽刻

易林本原刻版において誰しも怪訝に思うのは、部名・門名標目が陽刻であることだろう。通常の文字と同様に刻されるので本文に紛れやすく、また、紛れないように注意しつつ検索することになるのである。

ヨ部までの部名標目は、一行を割くので本文に紛れることはない。また、レ部までは門名標目も原則として行頭に配置されるので、(1)まだ視認性は確保されているとしてよい。

ところが、それ以降では部名一行表示・門名行頭表示の方針は崩れていく。部名はさすがに行頭に配置されるので紛れないが、それでも陽刻であるため、他の掲出語との視覚上の差別化は小さくなり見づらい。また、カ部以降では、頭字を同じくする熟語見出しを割行表示することも急増する（菊田紀郎 一九七三）。外見上、集約感が高まるわけで、そうなれば陽刻された門名標目などは、見出し語の割注に誤認されやすくなる。さすがに、現存する原刻本では朱で目立たせなどするが（安田章 一九七四）、利用者の手をわずらわせるのは印刷物としては効率が悪かろう。

この点、易林本平井版以降、刊行されていく近世節用集において部門名が陰刻されることを思えば、原刻本の陽刻は、刊行されることが十分に意識されていなかったためと了解されよう。易林本の刊行者は、仕上がりを予測できず、陰刻にも思いいたることなく刊行にいたったことになる。少々不用意であったと思うのである。

〔二〕本文の偏向

ついで、原刻版にかぎらず易林本諸版に言えることだが、一種の癖について見ておきたい。上田・橋本（一九一六）より引用するが、手を加えすぎる、あるいはある種の偏向があるということだろう。(2)

易林本は、之を他の諸本に比するに、其の所収の語は、必しも少いのではないけれども、概して印度本よりも少く、殊に、詩文等に用ゐる語が比較的多くして通俗の語は割合に少い。門名も、乾坤、時候、気形、官位、言辞、器財など、むつかしい名目を用ゐ、仮名遣を訂したのも、正しきに過ぎて、一般世俗には却つて不便であつて、此の本は、通俗的辞書としては、必しも他の諸本に勝れて居るとは云はれない。

やはり易林の編した夢梅本『倭玉篇』にも偏向が認められる。多すぎる部首を整理するためか、ある部首に従属する部首（附部）を配して二重構造とするが、その配し方に独特な場合があって容易に検索できないのである。

例えば、夢梅本では「乾」という文字が「甲」の部に収載されている。「乾」字と「甲」部とはどのように関連づけられるのであろうか。実は、「甲」部の附に「乙」があって、その「乙」に「乾」が所属するということになる。この点から見ると夢梅本は、甚だ非実用的である。（中田・北 一九七六）

また、中田・北は、易林本と夢梅本とに共通する特徴として、「婭」にアヒヤケ、「姦」にカタカマシの訓をほどすことや、片仮名もサ・セ・マに「七・せ・ア」をあてることを指摘する。以上のような一般からのずれが両書に認められるのだから、易林が跋において、定家仮名遣によってイヰオヲエヱの六部を分けただけだと言うのは信じがたく、やはり相応に本文にも手を加えていたということになろう。(3)

それにしても、歓迎されなかったであろう偏向が、どのような理由・要請からなされたのか知りたく思う。近世節用集では版権（板株）をえるためだけの、有用性の乏しい改編もあったが、慶長年間では版権が意識されなかったであろうから、別の観点からの説明が求められよう。

〔三〕出版と規範性

一方、印刷文化の役割に、漢字字形の標準を示すことを認める立場からは、易林本は評価されている。字体の調査をおこなった濱田啓介（一九八二）は、「正体文字」を大幅に採りいれた革新的な存在であると評価し、中世以前からの経典などに見られる字体を排除した点で近世のはじまりにふさわしいものと規定した。

その結果は明白である。「饅頭屋本」・「天正本」の両者は非常に多くの古体文字を含み、且つその外の異体文字や、形の崩れた文字を含んでいるのに対し、「易林本」は、異体文字を含まないではないが、正体文字の比率が抜群に高いという事である。「易林本」は基調が正体文字であると言う事ができる。字形に関しては、前二者は保守的な字書、「易林本」は革新的な字書であった。この差は大きな差であると認められる。文字における中世と近世とを分かつものであろう。以後『節用集』と言えば「易林本」に代表されるようになったのも当然である。これは用字生活に追随して字形を改めたのではなく、特に正字を示そうとして、字書韻書について訂した意識的な努力の結果である。

小山版をのぞく易林本の跋にある「この節用集、十字に九は皆贋なり。これを『韻会』『礼部韻』に正せ」(読み下し)という、易林のもとを訪れた「客」の要請が、正しく履行されたことを裏付けるものでもあろう。ただ、濱田も「異体文字を含まないではない」と注意するように、細部にいたっては注意が必要である。易林本は規範を示そうとしているが(乾善彦 一九九六・一九九九)、示し方ないしその実践面については周到を欠く点もあるらしく(白井純 二〇〇四)、また、今西浩子(一九九六a)が一部試みたように、易林本の漢字がどのような位相での漢字使用を反映するのかといった検討の余地もありはするのである。

規範を示す試みと、組織・体裁面を主とする未熟なさまからは、不体裁ながらも新しさを持つ存在として易林本が捉えられそうである。が、規範の提示にも露呈する準備不足を重視すれば、組織面の不体裁と連動すると捉えて、総じて未熟の書と見る立場もありえよう。

なお、右には特に強調はしなかったけれども、編集方針ないし掲出方針の変化もあり、また、カ部言辞門での丁単位での乱丁ほか、細部においても疎漏の点がある。これらは、小山版・草書本にも無批判に引き継がれていくのであるが、寿閑本にいたって正されることになる。詳しくは第三章に依られたい。

〔二〕門名標目の前門末配置

易林本のイ～ネ部では原則として門名は行頭にある。このことからは整備された書籍を作ろうとの意図が知られるのだが、部を追うごとにこの原則は崩れていく。また、似たようなことは熟語の掲出法にも見られ、上巻では、頭字を同じくする熟語を配するのに通常の大きさで記すのだが、下巻になると割注形式によって詰め込まれていく。編集の初期段階の原則がゆるんでいくのは、多くの辞書類でも見られるところではある。

門名での疎漏を見てみよう。易林本のニ部・ホ部においては、本来なら行頭にあるはずの門名が、直前の門の末に配されることが多くなる。(4) ただし、当該門の所属語は次行行頭から配されるので、「門名を行頭におく」という原則は、「各門所属語を行頭から配する」と変形されながらも残存していることになる。

が、直前の門の所収語が行の途中で終わる場合、その直下に門名標目が来るのだから、残りの行は空白になる。門名標目と当該門の所収語が改行で隔てられるだけでなく、両者のあいだに無用の空白が入り込むという不体裁を見せるのである。さらに、ホ部気形門のように、直前の門の所収語が行末まで埋められるので、気形門の標目を置くスペースがなく掲出を断念したケースもある。(5)

そこで、子細に原刻版の版面をみると、ニ部人倫門・ニ部支躰門の標目はわずかに右上がりに、ニ部器財門・ニ部言辞門・ホ部食服門・ホ部器財門はわずかに左上がりに刻されているように感じられる。いかにも不安定な刻し方は、埋め木による補刻を思わせる。とすれば、彫刻も最終的に終わり試し刷りなどした段階で、門名が刻されていなかったことに気付き、急遽、門名標目を補刻したということなのであろう。

〔二〕版木への特殊な要請

事故にせよ故意にせよ、行頭から追い出されてしまった門名標目を補刻するなら、やはり本来の位置である行頭にすべきであろう。上枠を一旦削りとり、門名標目を補刻できるだけのスペースを確保するように少しばかり上方に埋め木して枠を彫り直せばよいのである。

ところが、その手法はなぜか採られなかった。行頭の直上にある枠には変更を加えないという原則がまずあるのであろう。そこで、次善の処置として、誤脱した門名標目を、直前の行に補刻したのであろう。ホ部気形門の場合はともかく、他の門名標目に補刻するスペースが、前門末尾とはいえ確保できたのだから、それでよいとした。ニ部・ホ部にかぎる不体裁なので、そこだけすべて彫り直してもよさそうだが、それにも及ばないというわけである。

とすれば、かたくなに枠を保持したことになるが、そこで想起されるのが、上田・橋本（一九一六）による枠についての指摘である。平井別版の解説において、平井版の特殊性に

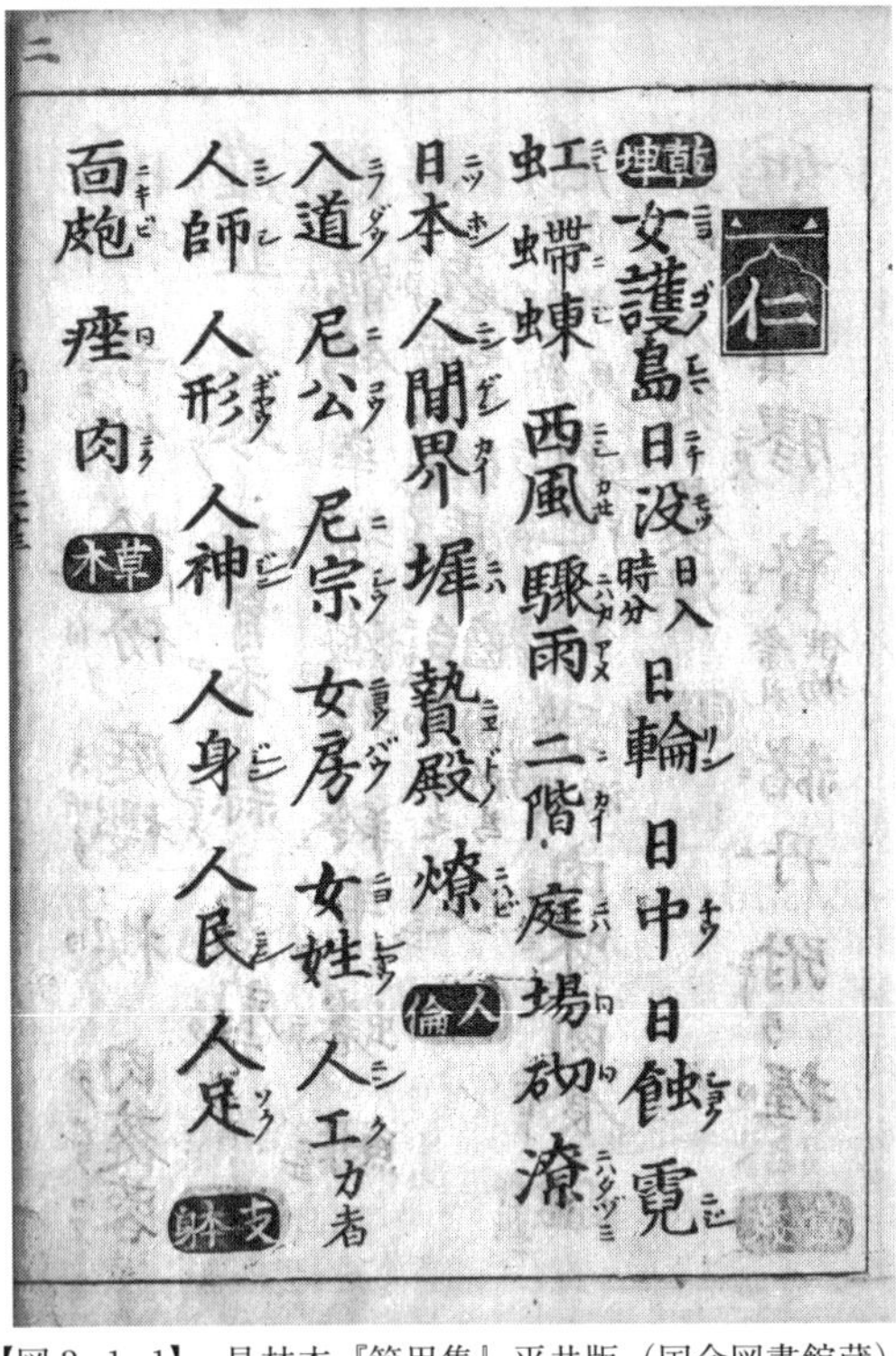

【図 3-1-1】 易林本『節用集』平井版（国会図書館蔵）

言及するのである。

内容外形共に平井版易林本と同一である。唯之と異なる所は、易林の跋の前にある「洛陽七條寺内平井勝左衛門休与開板」の文字が全く無いのと、欄界が彼よりも太く、且、上下の間の距離が各丁一定せず、時に甚しい差異がある（七寸三分五厘から七寸九分までもある）のと、ハ部気形を誤つて気服としたのとだけである。

上下の枠（欄界）の距離が丁によって異なることは、近世の木版本では普通のことである。小口を見れば、下の枠は丁の上下方向の位置決めに使われたらしく、ほとんど同じ高さに並ぶが、上の枠の高さは、上下にばらつくのである。ならば、平井別版は、易林本としては後発なだけに、枠のありようが近世的であるのかもしれない。

逆に、平井版および同版の原刻版において、枠の上下間隔が一定であることの方が注意されよう。その厳格さは、右に見てきたように、門名標目にかかる不体裁という、検索組織と美観とを犠牲にするほどであった。そこまでして、枠の上下間隔を保持しなければならない理由とはどのようなことなのであろうか。

〔三〕平井版古活字版説

そこで関連があるかと疑われるのは、かつて唱えられた平井版活字版説とそれに関わる言説である。

節用集考にいはく、

第六は、真字活字本二巻、その巻末に慶長二〈丁酉〉易林誌と見えたる本なり（中略）又同じ易林本にて、跋文の前、［通玄寺也］と記したる下に、
洛陽七條寺内平井勝左衛門休与開板
といふ文を白字にて二行に記したるものあり、この文なきものは、本文毎紙の欄ふとくして、この文ある本は細し、余が見たる巨欄、細欄の二種ともに活字版とは見えず、（中略）細欄の本は、本文は整版にて、欄のみは活

字版の如く組みて添へたるものにもやと見ゆ、なほ委しき人にたづぬべきなり（赤堀又次郎一九〇二）

現在では、古活字版説は採られることがないが、「欄のみは活字版の如く組みて添へたるもの」かという点は興味深い。このように枠のありようを判断するのは、平井版（原刻版も）の縦・横の枠が接する部分に隙間ができるという、古活字版に特有の現象と同じように見えるからである。ただし、原刻版では丁によっては、ほとんど隙間の認められない場合もあるが、平井版の後刷り諸本では明らかに隙間が認められるのである。

それでは、枠を古活字版で刷り、別途、本文を木版で刷ったのかとも疑われる。これならたしかに枠の寸法が一定するから、本文はそれよりはみ出してはならない。さきのニ部・ホ部における誤脱した門名標目を、直前行の余白に押し込まざるをえなかったことが容易に説明できる。そして、枠は、どの丁にも繰り返しあらわれるのだから活字版にすれば省力にもなりそうである。ただ、これも、直線なのだから版木に彫るのもさしたる負担ではなかったであろうし、やはり、活版・木版の二度刷りでは、まさに二度手間であり、位置合わせもわずらわしい。もちろん多色刷り浮世絵における「見当」のようなものが開発されていれば容易にできることではある。(6)

〔四〕上下枠の間隔の同一化

最後にはやはり、原刻版・平井版において枠の上下間隔をどの丁でも一定にする理由、不体裁をきたしても墨守した理由が残る。物理的な理由がなければ、書籍かくあるべしといった通念に求めることがあってよい。

その場合、ここでも古活字版での習慣や通例が反映したとは考えられないだろうか。古活字版では、まず枠を固定することからはじめ、ついで活字を充填していく。そのような過程であれば各丁の枠の上下・左右の間隔は一定になりそうである。であれば、古活字版が出版界を席巻していた慶長～寛永ごろには、「書籍の印刷面とは枠の上下間隔が等しいものであり、それが書籍の体裁の基本である」といった通念も醸成されていたのではあるまいか。とすれば、そうした常識が、慶長刊行の易林本原刻・平井版をも拘束していたと考えてもよさそうである。その証左として、先に見た二部・ホ部の門名標目の掲出位置をめぐる不体裁が存するように思われるのである。

第三節　平井版諸本の序列

〔一〕彫り残し（島）と無用の追刻

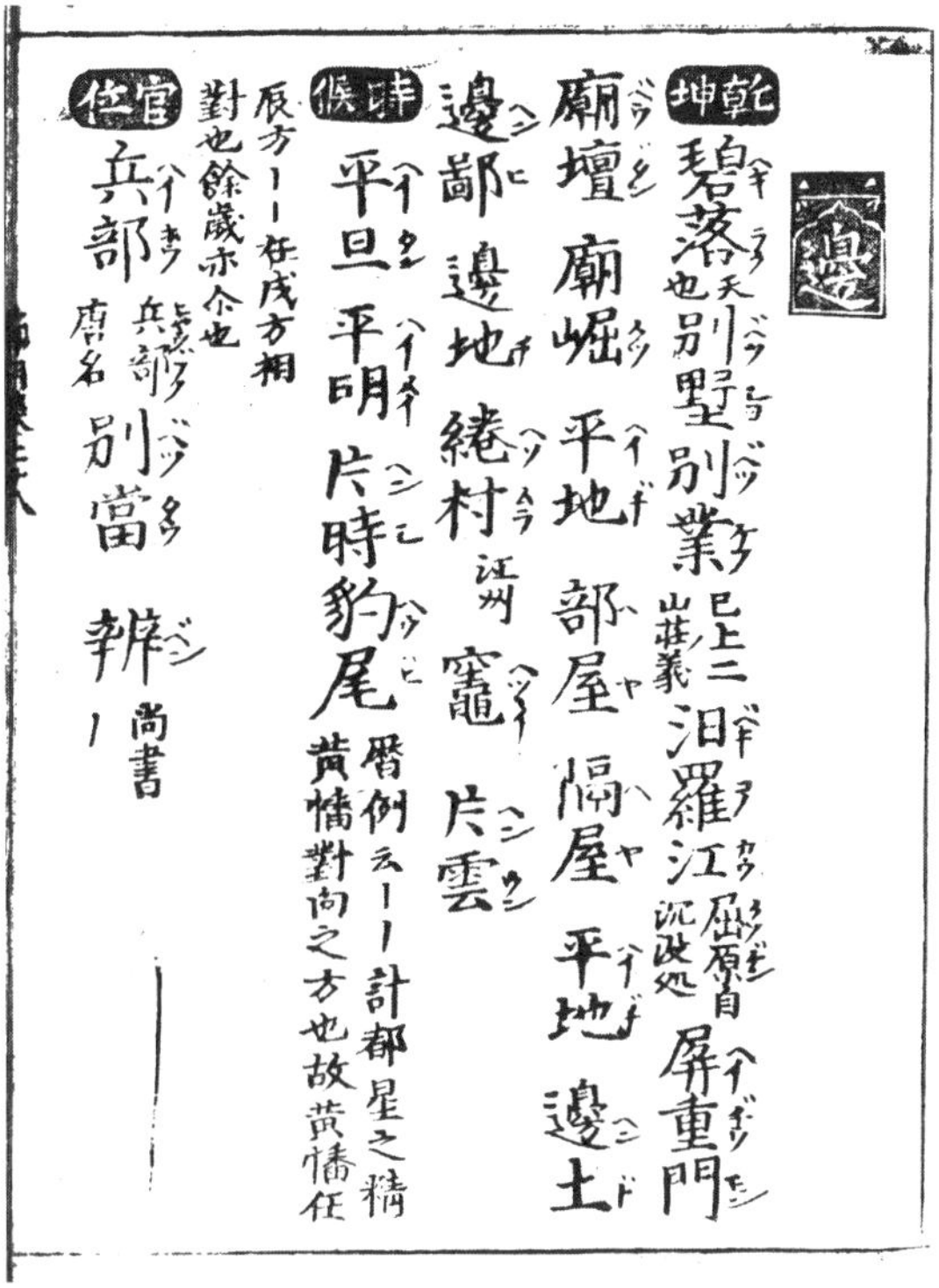

【図3-1-2】　易林本『節用集』平井版（国会図書館蔵）

版木の経時変化は各部の欠損として現われる。が、誤刻の訂正をはじめ、何らかの意図のもとに追刻されて変わることもある。時々に摺り出された版本は版木の変化を写しとったものとなるから、欠損や追刻は摺りの先後を効率的に把握するのに役立つ。

実際、平井版諸本をみると、単なる改刻や欠損とは別種のものが認められる。通常、改刻は欠損や誤刻の修訂などの必要からなされるが、平井版の上巻では、美観上削除すべきなのを残したり、必要もないのに追刻する例があるのである。必要性と改刻の実施がねじれた関係にあるのだが、そうした箇所にこそ、版木にかかわった人の意図が、その中身はにわかには判断しがたいものの、強く反映しているように思われる。そうした例に注目して、まずは、諸本を分類・整理しようと思う。

まず、縦棒状の彫り残しが四個所ある。原刻版にも見えるもので、美観上、削除してもよさそうだが、比較的後の版まで認められる。空白面のほぼ中央にあるので、摺刷時に、周囲に文字がないために料紙がたるむのを防ぐ「島」なのであろう。本来は、墨を載せずに刷るのであろうが、こうした点にも、版本作製の未熟さが見られるように思われる。

A　ロ部文体門（六オ四）下部。約四字分　　B　ホ部言語門（一七ウ七）下部。約八字分

C　へ部官位門（一八オ七）下部。約四字分　　D　へ部言語門（二〇オ一）下部。約四字分

ついで、平井版において、部や門の標目の陰刻部分に、ある種の模様が追刻された例が六例ある。[7] 形状からして故意になされたものと思われるが、単なる手すさびの類なのか、何かの心覚えでもあろうか。

E　ニ部標目（一三オ一）上辺中央に三角形飾り　　F　ニ部気形門標目（一三ウ二）中央に縦棒

G　ニ部器財門標目（一三ウ六）中央に縦棒　　H　ト部標目（二〇オ二）上辺中央にス字様模様

I　チ部標目（二四オ五）「知」字右下に点模様　　J　カ部標目（三四ウ五）上辺に横棒

これら一〇点につき、京都府立総合資料館本・国文学研究資料館本・伊勢貞丈旧蔵本（東洋文庫）・東洋文庫本・龍谷大学写字台文庫本・西尾市立図書館本・国会図書館本・刈谷市立図書館本（国文学研究資料館マイクロフィルム）・大和文華館本（同）・学習院大学本（同）・静嘉堂文庫本（雄松堂マイクロフィルム）・内閣文庫本（中田祝夫 一九六八）・菅文庫本（茨城大学附属図書館ホームページ）・宮内庁図書寮本（日本古典全集）の諸本を調査した。

〔二〕調査結果

旧態をとどめるものに○、改めたものに×を付した。諸本は、旧態をとどめる特徴の多いものから、各調査項目も、諸本の多くに残るものから配した。内閣文庫本の上巻六丁は平井別版に差し替えられているので項目Aは検討しない。

	国会	刈谷	京都	大和	静嘉	国文	伊勢	内閣	菅	東洋	写字	西尾	学習	図書
A	○	○	○	○	○	○	○	―	○	○	○	×	×	×
E	○	○	○	○	○	○	○	○	○	○	○	×	×	×
F	○	○	○	○	○	○	○	○	○	○	○	×	×	×
G	○	○	○	○	○	○	○	○	○	○	○	×	×	×
H	○	○	○	○	○	○	○	○	×	×	×	×	×	×
I	○	○	○	○	○	○	○	×	×	×	×	×	×	×
J	○	○	○	○	○	○	○	×	×	×	×	×	×	×
D	○	○	○	○	○	×	×	×	×	×	×	×	×	×
B	○	○	×	×	×	×	×	×	×	×	×	×	×	×
C	○	○	×	×	×	×	×	×	×	×	×	×	×	×
○数	一〇	一〇	八	八	八	七	七	四	四	四	四	〇	〇	〇

彫り残しでは、Aが突出して遅くまで摺りだされ、BC（D）は早々に摺りだされなくなる。また、追刻も、比較的早くなされる（H）IJと、後からなされるEFGとにおおむね二分される。彫り残しでは最大四段階、追刻では最大で六段階にばらつく余地があるはずだが、それぞれほぼ二段階に収まっている。気まぐれになされたのではなく、何らかの意図・作為があるものと思われるのである。このような彫り残しと追刻だが、合わせ見るとき、たとえば、

国会図書館本・刈谷市立図書館本のように彫り残しBCが旧態なら、他の彫り残しも追刻も旧態となるといった、包含関係・階層関係を形成するのも興味深い。また、彫り残しは、正しい「島」の機能に気付くものがあれば摺り出されなくなるから、紙面に現われるかどうかは偶然に左右されそうであるが、遅速の差で二種に分かれつつ、さらに追刻の例と合して検討してもうまく整合しそうである。

これを踏まえて、諸本を分類しよう。〇の数の差が二以上ある部分で区切れば「国会・刈谷／京都・大和・静嘉・国文・伊勢／内閣・菅・東洋・写字／西尾・学習・図書」の四段階の序列があることになる。個別にみれば、やはり内閣本が気になる。Ａは平井別版の混入した丁のものだが、混入がなければ旧態のままであったことは、先に確認した包含関係から推測できよう。また、ＨＩＪが同期せずにＨだけ旧態なのも不審である。調査対象を増やせば同趣の本が出てくるものか、あるいは旧態の別本などから差し替えられたか。また、図書寮本は、右に挙げなかった欠刻の状況を勘案すると、西尾市立図書館本・学習院本よりも格段に劣るものである。右の一〇項目調査ではそうした差がすくえなかったことになる。測定限界下での並みはずれた数値を示す個体なのであろう。

もちろん、さらに指標を追加するなどのことがあってよく、一方では、より多くの諸本を見ることも合わせて、きめ細かい把握をめざすことが当面の課題となる。また、彫り残しはひとまず置くとしても、追刻については、このような行為が他にも例を求めうるのか、広く情報を集めたい。そしてこのような平井版諸本の序列から何を辞書史的事実として引き出しうるのかも後考に期することになる。

第四節　版木の損傷と平井別版・小山版

〔一〕原刻版・平井版版木の割れ

易林本原刻の版木に割れがあることは早く遠藤和夫（一九八六）が指摘し、その個所については川嶋秀之（二〇〇二）が指示している。この割れは、平井版の後刷り本においてより明瞭になるという。また、その割れ幅の大きさゆえに、改版であるはずの平井別版にも影響を与えていると川嶋は指摘する。

> 三本（図書寮本・内閣文庫本・菅文庫本――佐藤注）を比較すると、上巻三四丁中央のオ一行から三行に至る欠け、三六丁オ中央を一行から七行まで横断する欠け、三六丁ウ三行目の訓に至る欠けがあることが共通する。この欠けは二ミリ幅の欠けで、原刻本では「鰐」（三四オ1）、「往」（三四オ3）、「學」（三六オ4）、「高」（三六オ7）、「顔」（三六ウ3）の諸字に少しの幅であるが確認できる。平井板に至ってそれが拡大したものであろうが、文字自体にはそれによって欠落した部分は認められないため、欠けというより裂けというべきものである。版木に何らかのトラブルがあったのであろうか。なお、平井板別板ではこの幅の開いたものをもとに改刻したのであろう、「往」の字など縦に長く間延びしたものになっている。

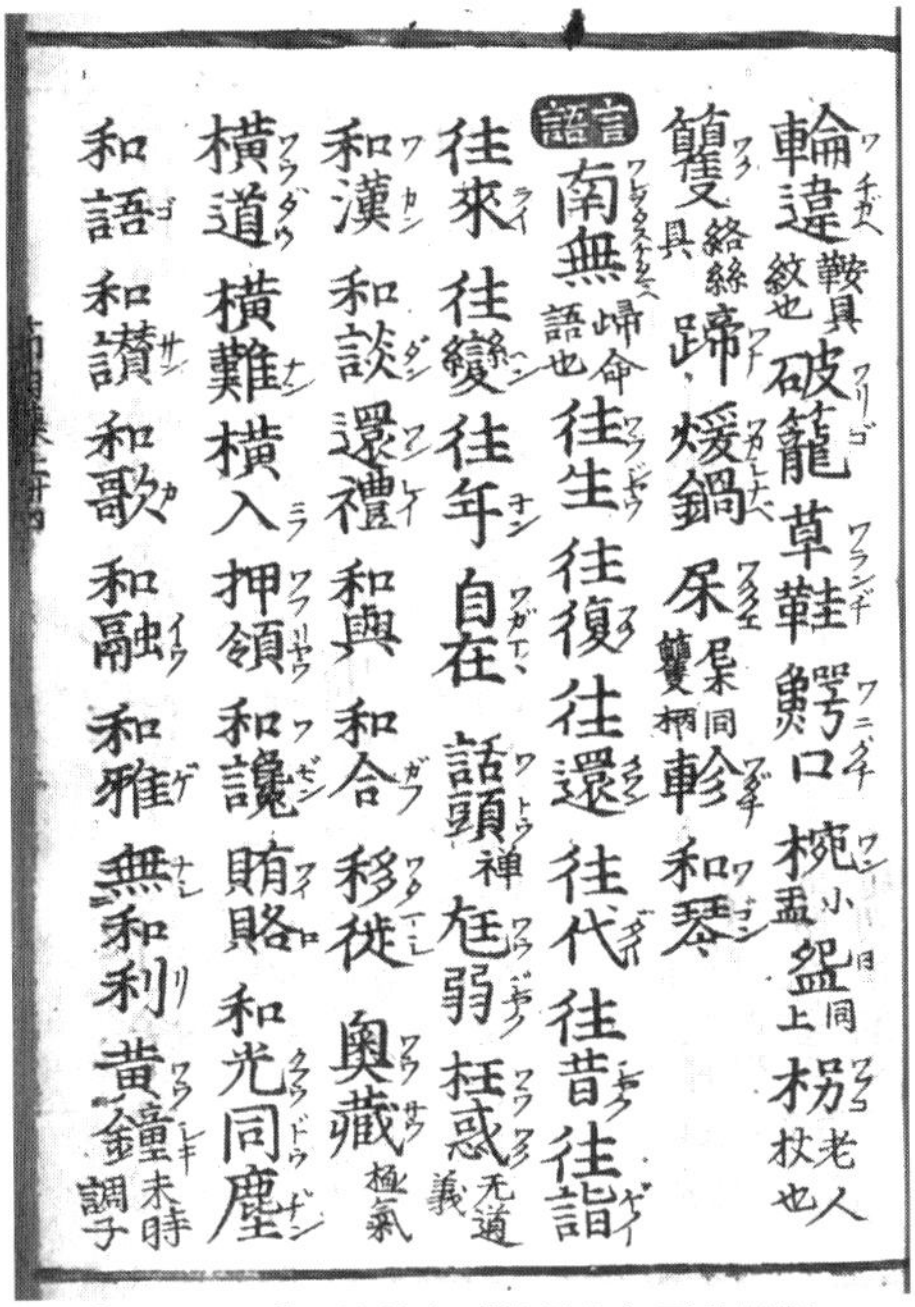
輪違 破籠 草鞋 鰐口 椀 盌 枴
鑊 絡絲 蹄 綬鍋 朶 轄 和琴
語言 南無 往生 往復 往還 往代 往昔 往詣
往來 往變 往年 自在 話頭 尩弱 枉惑
和漢 和談 還禮 和與 和合 移徙 奥藏
横道 横難 横入 押領 和讒 賄賂 和光同塵
和語 和讃 和歌 和融 和雅 無和利 黄鐘

【図3-1-3】 易林本『節用集』平井別版
（京都大学図書館蔵。明暗を調整した）

この指摘に触発されて、平井別版同様に版木を改めた小山版（杉本一九七一）で確認しても、何がしかの、字によっては決定的な影響を受けるものが認められた。まず三六丁の諸字のうち、「看（オ一）・咳（オ三）・学（オ四）・傘（オ五）・高（オ七）」などの字丈が高めであり、割れの影響を覆うようになっている。さらに「顔」では頁部内の横画が三本になる、字形レベルでの影響がある。三四丁では[8]「往還」（オ三）の「往」字の丈がやや高くなるだけだが、前後に「往復・往代」などがあって、字画のバランスの変調に気づきやすく、修訂しやすかったのだろう。しかし、「鰐」字（オ一）では、魚偏の田部が三段になり[9]、旁の横画も一本増えるなど、字形レベルでの影響があった。「往」字のような好条件がないので、版木の不調が愚直に反映されたのであろう。改修能力にも段階があるようである。

〔二〕下巻における割れ

他にも同趣の割れがあれば注目すべきだが、平井版下巻四一・四七丁にも見られたので報告したい。

四一丁にほぼ中央を横断する割れがある。関わる字は「ㄧ（オ二）・近（オ三）・進（オ四）・深（オ五）・脚（ウ六）・執（オ七）・善・老（ウ一）・食（ウ二）・准（ウ三）・翳（ウ四）・酌（ウ五）・不・皃（ウ七）」などである。原刻版ではかすかに、内閣文庫本でもまだ細いが、図書寮本なら確実に認めうる。平井別版では、「却」字の旁の分断された縦棒が直下の「七宝」の訓のように刻まれたり、「老」字の短い横画が二本になるなどの影響が見られた。なお、小山版ではこの裂けによる影響はない。

四七丁でもほぼ中央を裂けが横断する。関わる字は「沖（オ一）・疼（訓。オ三）・漬（オ五）・涵（オ六）・身（オ七）・籬（ウ一）・三（ウ二）・門（ウ三）・狂（ウ四）・鬘（ウ五）・鳥（ウ六）・樅（ウ七）」などである。やはり原刻版ではかすかに、内閣文庫本ではわずかに、図書寮本では明瞭に認められる。別版では「漬」の貝部内の横画が三本であるほか、「籬・三」がゆがむなどの影響があった。ここでも小山版での影響はなかった。

程度の差はあるが、下巻でも、平井別版は原刻・平井版版木の故障を引きつぐ、無批判な改版が見てとれた。小山版では上巻のような影響はなく、評価すべき結果となっている。亀井孝（一九四九）は、小山版の国語資料としての価値を平井別版より上としたが、それと歩を合わせたような結果といえようか。

ただ、小山版では、上巻での割れに対する処理では、改修方針に段階のあることが知られた。付訓や判別しやすい字形は修正するが、やや複雑な字形になると修正の手がおよばなくなるのであった。これに平井別版の無批判な覆刻態度を合わせ考えるとき、慶長刊行節用集の規範性や精度に限界を見たような気もする。が、これは易林本諸版にかぎることかもしれない。コスト削減のために一から編集・新刻するのを避けて覆刻を採るのであろうから、修訂など、さまざまの点で安易さが反映されてしまうのであろう。一方、草書本・寿閑本さらに慶長一六年本では行草書表記に改めるので、相応にコストもかけた刊行であり、見方を変えれば易林本の「楷書による表記」の軛からはずれることになるものである。いわば草書本・寿閑本は自由を得たわけだが、それがどのような形で現われるのか、別途考察したい。その一部は、第三部第三章にて触れることになる。

第五節　小山版の刊行者

〔一〕田原仁左衛門

川瀬一馬（一九八〇）は、小山版の刊行者・小山仁右衛門永次について、のちに田原仁左衛門と改名して禅籍を多く刊行し、江戸中期まで活動したという。が、この説にはしたがいがたい。

この田原仁左衛門なる者は、元和頃に「伊勢物語」と「平家物語」（一方流本）とを同種の平仮名活字で印行しているのが初見で、伊勢物語闕疑抄には、「伊勢物語闕疑抄」と「御幸町通二条　仁右衛門活板之」、また平家物語には「河原町仁衛門」との刊記があり、これは同趣の活字を使用しているのであるから、同人とみるべきであろう。さすれば、慶長十五年に節用集（整版）を刊行している小山仁右衛門永次も同人でなければならず、そして、仁右衛門は寛永後半から正保にかけて殊に禅籍を多く整版で出版している。〔(寛永十六年)禅苑蒙求、(同十七年)景徳伝統録(同十八年)尚直編・尚理編、(正保三年)大慧普覚禅師普説(等)〕(「植工「常信」活字印行の禅籍」)活字様式の一致があるという仁右衛門(闕疑抄)と仁衛門は同一人の可能性が高いが、他の小山永次や田原仁左衛門と結びつける根拠は、名前の類似以外にはなさそうである。川瀬(一九三五)から見える所説だが、それにさかのぼっても「さすれば〜なければならず」と言えるような明確な根拠は示されてはいない。

こころみに住所から整理してみよう。仁衛門の「河原町」は河原町通よりも、現・東川原町(五条大橋の北東二〇〇メートル強)付近であろう。江戸期には建仁寺領であったという。[10] 仁右衛門(闕疑抄)の御幸町通二条は「御幸町通に面する町で、二条通の北か南」なので達磨町か鶴屋町[11](現・山本町。京都市役所の北西一五〇メートル)になる。仁右田原仁左衛門は後述のように二条通鶴屋町だが、これは「二条通りに面する鶴屋町」なので現・晴明町になる。仁右衛門(闕疑抄)の鶴屋町とは別だが、一〇〇メートルほどしか離れていない。したがって、住所の近さからは仁右衛門(闕疑抄)と田原仁左衛門が縁者である可能性があるかもしれず、宗旨からは建仁寺領住みの仁衛門と禅籍刊行の田原仁左衛門とがつながりそうではある。

〔二〕小山仁右衛門

ところが、小山永次はこの中に入り込めない。まず、住所は「釜座衝貫二条松屋町」(小山版刊記)なので、「二条松屋町」の字面から二条・御幸町から西へ三〇〇メートルほどの松屋町と紛れそうだが、住所表示のルールからすると「釜座通に面した松屋町で、二条通りの近辺」であろうから、現・上松屋町に比定されるだろう。二条・御幸町からは西に八〇〇メートルほど離れている。

禅籍でのつながりも弱い。引用箇所にみえる『禅苑蒙求』以下四書の刊記には田原仁左衛門の氏名しかない。[12] 彼の刊行書はさらに『歴代名医伝略』（寛永九年刊）を初め『難教本義』（寛永一〇年刊）・『医学正伝或問抄』（寛永一二年刊）・『便蒙類篇』（寛永一三年刊）・『続錦繍段』（寛永一四年刊）・『桐火桶』『聚分韻略』『蒙求抄』（寛永一五年刊）などがあるから、寛永後半からの活動が認められるのは田原仁左衛門である。なお、川瀬（一九六七）では、寛永年間の付訓本禅籍刊行者の第一に「田原仁右衛門」と掲げるが、これも田原仁左衛門と小山仁右衛門が混交したものと思われ、やはり「田原仁左衛門」とすべきではなかろうか。

川瀬は、先の引用に続けて次のようにもいう。

然るに、この仁右衛門は、正保頃から、二条通鶴屋町田原仁左衛門と名乗り、正保四年（祖庭事苑、大慧普覚禅師年譜等の整版出版）以下多数の出版を行なっており、また、活字印行でも、正保三年に新編晦庵先生語録等を出している。この整版印刷を盛んにやっている中に、活字印行をも併せているという点を特に注意したいのであるが、要するに仁右衛門から仁左衛門と改まったのは、恐らく代がわりということを示すものであろう。

田原仁左衛門の名が寛永九年から見られることは右に確認したとおりである。また、代替わりして名が小異することはあるが、姓まで変わる事態はいかがか。入り婿などすれば別だが、川瀬はそこまで想定しているのだろうか。結局、右のような事情を総合すれば、川瀬は、何かをきっかけとして誤認を重ねているように思われる。

そのきっかけに田原仁左衛門の刊記の記し方があるのかもしれない。寛永年間のものでは、住所を記さなかったり、住所氏名とも「二条　仁左衛門」と略記したり、さらには別人かもしれないが「二左衛門」とのみ記したものもある。それらが、先の引用にある「仁衛門・仁右衛門」の簡略表記と混同されたのかもしれない。

〔三〕禅僧・寿閑

寿閑本『節用集』の刊記には「洛下桑門寿閑〔開板〕」とあり、寿閑が京都在住の僧であることが知られる。その宗旨については次の一節が糸口になろう。

寿閑は後に慶長二十年から徳川家康の駿河版印工の工匠として京都から駿府へ下つて仕事に従ひ、後又帰洛して元和三年に元亨釈書の活字版等を印行した者と同人であらう（川瀬 一九四三）

駿河版の実質的推進者・金地院以心崇伝も、『元亨釈書』の虎関師錬も臨済宗であるから、寿閑も禅宗おそらくは臨済宗なのであろう。そして寿閑版『元亨釈書』の刊記には「洛陽二条通鶴屋町」と田原仁左衛門とおなじ住所が記されるのである。こうなると、寿閑の方が田原仁左衛門と結びつきやすいほどで、それゆえ川瀬の誤認のきっかけになりそうである。

A　小山仁右衛門永次　釜座衝貫二条松屋町　慶長一五年に節用集を刊行
B　寿閑　二条鶴屋町　禅僧（臨済宗）か　慶長一五年に節用集を刊行。古活字版も刊行
C　田原仁左衛門　二条鶴屋町　禅籍などを刊行。正保年間に古活字版も刊行

こうした三者間の共通事項が混同を呼んだのしもしれない。Bを介してAとCが結びついたり、節用集を介してAとBの住所・宗旨の印象が重なってCと関係づけられたりしたのでもあろう。

結局、小山版の刊行者・小山永次については、他のだれかに結びつけうる確かな材料はないように思われる。

第六節　刊記をめぐって

序・跋・刊記には刊行者・編者をめぐるさまざまな情報が凝縮されている。それをできるかぎり引きだして研究に役立てたいと思う。たとえば、安田（一九七四）は、跋・刊記（陰刻）より、平井版の刊行時期にかかわる興味深い推論を示している。

易林が、「客」としたのは、川瀬博士も説かれるように（一七三一頁）、平井休與をさすと考えてよいであろう。しかし、その場合、改修本に至って初めて表面に名を出した理由は解し難い。つまり平井休與が易林本印行の或る時期、改修本に関与していることは明らかであるが、原刻本における位置如何という点については、そのまま問題を残さざるを得ない。或る時期が、「休與開板」と明示して大学・中庸章句を刊行した慶長九年、あるいは夢梅本玉篇の同十年と関わるとすれば、まさに牽強付会と言うべきであろうが。

安田は決して強調しないし、むしろ否定のニュアンスを示しているので、この一節から平井版が慶長一〇年ごろに刊行されたとは誰もとるべきではないのかもしれないが、魅力的な推定であることはたしかであろう。

この平井休与の陰刻刊記は別版では削除されるので、権利・責任上、彼が関与しなくなったことを示すのだろうが、詳細は不明である。さらに小山版では易林の跋すら削除されて、小山仁右衛門永次の刊記[13]が刻される。易林・平井休与という本願寺関係者の名が消えることを重視するなら、前節で川瀬が禅籍の刊行に注意したこと自体は興味深く思われる。小山永次が禅宗関係者であるなら、易林本の刊記から本願寺関係者の氏名を削除することが考えやすくなるからである。もちろん、本願寺関係者が、易林本にまつわる権利・責任を手放しただけとも考えられる。

ついで参考までに、易林本から派生した草書本・寿閑本、寿閑本から派生した慶長一六年本の刊記について言及しておきたい。

草書本では、刊記のないものしか存在しないのが不審である。覆刻再版本まであるのだから（川瀬 一九五五、山田忠雄 一九六四）、相応に流布したはずであって、権利を主張するためにも刊記をもうけそうなものである。

寿閑本では二種類の刊記が知られている。一つは「慶長上章閹茂仲春上澣洛下桑門寿閑〔開板〕」で、もう一つは「桑門」以下が削除されたものである。前者には日本大学・東洋文庫・京都大学などの蔵本があり、後者には米谷隆史と筆者の蔵するものがある。両者は同版と見られるので、単に権利関係上、寿閑の手を離れたということなのだろう。ただ、寿閑本の刊行された翌年に慶長一六年本が派生・改作されるわけだが、わずかに一年の差しかなく、刊記にも寿閑の名が存しないのは気になる。慶長一六年本の派生をめぐる何事かが、寿閑本の二様の刊記の存在にも関わりそうな気もするが、やはり詳細は不明である。

慶長一六年本の刊記には「洛下烏丸通二条二町上之町刊之」と住所だけがあって刊行者名がない。これも事情は不明だが、あるいは住所のみ示せば事足りるような、たとえばそこの町衆が出資したということだろうか。なお、本書を「上之町本」と略称する向きがあるが、この場合の「上之町」は固有名ではなく北方の町の意であろう。「烏丸通に面した、二条通より二ブロック北の町」を表すわけで、[14]常せい町（常けい町とも。現・少将井町）か、北隣の大炊町（現・大倉町）が相当しよう。当時の書肆で大炊町の住所を刊記に記すものに、『列子鬳斎口義』（寛永四年刊）・『五経』（寛永五年刊）を刊行した安田安昌と、『義貞軍記』『弓書』『十二月往来（菅丞相往来）』（寛永六年刊）を刊行した安田弥吉[15]があるが、慶長一六年本との関係は不明である。

おわりに

思い浮かぶ問題点を整理してきて、あらためて意識されたことはいくつかあるが、今印象に残っているのは宗教ないし教団というものとの関わりである。そもそも節用集祖本は臨済宗・建仁寺の僧が編纂したかと言われており（上田・橋本 一九一六）、本章であつかった易林本も本願寺の俗臣らが改訂・刊行し（森末義彰 一九三六）、さらに臨済宗の僧とおぼしい寿閑が行草書版へと大きく改編することになる（第三部第三章）。こうした営為の背景に、教団やその社会的位置などが影響することはないかと、漠然とではあるが考えつつある。

後の時代にも参考となる例はある。文政年間に、西本願寺が『倭節用集悉改嚢』『都会節用百家通』等の版元に対し、付録の公家鑑中の掲出順を東本願寺の前にするよう働きかけたことがあった。版元らが正式な手続きをとらずに応じたため出版管理上の問題となり、再版にあたっては公家鑑を他の付録に差しかえる節用集もあった（佐藤 一九九七c・二〇一五c）。つまりは構成に影響を与えたわけだが、慶長期の方が出版と宗教との関わりは深いから十分に注意してよい視点であろう。

また、易林本に特徴的な片仮名のうち「ア」についても教団から解釈できるかもしれない。この字は、当時の辞書類での使用例が著しく少ないとされるが（今西 一九九六b）、浄土真宗資料には比較的見いだしやすい。手軽には『真宗史料集成』（同朋舎）各巻の巻頭図版を見るのでもよい。古い資料だけでなく易林本に近い時期の『御伝抄聞書』（室町末期写。龍谷大学蔵）や、さらに下って宗誓（一六四五年生）編『遺徳法輪集』（宝永八〈一七一一〉年刊）にも見られるのである。教団を一つの言語位相と見てもよいし、和讃で古音が伝承されたのは信仰心によるものと解されているから（福永静哉 一九六三）、片仮名もそのように考えてもよさそうである。

こうしたことどもにも今後注意を向けていく必要があろう。それは、刊記一つとっても未解明のことがあり、そうした疑念を一つ一つ解きほぐしてゆくことで、当時の節用集の実相に近づけると思うからである。またこれらの問題への回答は、節用集が出版に付された以上、出版史上に位置づけうる知見も得られるものと考えられる。波及効果の見込める検討課題と思う次第である。

注

（1）易林本の当初には、このような表記原則があったから、部名・門名標目を陽刻としたのかもしれない。なお、後述のように二部・

ホ部については例外的な表記がなされるが、実質的にはこの原則は成立していると見る。

(2)安田(一九八三b)を貫く「韻事の書」との観点からするとき、必ずしも冗長・過剰とはかぎらないことになる。

(3)安田(一九七四)も、易林の学殖からして節用集を深いレベルで改訂した可能性を示唆する。

(4)これに誘発されたのか、安田章(一九七四)は門名標目を「ハ部までは門毎に改行するが、ニ部で行頭に来るのは「乾坤」だけであり、それ以降必ずしも改行しない」とする。門名が行頭にある原則はレ部まで有効である。

(5)平井版では、気形門冒頭の「鳳凰」の位置を下げ、「気形」を補入する(安田章 一九七四)。実は、ニ・ホ部のほかに、カ部乾坤門の門名も表記されないが(安田 一九七四)、やはり直前の行に補刻できない事情があったものと思われる。すなわち、カ部乾坤門の直前行はカ部部名の表示のために一行割くのだから、さすがにその直下に門名を補刻できなかったのであろう。平井版では、匡郭と本文との狭いスペースに門名を刻している。

(6)ただし、枠のみ活字版とする見方を採ろうというのではなく、上下の枠の間隔が等しくなるような物理的な要因例として挙げたまでである。今のところは、横枠・縦枠の接点に隙間ができるのは、別の素材による枠を埋め木(打ち木)したことによると考えているが(佐藤 二〇一五a)、そのために上下の枠の間隔が等しくなるかどうかについては成論を得ておらず、後述のような通念論によることになろうか。

(7)ほかにチ部標目上部の横棒の太さも指標になるが、細・太の差が明瞭でないことがあるので検討しない。

(8)杉本(一九七一)では、影印底本に縦方向に皺でもあるのか、一行目の「破籠・草鞋・鰐口」において、字形の歪みあるいは横方向での縮約のような変化が認められる。

(9)平井別版では魚偏の田部が「串」字様なので、小山版の三段型の原型かと疑われ、ひいては平井別版から小山版を覆刻したかとも思わせる。平井版から小山版が出たことは金沢庄三郎(一九三三)・亀井孝(一九四九)により通説化しているが、川瀬(一九三五)は別版から、杉本(一九七一)は平井版・別版双方からと考えているらしい。両者とも論拠を明示しないが、この「鰐」字の変形を踏まえてのことか。ただし、平井版からでも、裂けによる空白の分、機械的に縦画を延長すれば魚偏の「田」部の三段型は構成できそうである。

（10）『角川日本地名大辞典　二六　京都府（上）』によれば「寛永年中の開町」という。これにしたがえば、仁衛門の『平家物語』は寛永年間（一六二四〜四三）の刊行となるか。あるいは仁衛門の『平家物語』が刊行されたと推測される元和年間（一六一五〜二三）ごろには実質的に「川（河）原町」と称されていたか。

（11）以下、旧町名の同定には『都記』（寛永初年ごろ刊行。京都大学電子図書館貴重資料画像）・『平安城東西南北町幷之図』（慶安ごろ刊。大塚隆編（一九九四）所収）を参照した。

（12）太田正弘（二〇〇三）を中心に、必要な場合は他書・画像などで確認した。

（13）ちなみにこの刊記の「于時慶長十五年庚戌仲春如意吉辰」の「十」字は、「長・五」間に無理に刻したような不自然さがある。こうしたことも何事かを反映したものであろうか。なお慶長五年の干支は「庚子」である。

（14）類例を示す。松江重頼編『犬子集』の刊記に「寺町二条二町上／大炊道場／存故開板」とあるが、やはり寺町・二条の二ブロック北、竹屋町通交差点東側に大炊道場がある。ただし『都記』では南寄りに記される。

（15）寛永五年の祇園祭の際、安田安昌は儒学の師・菅玄同を弑して捕えられるので、翌年三書を刊行した弥吉は安昌の別名ではなく、子息・縁者ででもあろうか。

第二章　横本『二体節用集』の諸問題

はじめに

本章では、元和・寛永期に行われた横本『二体節用集』六行本を例にとり、これまで採りあげられてこなかった点を検討し、節用集史のうえで重要な知見のえられることを示したい。それはそのまま、近世初期節用集においてさらなる検討の必要のあることの主張となる。具体的には、三巻構成としたことの影響力の確認、現存諸本の概観と関係の説明、刊記の変調から見る消長の推定、関係した書肆の推定について触れていくこととする。

第一節　近世節用集史上の意義

元和・寛永期にしばしば刊行された横本『二体節用集』は、いくつかの点で近世節用集史上に特徴的な一群として捉えられる。

まず、横本であることが注意される。それまでの節用集は倍の判型の縦本であったが、当時の実用的な書物の多くが横本であったので（和田恭幸 二〇〇一）、より実用向きの外形を装わせて節用集を横本にしたことが考えられる。それをまず実現したのが源太郎版『節用集』（元和五〈一六一九〉年刊）であった。柏原司郎（一九七三a）によれば、内容上も工夫があり、ある種の語を削除するという。その分だけ紙数も抑えられるから、多少なりとも安価な節用集として刊行できたかと思われる。

いわゆる草書本節用集に比較すると、（中略）難しい語とありふれた語とが主として削除されている。難しい語とは、漢文・変体漢文のために必要であったろうという意味であり、東鑑などに見える「者（ていれば）」が省かれているのは、象徴的な点である。この傾向は、元和版節用集の随所に見ることができるのである。（柏原司郎一九七三a）

源太郎版は行草書一行表示だったが、これに真字（楷書）を添えて真草二行表示としたのが、横本『二体節用集』ということになる。判型・内容・価格・書体表示のうえから、実用的な魅力を追求した節用集の誕生であった。

ただ、柏原もいうように、真字を添えた『二体節用集』は二巻では済まず三巻本になった。このことは、寛永期以降の節用集に興味深い影響をあたえた。たとえば、縦本の中野市右衛門版『節用集』（寛永六〈一六二九〉年刊）は二巻本であるが、寛永一二年の再版に際してやや強引な形で三巻本に再編されており（第三部第四章）、寛永一五年以降の『真草二行節用集』は横本の倍の縦本ながら三巻構成を採用したのである。当時「節用集は三巻本であるものだ」との通念が存在していたかのようだが、そうした状況を作り得たのは、それらに先行した三巻本である『二体節用集』のほかになさそうである。逆に、そうした状況を作りえた『二体節用集』は相当の流行を見たことが推定されるが、流行の要因は、右に確認したような実用書としての魅力に求めてよいかと思う。

とすれば、慶長一六年版『節用集』より始められた真草二行表示も、『二体節用集』によって節用集界に定着したと見てよいだろう。従来もそう言われることがないではなかったが、単にたびたび再版されたからというだけでなく、右のような影響を見取ることで、これまで以上に的確・確実に主張できることになろう。

これまでの成果を振り返り、再解釈するだけでも以上のように新たな知見がえられ、『二体節用集』の史的意義も明らかになった。単に系統関係の闡明だけでなく、それを基礎としつつも新たな見方を提示することは、近世初期節用集にあってもまだ可能であり、それができる間は検討しつづける必要と価値があるものと思う。

第二節　諸本の関係

横本『二体節用集』の版種は次の通りである。比較的短期間に集中的に刊行されたことが見てとれる。

元和・寛永ごろ版A　源太郎版（元和五年刊）をもとに真草二行化。刊記はなし。

元和・寛永ごろ版B　基本的にA本に同じ。ただし、別版による丁を含む。

寛永三年版　　嘉久開版。刊記に書肆名のある唯一の版。

寛永六年版A　　寛永三年版の再摺。刊年を寛永六年に改める。

寛永六年版B　　寛永六年版Aとは別に、版木を新たにしたもの。

寛永年間版　　刊記刊年の数字を削除したまま摺り出したもの。刊年数字は墨書されることがある。

諸本の関係については、柏原司郎が亀田次郎旧蔵書により検討している。完本は寛永六年版Bだけで、他は一巻のみの零本ばかりであったが、したがうべき結論に達している。すなわち、源太郎版『節用集』から元和寛永ごろ版Aが出たとし、これを多少改変したものに寛永三年版があり[1]、以下、寛永六年版B・寛永年間版（刊年数字削除本）の順に派生したとするのである。ただ、柏原の論考から四〇年近くたとうとする今、現存諸本の広範な調査や、未知の異本の発見、全巻を通じた検討、さらにそれらの後になされるべき課題を考える段階にきてもいよう。ここでは、新たに確認できた異本の報告を中心に、若干の考察を示しておきたい。

筆者は、元和・寛永ごろ版A本（吉田澄夫旧蔵）とB本（新収本）を架蔵するが、版面は亀田文庫本・岩瀬文庫本に劣り、特に新収本は一段劣っている。ただし、この新収本では、版木に故障があったのであろう、上巻四〜八丁・一三～一六丁・二一～二八丁が別の版木による丁に差し替えられている（図三―二―二参照）。匡郭が太いため一見寛永六年版を思わせるが、それとも別版である。この新版部分のうち上巻二二丁を吉田本（図三―二―一）と比較すると、四行めの「洞」字付訓の「ら」は、吉田本では〈り〉に近いが、近世では普通に見られる形である。一方、新収本では明確な〈ら〉にしている。[2] また、時候門の標目の「候」字はともに通常の形ではないが、吉田本のは後刷りの見づらさを割り引けば何とか「候」の草体と判断される。一方、新収本は「假」に近い別字の楷書に作る。こうした差異を系統上隣接する他本と比較すると、吉田本のは源太郎版に近い形であり、新収本のは後続の寛永三年版に近い形であった。したがって、諸本間の関係は、源太郎版から元和寛永ごろ版Aが派生し、その一本から新たな版を含んだ元和寛永ごろ版Bが生まれ、それが寛永三年版の原拠となった[3]と推定されるのである。

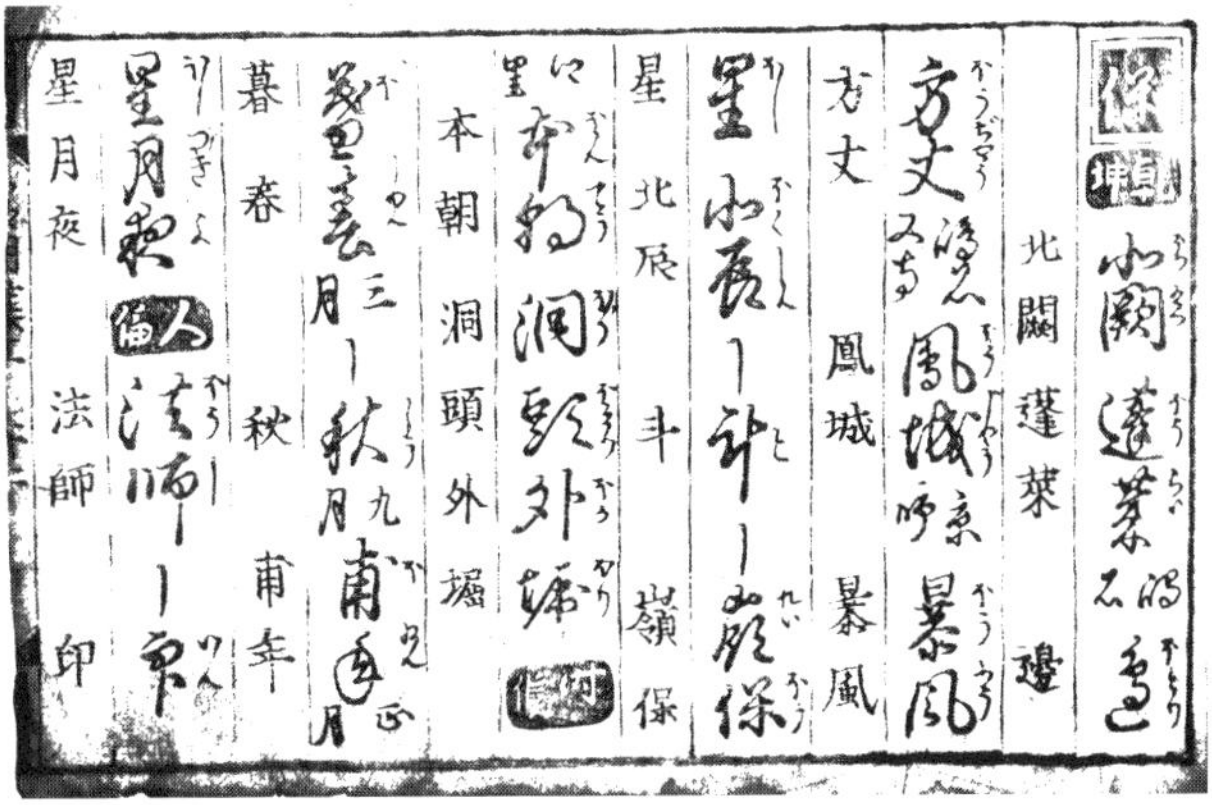

【図3-2-1】『二体節用集』元和・寛永頃版。吉田澄夫旧蔵

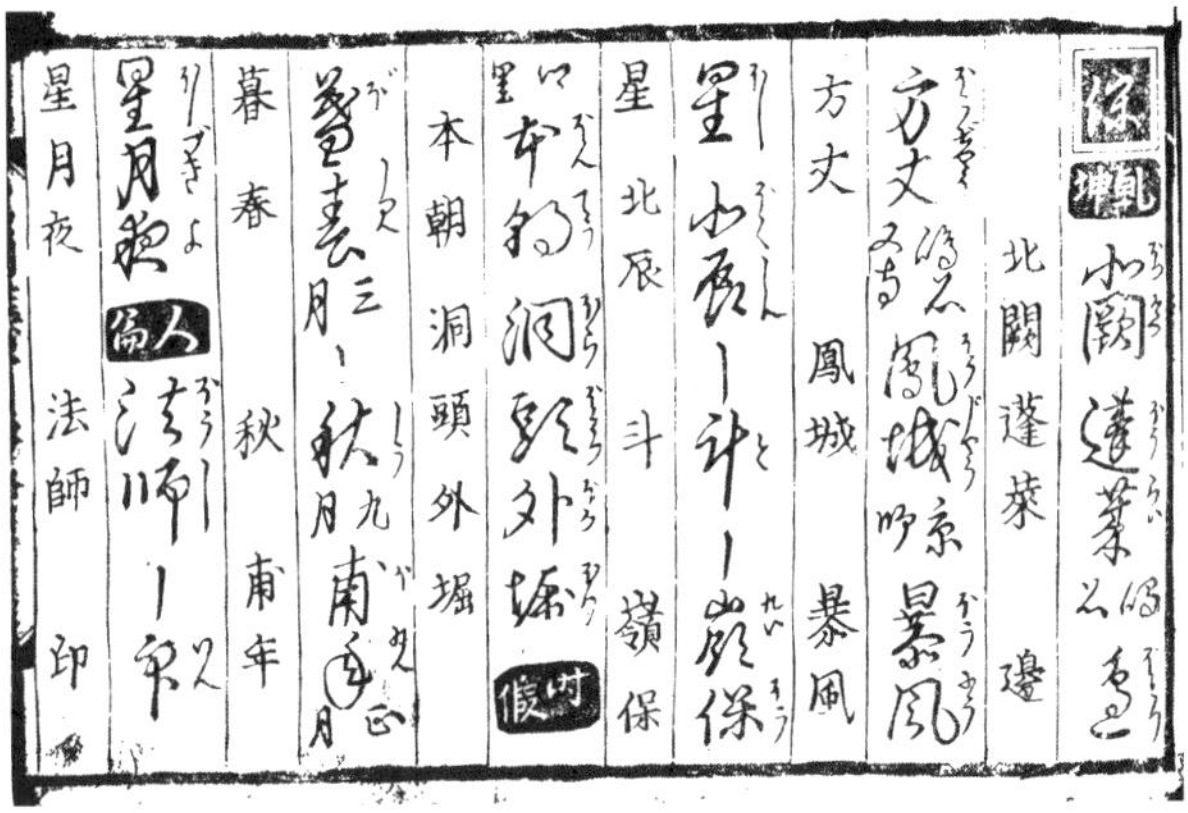

【図3-2-2】『二体節用集』元和・寛永頃版。新収本

　ついで寛永六年版Aについて検

討する。今回新たに確認できたもので、東京大学国語学研究室本・東洋大学本がある。刊記は「寛永三年／六月日嘉久開版」から「寛永六年／九月吉日」に改められている。寛永六年版Bと見分けるのは容易で、A本は寛永三年版同様匡郭が細く、刊記の「吉日」は二字がそれぞれ一字分に刻されるが、寛永六年版Bは匡郭が太く、刊記の「吉日」はなぜかほぼ一字分に押しつぶしたように刻されるのである。

このほか、『二体節用集』の原拠とされる源太郎版には異版もあるので（高梨信博 一九九二）、その版種を特定する必要があることになる。また、寛永六年版Bでは、どの丁も四周単辺なのだが、上巻の一三・一四・二一・二二丁にかぎって双辺となるのが注意される。隣り合う丁でのことなので、同一の版木に彫られた分を双辺にしたのだろうが、他の丁と変えた意図を明らかにすることで、これまで知られなかった視点からの記述ができるかと期待する。もちろん、すべて単辺の異本もあるいは存するのかもしれず、そちらの発見も期待したい。

第三節　刊記と消長

寛永六年本Aのように再摺に際して刊年を改刻するのは、古い版木を生かしつつ効率よく新味を演出するものであろう。が、我々は、現代の国語辞典が頻繁に改訂されるのを想起し、無意識にも版・刷の異なりが内容の異なりと応じてしかるべきと考えがちである。ならば、右のような刊年の改刻を、為にすることと判断しがちだが、近世にあっては必ずしもそうした意図は強くなかったように思われる。

としても、ある時点がきたら刊年を改めるとなれば、それはそれで手数のかかることではある。そこで、寛永年間版のように刊年数字を刻さず、必要に応じて墨書するものが現われるのだろう。刊記の「吉日」は縦方向に潰されたような形なので、寛永六年版Bのを元に漢数字のみ削除したようである。ただ、漢数字が二字入る余裕はなく、亀田次郎旧蔵書では、刊年数字「十四」が窮屈な記しぶりになっている。

ただ、版本において刊年数字のみを手書きするのは、やはり不自然・不体裁なので、亀田本も例外中の例外と考えていた。たとえば、改刻のため数字は削除したが、まだ埋め木されていない段階で摺りあげられたものを何者かが入手し、数字を記したといった特殊事情を思い描いていた。

ところが、他にも類例のあることを知るにいたった。架蔵する寛永年間版(4)は、刊記の年数に「十」字が墨書される。また、米谷隆史氏は、古書店店頭にて、漢数字が墨書されず、空白のままのものを見たことがあるという。こうなると、寛永年間本のような刊年削除本は特別な存在ではなく、広く一般に販売されたことを知るのである。やはり、刊記数字を改刻する手間を惜しんでの所為なのであろう。

とすると、刊年数字は、ある一定量の摺刷・製本の都度、ないし販売の都度、書肆が墨書するのであろう。あるいは、米谷氏の瞥見したもののように、墨書されないまま売られるのが常態で、購入者が墨書したことも考えられよう。柏原（一九七三a）は、寛永年間版亀田本の刊記について「十四」も左方の署名「三五郎」も同筆かというが、これなどは、まさに購入者による墨書を証拠立てるものであろう。節用集と人々との関係の種々相を明らかにするのも記述研究の重要な仕事だが、その点でも刊年数字を削除した寛永年間版は興味深い事例になるかもしれない。

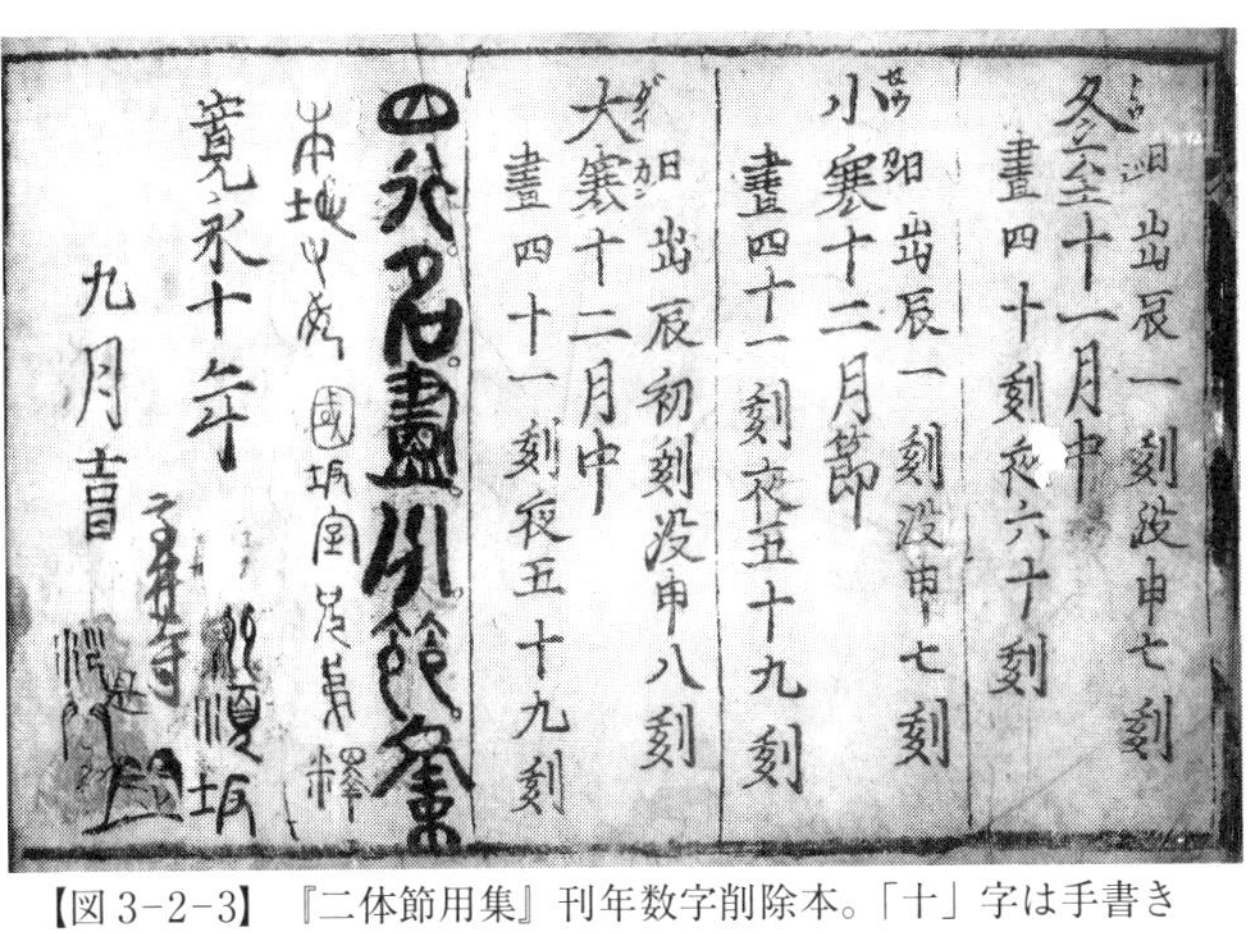

冬至十一月中　日出辰一刻没申七刻
晝四十刻夜六十刻
小寒十二月節　日出辰一刻没申七刻
晝四十一刻夜五十九刻
大寒十二月中　日出辰初刻没申八刻
晝四十一刻夜五十九刻

寛永十年　九月吉

【図3-2-3】『二体節用集』刊年数字削除本。「十」字は手書き

一方、刊年数字の削除という事態を追究すると、少々厄介なことに出くわす。数字を刻さないのは、つまりは、古い年記の本をいつまでも店頭に置きたくないからであろう。とすれば、逆に一年間で売りさばかれる冊数はそれほど多くなかったと考えることになる。

もちろん、さきに横本『二体節用集』が大いに迎え入れられたからこそ三巻構成も真草二行表示も定着したと見たので、その流布は動きそうにない。が、いつのころからか急速に売れ行き不振におちいったと考えたく思う。その時期は、刊年数字の刻される最新の寛永六年を上限とし、架蔵寛永年間版の「寛永十年」を下限とするものであろう。

この時期に刊行された諸本といえば、中野市右衛門版『節用集』(寛永六年刊二巻本)・杉田良菴玄与版『節用集』(寛永七年刊)・同『二体節用集』(寛永九年刊)などであるが、これらはいずれも横本の倍の縦本なのである。杉田版寛永七年本などは、源太郎版のような行草一行の横本(『二体節用集』の行草表記部分もありうるか)にもとづき、縦本に組み直したものであって(柏原 一九七三b)、いかにも横本から縦本への流行の推移を象徴するかのような存在となっている。横本『二体節用集』は縦本によって駆逐されたようなのである。

これを、柏原(一九七四)が「二体節用集の衰微と二行節用集の盛行とが、表裏一体の関係にある」としたのは卓見であるが、その一体ぶりをいかに的確に説明・解釈するかが問題となる。いま少し、材料を集めたい。

第四節　盛衰の実態管見

まことに幸運なことに、『二体節用集』の衰微のさまを具体的な数・量として知りうる資料がある。

林望(一九八四)によれば、ケンブリッジ大学図書館に蔵される古活字版『狭衣』は元和から寛永にかけての刊行であり、その表紙の裏貼りには帳簿の反故が流用されているという。書名・部数・総冊数とおぼしき数字が見えており、別途記された合計金額からすると表紙掛けほどの軽作業の手間賃・材料費に当たるという。経師屋など製本担当者による受注覚えかとされている。「未ノ三月十一日」との日付は元和五年か寛永八年に、「戌ノ五月十八日」は元和八年か寛永一一年に相当するという。また、「玄与様」と読めそうな文字もあるという。

この受注覚えには、一五九点の書名が見えるが、それぞれの受注部数は二〇部以下のものが多い。そのなかで、最多の受注記録は「大本せつ長集　九十九部　九十九」だという。大本節用集一冊本の注文を九九部受注して、九九冊表紙掛けしたとのメモである。なお、これにつぐ受注を記録したのが、『将棋経』（五〇部）・『長者経』（四九部）・『御成敗式目』（四九部・四二部）であるという。

一方で、「小二体　六部　十八」との記載もある。「二体」だけで書名を推測すれば『二体節用集』が候補にあがろう。「小」を冠するのも縦本の半分の大きさなので符合する。また、『二体節用集』は三巻本であるから、六部の受注なら一八冊の表紙掛けとなるので、この点も符合する。結局、大本節用集が九九部発注された時期に、『二体節用集』は六部しか発注がなく、実に一六・五倍の開きがあることになる。横本『二体節用集』の衰退がきわめて分かりやすく把握できるのである。

「大本せつ長集」を現存書に比定しよう。一冊本なので、紙数を要する真草二行表示ではなく、楷書か行草書の一行表示なのだろう。また、「玄与様」を重視すれば、杉田良菴玄与刊行の節用集としては、寛永七年刊『節用集』に比定されることになる。とすれば、この受注覚えは、元和年間ではなく寛永年間のものであり、寛永八年か一一年かといえば前者となろう。前節では、刊記の年記のありようから寛永六〜一〇年に『二体節用集』が衰微したとしたが、寛永八年はこの時期のなかにおさまる。むしろ、九九対六という具体的な数字によって縦本の圧倒的な流布を寛永八年の受注覚えが示しているのだから、今後はこちらを尊重すべきであろう。

先述のように、『二体節用集』も、実用書らしさの演出として横本にしたと考えられた。たしかに、節用集のような辞書は、書き物をしているときに、一時、参照するケースが多かったろう。ワンポイント・リリーフが机を占拠しては具合が悪い。小型の横本は喜ばれたであろう。

ただ、その小ささが嫌われることもありえた。節用集のような、単語の書きはじめのイロハと意義分類によって細分された語群から目的の語を読みだす辞書の場合、小さい判型では、一度に見渡せる語数が少なくなる。そのため、次々に丁を繰ってさがすことになってしまうが、これはなかなかに煩瑣である。

また、書肆にとっても、判型が小さいので一冊分の紙数が増えるから分冊するものの、その分、製本の手間はかかるし、表紙掛けも多く発注することになる。版木は、おそらくは大本用のものを上下に分かって彫刻するのだろうが、刷り上がった料紙を上下に裁断するのか、逆に仮綴じしてから裁断するのかにわかに分からないけれども、いずれにしても手間がかかるものである。

おそらく、利用者・書肆双方に利便性の少なさが気付かれて、横本『二体節用集』は急速に見放されたのであろう。実は、「大本せつ長集」に比定した寛永七年本は、行草体のみ表示する横本（源太郎版、あるいは横本『二体節用集』の行草表示部分）をもとに、版下レベルでの操作で大本へと仕立てなおしたものだった（柏原 一九七四）。まさに横本から大本への転換を象徴する改編だったわけである。

以上、『二体節用集』の盛衰は、形式的には、再版頻度を中心に推測できるのだが、本章では刊記のありようを手掛かりに内実に踏み込んで衰微の時期を割り出し、さらに具体的な数値によって的確できめ細かな実態把握と、それにもとづく解釈を提案できたと考える。

第五節　書肆の推定

どのような人物が節用集を編集・刊行したかは興味深い問題である。そしてそれが時期によって、位相・教養・職種、あるいは出自・発想などなどで異なるのかどうかという点も、さらに興味深く思う。そうした点での記述ができれば、節用集史の記述もさらに豊かになろう。しかし、編者像の解明は必要視されてきたものの、大きな進展を見てはいない。どのような形でも、編者・刊行者にかかわる情報を提供していくことが求められていよう。そのようなスタンスから、寛永三年版刊記に「嘉久開版」とある嘉久について、一つの可能性について報告する。

まず、寛永版本の書目類から関わりそうなものを拾えば次のようになる。

嘉久開版	『二体節用集』『察病指南』	寛永三年刊
員外沙弥嘉久	『即身成仏義』『般若心経秘鍵』	寛永六年刊
洛陽下嘉休刊行	『孔子聖蹟之図』	寛永七年刊
洛下上柳町／員外沙門嘉休	『十住心論広名目』	寛永八年刊
洛陽五条坊門上柳町書林／員外沙門嘉休	『往生要集』	寛永八年刊
平安城五条坊門上柳町／書林員外沙門嘉休開版	『浄土法門源流章』	寛永一〇年刊
洛陽五条坊門上柳町書林／住友喜（ママ）休	『秘密曼荼羅十住心論』	寛永一二年刊
五条坊門上柳町／住友市十郎	『御成敗式目』	寛永一三年刊

「嘉久」とのみ記すのは法号のようで、修行者の意の「沙弥・沙門」を添えるのに通ずる。用字に「久・休」二様あるが、音によって通用させたか、寛永六年ごろに改めたと解されよう。ともあれ、これだけの刊行書・関係者が知

られるのは、節用集の編者・刊行者の情報としては恵まれたケースといえよう。

さらに住友姓を名乗り、京都の五条坊門上柳町に住まうことまで分かるのは幸運であった。のちの住友財閥の家祖・住友政友（一五八五〜一六五二）がこれにあたると特定できるからである。

住友家初代政友の父権左衛門政行は、柴田勝家の臣として、越前の丸岡で五〇〇〇石を領した住友若狭守政俊の子（あるいは甥）と伝えられている。政友は天正一三年（西暦一五八五）、政行の二男として生まれた。政行夫妻は菩提心が深く、政友は両親の宿願によって京都へのぼり、当時新興の涅槃宗の開祖空源（及意上人）の弟子となり、空禅と称した。空禅は専心仏典の研鑽にいそしみ、ついに空源門下随一の弟子と称せられ、文殊院と号するようになったが、朝廷の帰依を得るまでになった涅槃宗は、他宗の嫉視と幕府の宗教政策から法難を受け、空源が没してからは天台宗の一派にされてしまった。文殊院はその信奉する法門が他宗に属するのをいさぎよしとせず、還俗して冨士屋嘉休と改名し、処世の方便として京都の仏光寺上柳町（現在、仏光寺通り烏丸東入ル）で書林・薬舗を営みつつ帰依する有縁の人びとを教化した。（住友商事株式会社社史編纂室 一九七二）

ほどよい長さなので社史から引用したが、向井芳彦の一連の論考を基にするものである。若干補足すれば、元和五年八月に師・空源が没し、寛永三年には天海僧正が近江坂本に涅槃宗改め天台宗三明院流の本寺として大覚寺を建立、寛永七年以降には政友が還俗・帰商したかと推定している。古文書などでの呼称の使用は、「員外」は寛永四年八月に、「嘉休」は寛永五年正月にもっとも早い例があるという。

向井は、住友家や縁者の所蔵する古文書類に依拠しており、書誌学・出版史の資料は参照しなかったらしい。たとえば、寛永六年刊『即身成仏義』は「文殊院小伝」（『泉屋叢考』一）・「文殊院の研究」（同二）には見えず、『泉屋叢考』四にいたって「文殊院が僧衣を脱する以前より既に直接書林に関係してゐたことが明らかになつたのは、改めて注目すべきことである」と記すのである。向井には、書肆の開業を還俗後に設定しようとする見込みがあるので、還俗時期より四年も早い『二体節用集』『察病指南』の存在には思いも寄らなかったのであろう。

ただ、向井の資料から間接的ながらも重要な事態をさがせば、注目されるのは寛永三年の大覚寺建立である。これは、涅槃宗が三明院流として天台宗へ編入される、すなわち一宗としての独立を奪われたこと象徴する事実であろう。これをもって、政友が、古巣・涅槃宗の行くすえを確かめるとともに決別の契機としたことは十分に考えられる。したがって、政友の最初期の刊行書『二体節用集』『察病指南』が寛永三年の刊行であるのも、その刊記に涅槃宗時代の「空禅」ではなく「嘉久」を刻したことも了解される。さらに「員外沙弥・員外沙門」を添えたのは、特定の教団に帰属しないことを表明したものということになろう。

このように『二体節用集』寛永三年版の刊行者として住友政友が有力な候補であることは確かかと思うが、今後、さらに考証を重ねる必要もある。諸賢の教示を待ちたい。

おわりに

住友政友は「宗内随一の博学大才」と謳われたというから（向井 一九五一）、寛永三年版だけでなく、[5] 先立つ元和寛永ごろ版も彼が関与していた可能性をさぐりたくなる。つまり、政友だからこそ、単なる刊行者ではなく、内容・判型・表示法のうえから実用性を明確に打ち出した『二体節用集』の発案者たりえたと考えたくなるのである。向井によれば、元和三年には師・空源にしたがって江戸にくだり、その死に際して帰京したのが遅くとも元和七年という。師の入寂とともに涅槃宗の将来が不安定になりはじめた時期が元和後半になるから、当時の涅槃宗の状況を詳しくみることで何か得るところがあるかもしれない。

本章では、寛永三年版の刊行者の同定を試み、住友政友が早く寛永三年には出版業に手を染めていた可能性を指摘することになった。これは、出版史と経済史の知見を合わせつつ、ささやかながらも経済史側の知見を補足しうるものであった。他分野への情報提供は、訓点資料・抄物研究ではしばしば行なわれており、国語学側からの知見がリード役を果たすことも多いと聞く。今後は、節用集研究でもさらなる情報提供ができればと思う。

注

(1)正確には「A（＝寛永三年版）も現存E本（＝元和寛永頃版A）の類版からとするのがよく」（柏原 一九七四。丸括弧内は佐藤の注）とあり、元和寛永ごろ版そのものではなく、多少異なるものを想定されている。あるいは、その「類版」こそ、元和寛永ごろ版Bである可能性もあるか。注3参照。

(2)この行では、相似た平仮名が〈り〉二字、〈か変体〉一字があるうえ、〈ほ変体〉の後半も似たような形をとる。そこで新版では、差を明確にするためにことさら〈ら〉に改めたのかもしれない。

(3)表現上、柏原（一九七四）の「現存E本（＝元和寛永ごろ版）の類版」（注1参照）と一致しそうだが、ここでは元和寛永ごろ版の上巻での異同そのものを扱っている。柏原のは下巻による判断である。

(4)旧蔵者が巻末付録の「名乗字」以下のみを一冊に綴じ直した零本。吉田澄夫旧蔵。

(5)元和寛永ごろ版と異なる形での改変が寛永三年版で独自になされたとすれば（注1参照）、嘉久の学識が発揮された可能性も考えられる。ただし、寛永三年版での改変は良質とは限らないので注意を要する。たとえば、付録の「分毫字様」は類形字二字について字画の差異を明示するものだが、元和寛永ごろ版が正しく書き分ける「棟㯂」を、寛永三年版では「柬」様部分上部の縦画・横画の交差を「又」のように表している。おそらく覆刻に際して、縦画の入筆部分と横画との位置関係を見誤ったのであろう。また、残る下部も「柬」と同様に示しており、「㯂」字全体として要領をえない字形となっている。

第三章　寿閑本『節用集』の意義

はじめに

易林本を、近世節用集の一つとして記述的研究の対象とするとき、たとえば近世中期の整備された節用集を念頭におきながら接すると問題点の数々があらわになる。収載語や門名が特殊であることは早く上田万年・橋本進吉（一九一六）が指摘し、山田忠雄（一九七四）も「異端の最右翼」と評する。形式の上でも欠点があり、原刻版での部門名の陽刻などは失態というべきであろう（第三部第一章）。後述のように、紙数配分の見通しの甘さからくる編集方針の揺れもあり、ケアレスミスも少なくない。こうしたありようは、本格的な印刷時代を迎えたばかりの節用集としては相応に興味深いが、これらの問題点の多くは草書本を介して近世節用集に引き継がれることになった。つまりは、平井版以下の諸版・諸本で改修しきれなかったわけで、構造的・打算的な問題もあるらしいが[1]、ではそうしたありようが、節用集の編纂・出版における慶長期の水準と見なしてもよいのだろうか。

慶長刊本には、易林本から寿閑本・慶長一六年本、さらに寛永六年本[2]（初版二巻）・寛永一二年本（再版三巻）・寛永年間本へと続く系統もある。寿閑本が未見であった上田・橋本は、慶長一六年本を易林本の欠陥をよく修訂したものと評価するが、この忘れられがちな系統の諸本、ことにその祖である寿閑本の性格を描きだし、近世節用集史における慶長期の位置づけへの足掛かりを築きたい。

第一節　慶長刊行諸本の概要

本章で対象とするのは、次のような諸本である。

易林本原刻版　　慶長二年跋。所収語は楷書一行表示。片仮名付訓。一面七行
易林本平井版　　原刻版のイロハ・意義分類標目を陰刻化するなどした補刻版(3)
易林本別版　　平井版を覆刻。慶長一五年までに刊行(4)
易林本小山版　　慶長一五年刊。平井版をやや大規模に改修(5)
草書本(6)　　平井版より派生(7)。所収語は行草一行表示。平仮名付訓。一面七行
寿閑本　　慶長一五年刊。所収語は行草一行表示。片仮名付訓。一面八行
慶長一六年本　　寿閑本より派生。所収語は真草二行表示。片仮名付訓。一面四行

寿閑本について補足する。上田・橋本（一九一六）では、未見の「慶長十五年草書本」として紹介し、西山堂編『旧刻書目』の記述にもとづき、次のように推定した。

仮名は、草書本は平仮名であるのに、此の本は片仮名であつてサ、マに異体の仮名を用ゐたなどは、却つて易林本に等しい。又、付録も草書本に似ては居るが、之よりもイロハの条だけ多く、五山の条だけ少い。されば、此の本は、草書本に似て居るが、之と同じものではなく、寧、直接に易林本から出たものであつて、易林本の本文を草書に改め、付録其の他に多少の変改を加へたものらしく思はれる。

実見した川瀬一馬（一九四三）は次のようにいう。

（四）慶長一五年寿閑刊本（匡郭内、縦七寸七分、横六寸）は、前記の無刊記本（草書本――佐藤注）の内容を継

承して刊行したものであるが、巻末になほ「イロハ」分類目を添加し、下巻を「あ」部からにしてゐる点が異る。本文は同じく行書体であるが、付訓のみは片仮名を用ひてをり、巻末に、　慶長上章閹茂仲春上澣洛下桑門寿閑〔開板〕の刊記がある。

諸本について、現在知られているのは次の四本である。残存数は平井版・草書本にくらべるまでもなく、原刻版の四本（安田 一九七四）、小山版の七本（杉本 一九七一）などと同等である。

小汀文庫本　　上下二冊。原刊記存。日本大学蔵
岩崎文庫本　　下一冊。原刊記存。東洋文庫蔵
京都大学本　　下一冊。原刊記存
高木文庫本　　上下二冊。刊記は平井版の偽版による。行方不明。[8]

小汀本は、ネガフィルムしか見得てないが、欠刻の有無から最良の版面と判断される。岩崎本・京大本がこの順につぐ。これに、二〇〇四年秋に米谷隆史氏（熊本県立大学）と筆者とで購入した上下二冊本（一部欠丁）が加わる。本来の刊記から「桑門寿閑〔開板〕」を削除した後刷本であり、上田・橋本（一九一六）に「慶長十五年草書本」として紹介されたものと同じ刊記となる。小汀本ほかと同版で、版面は京大本に劣る。上巻巻頭二丁半と巻末二丁、下巻巻頭半丁を欠き、巻頭・巻末部での変色も進み、いわゆる疲れや縁部の破損もあるが、閲覧上の制約がある小汀本にかわって上巻本文が見られるのが利点である。

上田・橋本（一九一六）は、平井版易林本から寿閑本（慶長十五年草書本）が派生したと推定し、高梨（一九九二）は下巻についてはこれを確認している。[9] 易林本諸版の特徴を勘案すると、主として平井版に依拠するものと考えてよさそうである。平井版の一面七行取りから八行への変更があることや、後述のような組織的な改変もあるものの、内

容自体はよく引きついでおり[10]、見出し語の配列順の一致度も高い。たとえばア部では、平井版の語順のままでは長めの割注や熟字が改行で分断されるのを避けて変更する例があるだけであった。

第二節　寿閑本の性格

寿閑本の性格を把握するにあたり、濁点の有無などの細部は別の機会にし、編集意図の大要が反映される部分に注目する。すなわち、易林本での大規模な誤りへの対処（〔一〕～〔三〕）、使用者を迷わせる諸点の是正（〔四〕～〔七〕）、易林本の編集方針の忖度と尊重（〔八〕〔九〕）、紙面構成の先進性（〔一〇〕）の諸点を検討していく。なお、以下の検討では草書本と比較することがある。寿閑本同様、新たに版を起こしたものであり、かつ行草書表示・平仮名付訓を採用するなど改編意図の旺盛なものである。したがって、易林本平井版を修訂しやすい条件にあるわけで、彼此比較することで寿閑本の改編を浮き彫りにできそうである[11]。

〔一〕門名（意義分類名）標目の誤脱

上田・橋本は、易林本には存しないト部器財門・チ部官位門・ヌ部器財門が慶長一六年本に存することに注目する。易林本ではヌ部食服門末尾において器財門にふさわしい所属語が存するので、門名の誤脱を補ったとした。ト部・チ部についてはやや高度な改編で、ト部食服門・チ部人倫門に散在する語からふさわしい語を抽出して新たにト部器財門・チ部官位門を立てたとした。易林本では整備しきれなかった点を、慶長一六年本では達成しているのである。

こうした補訂は、新たに調査したところ、寿閑本でなされたことが確認できた。慶長一六年本は、それを踏襲したということになる。なお、語を加除することまではしないので、易林本の内容は尊重されている。寿閑本の編者には、十分に内容と方針を咀嚼・吟味しつつ、本来あるべき最良のものへと修訂していく態度があるらしく思われる。

〔二〕カ部言語門の丁単位の誤刻

上田・橋本は大規模な誤刻にも注目する。カ部言語門では上巻四〇丁に漢字二字語があるが、四一丁は漢字一字語、四二丁はふたたび漢字二字語が配される[12]。二字語・複数字語から一字語へと所収語を配列するのが易林本での通例だが、カ部言語門では乱れているのである。このような丁単位の破調なら改版時に修正しそうなものだが、平井別版・小山版では改められなかった。これは、原刻・平井版の基本的な体裁である楷書表示・片仮名付訓を踏襲したように、基本的に平井版を修訂しないというスタンスがあるのだろう。では、行草書表示・平仮名付訓という新たな体裁を採った草書本では改められたかといえば、むしろ悪化させてすらいる。平井版では一字語ばかりを収載する四一丁に「干戈」一語だけがその冒頭に紛れ込むのだが、草書本では三九丁裏三行めまで二字語が、それ以降は一字語が配されて四〇丁裏四行めまで続き、五行めから再度、二字語・複数字語が配される。丁・面の移りとも同期しないため、まずは美観上の問題となり、それが不整備を印象づけることになってしまっている。

安田（一九七四）によれば、原刻版では、隣り合う丁が版木上でも隣り合うことが多いという。この簡明な規則は、版木の管理はもちろん、摺り・丁合いなどの作業でも効果があったはずである。したがって、平井別版・小山版など易林本諸版において丁単位の誤刻が正されないのは、正すには版木を作り直すことが必要だが、それではかえって順序を誤ることも起きかねないといった判断があり、このために修正しない安全を選んだと考えられよう。第一、乱丁的誤刻といっても、カ部言語門内で納まっているので修正せずとも弊害は最小限で済むのではある。

上田・橋本は、この大規模な誤刻が慶長一六年本で正されているのを見、未見の慶長一五年草書本（＝寿閑本）で修訂された可能性を示唆した。たしかに、寿閑本では、漢字二字語から一字語へと修訂しており、上田・橋本の推定の正しさを確認することができた。易林本での通例・編集方針を読みきって修訂した寿閑本編者は、高度な理解力と決断力の持ち主だったと思われる。

〔三〕ニ部・ホ部門名表示の不体裁

易林本諸本におけるニ部・ホ部の門名標目は風変わりで、直前の門の所属語の末尾にあることが多い(13)。たとえば、ニ部草木門の標目はニ部支体門所収語の末尾にあるが、所属語はイ〜ツ部における通例にしたがうので次行行頭から配される。このため、門名の直下には所属語が直続せず、長大な空白が介在するという信じがたい不体裁を呈するのである。こうした明らかな過誤も易林本諸版では正されないのである。

これも寿閑本では正された。というより門名を行頭に配するという原則を持たない、すなわち、本文は追い込みで書きついでいくため、副次的に解消されたとすべきであろう。この点は草書本も同様である。

〔四〕部名・門名表示の煩瑣

易林本では、部名・門名標目の配置の原則にも揺れがある。おおむね、次の四群になり、後のものほど紙面が有効に使われることにつながる。紙数配分の失敗に対する弥縫策とも見られ、揺れがあること自体、編集方針の未熟を露呈するものである。なお、この四群はそれぞれの方針の例外を少数含んでいる。

イ〜ヘ部	新たな部の直前で改丁	部名だけで一行あて	門名表示は原則として行頭
ト〜ヨ部	（ナシ）	部名だけで一行あて	門名表示は原則として行頭
タ〜ツ部	（ナシ）	部名は行頭。本文直続	門名表示は原則として行頭
ネ〜ス部	（ナシ）	部名は行頭。本文直続	（ナシ）

イ〜ヘ部では部名直前で改丁する原則がある（ハ部を除く）が、ニ部・ヘ部では直前の丁末に二行空行を残してまで改丁する強力な原則であった。タ〜ツ部は前後の群の橋渡し的存在だが、ソでは門名標目の行頭配置が崩れる。ネ

～ス部では、コ部部名のみ行頭になく、直前のフ部末に直続するのが注意される。

寿閑本は易林本のネ～ス部と同じ原則を全編に採ることで、部・門配列の原則を一本化しつつ、紙面の有効利用をはかったと考えられる。草書本も同様である。なお寿閑本では、ケ部のみ直前のマ部末から配するが、マ部最終行が「幻・耳」の二語しかないため、さすがに長大な空白を残すのをきらったのであろう。

〔五〕改行で分断された割注

易林本のラ部食服門「羅縠」の割注は「白　好御／精　装束」のように、割行表示の二行それぞれに空格が介入する不自然なものになっている。高梨（一九八四）は、原拠となった本文[14]において「羅縠白／精」を行末に、割注の続きを次行行頭に「好御／装束」と配していたのを、易林本において機械的に一行内に写したことによる誤りと推測した。草書本ではそのまま踏襲しているが、寿閑本・慶長一六年本では「白精好御／装束」と文意をくめる配列に修訂するのである。

類例にハ部衣食門「幡」がある。易林本の割注は「旛仏／同法」であって意味をなさないが、寿閑本では「旛同／仏法」と正されており、旛字が通用字で、仏典での用字であることが明瞭にされている。なお、この例は草書本でも同様に正されている。

〔六〕付録の雑居

易林本の巻末付録には、最初に「十幹・十二枝・十二時」と数字異体があり、最後に「五山」がくる。これを寿閑本では、それぞれシ部数量門・コ部数量門に配して本文に繰りこんでいる。これも上田・橋本（一九一六）が慶長一六年本において指摘した事例である。[15]

ただ、この改変にはいくつかの無理がともなった。まず、「十幹」などだけでなく、その要素である「甲・乙・丙……」も並み字表示されることになった。これは、十幹の要素が「甲〔閼逢〕乙〔旃蒙〕丙〔柔兆〕……」のようにそれぞれに異名を割注するためであり、割注自体にも施訓があるため、見やすさを考慮しての結果と思われる。しかし、シ部数量門でありながら、シで始まらぬ、数字も入らぬ語が見出し並みに扱われるので異様ではある。

また、数字異体字は「壱（陰刻）貳參肆伍陸漆捌玖拾」なので数量門にあるのはよいが、語（群）としてはシで始まらないので、シ部にあるのは不自然である。直前の「十二時」に引かれて持ち込まれたのでもあろう。

「五山」についても似たような無理がある。易林本のコ部数量門の所収語は「五帝・五経・五常（九語略）五音・五山・五穀・五辛・五濁・五種不・五刑」とあるが、寿閑本では、この「五山」の位置に、付録から五山関係記事を移している。「天竺・震旦・倭国・関東鎌倉・又於尼寺五山者」（前四者陰刻）は見出し化し、個々の寺名を割行表示する。コ部数量門の途中に配するため、いかにも雑然とした印象になるし、「天竺・震旦」等が陰刻であるのは、部名・門名標目の陰刻と視覚上紛れがちである。せめて、一括してコ部数量門の末尾に配すればよさそうだが、そこは易林本の項目「五山」の位置を保持したかったのであろう。

周到な寿閑本編者が、これらの不自然・不体裁をともなうような変更を行なうとは信じがたいのだが、「十幹」等を、付録として巻末には置いておけない、つまり、本文に繰り込む必然があったのであろうか。

易林本の付録では、比較的規模の大きい、紙数を要する記事が多い。「十幹・十二枝・十二時異名」に数字異体を合しても半丁に過ぎないが、続く「京師九陌横竪小路」は半丁と三行、「名乗字」二丁と五行、「分毫字様」三丁と一行、「上平証疑」等が一丁半と二行、「南瞻部州大日本国正統図」は九丁半、「五山」は半丁と三行である。これでは、半丁にも満たない付録は埋没してしまい、その存在が不明瞭になってしまう。これを避けるために、小規模な付録記事はイロハ・意義で検索できる本文に移したのではあるまいか。十幹・十二枝・五山とも数量門にふさわしいから、多少の不体裁はあっても、さして抵抗感はなかったのであろう。この移動は、同時に、記事として規模の大きいものを巻末に残して付録としての個々の存在感を際立たせることにもなる。そして、十幹以下を本文に移動したために、「京師九陌横竪小路」が付録の最初に繰りあがり、イロハ分けの辞書本文の末尾に「京」が直続する形となる。全編の構成としてもまことに自然な流れになるという副次的な効果もあったのである。

このように付録再編の有効性が確認できるが、初めから一石三鳥を見込んだのか、いずれかが真の理由であって他は副次的なものなのかは判断に迷うけれども、本文・付録の整一性は保たれるとの判断はあったことだろう。なお、草書本では「十幹・十二枝・十二時」のみ本文に繰りこみ、数字異体は「京師九陌横竪小路」の後に回され、「五山」も「名乗字」の直後、「分毫字様」の前に置いている。

〔七〕頭字のみ並み字表示の熟字

易林本では、頭字を同じくする熟字を列挙するのに、通例なら一語めは単語単位で並み字表示にする。ところが、頭字のみを並み字表示する例が三五ある。ラ部に七例が集中するが、チ部以降、ほぼ全編に散在する。割行表示で同字符を用いない例では、直下の語を注記に誤認しやすい。

海ー辺 ー底（カ部乾坤門）　堂ー上 ー下（タ部乾坤門）　初ー秋七月 ー冬十月（ソ部乾坤門）　師ー兄ー弟 ー叔ー姪（ス部人倫門）

竜 神 王（リ部気形門）　廊 下 架（ラ部乾坤門）　焼 失 亡（シ部言語門）

このうち「堂・竜」の場合は一語めは一字一語と見るべきかもしれず、問題とするには及ばないのかもしれない。そうした七例を除いた二八例において、寿閑本で頭字見出しを単語に復元し、かつ割行表示の全語を並み字化したもの二五例、割行表示の一部のみ並み字化した例二例、削除一例(16)があった。割行表示された同頭字語を並み字にする方針（次項）と同様に頭字見出しを解消したのだろうが、あるべき姿に復そうとする傾向はここでも看取された。これに対して草書本では、単語に復したもの五例、削除一例だが、残る二二例は割行表示のままであり、ここでも易林本

を踏襲する傾向が見られた

奇矯な例として一例追加すれば、易林本のサ部名字門に所属する「佐々木・佐分・佐竹・齋藤・酒井・相馬・雑賀・雑岸〔尾州〕」の八語はすべてが割行表示される。易林本のなかでも一門の所属語すべてが割行表示されるのはここだけである。これを、寿閑本はすべて並み字化するが、草書本は「佐分・佐竹」を「佐々木[分/竹]」と割行表示とし、他は並み字表示とした。易林本を踏襲しがちな草書本でも、さすがに変調と見なしたということであろう。わずかな差ながら、寿閑本と草書本のスタンスの違いが現れているのも興味深い。

〔八〕頭字を同じくする語（同頭字語）の割行表示

上田・橋本は、易林本において割行表示される熟字が、慶長一六年本では並み字化されると指摘するが、これも寿閑本において改められたものである。

詳しくみれば、易林本には、「八坂[十島(ツシマ)/瀬(セ)]」のように割行部分にも付訓のあるもの二九八〇語、「啓達[上/白]」のように無訓のものが五二語ある。寿閑本では、付訓タイプでは二九三五語（九八・五パーセント）を並み字化するが、無訓タイプでは三四語（六五・四パーセント）しか並み字化していない。何らかの質的な差を認識していたようだが(17)、後者は語数が少ないこともあり、同列に比較する意味は薄いかもしれない。が、両タイプ合算しても並み字化率は九七・九パーセントと高く、寿閑本の改変の一大特色であることには変わりはない。

草書本では、付訓タイプの並み字化四八語（一・六パーセント）、無訓タイプでは〇であった。寿閑本とは対照的で、易林本を踏襲する傾向がここでも認められた。ただ、カ部器財門までの二六語では二二語（八四・六パーセント）が並み字化されており、これ以降とでは編集方針の変更があったものと思われる。

経費を考えれば紙数を減らせる割行表示は好都合なのに、なぜ寿閑本は解消しようとするのだろうか。易林本では、カ部までの同頭字語は並み字表示が普通だが、それ以降は割行表示が急増する（菊田紀郎 一九七三）。ならば、並み字表示は易林本の当初からの方針であったものが、編集の進行にともなって紙数の増大が慮られたので、応急措置的に割行表示に移行したのであろう[18]。したがって、寿閑本での割行表示の並み字化は、易林本の当初方針を全編に再現・徹底しようとしたものと考えられるのである[19]。

〔九〕同訓異表記の割行表示

同訓異表記は、「富士 不尽(フシ) 同 不死」のように同一訓や「同」字が付されたりする有訓タイプが九五例あるが、寿閑本で並み字化されたのは四〇語（四二・一パーセント）であった。「如是 如此 如斯」のような無訓タイプ三六例[20]での並み字化は六例（一六・七パーセント）にとどまった。〔八〕の並み字化とは明確な差があることが知られる。

〔八〕の場合、割行表示された諸語は、本来それぞれ別語なので、表示上も独立させるべく、ほぼ全例を並み字化したと解される。一方、同訓異表記ではすでにいずれかの表記が並み字表示されており、語としての独立が確保されているので、異表記のすべてを並み字化するにおよばないと判断したのでもあろう。

なお、〔八〕同様、無訓タイプの並み字化率が低いのも興味深い。いまだ詳細に検討してないが、訓の有無に託された易林本編者の、何らかの意図をくんだのでもあろうか[21]。

〔一〇〕紙面構成のアンバランス

右に見てきた問題点の解消の影響を紙数の上から確認しておこう。まず総丁数では、易林本一四〇丁（上巻六八丁、下巻七二丁）に対し、寿閑本は一三二丁（上巻七四丁、下巻五八丁）で、大量に割行表示を並み字化したにもかかわらず、減じる結果となった。なお、上巻と下巻の紙数配分が逆転するのは、易林本の下巻がヤ部からであり、寿閑本がア部からであるためである。

行を単位に見てみる。イロハ各部ごとに集計したものを、イロハの七字区切りによって示した。易林本前半イ〜カの余裕のある書きぶりに対し、寿閑本後半での並み字化による行数の増大が対照的である。比率は、それぞれの本の総行数に対する一〇〇分比である。

部別	イ〜ト	チ〜カ	ヨ〜ナ	ラ〜ク	ヤ〜テ	ア〜シ	ヱ〜ス
易林本	三二五	二六二	一九一	一六六	二一八	三七〇	一六一
（比率）	一九・二	一五・五	一一・三	九・八	一二・九	二一・九	九・四
寿閑本	二八九	二二五	二一〇	一八三	二七六	四五六	一九〇
（比率）	一五・八	一二・三	一一・五	一〇・〇	一五・一	二四・九	一〇・四

寿閑本での紙数削減には、易林本の一面七行に対して一面八行にしたことがまず効いている。行数で一四パーセント増となるが、字の大きさも小さくなるから字詰めも増えるのである。また、同字符の利用も、割行表示の並み字化に関わるから量も少なくなく紙面節約の効果が期待できる。寿閑本の同字符は短く記されるだけでなく、直上の見出し語との間隔もきわめて少ない。つまり、通常、見出し間の区切りとなる空格分も節約しているのである。草書本系の節用集諸本ではなかなか実践されず、寛文年間の諸本でも実に伸びのびとした同字符を用いており、見出し間の区切りも空格による贅沢なものがあるが、寿閑本は対照的で効率のよい紙面の活用をめざしており、先進的である。

このようにして寿閑本は総丁数の減量にも成功した。これは、易林本が上巻前半部で紙数を浪費したことの裏返しでもあるが、紙数の増加を確実にもたらす割行表示の並み字化を果たした上でのことであり、やはり寿閑本編者の確かな手腕・計画力が評価されるべきところであろう。

以上のように、寿閑本節用集は、易林本に忠実でありながらも、本来企図されていたであろう方針を推測・再現しつつ、正すべきを正し、一方では紙数をの増加をまねく大胆な改変も辞さずに、よりよい本文整備・紙面構成をめざしたものと考えられる。積極的な改変と原拠本文の尊重を、紙数軽減という物理的・経済的な効率も満たしながら達成した寿閑本節用集は、慶長刊本節用集中の白眉として捉えうるものであろう。

第三節　刊行者・寿閑

寿閑本は何ゆえに特徴的な性格を持つにいたったのだろうか。

まずは、行草書表記を実現するため、新たに版を起こすことで易林本の体裁を放棄して、編集の自由度を確保したことからはじまる。ただし、同じ条件の草書本が改変しない傾向をとるので、これは必要条件にすぎず、寿閑本らしさを獲得した要因は別に求められるべきである。

試みに、刊行者・寿閑の人物像から迫ってみよう。寿閑本の原刊記では名に「桑門」を冠するから僧籍を持つものと思われる。宗派については川瀬（一九四三）に手がかりがある。

> 寿閑は後に慶長二十年から徳川家康の駿河版印工の工匠として京都から駿府へ下つて仕事に従ひ、後又帰洛して元和三年に元亨釈書の活字版等を印行した者と同人であらう。

この駿河版は『大蔵一覧集』一〇巻のことで、禅籍としてよいものである[22]。『元亨釈書』の虎関師錬や、駿河版の実質的な推進者・以心崇伝の出身（京都・南禅寺金地院）から臨済宗が浮かぶが、それが縁で寿閑が駿河に呼ばれたのであろう。なお、寿閑版『元亨釈書』の刊記には「洛陽二条通鶴屋町」との住所が記されるが、これは、遅くとも寛永年間後半には禅籍を刊行する書肆・田原仁左衛門と同じである。寿閑と田原仁左衛門は、縁戚関係にでもあるかもしれず[23]、この線でも禅宗とつながるのかもしれない。

駿河版関係を掘りさげよう。崇伝『本光国師日記[24]』の慶長二〇年分に、駿河版『大蔵一覧集』関係者の扶持領収覚えが三回分記録されている。九名連記のものだが、寿閑は毎回筆頭にあり、かつただ一人の校合担当者であることが知られる。駿河版は徳川家康の事業なので校合者にも力量が求められただろうし[25]、禅籍であれば教学にも通じている必要もあろう。なお、右の領収覚えでは、寿閑・台林（字彫り）・半右衛門（同）・二兵衛（植え手）の順に記されるが、台林以下三名も帰京後活字本を刊行するので（川瀬 一九三七）、相応に高い知的レベルを有していたと思われる。その筆頭にくる寿閑は、印刷・書籍への知識もさることながら、やはり内容面にまで精通しえた人物なのではないか。となれば、単に寿閑本の刊行者というよりも、編者として考えてよさそうである。近世の実用書において編者が刊行者と同一人であることは決して珍しいことではない。

寿閑版『元亨釈書』にも注目しよう。

活字　方凡三分　書体稍粗硬

内容排列ノ次第ハ巻一首端ノ単況題言以下スベテ慶長四年又ハ同十年ノ活字本ニ同ジク只活字ヲ小ニシ行数字詰ヲ繁クシテ恰モ後者ノ縮刷ノ如クセルモノニテ書品ハ之ガ為ニ劣リテ見ユ（和田万吉 一九四四）

「行数字詰ヲ繁クシテ」とは、まさに寿閑本で採られた技法であり、「縮刷ノ如クセルモノ」とはすでに確認したように易林本に対する寿閑本のありようそのものでもある。寿閑の手がけたことの明らかな書籍は『大蔵一覧集』『節用集』『元亨釈書』の三書であるが、そのうちの二書で縮刷の技法が使われている。これは近世の営利出版に欠かせない経費削減の技法であり、それを慶長期の寿閑が有していたことは先進性・先見性をうかがわせよう。新しい技法と確かな知識・学識を持った寿閑であればこそ、易林本を的確に修訂し、寿閑本として構成しえたのである。

第四節　慶長一六年本節用集をめぐって

慶長一六年本は、漢字字形の規範と実用書体を併示する真草二行表示を最初に導入した節用集である（上田・橋本一九一六）。この表示法は近世節用集の踏襲するところで、さらに加藤伴之『〔昭和〕いろは字典』（昭和三年刊）あたりまで下り、発想としては現代のペン字書体併記の簡易国語辞典にも通ずると見れば、まことに寿閑本系節用集にふさわしい先進ぶりを示すものといいえよう。

その慶長一六年本が寿閑本から派生したことは第一節で触れたとおりだが、両書の関係は上田・橋本により推定されており、両書を実見した川瀬（一九四三）により確かなものとされた。さらに高梨（一九九二）は寿閑本下巻と比較して「慶長十六年刊本に完全に一致する可能性は大き」いとした。上下巻を見えた者として「完全」ぶりを詳述すれば、慶長一六年本とは「あたかも寿閑本の本文を一行ごとに切り出して行草体本文としつつ、左傍に楷書を添えて真草二行表示した節用集」となる。語順はおろか、改行の位置の異同という厳しいレベルでの比較にも耐えうるほど両者は等質なのである。

ユ部乾坤門にみえる四つの「雨」字を比較すると、対応するそれぞれが、その必要性はないのに同じ崩し方になっている。覆せ彫りなどの版木段階の技法が思い浮かぶが、行間の取り方をはじめ、各字間の間隔や字画の細部などはわずかに異なるから、透き写しなどの技法が考えられる。実際、寛永年間以降の『真草二行節用集』の諸本間では、行や見出し語を単位とする透き写しがなされたことも考えられるという（高梨　一九九六）。横本の源太郎版（元和五年刊。行草一行）とやはり横本の『二体節用集』（元和・寛永ごろ刊ほか。真草二行）も書体・字形がよく似るので、類似の方法が用いられたものと思う。また、

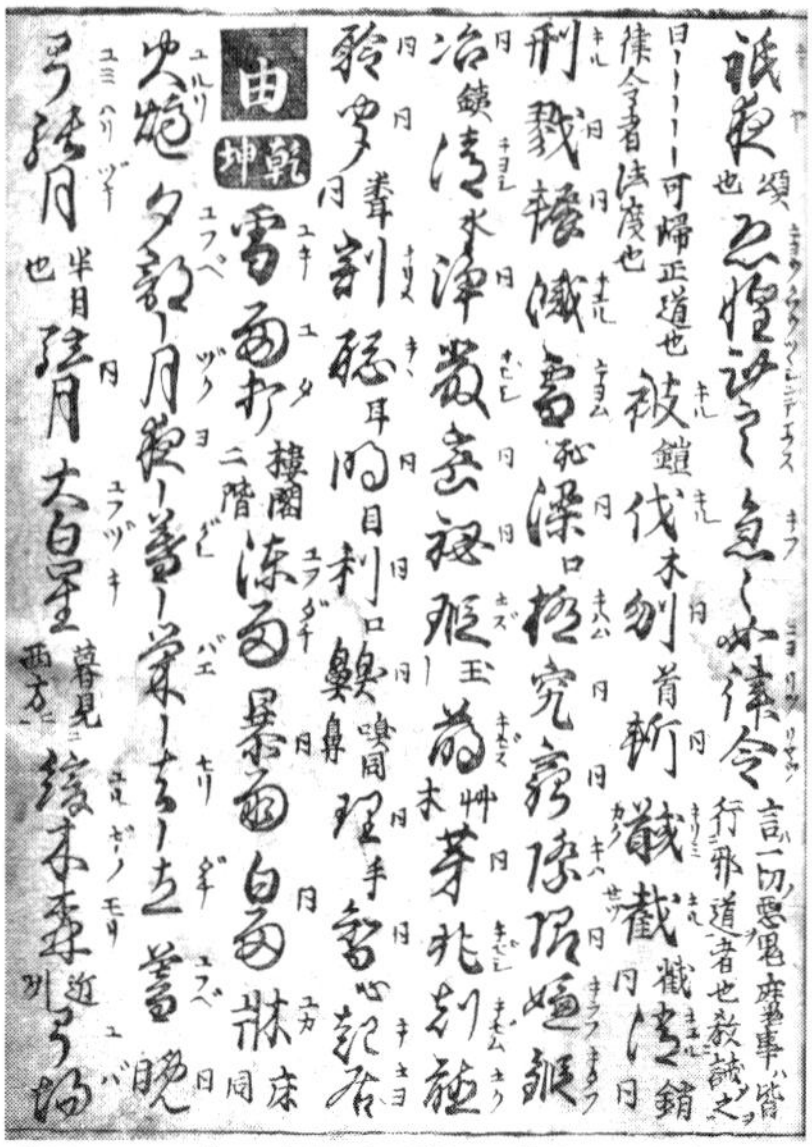

この七年版（寛永七年杉田版――佐藤注）を一見して、本文各行の中央部分には、不自然な行格の空きがあるのに気づくのである。（中略）横本の各行を大本の各行の上下に組みかえる際に生じたものであって、改板の過程を推定する根拠となるものと思う。（柏原司郎 一九七三b）

横本から縦本の版下を作るのに、版面中央を横断する空白帯を設けて目印としたのであろう。これによって紙面の上下に本文を切り貼りするか、透き写しなどしたのでもあろう。

元和・寛永期の節用集においてこれら転写の技法が認められるから、直前の慶長期でも採られていた可能性があろう。慶長一六年本から分かりやすい例を示せば、例外的に語順が変更されるなどの混乱をみせる下巻四七丁裏が注意される。寿閑本の「三明」の割注は「宿命通 天眼通／漏尽 通」と改行で細かく分断される。これを慶長一六年本では改行せず

【図 3-3-1】 寿閑本『節用集』・ユ部乾坤門

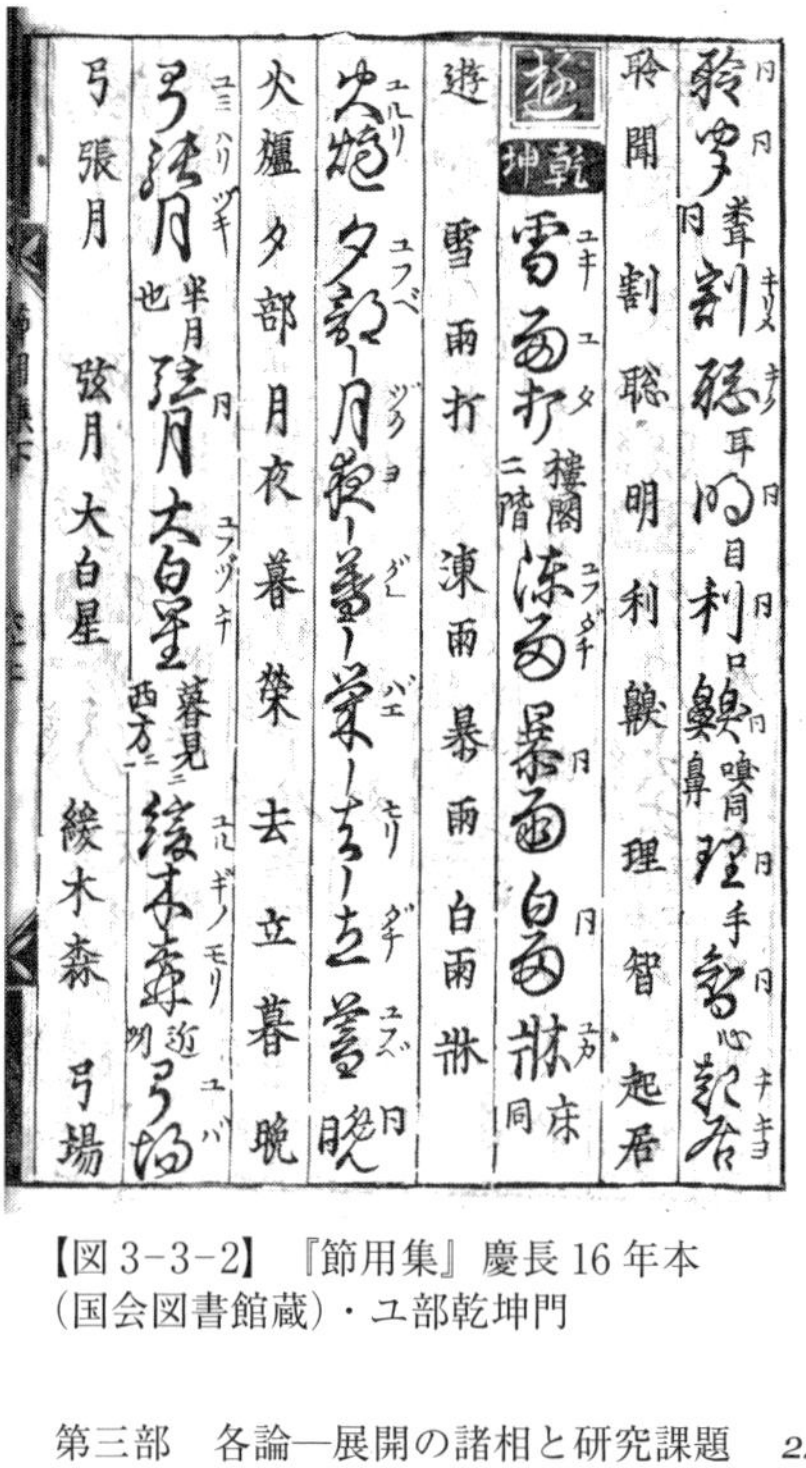

【図 3-3-2】 『節用集』慶長 16 年本（国会図書館蔵）・ユ部乾坤門

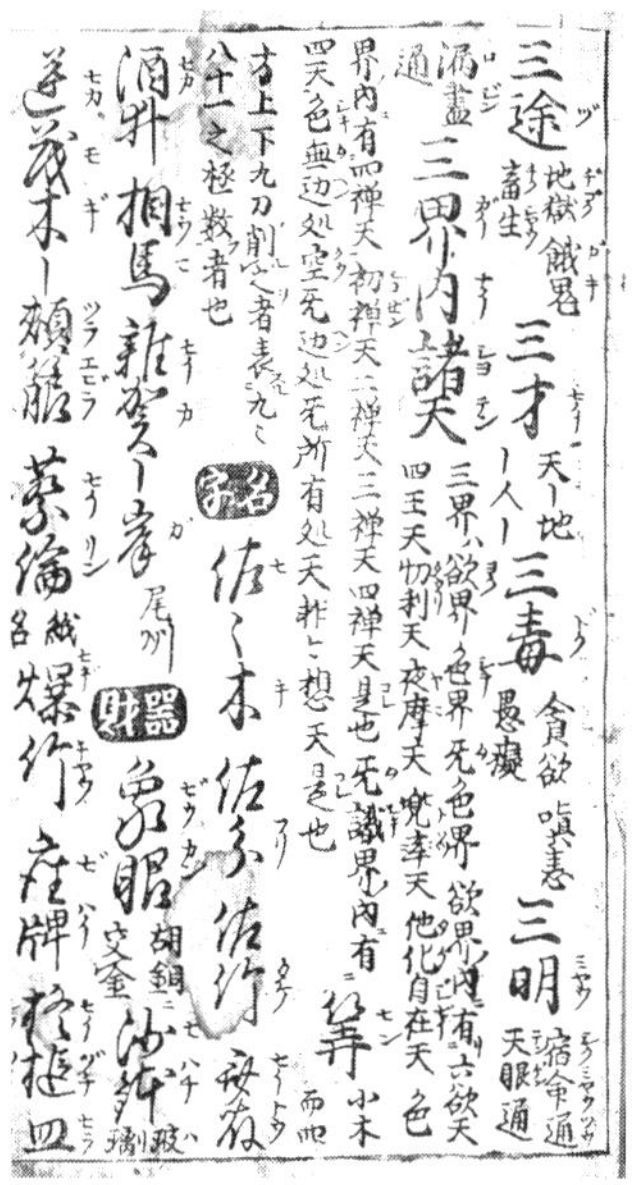

【図 3-3-3】 寿閑本『節用集』

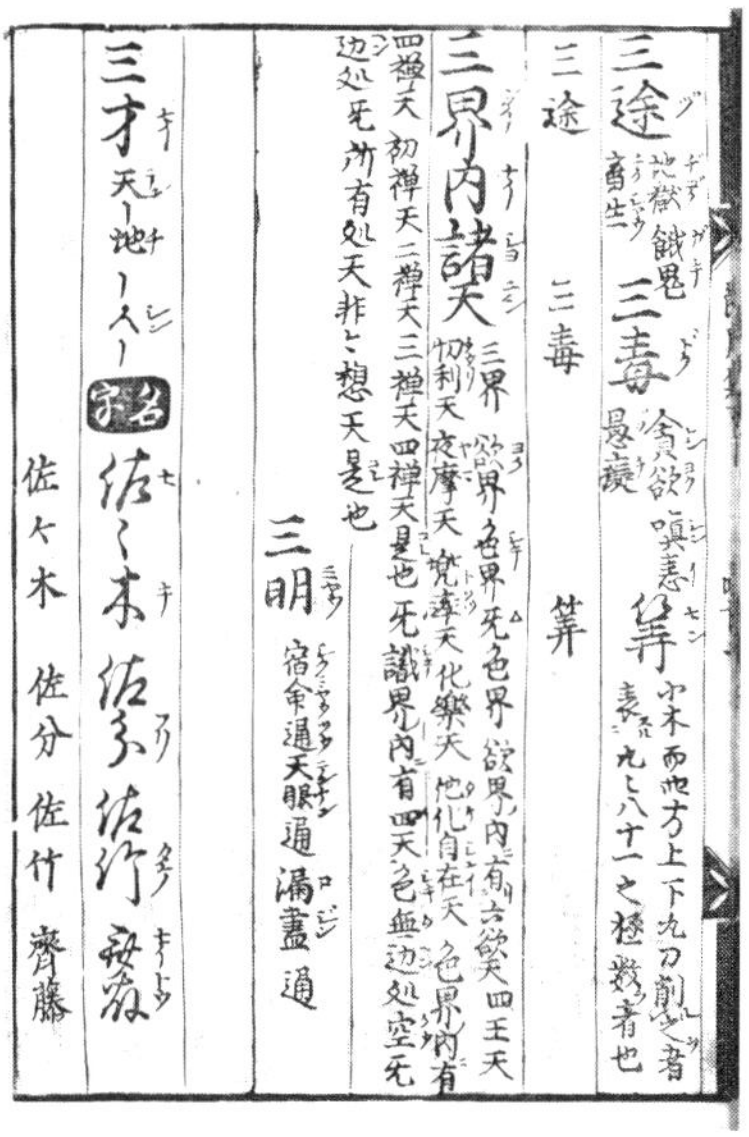

【図 3-3-4】 『節用集』慶長 16 年本
(国会図書館蔵)

に一行で記すのだが、「宿命通天眼通 漏尽 通」のように無用の空白があったり、「天眼通」の中心線だけが傾くなど、転写の事実を明瞭に反映するのである。

このように慶長一六年本は透き写しなどの技法によって寿閑本から生み出されたと考えられる。複製の技法を大胆に導入した元和・寛永以降の節用集の諸例にも先んじており、ここでも寿閑本・慶長一六年本の先進性がうかがわれるのである。

おわりに

易林本から草書本・近世節用集諸本へ直結するのがメインルートなら、寿閑本・慶長一六年本の系統は盲腸線のようなものだが、内容・形式・印刷技法などで優れており、慶長刊行節用集の一つの到達点と捉えられた。また、寿閑本の改変については、刊行者であり編者とも推定される寿閑の資質によることが裏付けられた。

ただ、寿閑本の優秀性を説けば説くほど、なぜ草書本系のように流布しなかったのかとの疑問が強まる。あるいは、元和・寛永年間には辞書を含めた実用書が携帯に便利な横本で刊行される傾向があったが（和田恭幸 二〇〇一）、系統としてこれに乗れたかどうかが条件だったようにも思う。

他にも残された問題は多い。改編の細部や、語学研究上の資料性、寿閑本の成立のさまざまなレベルでの検討も残る。また、本章でも見え隠れした寿閑本と草書本の交渉の有無・様相も気になるところである。(26)

注

(1)易林本原刻版には、版木の割れがあり、平井版で拡大する。これを底本とした平井別版や小山版では字画の変形をきたしている。極端な例だが、無批判な踏襲を象徴するものである（第三部第一章）。

(2)これ以降の諸本については次章参照。寛永年間本は亀田次郎旧蔵縦本。

(3)詳細は島居清（一九五八）・安田章（一九七四）ほかを参照。

(4)川瀬一馬蔵本にこの年の書き入れがある（川瀬 一九四三）。

(5)小山版の成立については、金沢庄三郎（一九三三）・亀井孝（一九四九）が平井版からの派生とする。川瀬（一九三五）は平井別版からとするが、亀井が否定している。杉本つとむ（一九七一）はこれらの説を否定するが、所論は明示していない。第三部第一章で触れたように、原刻・平井版上巻の版木の割れは、版を改めた平井別版・小山版まで影響し、下巻のそれは平井別版のみに影響している。あるいは、こうしたありようから杉本は、小山版上巻が平井別版から、下巻が平井版から派生したと考えるか。

(6)高梨信博（一九九二）は、草書本のイ～チ部での語順変更の多くが慶長一六年本でも一致するとし、慶長一六年本の原本である寿閑本でも草書本を参照した可能性があるとする。なお、上田・橋本（一九一六）、高梨とも草書本が寿閑本に先行するとみるが、山田（一九六四）は一考の余地があるとする。

(7)上田・橋本（一九一六）、高梨（一九八四）。

(8)高木文庫旧蔵の平井版・草書本を所蔵する慶応義塾図書館や、地誌分を購入した天理図書館に問い合わせたが、該書は見当たらないという。
(9)亀井(一九四九)、島居(一九五八)、杉本(一九七一)、安田(一九七四)を主に、山田(一九六四)などによる。
(10)ただし、ヲ部言語門の熟字三〇語を引きつがないのは、編集方針の整備された寿閑本としては稀な誤脱であり、寿閑本系のマークとなる特徴である。これら三〇語は訓読み熟字なので前部要素・後部要素をそれぞれに検索すれば事足りると考え、故意に削除した可能性もないではないが、類例はないので、やはり誤脱なのであろう。詳しくは第四章第二節を参照。
(11)草書本と寿閑本系とで交渉があるやに見える部分もあるが(注6参照)、いまだ確定を見ないので「浮き彫り」についても限定的な効果しか期待できない。なお、以下の検討では、易林本原刻は『天理図書館善本叢書』所収影印、平井版は国会図書館蔵本、平井別版は京都大学蔵本、小山版は杉本(一九七一)、草書本は初版系の架蔵本を用いる。適宜、マイクロフィルム等により他本を参照することがある。
(12)両丁とも、少数の他の字数の語を含む。
(13)この事象の解釈にいたるいくつかの検討については、第三部第一章を参照されたい。
(14)易林本の草稿本でのことと見てもよさそうである。これに対するのは易林本の浄書・版下書きとなる。
(15)上田・橋本(一九一六)は、付録「廿四節并漏刻」の増補にも触れるが、慶長一六年本だけのことで、寿閑本には存しない。
(16)リ部言辞門・レ部言辞門に重複する「陵〔礫/轢〕」のうち、レ部のを削除。草書本も同じ。
(17)この質のありようについては別途詳述の機会を得たい。また、付訓タイプの語では、割行表示のままでは付訓の視認性が悪いので積極的に並み字化したとも考えられようか。
(18)易林本本文を一つの統一体と見ての解釈である。カ部を境として並み字多用型と割行多用型のテキストを取り合わせるような構成だとすれば、述べ方に変更を要する。
(19)注17にも示したように、単に付訓の視認性を確保するといった、物理的な側面からの説明も考えられよう。一方で、寿閑本は、右にも見てきたように、易林本が当初目指したであろう方針への回帰的な改変が認められたので、ここでもそのように見ておきたい。

実際、片仮名サ・マの異体字をほぼ引き継いだり、〔六〕で触れたようにコ部数量門の「五山」の位置を変えずに付録記事を持ちきたるなど、易林本のありようを固守ないし尊重する面もあるので、寿閑本編者は思いのままに改変をおこなっているのではなさそうである。

(20) 別表記なのか語注なのか判然としない例もありそうで、検討する者によって数値の揺れるおそれがある。

(21) 注17参照。

(22) 柳田聖山・椎名宏（二〇〇一）によれば、「大蔵経の要文一一八一則を抽出し」て「仏教の綱要書を形成するが、禅籍の抽出がすこぶる多」く、巻一〇では「禅門伝燈の祖師と傍系者の各語句を体系的に序列する」という。

(23) 川瀬（一九八〇）は、小山版易林本節用集の刊行者・小山仁右衛門永次が代替わりして田原仁左衛門となったとするが、確証に乏しい。第三部第一章参照。

(24)『大日本仏教全書』一三九（復刻版。名著普及会一九八二）。

(25) たとえば、翌年刊行の『群書治要』では京都の五山僧が動員されたという（川瀬一九四三）。

(26) 第二節で寿閑本と草書本とが同じ結果となったもののうち、上巻前半におけるものは両本の交渉の結果である可能性がある。また、注6に引く高梨（一九九二）の指摘とも同期するかと思われる。

補記

佐藤武義先生には、日本大学が寿閑本を所蔵することをお教えいただいた。また、米谷隆史氏がいなければ寿閑本を首尾よく入手できなかったかもしれない。記して感謝申し上げる。

第四章　『節用集』寛永六年本類の系統

はじめに

上田・橋本（一九一六）によれば「寛永から延宝に至る五六十年の間に、新に出版せられた節用集」が、本文系統の同不同を判断する指標である「所収の語の順序まで、慶長十六年本には一致せずして、草書本の特徴を具へて居る」という。しかし、寿閑本から慶長一六年本が派生したことが確認されるなど（高梨信博一九八四・一九九二。第三部第三章）、この系統も軽視できない。

もちろん、草書本も寿閑本も易林本平井版から派生したと考えられるので、収載語の異同にのみ注目するなら二系統に分ける意味は小さい。が、記述的研究では、実際の諸本間の関係を再構する必要があり、より正確な把握と検討が求められる。実際、前章でも見たように、この二書には編集方針に大きな異なりが認められるのであった。そこで草書本と寿閑本の二系統を明確に分けたうえで、近世初期諸本を相互に位置づけることが必要になってくる。その一環として『節用集』寛永六年本類と仮称する次のような諸本について本文系統を中心に検討を加えることとする。

『節用集』寛永六年本　中野市右衛門刊　二巻本　一面五行
『節用集』寛永一二年本　中野市右衛門刊　三巻本　一面五行
『節用集』寛永年間本（零本）　刊行者不詳　四巻か　一面六行

これらの本文系統は、寿閑本から派生した慶長一六年本を基調としたうえで、草書本系の横本などからの摂取も認められるものである（後述）。近世節用集の史的展開のうえでは、寿閑本系の存在を補強しつつ、草書本系との交雑を証するものとなる。本章ではそうしたことの具体相をかいまみようと思う。

本章にかかわる先行論文に柏原司郎（一九七七）がある。寛永一二年本・寛永年間本はじめ、寛永期節用集における収載語・配列順・表記を中心に諸事実を指摘したものである。ただ、現象の解釈では本章の見解と一致しないことがまま存する。それは、柏原（一九七七）が、寛永六年本未見の段階での立論であることや、立脚点の異なりによる。たとえば、寛永六年本（柏原では未見のため寛永一二年本による）について、本章では慶長一六年本と草書本系横本の交雑とみるが、柏原は諸本の出現のありようを主として派生によって解釈するので、慶長一六年本と寛永一二年本の特徴をあわせもつ祖本を仮構し、それからの派生を考えている。未知の書を想定した慎重な行き方なのだが、一方では近世刊行書籍の特徴を汲んでもよいかと思う。前章でも見たように、寿閑本から慶長一六年本への派生では透き写しなどが想定され、『元亨釈書』寛永元年版では五山版からの覆せ彫りを刊行者自身が告げるという（和田恭幸 二〇〇一）。そうした、容易に他のテキストを取り込みうる技法を是とする思考が近世初期にも認められることを考慮に入れて、草書本・寿閑本の二系統をそれぞれ特立した記述的研究を試みたく思う。

第一節　諸本概観

〔一〕寛永六年本

本書は鳥居・酒井（一九九六）に紹介されるものである。亀田次郎旧蔵書などの寛永一二年本と同版であり、年次や摺りの状況から初版本となる。東京女子大学本の受け入れ印には「昭和6年11月5日」とあるが、これまで国語学的に検討されることがなかったものであり、何のゆえか書誌学的な方面からも注目されず、鳥居・酒井以降におおやけにされた寛永版本・中野家本の目録類でも記載されない。その後の調査により、神奈川県立公文書館・福岡市博物館（下巻のみ）の諸本を確認し、佐藤も上巻一冊を架蔵するにいたった。

内容について、亀田文庫蔵の寛永一二年本に貼付された識語の一節には「其本文が只其振仮名の平仮名となれると以外は全部慶長本（慶長一六年本――佐藤注）と内容に於て同一なりとす」とあり、これが、同版の寛永六年本にもあてはまるはずだが、当たらない。たしかに慶長一六年本も寛永一二年本も真草二行表示であり、前者が片仮名付訓であるのに対し、後者は平仮名付訓ではある。が、内容は同一ではない。慶長一六年本と比較すると語の削除や配列順の変更もあり、ことに後半部では草書本系横本の影響が見られるのである（後述）。

辞書としての完成度にも疑問がある。慶長一六年本の一面四行構成を縮約して五行にしようとした意図は分かるが、字の中心線がそろわぬ行が散見されるだけでなく、見出し語間の境界となる空格も不安定である。複数の見出しが連続するにもかかわらず、空格がほぼ皆無の場合もあるかと思えば、一字分の空格で事足りるのに三字分におよぶ場合もあり、さらには「凡　河内　躬恒」（ヲ人倫）のように一語中二か所も空格が存する例まである。おおよそ語の切れめに対する意識・配慮が浅すぎる例が散見されるのである。

語の重出も多く、ハ言辞「晴敷」のように同一行内に連続する例すらある。付訓の誤脱は少なめだが、濁点の欠落は多い。同字符の使用原則も一定しないことがある。本文後半では割行表示を積極的に取り入れるなど、寿閑本・慶長一六年本の整備された特徴とは沿わない点が散見されるのである。

とまれ寛永六年本の存在が確認されたのは有意義である。これまでは一部改刻した寛永一二年本しか知られていなかったが、それでは、本文系統を検討するのに、寛永七年本や『二体節用集』寛永九年本からの影響を考慮する必要があった。が、寛永六年本が現れたからには、それらについては考慮するにおよばないからである。

〔二〕寛永一二年本

二巻本である寛永一二年本の中巻は、寛永六年本の上巻六五丁以下をあてている。中巻の初丁表一行めには「曽　節用集巻中」と内題を陰刻するが、この一行を捻出するために、乾坤門「添雨・北面・虚・天・苑・圃」や、名字門「十河」、人倫門「ー（蘇）子由」、人倫門「孫康」の注〔映雪〕を削除するが、この丁の裏以降は元のまま流用している。なお、柱題は「節用集中」とし、丁付けも一からに改めている。

同じく下巻は、寛永六年本の下巻三二丁以下をあてる。初丁表一行めに「幾　節用集巻下」と陰刻するが、この一行を捻出するために、乾坤門「宮闕〔ー中〕・京都・客殿・鬼海嶋・禁野・狐戸」を削除する。必要性の低い語やありきたりの語などを削除しているようである。この丁の裏以降は元のまま流用している。なお、柱題は「節用集下」とし、丁付けも一から改めて付されている。

三巻構成にするにあたって、寛永六年本の上・下巻の境界も処理されている。まず、寛永六年本の上巻末丁表に存する五〇語ほどと、同丁裏のイロハ・門名一覧（陰刻）を廃している[1]。ついで、寛永六年本下巻初丁の一行めの内題「屋　節用集巻下」は削除、埋め木して、同書上巻末丁表の五〇語ほどから「群役・覆・窪・繰・件・配・絡・飯・摧・苦・屑」の一一語を選んで配置する。同じく二行めにはヤ部乾坤門があるが、「夜陰」の下に割行表示された「ー（夜）中・ー（夜）宿」の二語を削除して「夜陰」全体を下げ、その空き間に部名表示「屋」を刻している。新たに中巻・下巻の初丁を設けたおりには、比較的穏当な削除がなされていたのだが、寛永六年本の上下巻の境界を隠蔽するには、ほぼ半丁の語を失するなど強引な改変がなされたことになろう。

以上、量のうえからは半丁四面の改修にすぎないものの、三巻構成に改めたことが注意される。逆に、なぜ二巻本のままでは刊行できなかったのかとの疑問が残るわけだが、三巻にせざるをえない状況が当時の節用集界にはあったものと推測される。そこで思い至るのは、横本『二体節用集』の三巻構成である。[2]これが、元和・寛永期に刊行・再版されて盛行をみたため、真草二行体の節用集は三巻構成を採るものだとの通念が醸成されたのではなかろうか。その余波は寛永一五年以降たびたび刊行される『真草二行節用集』や頭書(本文上欄)に語注を設けた諸本にも及ぶほど、根強いものであった。寛永一二年本として再版する際にも三巻構成をとらずには済まされなかったのであろう。

〔三〕寛永年間本

この書は、亀田次郎旧蔵書中にのみ認められるものである。イ〜カ部しか残らないのは残念で、せめて寛永一二年本で中巻に配されたソ部まであれば、その原拠を寛永六年本か一二年本かに特定できるところである。亀田次郎の識語には「寛永年間而も十年以前の出板とおもはる又其巻数も内容及小口書入より考ふるに乾坤二巻四冊なりしが如し」とある。寛永一〇年以前の刊行とするのは内題書名が「節用集」と単称であることによるのかもしれない。なお、本書では寛永六年本での不体裁を正そうとしており、特に見やすさに意を用いている。真字(楷書体)の大小が一行内で一定しないこともあるが、それが気にならないほど行草書表記の見栄えがよい。中心線は安定し、小さめにまとまる書体にも統一感がある。さらに、行草表記と真字表記の境界罫を廃したのも簡明な紙面を印象づける。[3]境界罫のないものは『真草二行節用集』慶安三(一六五〇)年本から増えるかと思うが、本書の見栄えのよさも、実は寛永期よりも新しい時代の刊行を示すのかもしれない。

本文にも手を加えた部分があって、相応に改編意欲が認められる一方、ハ部乾坤門の「白駒〔日名〕ｌ昼ｌ日」の「ｌ日」の同字符終筆を寛永六年本(または寛永一二年本)同様、左上方にはねるなど、依拠したであろう本の特徴を愚直になぞる面もあることになる。また、書体のまとまりとは別に、行草体の崩し方自体は寛永六年本・一二年本とよく似ており、こうしたところからも関係のありようがうかがわれる。

第二節　寿閑本系の確認

寛永六年本類の諸本が寿閑本の本文を引きつぐことをいくつかの点から確認しておこう。

〔一〕カ部言語門の乱丁的誤刻の修訂

易林本の言語門では二字語（複数字語）から一字語へと配列する原則があるが、カ部言語門では一丁分の一字語（「干戈」を含む）が、二字語の「嘉祝～按摩」の前丁に配される（上田・橋本 一九一六）。丁付けは逆転しないので綴じ段階の乱丁ではなく、原稿あるいは版下段階での乱丁なのであろう。部名標目・意義標目の陰刻化を断行した平井版でも修訂されず、これに依拠した草書本も踏襲することとなり、さらには源太郎本・『二体節用集』・寛永七年本・『真草二行節用集』等に引きつがれた。ところが、前章でも触れたように、寿閑本では易林本の配列原則をよく理解し、復元に成功しているのである。復元といっても同じカ部言語門内のことであって、改める必要もないともいえるが、それだけに、この改修の見られることが寿閑本系の指標になるのである。

寛永六年本類諸本はいずれも改修された配列順を採っており、寿閑本系であることが知られる。なお、寛永年間本では配列順の異なる部分が一部存するが、他の部・門でも見られることなので特に問題視する必要はない。

〔二〕ヲ部言語門三〇語の誤脱

一方で寿閑本は、易林本のヲ部言語門の所属語をとりこぼしてもいる。易林本での配列順を付して示せば「21追様～50没在」の三〇語である。これほど大量の語を一括して採らないことは他にないので、寿閑本の編集方針によるのではなく、ケアレスミスの類なのであろう。寿閑本の上巻二四丁裏六行末には「20ー（越）年」があり、この直下には「21追様」がくるはずなのだが、行末のスペースは二字語を収めるには足りなかった。無理に収めても、行末に「追」が、次行行頭に「様」がくることになるので、視覚上、かならずしも好都合ではない。そこで、「20ー（越）年」の直下に一字語「51行」を繰り上げて埋め草としたのだが、「51行」につられて「52後」以下を続けてしまったのである。[4]結果、「21追様〜50没在」の三〇語を逸することになったものと思われる。このような事故ならば偶然の一致は考えにくいから、寿閑本系本文であることの指標としてよいかと思う。

この誤脱は寛永六年本類諸本にも共通して見られる。ただし、寛永年間本では、誤脱した三〇語のうち二七語をヲ部言語門末尾に配するのが注意される。[5]柏原（一九七七）も指摘するように、誤脱に気づいた寛永年間本編者が補ったのであろう。先に、寛永年間本の修訂志向を指摘したが、こうした事実に基づくものである。

〔三〕増補語の共通

語の削除・増補も本文系統をみるのによい指標である。削除のように「同じ語が、同じ位置に、ない」という事態が共通するのも指標になるが、偶然に同一語が削除されることもないではない。が、「同じ語が、同じ位置に、新たに加わる」方がより起きにくい事態であるから指標としてより適していよう。

寿閑本では、易林本の内容自体から離れる意図はなかったと推されるが（第三部第三章）、それでも以下のような語が増補されている。[6]

イ言辞：一縮　一紀　一周忌　一落索

ロ乾坤：陸地　陋菴　楼爐

ロ言語：論訴　漏失

ハ乾坤：伴道所　垣生小屋　白露　葉月　壮　白　百鬼夜行　泊瀬　放生会
ハ人倫：房官　祝
ハ数量：八宗
ハ言語：傍輩　博労　鉢叩　働　硲
ニ数量：二十一代集
ル器財：蘆鴈画
ル言語：被　遭
セ人倫：｜（聖）代

慶長一六年本・寛永六年本類ではほぼすべての語が見られるが、「論訴・漏失・｜（聖）代」は寛永六年本・一二年本になく、「泊瀬」は寛永六年本類に、「博労」は寛永年間本に見えない。なお寛永年間本での「｜（聖）代」の有無は欠巻のため不明である。基本的には寛永六年本・一二年本のいずれかから寛永年間本が派生したと考えているが、「論訴・漏失」のように両本にない語を寛永年間本が載せる例があるので、寿閑本・慶長一六年本とも無関係とは言えないことになる。

〔四〕配列順の異同

最後に配列順から検討する。まずハ部乾坤門を採りあげる。易林本の配列は次のようである。訓・注は省く。

1白駒　2白昼　3白日　4彗星　5八荒　6八専　7八朔　8晩春　9晩夏　10晩景　11晩天　12瀑布　13麦秋　14梅月　15晩秋　16晩冬　17初霜　18初雪　19暴風　20斑霜　21春　22涯　23百済　24坂東　25走井　26墓　27馬場　28磐石　29橋　30梁　31階　32圃　33畠　34浜　35原　36法堂　37坊舎　38坊跡　39坊中　40破風　41

八風　42鰭板　43欄額　44櫳檻　45柱　46楹　47馬櫪神　48拝殿

寿閑本では、次の九語を増補する。便宜的に易林本からの通し番号を与えておく。

49伴道所　50垣生小屋　51白露　52葉月　53壮　54白　55百鬼夜行　56泊瀬　57放生会

諸本の配列順は次の通りである。慶長一六年本は寿閑本と、寛永一二年本は六年本と同一であった。

寿閑本　1〜5 7 6 41 8〜11 15〜18 13 14 19 20 23〜25 27 28 36〜40 42〜44 47〜53 12 54〜57 21 22 26 29〜35 45 46

寛永六年本　1〜5 7 6 41 8〜11 15〜18 13 14 19 20 23〜25 27 28 36〜40 42〜44 47〜53 12 54 55 57 21 22 26 29〜35 45 46

寛永年間本　1〜5 7 6 41 8〜11 15〜18 13 14 19 21 23〜25 27 28 36〜40 42〜44 47〜50 32 33 51〜54 26 12 55 57 21 22 29〜31 34 35 45 46

易林本の配列順を寿閑本では適宜変更するが、それを寛永六年本・寛永年間本はともによく伝えており、系統上の関係が強いことが一見して知られる。一方では、寛永六年本では採られなかった（削除された）「56泊瀬」が、寛永年間本にやはり認められないことは注意してよい。

本文後半部の例としてシ部乾坤門をとりあげる。易林本での配列順は次のようだが、「29甚」は頭字のみを並み字で示すもので、その字を用いる熟字は直下に割行表示される。いま、そうした語にも通し番号を付し、割行表示であることを角括弧で示す。なお、寛永年間本はイ〜カ部だけの零本なのでシ部は検討できない。

1須弥四州　2瀟湘八景　3娑婆　4磁石山　5震旦　6敷島　7紫震殿　8清涼殿　9社頭　10精舎　11寺社　12昭堂　13祠堂　14鐘楼　15書院　16浄地　17四壁　18蹴鞠坪　19四至　20芝居　21所領　22私領　23社壇　24舎宅　25城郭　26寝殿　27深雪〔28ー山〕29甚〔30ー風　31ー雨〕32蔀　33橑　34咫尺　35庄　36小便処　37死出山〔38四手山〕39神楽　40神泉苑　41白山　42新羅　43日域　44浄刹〔45ー土〕46清水〔47妙美水〕48塩干

49緒堂　50新造　51主殿　52塩屋　53室間　54食堂　55障子　56鹿垣　57柴庵〔58｜戸〕59敷板〔60｜居〕61委文　62城　63嶋　64嶼　65塋

諸本の配列順は次のようである。慶長一六年本は寿閑本と、寛永一二年本は寛永六年本と同一なので省略した。

寿閑本　1 2 41 3～15 18 17 16 19 20 25 21～24 26～28 32 30 31 33～36 65 37〔38〕～40 42～48 52 49～51 53～64

寛永六年本　1 5 2 41 3 4 6～11 13～15 18 17 16 19～22 25 23 24 26～〔28〕32 30 31 33～36 65 37〔38〕～40 42～〔45〕47 46 48〔52〕45 49～51 53～〔58〕～64

ハ部乾坤門より若干見づらいが、それでも「16浄地・18蹴鞠坪・25城郭・32蔀・41白山・52塩屋・65塋」などの移動のありようが共通しており、寛永六年本の本文が寿閑本系であることが知られる。が、45の重出や、28・45・52・58が割行表示されるのは寿閑本系らしくなく、気になるところである（後述）。

なお、増補はなく、削除も寛永六年本の「12昭堂」だけである。「29甚」が削除されたかに見えるが、熟字の頭字のみ並み字表示したものを一項目としたため、29～31の三項目となったが、語単位では「甚風・甚雨」の二語である。「29甚」の削除は形式的なものにすぎない。

第三節　系統の交雑

〔一〕｜（同字符）の使用通則

右のシ部乾坤門の例で気になるのは、寿閑本で原則廃された割行表示が寛永六年本で復活することである。紙面の効率を考えてのことだろうが、それにしては並み字表示の「45浄土」と割行表示の「45｜（浄）土」が重出する[7]のは不審である。ここでは重出した語の表示法にも注目した方が真に近いだろう。すなわち、易林本において割行表示された見出しについて、そのほぼすべてを並み字表示に改めた寿閑本（系）本文と、そのまま割行表示を踏襲した草書本（系）本文という、双方の本文を追いつつ編集した可能性を考えるのが現実的なようである。

まず、手がかりとして同字符の使用状況から見ておこう。ル部言語門において、頭字を「流」字とする熟字は次のようである。(8)〔言語〕は言語門の標目、／は改行である。

易林本　／〔言語〕流通　流布　流浪　流転　流例　流刑　流罪／
草書本　〔言語〕流布／流通　｜浪　｜転　｜例　｜刑　｜罪
源太郎本　〔言語〕流布　流通／流浪　｜転　｜例　｜刑／｜罪
寿閑本　〔言語〕被／遭　流通　｜布　｜浪　｜転　｜例　｜刑　｜罪
寛永六年本　〔言語〕被／遭　流布　流通　流浪　｜転　｜例　｜刑　｜罪／
寛永年間本　〔言語〕被　遭／流布　流通　流浪　｜転　｜例　｜刑　｜罪

易林本の配列は、草書本では「流通」が次位に下げられ、源太郎本もこれを引きついだ。同字符は、易林本のみ用いないが、通例、頭字を同じくする熟字群の二語め以降用いられるもので、草書本の「流通」、源太郎本の「流浪」のように改行直後すなわち行頭では改めて頭字を記すこともある。なお、源太郎本の「流通」は同字符を用いないが、依拠した草書本の表記を踏襲したのだろう。

寿閑本では易林本の語順を引きつぎつつも同字符を積極的に使い、また、「被・遭」二語を増補している。寛永六年本もこの増補を引きつぐが、直後の「流通・｜布」の順を「流布・流通」とし、「流通・流浪」は行頭でもないのに頭字を記すなど寿閑本系らしくない。同字符は彫刻時の省力になるにもかかわらず避けているのだから、不審である。これについては、源太郎本を参照したとすれば、「流布・流通・流浪」の語順も同字符の不使用も理解できる。

つまり、草書本系の本文との交雑があるのである。なお、寛永年間本は、改行以外は寛永六年本と同一で、同字符の使用原則が守られない点まで引きついでおり、関係の深さを思わせる。

ついで、チ部言語門での「長」を頭字とする諸語もみてみる。他種の語の介入や移動があって見づらいので、例示に際しては空白を適宜挿入して語の位置をそろえた。もとより原本にそのような長大な空きはない。

易林本　　聴聞　聴衆　長生楽／長久　長途　長座　長短　長遠　竹簡／長命　長時
草書本　　聴聞　｜衆　長生楽　｜久　｜途　｜座　／長短　｜遠　｜命　｜時
源太郎本　聴聞　｜衆　長久　／長生楽　｜途　｜座　違／長短　｜遠　｜命　｜時／
寿閑本　　聴聞　｜衆　長時　／長久　｜途　｜座　｜短　｜遠　｜命　｜生楽
寛永六年本　／聴聞　｜衆　｜時　長久　｜途　｜座　長短　｜遠　／｜命　長生楽
寛永年間本　聴聞　｜衆／｜時　長久　｜途　｜座　長短　｜遠　｜命　長生楽／

寛永六年本に注目しよう。配列順は寿閑本と同じだが、同字符の用法は乱れている。「長短」では同字符を用いてよく、「長生楽」は行頭の「｜命」すら同字符なのだから、むしろ同字符を使うべきである。逆に、三語めの「｜時」はこのままだと「聴時」になるが、寿閑本以前の本からも明らかなように本来は「長時」であるから、同字符は使えないところである。こうした不可解としか言えない混乱は、源太郎本の同字符の用法を機械的に当てはめれば実現することが知られる。すなわち、寿閑本系の語順を引きつぎつつ、表記のみ草書本・源太郎本などに依ったことが知られるのである。なお、寛永年間本はここでも寛永六年本を踏襲しており、関係の深さを物語る。

〔二〕割行表示での齟齬

別の面からみてみよう。寿閑本・慶長一六年本では原則として見出しを割行表示しない。しかし、寛永六年本ではヤ部以降で積極的に割行表示を導入しており、易林本や草書本系の本文に似通うのであった。そこで、割行表示における、寛永六年本と横本『二体節用集』との関係について検討してみよう。

源太郎本・『二体節用集』では、フ部言語門の「無」を頭字とする熟字を、横本のため、割行表示をまじえて三行にわたって記している。横線が改行箇所である。

無礼――｜道｜性｜頼｜骨｜為｜事｜沙汰｜器用｜人数――｜所存｜興隆
　　　　｜功｜徳｜興｜力｜勢｜人｜音　｜覚悟｜故実――｜案内｜双

縦本の寛永六年本では、これを一行に収めている。が、本来なら改行前後の語を「……｜人数｜功……｜故実｜所存｜興隆｜案内」と並べなおすべきを、三行めの諸語を機械的に二行めの直下に配しており(9)、ちょうど右の例示の横線を取り去った形で記されるのである。いかにも即物的だが、その改行の存した位置には、空格が横たわることになった。割行表示中の同字符は、見出しの境界表示も兼ねるので、無用な空格はいかにも不体裁で目立つが、おそらく、透き写しなどの際、位置合わせが甘くなってしまったのでもあろう。

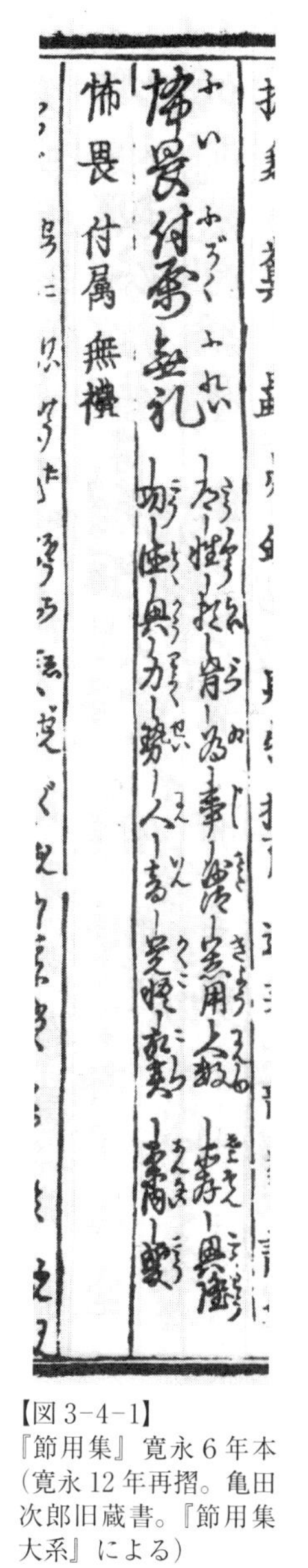

【図3-4-1】
『節用集』寛永6年本（寛永12年再摺。亀田次郎旧蔵書。『節用集大系』による）

割注でも源太郎本・『二体節用集』の本文を機械的に写した例がある。ワ部人倫門の「王昭君」では、折角、注文の内容を把握して「悪」字の直上に「所」字を配したのだが、「所」字が元の位置にも残ったため、機械的な一行化の痕跡となった。

源太郎本　王昭君漢元帝宮女又云
　　　　　　　　明妃為画工毛延寿　悪所

寛永六年本　王昭君漢元帝宮女又云所
　　　　　　　　明妃為画工毛延寿所悪

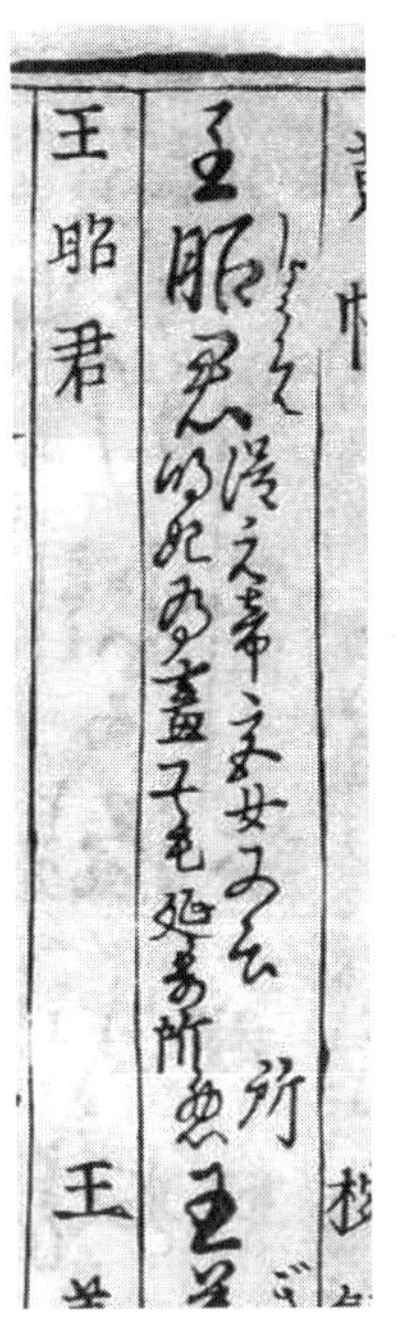

【図3-4-2】
『節用集』寛永６年本

このような例を見れば、語の重出をはじめ書体の不整一・中心線のぶれ・不用意な空白といった寛永六年本の不整備の数々は、透き写しなど複製技法の濫用ないし未熟によることを思わせるのである。

以上、寛永六年本は、寿閑本系の本文を根幹としながらも、草書本系横本からの摂取がさまざまな形態・レベルで見られることが知られた。では、なにゆえ摂取・交渉が必要だったのであろうか。ごく単純に考えて、依拠本が複数ではなく一本に限定できれば、それだけ、編集作業は省力できるはずである。そうはしなかったのだから、それ相応の理由があるものと思われるのである。

慶長一六年本では一面四行表示であったのを、寛永六年本では一面五行とするのだから、紙数を抑える方向での改編意図があったはずである。とすると、草書本系横本のような本文は実に魅力的であった。割行表示の多用だけでなく、源太郎本では行草一行表示で一面九行を、『二体節用集』では真草二行で一面六行化を果たしており、縮刷の技法を学びうるからである。ただし、源太郎本以下の諸本は、紙数削減策とともに収載語数も草書本比で約三割が削除されており（高梨信博 一九九二）、語数としては易林本・草書本と同程度の寿閑本系本文との摺り合わせが必要であったろう。

こうしたことがらを総合すれば、寛永六年本における改編とは、寿閑本系の収載語数を維持したまま、紙数節減をはかるために源太郎版・『二体節用集』を参照することだったのであろう。もちろん、改編の実際なり細部なりについては、今後も検討する余地があることになる。

おわりに

寛永六年本および同版の寛永一二年本、さらに寛永年間本の本文がその系統上、強いつながりのあること、また、それが寿閑本・慶長一六年本の流れをくむものであるとの見通しが得られた。今後、さらに精細に検討することによって、改編の諸相を把握し、近世初期節用集の成立過程を明らかにしていければと思う。

右の記述では、寛永六年本を、寿閑本系の本文から逸脱する部分を中心に検討したこともあって、その価値を矮小化する印象を与えたかもしれない。が、慶長一六年本の縮約をこころみた点は評価されようし、二系統の本文を駆使したことは相応に創意にあふれたものとして再評価すべき点もあろうかと思う。もちろん、とても本章だけでそうした価値付けにはいたらない。後考を待ちたい。

寿閑本系本文のさらなる継承も検討事項である。たとえば『真草二行節用集』寛文二（一六六二）年本（増補大節用集）などは印度本などからの増補が示唆されるが（上田・橋本 一九一六、菊田紀郎 一九七二）、その骨格となった近世節用集の本文は、草書本系の「寛永十五年本系ではなく、改めて検討が必要」（柏原 一九七七）とされる。一七世紀後半の増補傾向をさきどりした本だけに、草書本系横本以降の諸本よりも、語数の豊かな寿閑本系がかかわる可能性もなしとしない。

注

（1）寛永六年本には慶長一六年本同様、上巻末にイロハ・門名一覧の陰刻がある。寛永一二年本では巻頭の「部分之名」とイロハ一覧として採られたと見られようか。ただし、「部分之名」は『二体節用集』（寛永九年刊）などにならったものである。

（2）柏原（一九七七）も『二体節用集』の模倣とするが、柏原は寛永六年本は未見なので、二巻本のまま再版できた可能性を考慮できなかった。寛永六年本の二巻構成を、わざわざ版木を再加工して三巻にした重みを考慮したい。

（3）この種の罫は真草二行表示の慶長一六年本から認められるが、慶長一六年本は行草部分を寿閑本から透き写したと見られるので（第三部第三章）、真字分の紙面を残しながら透き写す際の目印になったかと思う。ならば、この罫の有無が透き写しの有無に対応するのかもしれず、寛永年間本では透き写しがなかったことを示すか。

（4）各語が訓読み熟字のため、比較的分かりやすく、字ごとに検索すれば事足りると考えて故意に削除した可能性もないではない。が、同趣の熟字群では他に削除した例はないので、事故的な誤脱と考えておきたい。

（5）末尾に補われた二七語は複数字語（多く二字語）なので、複数字語から単字語へ配列する原則に破調をきたすことになった。このあたりは編者の見識の限界なのかもしれないが、形はどうあれ、誤脱を改修できたことは評価したい。

（6）「八代集」のように寿閑本にない語が慶長一六年本で増補される例もあるが、いまは考慮しない。「八代集」の増補は応急的であるらしく、「八苦」の割注が長大であるため、左隣の真字スペースが長々と空白になるのだが、まさにその行になされるのである。この語は元来、易林本にあるのを寿閑本が採らなかったものなので、この語の増補は慶長一六年本段階での、易林本あるいは草書本との交渉を示すのかもしれない。もちろん、基本的な語であるから、系統を云々する指標にはしにくい面もある。

(7) 柏原(一九七七)によれば、寛永六年本(柏原は未見で、同版の寛永一二年本に依る)は他にも重出が多く、寛永前期の縦本では最多という。なお、重出の理由についても、行末などへの埋め草として先行させた語を元の位置から消去しないことを挙げている。ただし、一般論としてはそれでよいが、寛永六年本の場合は後述のように別の要因を考える方がよい。

(8) 以下の挙例では、慶長一六年本は寿閑本と、『二体節用集』元和・寛永ごろ版は源太郎と同内容なので表示しなかった。易林本(平井版)は国会図書館本、源太郎本は岩崎文庫本、寿閑本は米谷隆史・佐藤蔵本、草書本と『二体節用集』は架蔵書による。

(9) 同趣の機械的な対応について、柏原(一九七三b)も、ミ部言語門における「見」を頭字とする熟字により指摘する。

第五章　『真草二行節用集』の刊行状況

はじめに

右の各章における検討は、版種を中心に検討するとの共通点はあるものの、それぞれの検討の深め方においては、やや個別になる面があった。あるいはこれをアド・ホックな問題意識による、統一感のないものとの印象を与えるかもしれないが、これは、現在までに蓄積されてきた諸本研究に進度差があることとも関係する。研究の進展の遅い諸本群においては版種の確認・調査およびそれより派生する諸問題という、初期段階での検討の余地が残されてもいる。そうしたギャップを早急に埋めることが現代の研究課題でもあろう。

その一つとして、『真草二行節用集』の一群について、当時の出版事情を少しでも具体的に知るための手がかりを積み上げるべく、これまで採り上げられてこなかった異本を積極的に探しだし、検討を加えておきたい。

第一節　版種研究の必要性

『真草二行節用集』にあっても相応の研究の蓄積があるが、問題点がないわけではない。まず亀田次郎の収集があり、亀田自身が記したメモが添付されているものもある。ただ、このメモの内容には不正確な点が少なくないのが実状である。山田忠雄（一九六一）にいたって、山田自身の収書も対象となり、亀田メモの当否を吟味できる一応の基盤が形成された。また、高梨信博（一九九六・一九九七ａ）は、『真草二行節用集』諸本の比較・系統関係を検討しており、『真草二行節用集』を資料とする研究を行なうためには、まず目にしておくべきものとなっている。

ただ、高梨の検討で気になるのは、版種のこまかな差異について言及しないことである。たとえば、後述するように、慶安四年孟冬版や万治二年版と深い関係にある無刊記本については、複数の異版や異版の混入が認められるのだが、そうした点については触れていない。あるいは、系統関係の闡明を優先するために、あえて差異については捨象したとも考えられる。それはそれで認められてよいであろう。

しかし、辞書は言語生活に資するものであり、それゆえに当該時代のなかに定位すべきものと筆者は考えるので、『真草二行節用集』をめぐるありようを細大もらさず知りたく思う[1]。たとえば、『真草二行節用集』にあっては後述するように、山田（一九六一）を初めとする諸目録類によって知りうるよりは、いま少し多くの諸本・異版が刊行されたことが知られる。ほとんど同じ版式でも別版であったり、それら新旧の異版が入り交じっていたりすることもある。ほぼ同様の内容であっても、語の出入りや項目の前後する異版・異本も見出されるところである。こうしたことは、近世版本においてはごくごくありふれた事象であって、事新たにいうのも気後れする。が、ありふれた事柄と見なした瞬間から等閑視が許されるような研究態度も成立するのであろうが、そうした細部の異なりがあるという事態を、節用集の流布・受容のありようを知る好個の手がかりとして利用したく思う。版を重ね、改めるのは、節用集の需要に応じるためというのが主要因であるだろう。あるいは、需要があるからこそ急ぎ仕事であっても出版して利を得るというスタンスでもよい。ともあれ、異版が多いことを需要の有無を知る一つの指標と見なすことは無理の少ない判断であろう。版の多さと種類とにまつわることどもをできるだけ把握しておきたく思うのである。

また、異版を検討する必要性は、これまでの研究（史）の流れに応じるためと考えてよいであろう。『真草二行節用集』諸本に先立つ易林本・草書本・源太郎本において、すでに先学が異版の存在を指摘しているからでもある。筆者もまた、源太郎本を受けて成立した横本『二体節用集』おいて、初版と見られる元和末・寛永初年ごろの本に一部別版の混入するものを指摘しつつ、寛永六年刊と称する諸本において、寛永三年の再摺本と新刻本とがあることを指摘し（第三部第二章）、さらに、寛永一二年版『節用集』三巻本として複数の図書館に所蔵されるものが、実は東京女子大学などに所蔵される寛永六年刊二巻本の改修本であることを指摘した（第三部第四章）。これらの諸本に続く『真草二行節用集』にも異版が存するものと見込んで調査するのが周到と思うのである。

さらに、版種研究をこそ、『真草二行節用集』の研究において優先しなければならない理由もある。たとえば、『真草二行節用集』に先立つ諸本においては版種研究の蓄積があるが、さらに、林望（一九八四）の提示した表紙掛け請け負い記録を援用することにより、横本『二体節用集』の盛行・衰微が急速に進行したことや、一七世紀初頭においてすでに想像以上の節用集の需要のあることなどを、より細やかに描き出すことができた（第三部第二章）。また、『真草二行節用集』のあと、一七世紀末期以降の節用集については、板株（近世的版権）が公認され、さらに書肆の互助団体・本屋仲間が記録類を残すようになって、近世節用集のありようのかなりの部分をうかがいうる。

これらのような出版側の資料類が、『真草二行節用集』の刊行された一七世紀なかごろにあっては、ほぼ見つけることができないのである。こうした状況下であれば、やはり、現存諸本についての周到・緻密な研究を重ね、何がしかの情報を獲得していくしか研究の深化は望めそうにないように思われる。その核となるのは、やはり、現存諸本から出発することのできる版種研究ではあるまいか。

このように、多様な要請から『真草二行節用集』における版種研究はなされるべきものと考えられよう。本章は、そうした検討のごくごく一端であるが、示しておきたく思う。

第二節　刊行・異版のインターバル

近世初期の諸本は、意外にも刊行頻度が高かったようである。

易林本原刻・平井版　慶長二（一五九七）年跋
易林本平井別版　慶長二年跋。慶長一五年以前刊（川瀬一馬蔵書の書き入れによる）
易林本小山版　慶長一五年刊。上巻は平井版、下巻は平井別版に依拠するか
寿閑本　慶長一五年刊。刊記の異同で二種あり
烏丸通二条二町上之町刊本　慶長一六年刊。寿閑本を真草二行化したもの
草書本　平井版を受ける。慶長末年ごろか。三版種あり
源太郎本　元和五年刊。二版種あるか（高梨一九九二）
『二体節用集』（横本）　元和末・寛永初年ごろ版（異版混入版あり）・寛永三年版（寛永六年再摺あり）・寛永六年版（新刻。異版混入版あり）・刊年数字削除本
中野市右衛門版　寛永六年刊二巻本。寛永一二年に三巻改修本あり
杉田良菴版　寛永七年刊。横本をもとに整版した縦本
『二体節用集』（縦本）　寛永九年刊。杉田版。書肆名のない版もあり

刊年数字削除本のうち、亀田次郎旧蔵書の寛永一四年本（数字手書き）まで含めれば、一五九七年から一六三七年までの四〇年間で、版種数は細かくかぞえて二四、単純計算では一年半ほどで一版種が成されたことになる。もちろん、跋年しか分からない易林本原刻版などを刊行時期の上限とする一方で、刊記の書肆名の有無によってもそれぞれ

一版種と認めているからやや問題はあるが、目安となる数字ではあろう。

一方、『真草二行節用集』の時代は、より出版業が軌道に乗り、大量生産の甲斐あってより安価に販売できたことであろうし、徳川幕府の敷いた「文字による支配」がいよいよ進んできていたと想像され、多くの需要があったと見込まれることになるが、実際問題としていかがであったかを考えるのは容易ではなかろう。それを少しでも解明する方向で動き出したいものである。

高梨（一九九七a）によれば、『真草二行節用集』には次のような一四の諸本があり、六類に分けられるという。なお、高梨は寛永一五年版に二版種を認めるが、これはまったくの同版であり、ごくごく一部の改刻が施されているか否かの差があるだけのものである（後述）。

a　寛永一五年版・寛永一六年版・正保三年仲秋版・正保三年仲冬版・慶安三年版・慶安四年孟秋版・慶安四年孟冬版
b　無刊記両点版
c　万治元年版
d　万治二年版・寛文元年版
e　寛文四年版・同五年版
f　無刊記版

寛永一五（一六三八）年から便宜寛文五（一六六五）年の二七年間で計算すれば、ほぼ二年ごとに一版種が形成されることになる。この数字をそのまま信じれば近世初期よりも刊行頻度が停滞していることになるが、異版種を精査していないためとする余地がある。実際、各図書館等での所蔵書を検討していくと、寛永一五年版の二種のような一部の差異にとどまらない異なりを示す版も存することが明らかになってきている。

第三節　諸本の検討

〔一〕寛永一五年版

現在までのところ、調査しえた一一本はすべて同版であり、その意味では、寛永一五年版について取り立てて問題とすべき点はない。

ただ、同版といっても、部分的な補刻や刊記書肆名の削除など、手を加えたものがある。すでに報告のあるように、刊記の二行のうち、書肆名だけを彫り去ったものが存する。本文部分の摺りのありよう、つまり版木の状態を考慮すれば、やはり書肆名「西村又左右衛門梓行」(マヽ)のあるものが本来の姿であると見られる。書肆名の有無は、版木の所有権者に異動があったことを示すのであろうが、それ以上の具体的な情報は得られていない。

なお、「鈿」(八オ二)の右下に彫り残しがあり、摺りの遅いものではこれが彫り去られているとの指摘もある。これが、刊記の書肆名の削除とが同期するという向きもあるが(高梨 一九九六)、「鈿」の彫り残しはないが、刊記の書肆名は削除されずに存するものもある。したがって、この二点については別個の現象と見た方がよさそうである。

このほか、九九丁表五行め・六行め間の罫線のほとんどが削除されたものがある。[2] また、「l(治)国利民」(一九オ二)の訓中の「ミ」の下半が、彫りの途中で楕円状に残ったように見えるものもある。他の部分とは墨色が異なるようにも見え、あるいは版木に木屑でも乗ったのが摺りだされたようにも見えるが、奈良情報資料館本と架蔵本の二本に見られるので、しばらく彫り残しと見ておく。

これらを踏まえて摺りの遅速により諸本を分ければ次のようになる。Aから順に彫り進められたと見られる。

A原刻

奈良情報資料館本・架蔵本（初末欠）

B「｜（治）国利民」（一九オ二）の訓を正しく彫刻

大谷大学本・亀田次郎旧蔵本a

C「｢鏰｣」（八オ二）の訓の彫り残し削除。九九オ五～六間の罫線をほぼ削除

成城大学本・内閣文庫本・福島県歴史資料館本

D刊記書肆名削除

狩野文庫本（東北大学）・亀田次郎旧蔵本b・彰考館文庫本

他に調査したものに関西大学本があるが、これは上巻部分を寛永一六年版とする取り合わせ本なので、八オ二・一九オ二は知られないが、九九オ五～六間の罫線を削除しつつも刊記書肆名は存するので、C群に入るかと思われる。

〔二〕寛永一六年版

現在までのところ、亀田次郎旧蔵本・玉川大学本・国会図書館本・関西大学本（上のみ）・架蔵本を調査している。全丁同版であり、特段に問題とするところはない。基本的に寛永一五年版を踏襲した版面づくりである。たとえば、寛永一五年版では九九丁表五行めの真字表記を欠するが、これを寛永一六年版ではそのまま引き継いでおり、そうした点までも忠実にしたがう傾向があることになる。

とはいえ、寛永一五年版の版木が流用されるようなことはなく、まったく新規にあつらえた版と見られる。ただし、今後、新旧の版の混在するものなど、別の体裁のものが発見されないともかぎらない。

なお、寛永一六年版の刊記には「寛永己卯仲秋吉」との刊年のみあって、書肆名はもとより記されていない。寛永

一五年版のように二行にわたって刊年と書肆名を記せるほどのスペースがあるにもかかわらず、大振りの文字で刊年のみを記すのである。右隣の付録（廿四節并漏刻）の文字とは釣り合わないほど大書されるし、書体も似ないので、あるいは改刻の可能性があるのかもしれない。

〔三〕正保三年仲秋版

現在までのところ、亀田次郎旧蔵本（中・下のみ）・加賀文庫本（東京都立中央図書館）・狩野文庫本・京都大学大学院本・栃木県文書館本・架蔵本を調査しおえている。これらはすべて同版であり、特に問題点はない。

ただし、栃木県文書館本以外は、巻頭にあるはずの「部分之名」を含む丁を欠いているのが気になる。巻頭にあるために脱落しやすいことは理解できるが、他の本では、ここまで多くの本において巻頭部を脱することはないので、この版に特有の事情があるのかもしれない。

〔四〕正保三年仲冬版

現在までのところ、茨城歴史館本（中下のみ）・大谷大学本・亀田次郎旧蔵本・千葉県文書館本（中のみ）・筑波大学本・東京大学総合図書館本の調査をおえている。すべて同版であり特段の問題はない。仲秋版とも別版である。

正保三年において仲秋版・仲冬版の二版出ていることは注意すべきである。

まず、同年に複数の版があることは、多くの需要のあることを語っており、先に易林本以下の刊行数を見たように、相応の頻度にて刊行がなされていたことをうかがわせるのである。

一方、同内容であれ、新たに版を起こしたのであれば刊記も改めるといった、丁寧な刊行態度がうかがわれる。とすれば、調査対象が増えていっても、仲秋版と仲冬版のあいだで、版木の混用などもなかったと見込まれる。もちろん、わずか数か月をおいての刊行なので、版木の混用があってもおかしくなさそうだが、それがないとすれば「丁寧な刊行態度」もさることながら、物理的に混用されないような条件があったことを考えてよいであろう。この点、仲秋版の書肆が豊興堂と刊記に明記される一方、仲冬版では明かされないといった差があるので、もっとも簡明な理由としては書肆が異なることや、刊行地が異なることなどが考えられる。

〔五〕慶安三年版

現在までのところ、岩瀬文庫本・京都大学本・亀田次郎旧蔵本a・同b（中欠）・同c（下のみ）・慶応義塾大学本・国会図書館本・玉川大学本・法政大学本の調査をおえている。すべて同版と見られるが、岩瀬文庫本と亀田旧蔵本bについては九二〜九五丁の四丁だけ、様子が異なっている。

『真草二行節用集』は、見出し語の書体を行草書と楷書（真字）とで表示する。このとき、寛永一五年版など初期のものでは、各行の界線のほか、行草書と楷書のあいだにも界線を設けていた。これはのちに廃されていき、それはそのまま近世節用集の典型的なレイアウトになっていくが、早くも慶安三年版において真草間の界線は廃されることになる。ところが、岩瀬文庫本と亀田旧蔵本bの九二〜九五丁には、この真草間の界線が設けられているのである。

ただし、これは別版ではなく、はじめに真草界の存する古いレイアウトのまま刻した版木によって摺りだしたのが岩瀬文庫本・亀田旧蔵本bであり、摺刷にしたがって異様に気づいて真草界を削除したのが他本ということのようである。これにともなって、慶安三年版では門名標目を楕円形とし、門名を陰刻した外側にさらに楕円の枠をあしらうが、岩瀬文庫本・亀田旧蔵本b以外の諸本では、九五丁表四行めの門名「名字」の左端の楕円枠のカーブに真草界の直線が一部削除しきれず、わずかに残っている。

これら四丁の不体裁は、行草界を示さないという新しいレイアウトを取り入れた初期には起こりうる行き違いなのであろう。が、先行するレイアウトの残存を反映するのが興味深く、当時における出版のありようの、まさにささやかだが、実態をよく反映している事例であろう。なお、連続する四丁にわたって旧態が残ってしまったのは、版木の表・裏それぞれに二丁を配する四丁張りの版木一枚を単位とするからである。

現在までのところ、亀田旧蔵本と神原文庫本とを調査しえたのみである。神原文庫本は中巻を逸するが、共通して存する上・下巻については異同は認められなかった。

〔六〕慶安四年孟秋版（真草二体節用集）

他の諸本と異なり、内題は『真草二体節用集』と変えられている。この変更と同期するのか、内題をごく太く記したり、各部標目も、それまでは行草書表記とほぼ同大に記していたものを、真字の行の分へもはみ出して一行いっぱいに大書するのが印象的である。ただ、これは、それまで一面六行取りであったものを、この本では七行取りに改めたため、他字に比して部名標目を大きく見せるための工夫でもあろう。

それにしても、太めの線画で記す内題や各部標目は、本文の字の趣とはかなり異なっており、雄渾と言えば言えようが、乱雑に近い印象をいだかせかねない面もある。それだけに、後から埋め木などによって補刻したとも考えられ、それ以前の、より通常の書体で記されていた原版などがあったことを思わせる。

なお、本版ののち、慶安四年孟冬版が出されるのが注意される。つまり、正保三年仲秋版と同仲冬版との関係でも注意されたけれども、刊行インターバルの狭さを明示する刊記のありように、ある種の丁寧さを見ることができるということである。ただし、次の慶安四年孟冬版においては複数の版種が交錯するので、正保三年の二版と同様のありようを見ることは少々むずかしいかもしれない。つまり、なにゆえ、慶安四年の後半においては複数の版種が並立するのかという問題があることになる。

あるいは、慶安四年の刊年が記されるからといって、その年・時期に刊行されたとは限らないと見る立場もあろうか。とすれば、たとえば、実際には慶安五年以降に刊行されたものでも慶安四年孟冬の刊行をうたわねばならなかった事態が考えられるかどうか、あるとすればどのような事態かを考えることになろう。

〔七〕慶安四年孟冬版

この版では、今回の調査で複数の異版が確認された。大別して二版あり、それぞれに別版を混入するものが存するなど、やや複雑な様相を呈している。

まず、第一のグループに跡見学園女子大学本・岩瀬文庫本・亀田次郎旧蔵本・成城大学本a・同b・架蔵本a・同b（下のみ）があり、第二のグループとして大谷大学本・学習院大学本・国会図書館本・筑波大学本・東北大学本・早稲田大学本（下のみ）・架蔵本c（末欠）がある。ただし、第一グループの成城大学本bの下巻五〜八丁の四丁は、この第二グループのと同版であって、わずか一冊ながら両グループの交流を示すものとなっている。また、第二グループの早稲田大学本・架蔵c本において下巻二〜四丁は、また別の、第三の版からなるものである。

これらの版種が、実際、どのような順序で作成されたかはにわかに断じがたい。が、異版の混入の有無などから察するに、次のようになろうか。

第一グループ諸本　→　成城大学本b　→　第二グループ諸本　→　早稲田大学本・架蔵本c

そのように見てよい例が字形の上にも現れている。たとえば、架蔵本cにおける別版補入箇所の「……気色　―力……」（下二オ三）とあるはずのところでは、「力」字の初画縦部分を欠いて刻しているため、「力」ないしその行草書とはとても見えず、あえて記せば「ゆへ」の連綿のごとき形になっている。よほど摺りのよくないものを底本にするなど、覆刻が繰り返されたことを思わせるのである。

一方、ユ部標目（下五オ七）が正しく「由」の草体であるものと、一画目を左下に一旦払ったような「皮」に見え

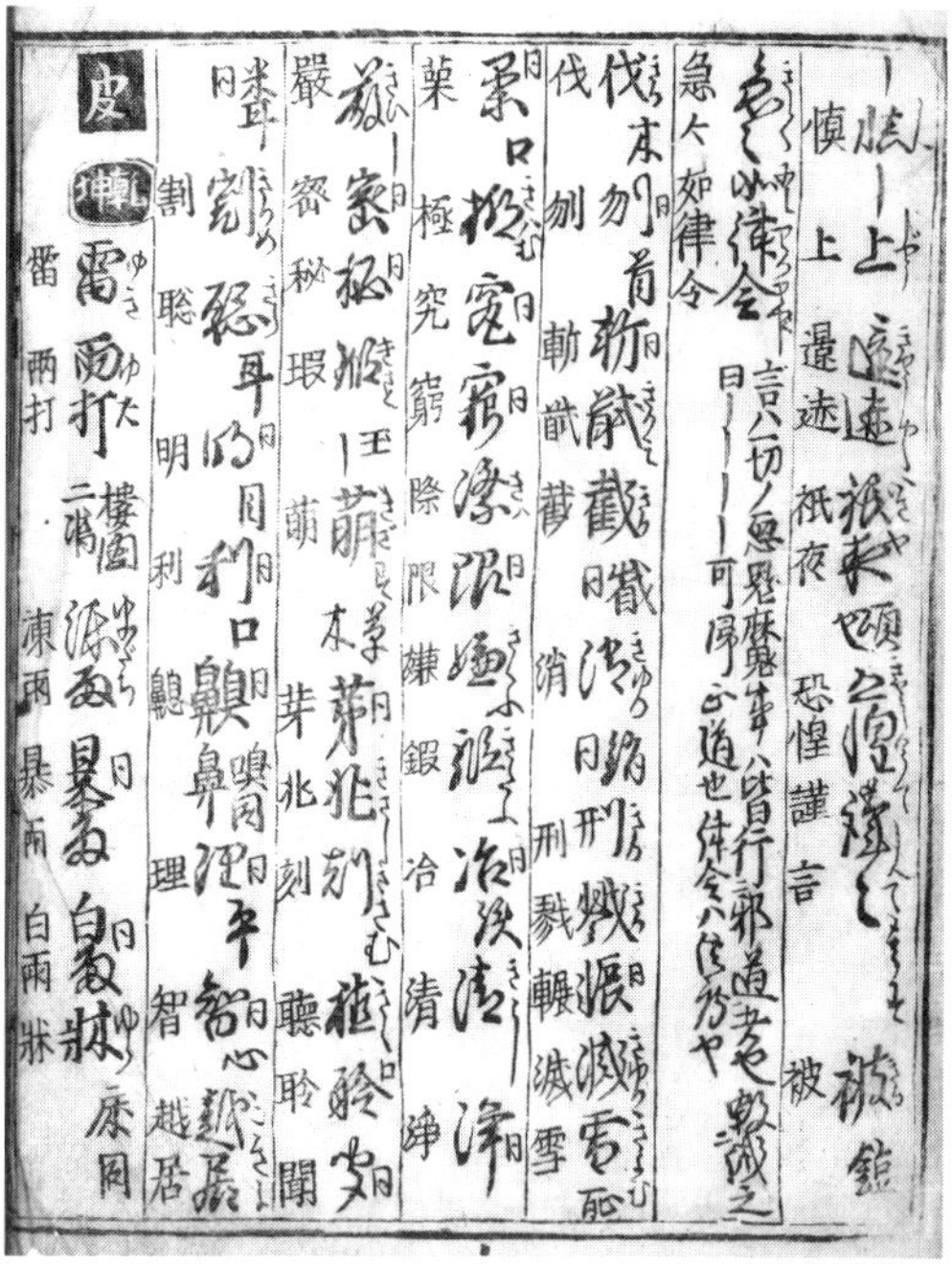

【図3−5−1】『真草二行節用集』慶安4年孟冬刊

るものとがある。右の諸本で「由」であるのは、第二グループの諸本であり、「皮」であるのは第一グループの諸本である。これを、本来の「由」からのくずれと捉えれば、第二グループが早く、第一グループはこれに遅れると見ることも考えられるが、後考に期したい。

それにしても、これまでほぼ異版のなかった『真草二行節用集』において、慶安四年孟冬版にして突如複数の異版を見ることになる。この事態をどのように解釈すべきであろうか。

これまでの諸本において版木の異同が刊記にも同期・反映されたため、別版としての把握がしやすいのに対して、慶安四年孟冬版にいたってはそうした刊記と版木の同期を怠っただけのことかもしれない。また、気になるのは、慶安四（一六五一）年版ののち、刊年の明記された『真草二行節用集』の刊行が万治元（一六五八）年まで存しないことである。やや刊行のインターバルが長いわけだが、このことと、慶安四年孟冬版が複数の版種をもち、版種間で交流があることとは関係があるのかもしれず、注意したい。

〔八〕万治元年版

現在までのところ、亀田旧蔵書と架蔵書とを調査しおえている。同版と認められた。

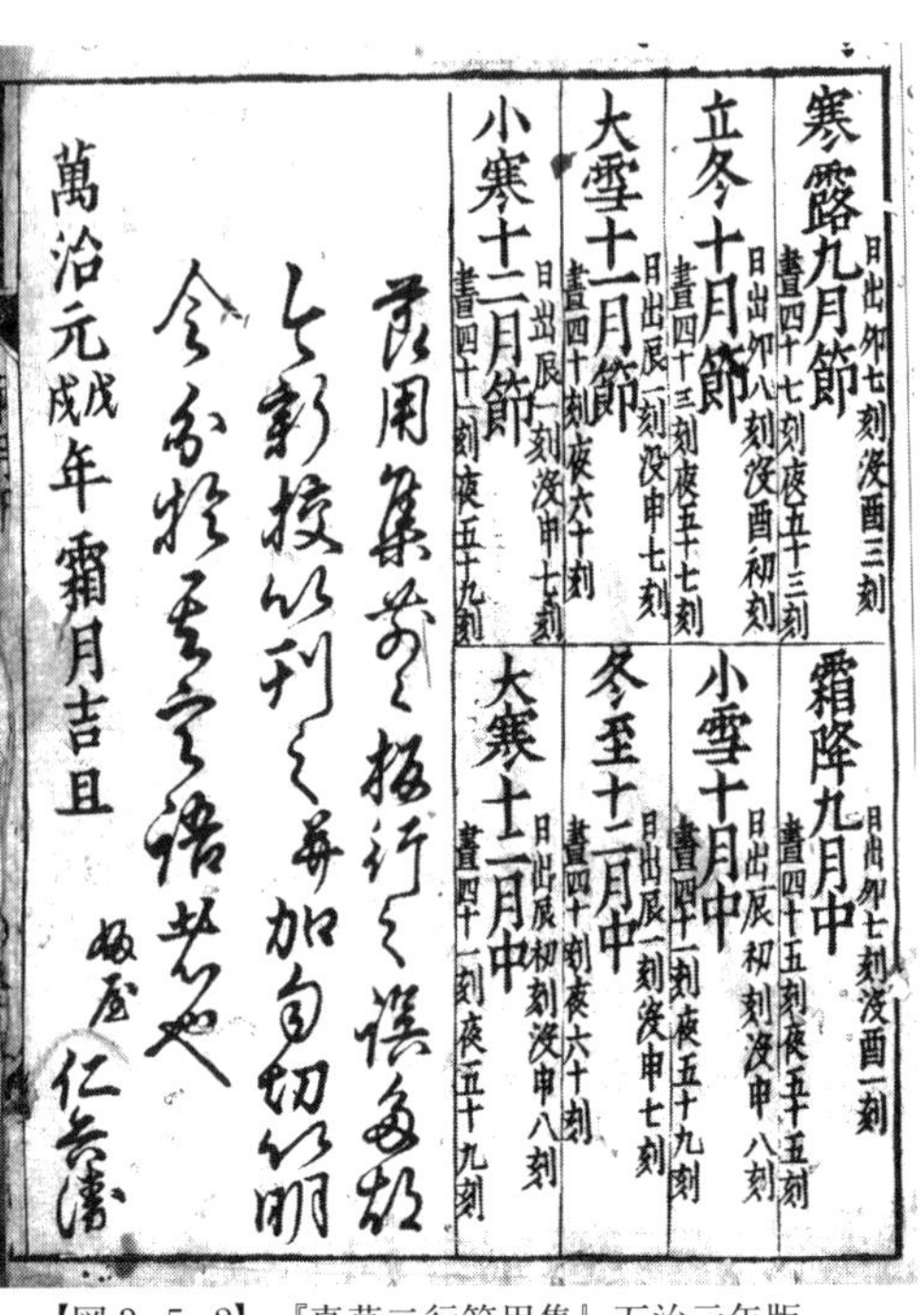

【図3-5-2】『真草二行節用集』万治元年版

本書は伝存数が少ないことが注意される。もちろん、資料の残存数から何ごとかを読み取るのは問題があろうし、そもそも読み取ろうとすること自体、価値のあることなのかすら図りかねる部分がある。が、本書においては、それまでの諸書において採られなかった新機軸が打ち出されており、そうしたことにより、そもそも刊行部数が少なかったなどと考えられるようなら事情は異なる。

たとえば、直前に刊行された慶安四年孟秋版・同孟冬版では、一面七行取りとして紙数の圧縮をはかるのだが、万治元年版では六行取りにもどっている。また、料紙も、架蔵本にかぎれば他の『真草二行節用集』諸本よりもやや厚手のものを用いている。さらに、『真草二行節用集』は一般に識語・跋の類を示すことはないのだが、万治元年版にかぎっては刊記に併せて、次のような漢文識語が存する。

節用集前々板行之誤多故／今新校以刊之并加句切以明／令図猶其空語者也(3)

「節用集、前々より板行の誤り多し。かるがゆゑに、今、新たに校してもつてこれを刊る。并はせて、句切りを加へてもつて明らむ。その空語のごとく図らしむるものなり」と読めようか。前半は、誤字・誤記の類を削除したことをいい、後半は見出し語間の境界に句点様のものを用いて明示したが、これまで空格で示したのと同様のものである、というのであろうか。ただ、「空語」も熟した表現であるか不安があり、「図・空」はそれぞれ「分・言」と見えないこともないなど、読みを決定しがたいところもある。が、万治元年版では句点を用いているのは事実で、この版での新規の工夫である。これを用いることにより、空格によって見出し間の境界を示す必要がないため、行草書表記を比較的大きめに示すことができている。

これらの特徴からすると、万治元年版は『真草二行節用集』中の特別な存在であって、他の本とは別格の存在に仕上げようとする意図があるように思われる。識語が漢文であることも効果的であろう。ただ、一方では、料紙の厚みと紙数の増加は価格を押し上げ、売れ行きもはかばかしくなかったのではあるまいか。そうした事情があるならば、現存数の少なさも説明がつくように思われる。

〔九〕万治二年版

現在までのところ、岩瀬文庫本・狩野文庫本（東北大学）・亀田次郎旧蔵本・神原文庫本・慶応義塾大学本・成城大学本（一部乱丁）・玉川大学本（刊記欠）・中京大学本・東京大学総合図書館本を調査したが、すべて同版であり、さしたる問題はない。ただし、神原文庫本の『真草二行節用集』の別の一本は、万治二年版の版木に基づきつつ、部名標目・門名標目・版心などを改刻し、巻頭・巻末の二葉を新刻したものと認められた。これは次節であつかう無刊記本の祖本となるものである。詳細については後述する。

万治二年本の刊記には「林重右衛門」との名が控えめな大きさで記されている。刊行地は記されないので、個人の特定は困難だが、氏名を同じくするものとして、井上隆明（一九八一）には「〇婦屋重右衛門　林氏　京／沢庵和尚鎌倉記　万治2／新板せいげもんたう（一条兼良）同3」と掲げられている。井上（一九八一）の著録方針からすると万治二〜三年を活動期とするものということになるが、ちょうど『真草二行節用集』万治二年版もここに入り込む。

また、万治二年版は万治元年版を元にしたものだが（高梨 一九九六）、その版元は「婦屋仁兵衛」であるから、この点からも「林重右衛門」が婦屋の一族・縁者であることは動かないであろう。

井上（一九八二）によるかぎり林重右衛門は寡作であったらしいが、そうしたものが節用集刊行を担ったことは注意してよさそうである。というのは、この時期、節用集はさして重要な出版物でもなく、ひいては利益のあがる出版物でもなかったという事態の現れかもしれないからである。利益が莫大であれば大手書肆が放ってはおかない。

実のところ、節用集自体、すでに万治ごろには飽きられてきたのではあるまいか。書籍は永年にわたって利用されるものなので、一度購入してしまえば、そうは買い換える必要はない。もちろん、新規の魅力を備えたものが現れれば別であるが、『真草二行節用集』が刊行された一七世紀なかごろにあっては、需要が一巡したような状態だったのではないか、ということである。実際、万治元年・二年の直前の刊行は、七年も前の慶安四年であった。しかも、版種が乱れるなどの変調が見られたのであったが、これなども販売の停滞の現れの一つだったのではなかろうか。

項目区切りの句点援用、行草書・楷書間の界線排除などの工夫は見られはするが、果たして、もう一本を購入させるに足る魅力を演出できたかといえば、内容面についてはは大きな手を加えられてはいないのであるから、効果は限定的であろう。高梨（一九九六）によれば、慶安・万治以降、一面の行数の増加や全体の紙数の削減などの傾向が見てとれるのだが、これらは、明らかにコストカットを目的とするものであり、すでにそのような対応を迫られるほど、刷れば売れる時代は終わっていたのかもしれない。

「真草二行節用集」と題する節用集だけが刊行された時代は比較的長く、それを「安定」と捉えることもできようが、実のところ、マンネリと称すべき時代だったのであろう。好ましからぬ安定期がたしかに存していたと認めておくのも、今後の新たな研究スタンスを構築する上では無駄ではない想像のように思えるし、その後の節用集界の展開史を見、記述する上でも重要なもののように思える。

万治に続く寛文・延宝年間には、『真草二行節用集』（寛文二年刊。外題・増補大節用集）をはじめとする大増補本がいくつか刊行されていく（第二部第一章）。こうした動きは、『真草二行節用集』のもたらした節用集自体の閉塞感・停滞感を打開することを目的として企画された可能性も考えられることになろうか。前項で触れた万治元年版のように、新機軸を打ち出し、別格の存在感を演出したものなどは、そうした大増補本の先蹤と捉えなおされようか。

「林重右衛門という寡作の書肆が節用集を刊行した」ということの解釈から、右のような想像をするのはいかがかとも思う。が、第一節で述べたように、『真草二行節用集』の時代は、他の時代とは異なって現存諸本を検討することでしか研究の深化が望めないのであるから、現存諸本から導き出しうるさまざまな想定を提示しつづけることが、研究の進展をもたらす契機になると信じたい。

〔一〇〕無刊記版（以本）

『真草二行節用集』には、もともと刊記をもたない異本が二種あるとされる。一つは通常の真草二行体であり、いま一つは次項に見るような真草二行体の真字にも訓を施した両点版である。これらはともに、巻末最後の付録「二十四節并漏刻」が最終丁の裏面最終行までを占めており、この丁内で刊記を配する余裕はない。他の『真草二行節用集』諸本ならば最終行を含む二行ほどを刊記のスペースに当てることが多いが、無刊記版ではその余白がないため、元より刊記が存しないと考えるのである（高梨一九九六）。

いま、この項で採り上げるのは真字に訓を施さない、通常の真草二行体のものである。イ部の標目に「以」字を用いるので「以本」と称したい。高梨（一九九六）の段階では、おそらく亀田次郎旧蔵本ほか少数のものに依っていたのであろう、版種としては一種のみと捉えているが、現在までの調査ではつぎの三版種を確認している。

A万治二年版部分改刻本

神原文庫本

B改編新刻本

青山学院大学本・亀田次郎旧蔵本・慶応義塾大学本・国語研究所本・国会図書館本・成城大学本・名古屋大学文学部本・架蔵（三本）

C改編新刻本覆刻本

愛知県立大学本・横浜国立大学本（石川謙旧蔵）・架蔵

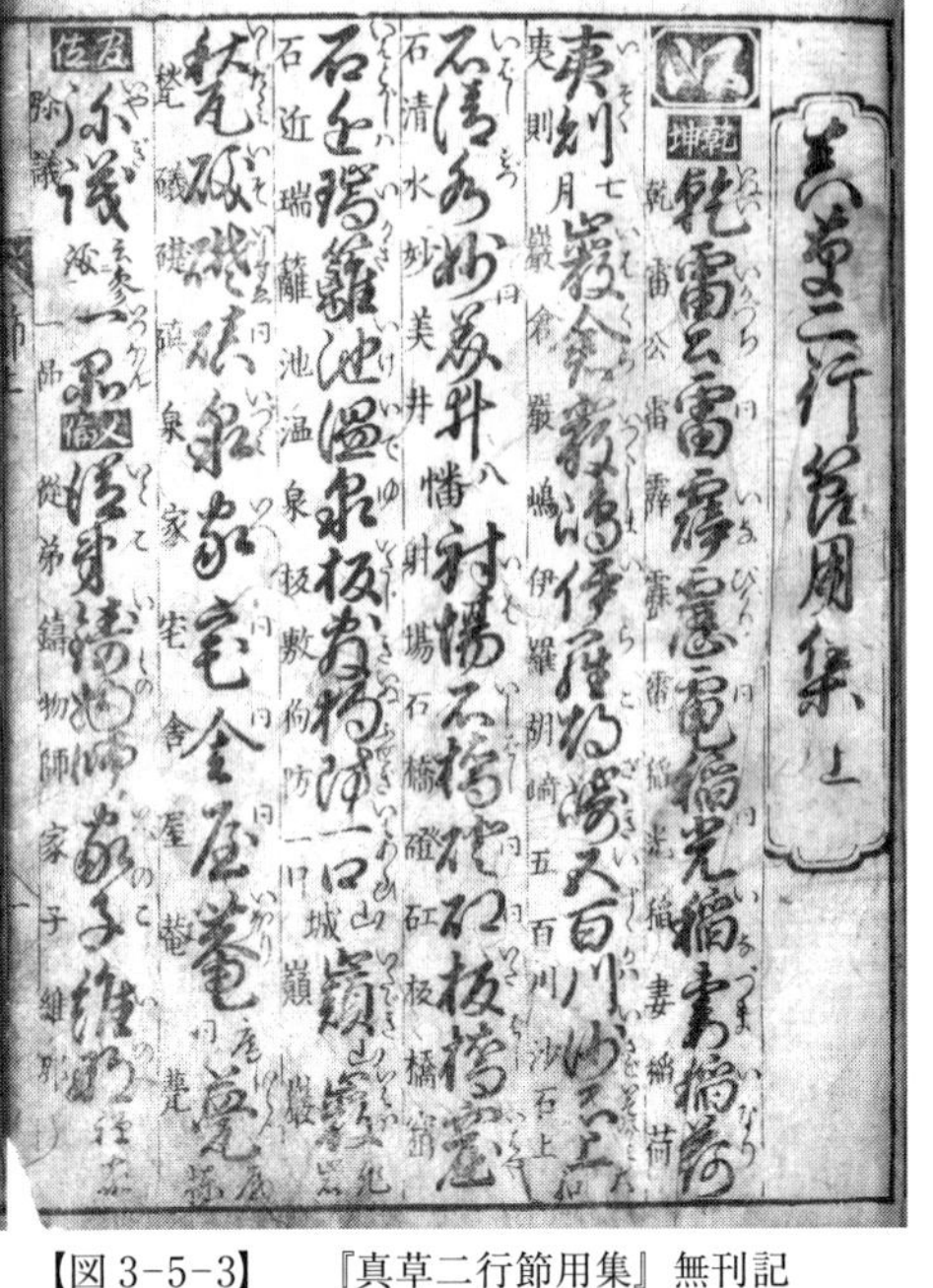
真草二行節用集　上

【図3-5-3】『真草二行節用集』無刊記「以」本覆刻本

かいつまんでいえば、Aは、万治二年版の版木に埋め木などで部分的な改刻を施したものであり、BはAをもとに見出しの配列の変更を加えた新刻本である。CはBの覆刻と認められる。

Aは、神原文庫に三本蔵する『真草二行節用集』の一本（受入117287号）である。万治二年版との明らかな異なりは別版による初丁と最終丁だが、同版である本文部分の改刻は次のようである。

一丁表についてみれば、内題は、ほぼ楷書だったものを行書に改刻しており、周囲の修飾も、上下にあしらった円弧に、さらに曲度のある円弧を中央に追加して二段型としている。一行めと二行めとの罫線は、万治二年版において中央部が欠損したものがあるが、これを修復している。また、部名標目は「伊」字から「以」字に変更し、陽刻に二重線囲みだったものを陰刻・外枠囲みとした。門名標目も、陽刻・二重線囲みという凝ったものだったのを単純な陰刻に改めている。版心については上下の象鼻と下部の花魚尾を廃するが、柱題は万治二年版と同じく「節用上」とする。丁付けは「〇一」から「〈一」へと改めている。

こうした改刻のなかには利用者向けの配慮があるように思える。たとえば、象鼻・花魚尾など、白地の黒部分や黒地の白部分には、無意識のうちに注意が向かいやすく、絵画・写真の基礎を学んだ人なら、そうした明暗差を活用するすべを知っているはずである。A本への改変を企図した者は、見開きを一見して散漫さを感じたのかもしれない。そこで、版心での陰刻部分の削除を考えたのであろう。

見やすさを志向する改刻作業は、部名標目・門名標目の陰刻化にも現れていそうである。標目らしく目立たせるには、他の本文中の文字と逆の視覚印象を与えればよいのである。ただ、A本においては、万治二年版のままにした部分もかなり多く徹底を見ない。門名標目の陰刻化については、早くも二丁表においてばらつきが見られ、衣食・器財・言語は陰刻するが、神祇・名字は陽刻のままであるなどする。神祇・名字は所属語数が少ないので、目立たせる必要がないとの判断かとも見られるが、ロ部（四オ）においては、逆に、所属語数の少ない乾坤・官位・支体・気形・数量・器財については陰刻化するなど、一定の傾向が見いだせないのである。

このように、徹底を欠く改刻は他にもあり、ことに下巻一七〜二〇丁でのそれは特徴的である。ここでは、版心の象鼻・花魚尾などの削除・改刻も行なわれないという、極端な旧版流用がある。では、本文部分も流用が認められるかといえばそうではなく、一部には改刻の手が加えられている。

一七丁表　部名・門名（ス部・乾坤・時候・官位・人倫・支体・気形・草木・器財）はすべて陽刻のまま
一七丁裏　門名（食服・名字・言語）はすべて陰刻に改刻
一八丁表　部名相当の「京」を陰刻に改刻
一八丁裏　改刻なし（もとより標目類なし）
一九丁表　付録標題（名乗字）を陰刻化。同訓字の最初の一字（＝標目代わりになる）は陽刻のまま
一九丁裏　表同様、同訓字の最初の一字は陽刻のまま

A本の原拠となった万治二年版は、本文内容の修訂が相応にほどこされたものと評されるが（高梨 一九九六）、枠で囲んで目立たせる工夫はあるものの、部名・門名などは陽刻であるなど、見やすさのうえでは改良の余地があった。これを補おうとしたのがA本だが、右のように徹底できなかったのである。こうしたありようをどう評価すればよいか、判断に苦しむところである。版心における改修が象鼻・魚尾の削除で済んだのに対し、部名標目・門名標目では、より高度な入れ木によるほかなく、それが不徹底の要因にはなったであろう。一方、摺刷面の荒れから察するに、版木としての寿命を考え合わせるとき、新刻した方がよりよいとの判断も改修途中から芽生えたことも想定されようか。現状、神原文庫本しか現存が確認されないので、他の伝本の出現も待ちたいところである。

A本の志向した部名標目・門名標目の陰刻を徹底しつつ、新たに語順にも多少の手を入れるなどしたものがB本となる。さらにこれを覆刻したものがC本と考えられる。このような段階的な改編は、一見、自然な進展とも思えるが、何ゆえ、一足飛びにBのような徹底した新刻本に至らなかったのかとの疑問ももたれるところである。何より、これらのバリエーションの派生が、書肆名を明かさないままになされたことも興味深い。そうしたことが許された事情についても、今後迫れればと思う。あるいは、後の近世節用集では裏表紙見返しに刊記が付されるのが通例であるから、

今後、無刊記本においても裏表紙見返しに刊記を持つものが発見されないともかぎらない。

〔一一〕無刊記両点本

現在までのところ、群馬県文書館本（下のみ）・神戸女子大学本・成城大学本・東京大学国語研究室本・架蔵本を調査し終えており、すべて同版であることが知られた。

この版の特徴は、行書表示の漢字とは別の訓を楷書表示の漢字に与えたこと（両点）にある。この形式は、のちに近世節用集の典型的な表示法として定着することになるが、それだけに、本版種がいつごろ、どのような書肆によって作られたのかが知りたくなるのだが、無刊記本ゆえ、まったく知られないのは残念である。

内題や部名標目・門名標目などのありようは、寛永一五（一六三八）年版以降、慶安四（一六五一）年孟冬版などの諸本に近いので、意外にも『真草二行節用集』のなかでは早めの刊行なのかもしれない。その一方、両点は、数々の新案にまとわれた『頭書増補二行節用集』（寛文一〇〈一六七〇〉年刊）さえ、採り入れていないものであるから、無刊記両点本の刊行時期を相応に引き下げることを考える必要もあることになる。

〔一二〕寛文元年本

現在までのところ、大阪市立大学本・大谷大学本・亀田次郎旧蔵本・架蔵本を調査し終えている。全丁同版であるが、大阪市立大学本の中巻二一〜二四丁での象鼻が版心の左右界線にまで達しているのが目を引く程度で、他に問題とするところはない。

〔一三〕寛文三年版

現在までのところ、石川県立歴史博物館本・明宝歴史民俗資料館（岐阜県郡上市）・架蔵本を調査しおえた。三本とも同版であった。

なお、刊記には「寛文三〔癸卯〕年仲夏吉辰　板行」とあって、書肆名は知られない。空格のありようからすれば、本来は書肆名が存したことを考えてよく、他の伝本の発見により特定できればと思う。

寛文三年版はかなり忠実に寛文元年本をなぞる傾向があり、ことに行草書表示はよく似る。が、楷書表示は一応準拠するものの、行草書表示ほどには従順ではなさそうである。ただ、寛文元年版の大阪市立大学本では、中巻二一〜二四丁での象鼻が版心の左右界線にまで達していたが、これを受けたものかどうか、やはり同一箇所での象鼻の彫り込みが浅く、版心の左右の罫線が細くなっていないのが注意される。

〔一四〕寛文四年版

現在までのところ、亀田次郎旧蔵本・成城大学本（巻末欠）・東京大学駒場図書館本・名古屋大学本（刊記欠）を調査し終えた。四本とも同版であった。

亀田本の刊記には「寛文四〔甲辰〕年六月吉日　松会衛開版」（年記は行書、書肆名は楷書）とあり、松会版であることが知られる。なお、寛文四年版については、

『真草二行節用集』の諸版のなかでも、もっとも誤りの多い版である。その誤りには、単なる不注意等によるという範囲をこえたものが多く、本文を正しく維持するという姿勢そのものが欠けているのではないかとうたがわれる。寛文四年版は江戸の開版と考えられる。本文の粗雑さの原因のすべてを江戸開版という一点に帰するべきではないかもしれないが、近世前期の江戸版にみられる一般的な傾向からみて、そこに関連のある可能性は高いであろう。（高梨　一九九七a）

との評価もある。たしかに、ユ部の標目を、中巻末丁（三三ウ三）に「由」、下巻初丁（一オ一）に「遊」（右肩に小さく「又」を添える）と記すなど、分冊様態に起因する不体裁もあって、無計画のそしりは免れないところである。そ

のような状態を招来した刊行事情に興味がもたれる。

半面、『真草二行節用集』中、もっとも紙数を節約したものでもあるが（高梨 一九九六）、一方ではデザイン上の修飾性にも興味がいく。たとえば、『真草二行節用集』一般に、初丁においては「部分之名」を記すが、通例、外枠内を上下二段に界線で分け、さらに各行間に罫線を入れてできる区画ごとに門名とその内容説明を配する（以本では縦横の線がない）。寛文四年版でも枠内を上下に分かつ界線は入るが、行の罫線は設けず、各門に長方形に囲い線をめぐらしている。これは他の罫線類に接触しないため、あたかも、門名のカードが整然と並ぶような印象となり、長方形の四隅を三角状に黒く残すため、全体としてある種の装飾がなされているように見えるのである。

本文でも、部名標目・門名標目はまず陰刻されるのだが、それを囲むように外枠が施される。単に標目類を目立たせるのなら、以本（B・C）のように単純な陰刻の方が効果的だが、それよりは一段修飾性を持たせるのである。

このような見栄え上の工夫があることは、内容の杜撰とは別して評価できよう。内容の不備を装飾で補うような気味もあるわけだが、今後、さまざまな展開を見せる近世節用集の初期のありようの一つとして注目してよいかと思う。

〔一五〕寛文五年版

現在までのところ、亀田次郎旧蔵本・国立公文書館本・筑波大学本（初末欠）・山田孝雄文庫本を調査しおえた。四本とも同版であった。

ただ、山田文庫本のト・ル部の標目では、陰刻の外周に角を落とた方形枠を設けているが、亀田本・筑波大学本では、この枠を太く彫り増しするなど、小異がある。また、ト部標目と同じ行（上一一オ一）に「経（へる）」があるが、付訓のうち「る」にあたる部分は、亀田本・山田本では台形状の彫り残しとなっているのを、筑波大学本では正しく「る」に彫り直している。こうした版面のありようからは、山田本から亀田本、さらに筑波大学本へと段階的に彫り進められたことが知られる。

なお、寛文五年版は、寛文四年版の修飾性を受け継ぐものでもある。ただ、寛文四年版では修飾性を重点的に見たので触れないでしまったが、「部分之名」のある初丁の枠の高さが、本文の枠の高さに比して明らかに低いことが注意される。装飾性の高い初丁であったが、一回り小さい判のためのものであるかのようである。あるいは、そのような小型版を作成する計画でいたところ、紙数などの兼ね合いで急遽、他の『真草二行節用集』と同様、美濃判で刊行することになったのかもしれない。前項で見た、何か急ぎすぎたかのような編集態度と符合するところがあるようにも思え、今後、注意しておきたく思う。

おわりに――〈江戸版〉の可能性

右に『真草二行節用集』の諸版の刊行状況を見、かつ検討を加えてみた。今回の調査でもっとも重要なのは、やはり異版の発見であったと思う。慶安四年孟冬版・無刊記版（以本）の各異版は未知のものであって、それぞれの版における検討を豊かなものにした。また、これまで知られなかった寛文三年版を研究の場に持ち込めたことも価値がある。今後も、新たな異本の発見に努めたく思う。

各項において述べたことは区々だったが、それらはすべて『真草二行節用集』刊行期のありようの一端に触れることは確かであるから、今後も検討をつづけ、知見を蓄積したく思う。また、区々であるということは、ある版で実施した検討を他の版でも実施する必要があるということでもある。寛永一五年版で見たような版木の補刻の進展なども、今後全版において精査できればと思う。

右の検討過程において、江戸における刊行について問題視する論のあることも知られた。たしかに江戸版といえば、なかば海賊版的な粗悪品を指すことがあり、実際に寛文四年松会版などはそのようなものであったらしい。ただそれでも、装飾性などの点で意を用いたものでもあった。とすると、柏崎順子の一連の研究のように、仮名草子やいくつかの実用書などにおいて、およそ次のような特徴をもつものを別途、〈江戸版〉と称したいとする向きもあり、その種のものとして位置付ける可能性があるようにも思われる。

・万治・寛文期（一六五八〜七三）の一五年間におけるもの
・簡便なかぶせ彫りに依らず、京都版が一〇〜一三行前後のものなら一五・六行に改刻
・これにかかわる京都書肆と江戸書肆は、それぞれ限定的であり、相互に何らかの連絡があるようにみえる
　・京都書肆　水田甚左衛門・山本長兵衛・林（麩屋）甚右衛門・山田市郎兵衛
　・江戸書肆　松会・山本九左衛門・本問屋

このようなことから、「江戸版という現象は、京都の書肆と江戸の書肆が何らかのかたちで繋がりをもった結果生じているものと考えられる。言い換えれば、京都の書肆の許認を得て江戸版が作成されているということである」（柏崎 二〇一五）ともいう。これは、いわばライセンス生産であって、江戸版においてはオリジナルとは異なる版式を採ることが付帯条件とされていたと考えれば分かりやすい。右に見てきた『真草二行節用集』諸版において、見かけだけの差異を演出するものもあったが、そのなかには柏崎のいう〈江戸版〉があったのかもしれない。たとえば、柏崎が挙げた書肆の林甚右衛門は、『真草二行節用集』万治二年版の林重右衛門と同族の婦屋（麩屋）であるし、寛文四年版は江戸書肆・松会衛が刊行したのであった。

とまれ、こうした組織的な〈江戸版〉ルートに『真草二行節用集』（あるいは他の節用集・辞書類においても）がどれほどかかわるかは、今後、明らかにしていくべき課題といえよう。単に節用集内部の問題のみならず、近世出版史の

一端をより具体的に明らかにすることにつながる問題でもあるからである。となれば、節用集研究の蓄積を有する国語学の側からの的確な情報提供も待たれていることであろう。とはいえ、材料は豊富ではなく、今回の調査でも、ようやく手がかりが得られたというに過ぎない。それだけにより一層の注意をはらいつつ、検討を進めたく思う。

注

（1）版種以外の例として一点記しておく。架蔵本の無刊記本（以本）は旧蔵者によって、ほぼすべての見出し間に句点が施されている。その当時は、空格によって区切っていたが、紙数の増大を恐れて空格を狭めたところ、不便・不満を感じる利用者もいたということであろう。また、単に句点を施しただけなのか、節用集を通読するという利用法の例となる可能性はないかなどと考えたくなる。

（2）なお、五行め第一語の「色瞢」（正しくは「色掌」か）以外、罫線の削除されたとほぼ同じ位置の右隣の楷書表示は存しない。すなわち、「｜（色）代・｜（色）紙・次第・積善・式條・｜（式）目・｜（式）方・｜（式）三番」の楷書表示である。これはもとより存しないものだが、あるいは寛永一五年版の極初期の摺りでは存したのかもしれない。なお、この八語の楷書表示が欠けた状態は、慶安四年孟冬版までおよぶ。

（3）判読にあたって朴澤直秀氏（日本大学）の教示を得た部分がある。記して謝意を表する。

第六章　近世前期節用集の検索補助法

はじめに

宝暦二（一七五二）年から天明五（一七八五）年ごろには、節用集の検索法の考案が集中した（第二部第三章）。それらの考案の過程では、どのような部分に注目すれば効率よく検索できるか、日本語の諸側面が見つめなおされたはずである。つまり、検索法の開発が人間と言語との向き合いの場を提供するという、広く辞書史の問題として注目すべき時期であったことになろう。さらに、検索法の開発が、版権をえるための書肆同士の競い合いによるという現実的側面に注目すれば、広義の社会言語学的現象として注目することもありえよう。とすれば、いよいよ、この集中期を的確に記述してゆくことが求められる。

この点、まず、第二部第三章では新案の検索法の大要と特殊な展開、それに及ぼした早引節用集の影響力をみた。いわば正面からの把握を試みたのである。佐藤（二〇〇二ａｂｄ）では、早引節用集に対抗するかのように検索法を考案していった吉文字屋の動向を検討することで、いわば裏面からの把握につとめたのであった。

そこで本章では、近世節用集の誕生・成長期ともいえる一七世紀に注目することにした。さすがに大規模な検索法上の変化は、意義検索を先行させ、その下位に語頭のイロハ検索を配する合類型しか現れないけれども、すでにイロハ一覧やイロハ索引（丁付け目録）など検索補助の工夫が見られるようにはなっていく。そうした検索速度を高めようとする営為の一つ一つを抑えておくこととしたい。いわば、検索法開発の集中期を準備した時代の様相をみること になるが、対になる集中期の後の時代については、第八章・第九章で検討することになる。

第一節　慶長・寛永期

〔一〕概観

慶長年間（一五九六〜一六一四）から寛永年間（一六二四〜四三）あたりを近世節用集の誕生期と見ることは、さして的外れではなかろう（第二部第一章）。近世的特徴を獲得すると同時に、古本節用集からの脱化を示す現象が、次のように相次ぐからである。

・近世節用集の祖である易林本の跋文年記が慶長二年であり、その前後の刊行と推定される。
・漢字表記を行草書とする寿閑本が慶長一五年に、振り仮名を平仮名とする草書本もその前後に刊行される。
・真草二行表示を慶長一六年本が採用し、寛永期の『二体節用集』『真草二行節用集』により定着する。

この時期における検索法・検索補助法の動きを見ることからはじめよう。

一七世紀の節用集での検索法は、『合類節用集』（延宝八〈一六八〇〉年刊）とその系統を除けば、古本節用集以来のイロハ・意義検索を採る。ただ、慶長末年以降の諸本に、イロハと門名の一覧を掲出するものが現われる。易林本諸版にはこの種の工夫がないことからすると、こうした点にも新旧の対比がうかがわれることになる。(1)

書名	刊年	刊行者	一覧表の種類	掲出箇所
『節用集』二巻	慶長一五年	寿閑刊	イロハ一覧・門名一覧	下巻末
『節用集』二巻	慶長一六年	烏丸通二条二町上之町刊	イロハ一覧・門名一覧	上巻末

『節用集』二巻　寛永六年　中野市右衛門刊　イロハ一覧・門名一覧　上巻末

『二体節用集』二巻　寛永九年　杉田良菴玄与刊　「部分之名」（イロハ一覧欠）　上巻頭

『節用集』三巻　寛永一二年　中野市右衛門刊　「部分之名」・イロハ一覧　上巻頭

『真草二行節用集』三巻　寛永一五年　西村又左右（ママ）衛門刊　「部分之名」・イロハ一覧　上巻頭

＊「部分之名」は門名に簡単な説明を付したもの。各一覧は当該書の掲出順のまま記した。

教養ある人々なら造作もなく節用集の全容・構成を把握したであろうが、営利出版のために購買層の拡大をはかっていけば、そうではない人々には全容を知らせる必要が出てこよう。その一法としてイロハ一覧・門名一覧が生まれたかと思われる。さらに購買層が拡大した結果、各門名の説明も必要になっていったと見ることができよう。

問題は掲出位置である。全容を知らせるならば冒頭にあるべきだろうが、先蹤である寿閑本では下巻末に、慶長一六年本・寛永六年本では上巻末にある。冒頭に来るのは寛永九年本以降なのだが、下位分類の門名解説である「部分之名」を先に掲げており、どれほど効果を考えているのか疑問もある。まずは、諸書につき、一覧表類とその位置の変遷について検討しておきたい。

〔二〕『節用集』寿閑本

寿閑本併載のイロハは片仮名・七字区切りの陽刻であり、字体も含め、まずは穏当である。門名一覧は、本文中の標目そのままの陰刻だが、付訓されているのが注意される。利用者に対する配慮でもあろうか。

問題は巻末にある点だが、寿閑本の祖本・易林本類にはこの位置に跋文があり編纂の経緯が示されている（小山版を除く）。まさに利用者への挨拶であり、広義の書籍紹介でもあろう。その跋の位置に、寿閑本においてはイロハ・門名一覧が配されるのは、易林本の跋に類する機能があると見ることもできよう。

一方では、寿閑本の編集作業には利用者への配慮をうかがせる部分があるので（第三部第三章）、一覧表類もその一環であることが考えられるが、内容・構成を知らせるのなら、むしろ巻頭にあるのが効果的であるはずである。

逆に、一覧表類を巻頭に出しづらい理由を考えてもよいだろう。それには、書肆側が、購買者の感情面を忖度した可能性が考えられようか。慶長期では、まだ購買層の拡大が十分でなかったろうから利用者の教養も比較的高い位相にあるだろう。ならば、丁付け目録でもない、単なるイロハ一覧を巻頭に掲出するのは得策ではなかろう。分かりやすくする工夫は、入門者を対象とするのが普通だから中上級者には不要だったりするし、入門者用の工夫があること自体が安直さの表明となって、そのものの価値を低く見せてしまうことがある。

寿閑本編者は、易林本の志向を的確に推測して本文を整備したことが知られるが（第三部第三章）、そうした高度な能力があれば、一覧表類を巻末には示しても巻頭には掲げないという絶妙な配慮ができたのかもしれない。

〔三〕『節用集』慶長一六年本

慶長一六年本では、イロハ・門名一覧が上巻末にあるのが不自然である。本文の最外縁が利用者との最初の接点なのだから、巻頭や巻末にあればこそ有機的に効果を発揮しよう。序・跋なども同様である。が、慶長一六年本のように二巻本の上巻末にあるのでは、配置した意図が不分明である。もちろん、上巻にかぎれば最外縁になり、辛うじて本文中への埋没も避けられはするが、全体の構成を知らせるのが目的なら効果は半減するであろう。したがって、慶長一六年本でのイロハ・門名一覧の位置は、編者・書肆の意図とは別の要因によるものと思われるのである。

慶長一六年本の下巻末が、寿閑本のように「南贍部州大日本国正統図」で終われば一三七丁表の前半で収まるので、その裏面にイロハ・門名一覧を刻せたはずである。が、さらに「廿四節并漏刻」を補ったため、一三八丁裏面までを付録が占めることになり、わずかに残った二行も「慶長拾六年九月日／洛下烏丸通二条二町上之町刊之」の刊記に当

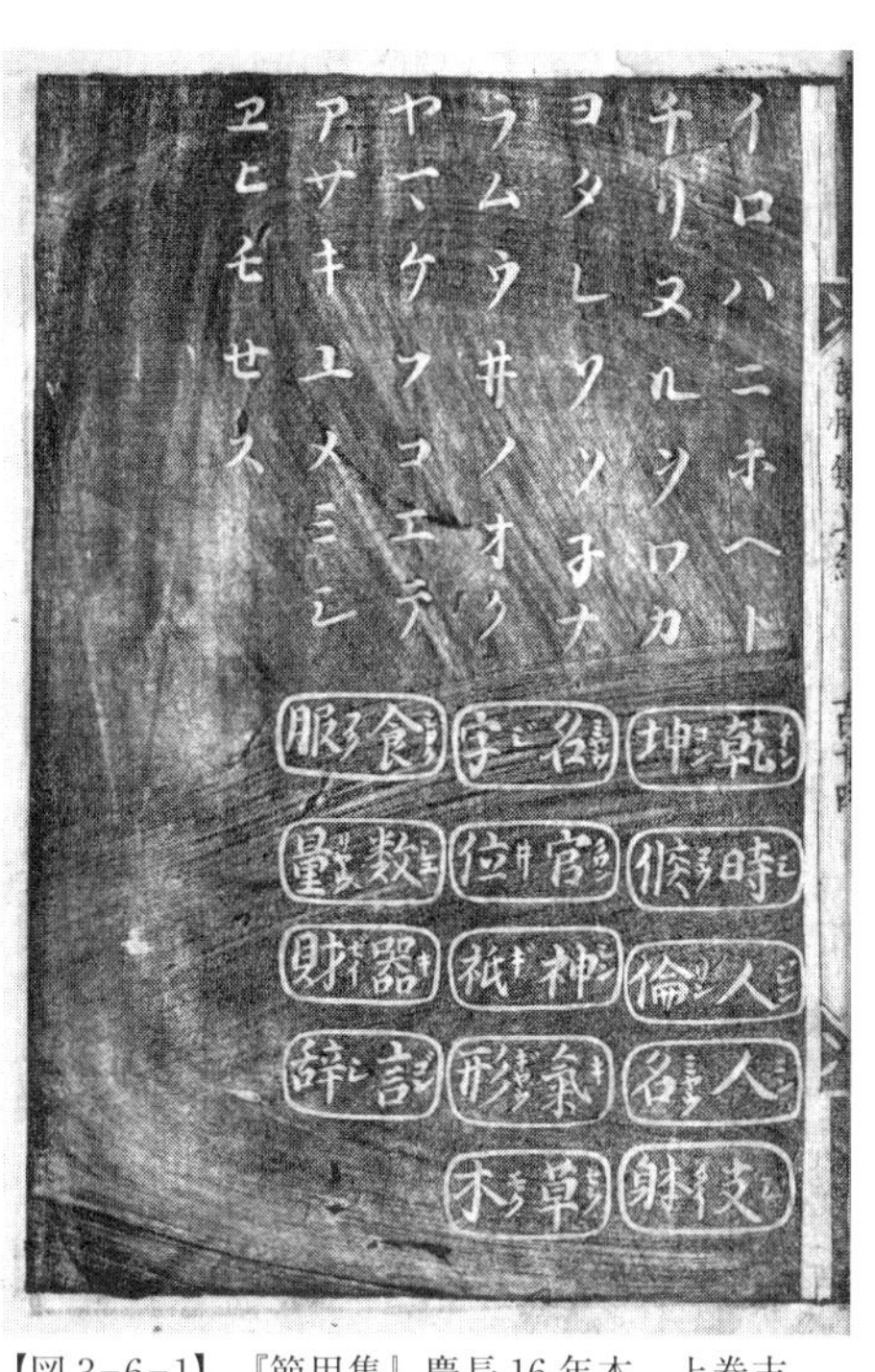

【図3-6-1】『節用集』慶長16年本、上巻末（国会図書館蔵）

てられた。イロハ・門名一覧を刻する余裕がなくなったのである。そこで、上巻本文は最終丁表面で終わるので、その裏面にイロハ・門名一覧を退避させたのではあるまいか。

　ところで、寿閑本のイロハ一覧は陽刻だが、慶長一六年本のは陰刻である。節用集の文字の彫りようとしては特殊である。また、一々の門名の周囲は楕円状に彫られるが、その外側は彫られておらず、全体として黒っぽい版面となっている。このことは、たとえば易林本の上巻末丁裏面なども、そうで、もちろん文字は何も彫られておらず、ただただ黒く摺られるのである（墨を乗せない場合もある）。慶長一六年本でも本来はそうだったのが、急遽一覧類を彫刻することになったため、広く彫りさる手間のかかる陽刻ではなく、陰刻になったのではなかろうか。

〔四〕『節用集』寛永六年本

　寛永六年本は、寿閑本の系統を引くので（第三部第四章）、イロハ・門名一覧が上巻末丁裏面に陰刻されるのは慶長一六年本からの踏襲なのであろう。さらに、次のような事情も考えられ、いよいよ無批判に慶長一六年本を模倣したもののように思われる。

下巻末には、慶長一六年本と同じく「南瞻部州大日本国正統図」と「廿四節并漏刻」を載せるが、最終丁裏の一行めで終わっている。二行の空白のあと「寛永六年林鐘仲旬／四条寺町大文字町中野市右衛門開版」とやや大振りに記し、三行の空白を残すのである。都合六行ほどの紙幅は確保できそうなのにイロハ・門名一覧を記さないのだから、内容・構成を知らせる機能や、最外縁に配するのが効果的であるなどのことは思い至らないのであろう。寛永六年本の編者が果敢ながらも周到を欠くことは、横本系統本文の導入と、無計画かつ機械的な編集実務に端的に現れているが（第三部第四章）、イロハ・門名一覧の掲出についても同様に捉えられよう。

〔五〕『二体節用集』寛永九年刊

『二体節用集』（縦本）では、門名一覧が「部分之名」と特称され、各門に簡単な説明が付されるようになった。

一乾坤〔トハ天地ノ間の／事ヲ云〕　一官位〔トハ人ノ氏官途ノ／事を云〕

一神祇〔トハ神ノ事ヲ云〕　一人倫〔トハ人のなすわさ／ノ事ヲ云〕（以下略）

右の諸本とはうって変わって巻頭にあるので一新されたとの印象があるけれども、イロハ一覧は欠くので、それまでの諸書と断絶があるようにも見える(2)。が、庶民の口の端にも登りやすいイロハを欠いても、理解しづらい門名に解説のある方が効果的であり、冒頭に配したのも英断と評しうる。ただ、本文直前の一丁の表に「部分之名」を配するが、裏に何も刻さず空白とするのは、本文との連絡が断たれる印象があり、不首尾といえよう。

とすれば何か理由が考えられようか。たとえば、方針として一覧類を冒頭に置くこととしたものの、やはりイロハ一覧を冒頭に示すのはためらわれた、などのことである。先述のように比較的教養の高い人々を購買層に想定するなら、冒頭のイロハ一覧は得策ではないからである。そう気づけば、イロハ一覧の掲載はあきらめざるをえない。また、このような一覧類を冒頭に置こうと決定したタイミングが、印刷の直前あたりであったため、裏面の埋め草を準備できないまま、空白としたのでもあろう。もう少し後の時期であれば、あるいは表紙見返しに「部分之名」を配して、次丁表から本文をはじめるなどの対応が自然になされたであろうが、この時期では、表紙見返しを活用しなかったという、造本上の習慣についても考慮する必要がありそうである。

〔六〕『節用集』寛永一二年本

寛永六年二巻本をあらためて三巻本とした寛永一二年本にいたって「部分之名」・イロハ一覧がともに冒頭にくることになった。イロハ一覧については渡辺・柳沢（一九九六）も早期の例として注目し「目次の位置として違和感はない」と評するが[3]、これは、目次類は冒頭にあるものだとの通念が現代人にあるからであろう。右のような経緯を見てきた以上、冒頭に配されるのにも特殊な事情が考えられることを知っておきたい。

寛永一二年本では、本文の直前に一丁を設け、表に「部分之名」、裏に七字区切りのイロハ一覧を配するが、節用集の構成を知らしめるなら、上位分類のイロハを丁表に、「部分之名」を丁裏に示すべきである。それができないのだから、イロハ一覧を冒頭に配したことに、特段の自覚があるわけではなさそうである。

寛永一二年本は、二巻本の寛永六年本を、盛行していた横本『二体節用集』にならって三巻構成に改めたものである（第三部第四章）。上下巻の境界は三巻本の中巻に解消されるため、寛永六年本の上巻末にあるイロハ・門名一覧も置き所がなくなってしまった。一方、解説もそなわる新しい門名一覧として『二体節用集』（縦本）の「部分之名」にも注目し、そのまま流用したのだろう。「部分之名」の丁裏は空白なので、イロハ一覧を埋め草として使うのにも好都合だったと思われる。

このように子細にイロハ・門名一覧の動きを見てくれば、それが冒頭に来たことは、編集上の打算によるものと解釈できるし、「部分之名」が先に掲出される不自然についても説明がつけられることになる。

こうした冒頭部での表示は、『真草二行節用集』諸本や、『頭書増補二行節用集』（寛文一〇〈一六七〇〉年刊）以下の諸本に引き継がれ、典型の一部を構成する。ただ、イロハ一覧があとにくるという転倒した掲出順まで踏襲するので、これらの目録類の淵源をたどれば寛永一二年本に行き着くことが知られる。さらにさかのぼれば、間接的にではあるが寿閑本にまでたどりつくことになる。寿閑本の系統の諸本はユニークな性格をもつが（第三部第三章・第四章）、その一端がこのような形で広く流布したことになる。

第二節　寛文・延宝期

〔一〕概観

寛文・延宝年間（一六六一～八一）には、次のような、節用集史上の特徴的なことどもが見られ、一つの時代上の区切りがあるようにも認められる一方、影響範囲が限定的なものがあるのも確かである（第二部第一章）。

・『真草二行節用集』（万治元〈一六五八〉年刊）、見出し語間の境界表示に句点を導入する。
・『真草二行節用集』（寛文二年刊。外題「増補大節用集」）により、収載語の増補傾向が起こる。
・『頭書増補二行節用集』（寛文一〇年刊）により頭書（頭注）が導入される。
・遅くとも『頭書増補二行節用集』（延宝七年刊）までに、真草二行の楷書漢字にも付訓される。[4]
・『合類節用集』（延宝八年刊）、意義・イロハ検索を採用する。

増補傾向は『合類節用集』『新刊節用集大全』（延宝八年刊）から『和漢音釈書言字考節用集』（享保二〈一七一七年刊）まで続くが、最終的には少数のものにとどまり、節用集全体におよぶことはなかった。意義・イロハ検索の合類型は『和漢音釈書言字考節用集』が踏襲する。従来の検索法とは逆の構成になる特徴的な組織だが、やはり節用集

全体に及ぶものではなかった。(5)

一方、句点・頭書・両点は諸本に採用され、近世節用集の典型を形成するポイントになっていく。句点は、見出し同士の切れめを明示するものであり、従来の空格よりも紙面の利用効率がよくなる。『頭書増補二行節用集』(寛文一〇年刊)にも採用されたため、頭書の流行とともに諸本に広がったようである。なお、頭書は、語注のためのものであったが、やがて日用教養記事の付録欄へと様変わりしていく。両点は、当該漢字の別の読みを示すものだが、漢字を書くために引く節用集には本来不要のものであろう。それだけに施された目的が把握しづらいが、漢和字書や語彙集型往来の一部のものとの交流が考えられている。(6)

興味深いことに、これら流布していく諸特徴は、増補傾向に乗った諸本には採り入れられなかったものがある(第二部第一章)。増補によって特殊な語・表記まで載せたために専門的・高踏的になりがちだった増補本と、増補はしないものの、より通俗的でなければならなかった非増補本とが、こうした点でも対照を見せるようで興味深い。存在のありようの異なりが大きいために「対立」ではなく、共存することになっていく「棲み分け」の状態のように見える(第一部第一章)。ただし、句点・頭書・両点のような工夫は、増補本でも採り入れて不都合はないので、典型的な棲み分け状態なのかは、また検討の余地があろう。なお、一九世紀には句点・頭書・両点のすべてを備えた大型書も企画・刊行されることにはなる。

さて、こうした時期での検索補助の工夫には、次のようなものが見られた。

『真草二行節用集』(寛文五年刊)における、イロハ一覧の目録題簽

『頭書増補二行節用集』(寛文一〇年刊)の版心における、イロハに対応するツメの段差印刷

『増補二体節用集』(寛文一一年刊)の見返しにおけるイロハ丁付け目録

『真草増補節用集』（延宝三年刊）・『増補大節用集』（延宝四年跋）の版心における部名表示

これらのうち、イロハ一覧・丁付け目録についてのものから記していき、『頭書増補二行節用集』については、ツメ様の段差印刷が特殊でもあり、他にも考えるべき点もあるので節を改めて記すこととした。

〔一〕『真草二行節用集』寛文五年刊

国立公文書館本では、上中下三巻が別々に製本されており、中下巻の表紙に題簽とともに、真仮名によるイロハ一覧が貼付されている。わずかに横長の方形料紙に、一行四字取りで記される。中巻のそれには「曽」から「佐」が記され、下巻のそれには「幾」から「須」、さらに「京（竪横小路）」「名字并三国五三（ママ）」「分毫字并廿四節」が続けられる。上巻にも同様のものが貼付されていたはずだが、剥落して存しない。亀田次郎旧蔵本では、三巻を合して一冊とし、表紙には、上中下巻の表紙に貼られていたであろう目録題簽三枚が集められている。上巻分については「伊」から「礼」を認めうる。中巻分は七割ほど残るが、下巻分ははじめの二行を残して剥落してしまっている。

ついにイロハ一覧が表紙に現れたことになる。が、この種の題簽類は、糊が薄いため、伝存の過程で失われやすく、厳密には、これより早くから存した可能性も考えられる。が、しばらく、早い確例と認めておきたい。

表紙にイロハ一覧があるのだから、まさに最外縁の、最適な位置にきたことになるが、本来の三分冊の体裁を考えれば、上巻表紙にはイ〜レが示されるだけなので、概要のすべてを一覧できるものではない。もちろん、それでも表紙に掲出するという発想が実現されたことは注意すべきであろう。ただ、他分野の書籍では近世初頭から目録題簽が確認できるから、節用集に導入されるのは時間の問題でもあったのだろう。

また本書でも、本文扉の「部分之名」の丁裏にイロハ一覧があるので寛永一二年本以来の弊をひきつぐが、目録題簽様のイロハ一覧があるので、一部正されたとも評価できる。

〔三〕『増補二体節用集』寛文一一年刊

この本は、寛永期に盛んに刊行された横本『二体節用集』の一面行数を増したような体裁を採る。見返しには、イロハ各部のはじまりの丁を示した丁付け目録が存する。丁付けまで示すところに、迅速な検索法に資しようとする姿勢が見てとれる。

亀田次郎旧蔵本では、上辺に右から順に「上巻・中巻・下巻」を大きく陰刻し、それぞれのもとにイ〜レ、ソ〜サ、キ〜スを一行七字で陽刻、イロハ各部の右傍に丁付けを陰刻する。通例からすると、イロハの直下か左傍に丁付けがきそうなものだが、本書では、イロハ各部を大きめに記すので、その付訓のように示したのだろう。

漢字に付訓する節用集本文の表示法に似るが、丁付けを陰刻にしたのは不審である。節用集本文での陰刻は部名・門名のような標目類だからである。ただ、丁付け表示も本文での位置をしめすのだから、部名・門名標目と同類ともいえ、上中下巻の表示ともども陰刻にしたのでもあろう。

寛文期にいたって丁付け目録が現れたことには注目したい。また、これが見返しにあるために、イロハ一覧類が「部分之名」よりも前に来ることになった。イロハ・意義検索の節用集の組織にも相応ずるようになったのである。この点、数々の特徴をそなえた『頭書増補二行節用集』（寛文一〇年刊）でも、寛永一二年本以来の、イロハ一覧を後掲する弊を引きついでしまっていることを思えば、『増補二体節用集』の目録類は、相応の英断と評価されよう。

〔四〕『真草増補節用集』延宝三年刊

現代の国語辞典では、すべてのページの小口外縁に五十音の一字が印刷され（ツメ）、当該ページの五十音中の位置を一目で知らせてくれる。こうしたツメに近い工夫は、寛文・延宝期の節用集に見いだしうる。

『真草増補節用集』では、すべての丁の版心上部に部名を片仮名書き（陰刻。まれに陽刻）するが、袋綴じの折り線の左右、すなわち、見開きの両端に示されるので利便性が高い。

一方、巻頭に片仮名・真仮名のイロハを示した後に「増補節用集部分之名并注」を配するので、イロハ・意義検索の組織にふさわしい順序で示されていることになる。また、付録に相応の紙数を要して「諸国名産」を配するのも、貞享・元禄以降に顕著になる、日用教養記事の付録の先蹤とも見られ、注意される。つまりは、編者の力量と先見性が見て取れるのであって、それゆえに検索補助法についても考案しえたのであろう。

〔五〕『増補大節用集』延宝四年跋

この本では、イロハ各部のはじまる丁にのみ、版心中ほどに黒帯を印刷し、その上に部名を平仮名で表示する。とりあえずの処置ではあろうが、各部の開始丁が明示されるので、相応に便利なものであったろう。現代の国語辞典のツメに近いが、部が進むほどに表示位置が下がるなどの工夫はなく、『真草増補節用集』のように全丁に及ぼされることもないので、未だしの感がある。

ただ、右に扱った『真草二行節用集』『増補二体節用集』『真草増補節用集』が語数上は通俗的なタイプだったのに対し、本書は増補傾向に乗るものである。この種のものは、保守的な体裁にとどまるものが多いのだが（第二部第一章）、それを思えば、相応の評価が与えられるべきであろう。考えてみれば、大部のものにこそ、周到な検索上の工夫が必要なのだが、大部のものを欲するのが教養層と重なることが多いと予想してか、体裁上での新規の工夫を恐れているのかもしれない。黒帯の表示法が段差を設けていないなど踏み込みが浅いのは、そうした背景もあるように思える。が、通俗タイプにせよ増補タイプにせよ、この種の工夫を盛りこむ方がまだ少数な時期であるから、本書の工夫は相応に評価されるべきであろう。

第三節　『頭書増補二行節用集』

本書では、イロハ各部のはじまる丁にかぎり、版心に二センチ弱の黒帯が印刷されるのだが、さらにイロハから順に一段ずつさがるように印刷される。この段差はイロハの七字区切りを単位としており、たとえばトは最下段にくるが、次のチでは再び版心上部に黒帯が印刷される。模式的に示せば次のようになる。検討の都合により、上巻と中巻にまたがるヨ部からナ部までを示す。なお、上下の魚尾に付随する細線や、「節用」と巻名のあいだの空白は省略されることがある。

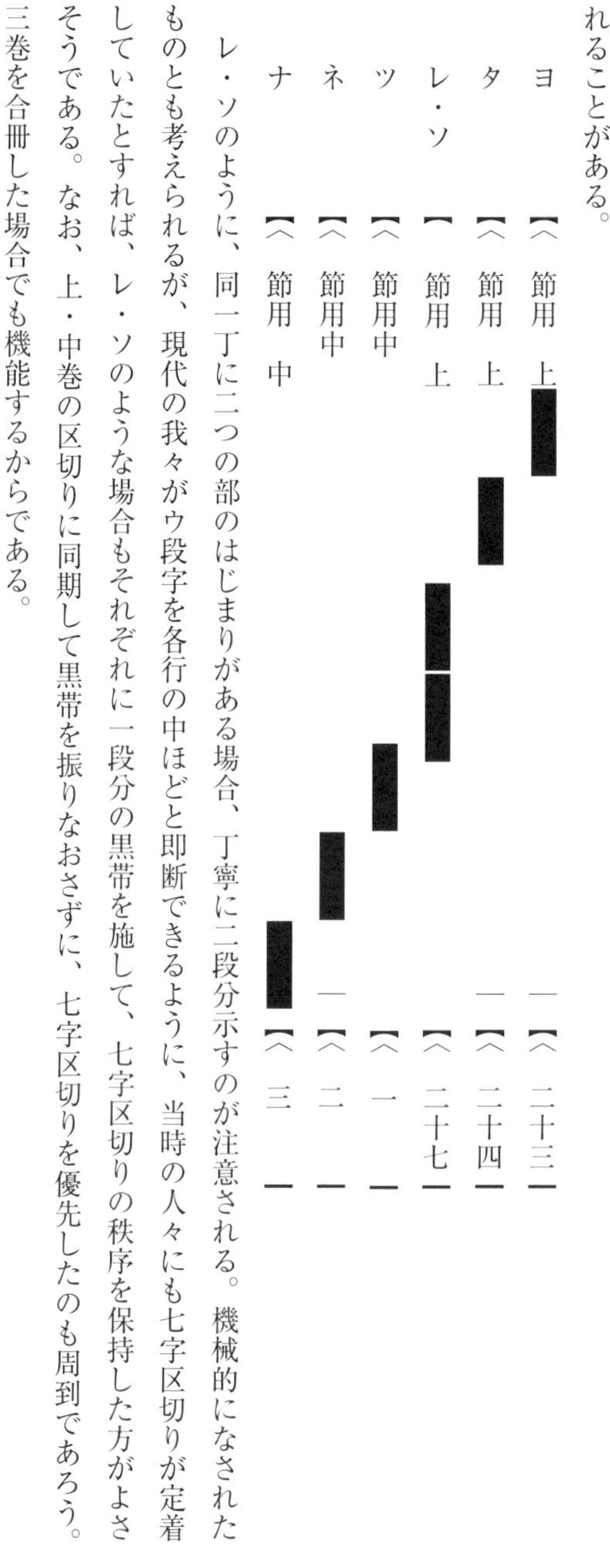

レ・ソのように、同一丁に二つの部のはじまりがある場合、丁寧に二段分示すのが注意される。機械的になされたものとも考えられるが、現代の我々がウ段字を各行の中ほどと即断できるように、当時の人々にも七字区切りが定着していたとすれば、レ・ソのような場合もそれぞれに一段分の黒帯を施して、七字区切りの秩序を保持した方がよさそうである。なお、上・中巻の区切りに同期して黒帯を振りなおさずに、七字区切りを優先したのも周到であろう。三巻を合冊した場合でも機能するからである。

現代の辞典類のツメ印刷にごく近いものであり、右のように周到に用意もされているので、先進性については十分評価にあたいする。また、柱題・丁付け・魚尾などの「柱記は読者の便宜よりも、製本工程における心覚えとして設けられ始めたものと思われ」るといわれるが（中野三敏 一九九五）、本書の工夫は、注記を、利用者のために振り向けた点でも発想に新しさがあることになろうか。

着想の源は定かではないが、同じく版心に黒帯の段差印刷のある『字集便覧』（承応二〈一六五三〉年刊）が注意される。『字集便覧』の黒帯は一丁ごとに下段へと移る機械的なもので、おそらく落丁・乱丁を一瞥して知るための工夫であろう。丁付けの確認も不要である。もちろん、こうした目的なら「製本工程における心覚え」であり、従来の版心の利用の範疇であるが、『頭書増補二行節用集』の版心での工夫のきっかけにはなり得よう。

なお、『頭書増補二行節用集』では、単に版心にツメ様の段差印刷をしたのではなく、そのために諦めたものもある[7]。慶長一六年本以降、匡郭から魚尾までの「象鼻」と呼ばれる部分を上下とも印刷する「黒口」が通例であった。『節用集』寛永七年本や『真草二行節用集』以本のような例外もあるが、『二体節用集』諸本のように匡郭高のない横本にまで施されるものである。これを『頭書増補二行節用集』では廃し、上象鼻は頭書に、下象鼻は丁付けを下枠近くまで下げるために振り向けた。こうして版心のスペースを稼いで、ツメ様の段差印刷を実施したのである。本来黒口は「和本の場合は大概唐本の和刻本か、或いはそれに倣った書物とみるべき」（中野 一九九五）というから、書の格を上げるための所為であろう。とすれば、『頭書増補二行節用集』のツメ様印刷は、まさに虚飾を去って実効をとった英断だったということになろう。

それだけに、その効用や使用法についての利用者への説明がないのは不審である。目録題簽に案内があったのかもしれないが、原装本がないため確認できない。京都大学本に残る跋文にも言及はない[8]。なぜ、明記しなかったかについては、二様のことが想定される。

まず、節用集にかぎらず、先行書から借り用いたために、一種プライオリティへの遠慮があって明記しづらかったことが考えられる。先にも触れたなかでは『字集便覧』が注意されるが、本書の工夫は次元の異なるものなので先蹤としては考えにくいか。もちろん、版心における記号表示のすべてに版権が拡大解釈されていれば別だが、それも考えにくい。『字集便覧』以外にも、ツメ様の段差表示を採ったものがあったことも考えられないではない。

あるいは、版権意識の程度差にもよろうか。元禄中期には、三都の本屋仲間が版権（板株）の制度化を当局に働きかけるが、それ以前の動きは必ずしも把握できるわけではない。ただ、『頭書増補二行節用集』の導入した頭書は他書がまねたからこそ近世節用集の典型になったのだから、寛文一〇年当時ではさほど版権が意識されなかったのかもしれない。一方、『合類節用集』（延宝八〈一六八〇〉年刊）では模倣書に対して版権をよく行使していて（佐藤一九九九）、対照的である。わずか一〇年の差なので、出版界での版権意識が急激に高まるかどうか微妙であり、あるいは個々の版元レベルでの版権に対するスタンスが異なるという可能性も考えておきたい。

新規性を強調しないことについては右のような想定を提示するにとどめ、本としての性格に触れておきたい。

編者については、木村秀次（一九八二）が苗村丈伯であると推定する。漢詩・国文・医書の俗解書や浮世草子も著すが、『頭書大益節用集綱目』『小篆増字和玉篇綱目』『聚分韻略』などの辞書類や、『男重宝記』『女重宝記』などの通俗書をものした著述家である。こうした著書からは、既存書の改編に長けた、アイディアの豊かな器用な人物像が浮かぶ。であれば、諸書から様々な工夫を盛りこんで、在来書との差別化をはかるのは得意であろうから、『頭書増補二行節用集』の編者としてふさわしく、少なくとも否定する材料は認められない。

体裁について。亀田次郎旧蔵書では見返し・跋を欠くが、京都大学本ではともに存しており、より原装に近いものと思われる。[9]跋を持つことは、書籍としての体裁を意識していたことを意味しよう。また、表紙見返しも注意される。中央に「節用集」と大きく記し、左右に竹を各二本配して、上辺に葉、下辺に根をあしらう、全体として見映えのするものである。竹の挿絵は『真草二行節用集』（寛永一五年刊）にはじまるかと思うが、半丁の三分の二を占めるものの、さらに半分をイロハ一覧が覆うように記される、挿絵らしいものであった。なお、京都大学本の版面は黄色に褪色するので、本来は竹の色に似せた萌葱色だったのでもあろう。本文と色違いなのも贅沢である。

このように、跋および凝った見返しにより、体裁上でも一七世紀の通俗的な節用集とは一線を画した存在感を演出しているようである。[10]編者なり書肆なりが相応の覚悟と意図をもって刊行に臨んだことがうかがわれるのである。それは、頭書・句点などの新機軸を盛り込むのと軌を一にするようであり、ならば、ツメ様の段差印刷もそのようなものの一環として捉えるべきなのだろう。

おわりに

一七世紀節用集の検索補助の工夫を見てきた。注目点としてはささやかながら、意外な収穫が多かったように思う。イロハ・門名一覧などの位置が偶発的な事情によって転変したこと、意義・イロハ検索の合類型の誕生だけにとどまらず、寛文・延宝期での多様の動きが確認できたことは重要であった。

一八世紀後半の検索法の考案集中期の前には、一八世紀の前半での、検索方法をめぐる工夫を見る必要があることになるが、実のところ、基本的には本章で検討した範囲のものでほぼ出尽くしており、改良・洗練にとどまるようである。それだけに、一七世紀にあってすでに相応の工夫が存したことを評価すべきなのであろう。

今後は、『字集便覧』などにも言及したように、節用集以外の書籍からの影響をより積極的に考えていく必要があろう。本文内容については、すでに米谷隆史氏に一連の検討があるが、さらに拡大して一七世紀末以降の日用教養記事の補強も視野に入れるのなら、そうしたアプローチはいよいよ必要になろう。

注

（1）あるいは易林本にも、イロハ・門名一覧を記載・貼付した題簽などがあり、伝存の過程で失われた可能性も考えられないではないが、そうしたものの存在や、貼付された痕跡は知られていない。

（2）あるいは本書が草書本系に属し、他の諸書が寿閑本系であることも、何らかの形で関わるかもしれない。

（3）渡辺・柳沢（一九九六）は、敦賀屋久兵衛版『和漢朗詠集私註』（川越市立図書館蔵）の見返しにあるイロハ一覧の解釈のために節用集での例を参照したもの。必ずしも、それまでの節用集での経緯を把握しているわけではないようである。

（4）いわゆる両点である。高梨信博（一九九二）では両点の有無に言及しないが、『増補頭書〔両点〕二行節用集』（延宝四年刊）を掲げている。国立国語研究所本であろうが、目録上、延宝四年刊とされるが、実際は刊記を佚するので刊年は確かではない（米谷隆史二〇〇五）。『国書総目録』などでは龍谷大学にも一本存することになっているが、まったくの別書という（高梨二〇〇五）。高梨（二〇〇五）では、刊行年の明らかな最古の両点本として『頭書増補二行節用集』（延宝七年刊）を掲げ、佐藤（二〇〇〇a）でも同書を最古の例としたが、さらに古い例が存する可能性はある。注6も参照されたい。

（5）版元・村上家が版権を行使したために、模倣するものがなくなり、結果、広まらなかったと考えるべきか。佐藤（一九九九）参照。

（6）佐藤（二〇〇〇a）では、早期に両点を試みた書肆・藪田家の一連の節用集での付し方の推移などから、漢和字書との融合を企図したものと考えた。米谷（二〇〇五）では、漢和字書数本との検討から佐藤の推測を裏付け、『字集便覧』（承応二〈一六五三〉年刊）などとの関係に見通しをつけた。高梨（二〇〇五）は直接的な検討はないものの、漢和字書との関係に言及する。一方、米谷（二〇〇五）は、語彙集型往来『両仮名雑字尽』（万治二〈一六五九〉年刊）との関係をも示唆する。節用集の初期の真字への付訓（両点）が、『両仮名雑字尽』同様、平仮名であるので魅力的な推測である。ただ、のちに片仮名表記になることなどからすると、漢和字書との交流・融合へと志向が替わるのかもしれない。なお、小泉吉永（二〇〇一）によれば『両仮名雑字尽』の先行書に『両仮名手本』（刊年未詳）があるという。

（7）丁付けだけで十分なようだが、むしろ乱丁を引き起こす原因ともなる。たとえば、架蔵の『大全早引節用集』〈文化二〈一八〇五〉年刊〉では六丁が七枚存するが、丁合いのおり、六丁めの山（束）に手が延びたときに、次の七丁めが意識され、順序の「七」を枚数に錯覚して七枚取ってしまったのだろう。

（8）跋文は木村秀次（一九八一）に翻刻がある。

（9）本書の刊記は本体最終行に「〔寛文十庚戌／正月吉祥日〕書林山本義兵衛〔梓行〕」とあるが、これにつぐ跋文の丁裏にも「旹／寛文十歳／〔庚戌〕正月三之吉／寺町通三条上ル二町目下本能寺前之町／書林　山本義兵衛梓行」と丁寧な刊記がある。あるいは、亀田本が通常版で、京都大学本は特装本でもあろうか。

（10）こうした点は、前注のように、京都大学本が特装本であることを支持しようか。もちろん、京都大学本が原装であり、亀田本は見返し・跋が欠落しただけである可能性はある。

第七章　早引節用集の位置づけをめぐる諸問題

はじめに

本章では、早引節用集を、辞書史上・節用集史上に位置づけるにあたっての問題点を摘記・整理する。

本来ならば、まず、早引節用集の編者について記すべきなのだが、いまだ十分な準備がないので、それは今後に期するしかないが、[1]すでに早引節用集は辞書史・節用集史において抜きがたい位置を占める存在になっている。そうした存在にまつわる隈々を知っておきたく思うのである。

本章では、まず、早引節用集の序から、編者たちの思いを把握しようと思う。ついで近世における言語生活のありようを瞥見することで文字社会化時代とでもいうべき様相を確認し、そうした時代の変容に対して、従来のイロハ・意義検索の節用集が対応しえたか否かを見、早引節用集の価値を評価していきたい。

第一節　『〔宝暦新撰〕早引節用集』の序

〔一〕序の解読

当該資料自体が、その位置づけやそのための手がかりを語ることがある。ここでもまず、早引節用集の嚆矢である[2]『〔宝暦新撰〕早引節用集』（宝暦二〈一七五二〉年刊）の序を読むことからはじめたい。ただし、この序には結構や章句の引用に無理があるらしく、ために誤読のおそれもあるが、あえて試読を示すこととした。

載輸二尓載一、将伯助レ予。是以レ商喩レ国言。則、敬事節用之語、何以取二之非類一乎。不レ然誰家畜人懐二享─拱一璧邪。刻者、寔蓄有レ徒。而今去レ繁就レ簡、以レ音呼レ字。響応影写。乃成レ功、倍二于前一。幼童士、正レ名而後自慊。則節用之語、万─分於有政一。可レ謂取レ喩、有レ拠哉。以為二小引一（私に句読点を付した）

冒頭の「載ち尓の載を輸して、将くは、伯、予を助けよと」は、『詩経』「小雅」「正月」中の句で、経国の業を荷物の運搬にたとえ、荷物を支える添え木を軽視しないよう戒めた部分にある。

終其永懐　又窘二陰雨一　其車既載　乃棄二爾輔一　載輸二爾載一　将伯助レ予

終に其れ永く懐ふ　又陰雨にも窘しむ　其の車既に載せ　乃ち爾の輔を棄つれば　載ち爾載を輸さん
将ふ伯よ予を助よ

無レ棄二爾輔一　員二于爾輻一　屢顧二爾僕一　不レ輸二爾載一　終踰二絶険一　曾是不レ意

爾の輔を棄つること無かれ　爾の輻を員し　屢々爾の僕を顧みれば　爾の載を輸さず　終に絶険を踰ゆ　曾ぞ是をば意はざる（『新釈漢文大系』による）

補佐役をかえりみないまま国を危うきに至らしめてから、悲鳴をあげるのではもはや遅く、そこに至るまえに補佐役を顧慮するよう勧める内容となっている。

つづく「敬事・節用」は『論語』「学而」の一節によろう。

子曰、道二千乗之国一、敬レ事而信、節レ用而愛レ人、使レ民以レ時。

子曰く、千乗の国を道むるに、事を敬して信に、用を節して人を愛し、民を使ふに時を以てす。（同）

さきの『詩経』の一節も同類というが、経国の方途、ことに臣下・人を顧みる行為に類似を見ようというのであろう。「誰か家に畜（たくは）へ」以下は人々が節用集を愛用するさまを示すようだが、客語が明示されないため、文意がとりにくい。行為としての「節用」が前にあるので、これを物としての「節用集」に読み替えて補充させるのであろう。それだけにというべきか、このような節用集愛用の様が、直前の部分と「不然」でつながる関係にあるかどうか、はっきりはしない。

「刻する者、寔（まこ）とに蕃（おほ）く徒らあり」と書肆の怠慢を責めるのは、「序」の冒頭の「載輸……助予」を商人の行為にたとえた部分と呼応するのであろう。ついで早引節用集の効能を述べるのは面白く、呼べばたちどころに漢字が現れるような表現である。つづく「幼童士」の「正名」にも益があるのはよいとして、これを受けるのであろうが、「節用之語、万分於有政」はよく分からない。さきに行為の「節用」から「節用集」を読み取ったのを、ここでは逆に「節用集」から行為の「節用」へと回帰・習合したと考えるところか。

最後の「喩を取ること　拠（よりどこ）ろ有り」は、節用集の書名が『論語』「学而」に依ることへの評価とも見られるが、やはり、はじめの「以レ商喩レ国」と呼応すると見て、『詩経』「正月」が〈国王・補佐役・国（経国）〉の関係を〈商人・輔・載（運搬）〉に譬えたことを評価するのであろう。

ただ、その譬えを評価する基準は、早引節用集の検索効率が二倍であるから、行為の「節用」につながり、そのような節用集を出版する書肆つまり商人の業が間接的に経国に資するのだ、という理屈があるようである。線が細い印象もあるが、「文章は経国の大業、不朽の盛時なり」（曹丕『典論』「論文」）との一節が暗黙のうちに前提されていれば了解しやすかったであろう。もちろん、直接に『典論』を見ることがなくとも、これは『和漢音釈書言字考節用集』の序文冒頭にも引かれた、よく知られた文言であり思想ではあった。

〔二〕序からくみとる辞書と社会

いまだ検討の余地はあるものの、今の段階で、あえて意をとれば次のようになろうか。

『詩経』「正月」が商人の荷の運搬に譬えたように、経国のためには補佐役を顧みるのが肝要だ。『論語』の「節用」もそれにつながろう。ゆえに、それを書名とした節用集を人々は大切にするのだが、書肆は顧みずに漫然と再版し続けてしまった。そこで本書では、繁雑さを避けて、読みに応じて漢字が得られるようにした。これまでの倍の速度で検索できるのである。これで子供も己の名分を正すことができ、ひいては政事にも益しよう。

このように『詩経』が経国を商人の業にたとえたのは根拠があることなのである。

このように『〔宝暦新撰〕早引節用集』の序は、節用集の重要性さらに早引節用集の有用性を説くのに『詩経』『論語』の語句を関連づけ、名分論にも言及したもののようである。節用集史上に新生面を開こうとする最初の一冊として、十分の気概は受け取れそうである。

その早引節用集をして「刻者、寔蕃有徒」と言わしめた現実について把握する必要もあろう。直接的にはイロハ・意義検索を採りつづけた従来型節用集への不足・不満があるわけだが、そのような節用集を延々と再版するだけでは「徒」にすぎないとまで言い切れるのはなぜなのか。もちろん、通俗辞書の序では、そうした文言がよく使われはする。が、そうとだけ捉えて、先に進むことを止めてもよいのかどうか。

また、早引節用集の版元・編者は、当時の出版機構に照らして新たな版権をえるためにイロハ・仮名数検索を開発したのであろう。もちろん、第二部第三章などでも見たように、版権を得るには新規性さえ満たしていればよく、有用性は二の次でも構わないのだが、有用性が低いあまりコストを回収できないような商品が実際に販売にまでいたる例は少数にすぎないのではあるまいか。とすれば、イロハ・仮名数検索も、世に受け入れられる見込みが立つからこその考案であり、早引節用集の誕生だったと考えるのが順当である。そうした見込みを支えるのは人々の需要にほかならないが、そうした需要を導き出した社会とはどのようなものであったのだろうか。

第二節　近世庶民の言語生活

〔一〕支配関係からの学習契機

早引節用集は燎原の火のように急速に流布していったが（佐藤　一九九〇b）、そのような状況となった世相はどのようなものであったか、当時の言語生活、あるいは言語生活をめぐる状況について確認しておこう。

ここ一〇年ほど、近世史学・思想史学の立場から封建制の底辺を支えた農民と文字文化の関係についての見解が公けにされている。いまそれにより、庶民の言語生活を瞥見することからはじめたい。

まず、幕藩制の確立には、次のような前提があったことは周知のことであろう。

近世村の成立の前提には、村内の農民が保有する田畑その他の領主との権利義務関係、そしてそれらからとうぜん負わされた年貢収取を正確に記録・保存する事務体系がなくてはならなかった。検地帳、年貢割付状、皆済目録、宗門人別帳など、御家流という統一された筆風で書かれた文書が支配の前提として存在していたのである。

（高橋敏　一九八五）

このようなタテ構造の社会は、文字習得の層を拡大させる契機になった。上位者に「だまされないためには、相応の文字文化の獲得がなくてはならな」（同）いからであり、名主と他の農民との関係でも同様の注意が必要であった。学習の結果、年貢の二重帳簿を作る例まで現れる（鈴木ゆり子　一九九一）のはさておき、識字力がなかったために年貢を余分に割り当てられたのを見抜けなかったり（布川清司　一九八八）、田地を失うこともあった（塚本学　一九八七）。

さらには直接に生死にかかわる事例もある。出稼ぎ先の江戸から無筆の妻には送金できなかったので伯父に送金したところ、着服されてしまい、帰郷して指弾したところ、殺害されたという事件もあった（朝日重章 一七〇二）。

このように、安全な社会生活を営むためには識字力を身につける必要のあった時代であれば、学習熱は高まったであろう。それが、いくつかの現象として顕現するのが近世後期である。その初頭から寺子屋の開設数は都市・地方を問わずに増加しはじめ（石川松太郎 一九七八）、家内でも熱心な学習が行われたことは、やや時代はくだるが、一茶の俳句にも認められるところである（青木美智男 一九八五）。

〔二〕交際からする学習契機

また、次のような傾向も学習契機の誘因として捉えられよう。

長野県下の郡・村単位の古文書目録からみると、天正年中ころ（一六世紀末）から明治一〇年ころ（一九世紀末）まで七万点近くの文書のうち、三分の二を超える四万五〇〇〇点以上が天明年中（一八世紀末）以後のもので、それ以前享保期（一八世紀初期）からのものが二割以上、寛文年中（一七世紀後半）以後のものが一割未満、寛文年中以前は一パーセントに満たない。（中略）作られた文書量の傾向は残された文書量以上に、一八世紀以後に多かったはずで、一六世紀にふえた文書の数は、一八世紀後半頃にまた一段と増加したのである。（塚本学 一九九一。一部、表記法を改めた）

塚本は、この要因を文字使用層と文書種類の拡大にあるとした。また、長野県に限らぬ傾向とも言うとおり、森安彦は、武蔵野市で江戸時代から続く三百軒を全数調査した結果を次のように紹介する。

その調査でわかったのは、とくに家に関する記録は、村役人ではない家にも比較的多く残されているということです。初産着貰とか、お雛さまを貰ったときの控えとか、香典帳とか、家に関する文書というのは実はどこの家にでもあるのです。（略）子どもの祝い帳は、当史料館の史料の中にもたくさんあります。その一つに、〔文書5〕「誕生日覚帳」というのがある。これにはびっくりしました。一族の人々の誕生日が記載してある。これは寛政十年です。（森 一九九四）

他に増えた文書をあげれば、法事・婚礼・病気や旅の留守見舞いなどの贈答記録、金銭貸借の書きつけ・詫び証文・離縁状・子孫への教訓書など（塚本 一九九一）、家内および身内・村内の交際に関わるものである。このことは裏を返せば文字習得の必要性がヨコの関係からも生じたこと（あるいは生じかねないこと）を意味するが、その背景には文書の証拠能力に注目しはじめたこともあろう。一筆取らなければ権利を失うこともあり（塚本 一九八七・一九九一）、逆に、完済した借金の証文などは取り返して破棄しなければならないのである（布川 一九八四）。

〔三〕学習圧力と辞書

このように、生死にも関わりかねない支配・被支配の関係はもとより、友人・親族・村内などの人間関係からも、識字力を涵養させないではおかない時代が到来したことになる。もはや、識字は、一部の支配者層や教養層が独占するような特技ではない。どんな層に属していようが、円満な社会生活を営もうとすれば、識字力の獲得・向上が必要不可欠になっていたのである。

このような社会傾向にあっては、簡便に検索できる、間口の広い節用集の需要が高まるはずであろう。このような社会状況を背景に早引節用集は流行し、成功をおさめていくのである。また、これに続いて独自の版権をえるべく、他の書肆からもさまざまな検索法が試みられたが、これはもちろん、出版史的にいえば、版権をえることで独占販売の権利を確実にするための所為なのであるが、一方では、多大な需要が存することを認識しており、その幾分かの、可能ならばすべての需要に応じようとしたものと考えられよう。

ただ、有用性の高い仮名順検索は、早引節用集の版元が類版（意匠盗用）に指定することに成功したため、刊行することは一切できなくなり（第二部第三章）、早引節用集のみが世上に残ることになった。他に、有効な検索法をもつ節用集がないとなれば早引節用集にのみ、人々は注目することになる。『〔宝暦新撰〕早引節用集』が刊行されて二〇年ほどすると、京都で明和七（一七七〇）年に、江戸で安永四（一七七五）年に早引節用集が重版（無断複製）されるが、大都市ばかりではなく、松本で明和七年、仙台で安永三年など、地方都市でも重版書が現れるいたる。[4] この背景には地方にも、より簡便な節用集に対する需要があったことが考えられるが、それを産みだしたのは右に見たような識字力獲得の拡大傾向であったと思われる。

第三節　従来型の節用集の対応

〔一〕イロハ・意義検索節用集のスタンス

では、このような時代傾向に、従来型の節用集——イロハ・意義検索の本文に、日用教養記事を付録したもの——はどれほど対応しえたのだろうか。この問いに答えるには、従来型の節用集のありようを把握しなければなるまい。このことは、早引節用集の位置づけを考えるにあっても、従来型の節用集との対比がまず必要である以上、欠かせない検討事項でもある。ただ、注意しなければならないのは、両者の差異を検索法だけに求めることである。

たしかに大きな差異の一つは検索法にあり、『〔宝暦新撰〕早引節用集』の序でも強調されてはいた。が、それは、簡便な検索法を備えた新参の早引節用集が、従来型の節用集との差異を印象づけるためのことであるかもしれず、もとより従来型の節用集の全体像を描き切ろうとしたものでもない。そうした部分に、我々が引かれるには及ばないのはもちろんだが、「刻者、寔蕃有徒」には検索法への非難にとどまらないニュアンスがあるようであった。そこで、以下、従来型のイロハ・意義検索の節用集について、やや詳細にふりかえることからはじめたい。

早引節用集以前にも、検索法やそれを補助する工夫に改良の動きがあったことはすでに見たが、一応の進展は確認できるものの、検索法の根本的な解決策はなかったとしてよい。が、そのなかで、もっとも広く用いられていくものに丁付け目録（丁付合文）がある。最初に付したのは『増補二体節用集』（寛文一一〈一六七一〉年刊）あたりからで、やがてほとんどの近世節用集が採用するにいたる。ただ、イロハは当時もっともよく知られた仮名の一覧であって、従来型の節用集はそれを第一の検索基準とするのだから、丁付け目録の必要性は少なく、有効性もさほど高くはないように思われる。(5) それをあえて付したところに書肆の意図をくむことはできよう。

それよりも、近世節用集が対処すべきは、易林本から引きついだ「乾坤、時候、気形、官位、言辞、器財など、むつかしい名目」（上田・橋本 一九一六）と評される意義分類であったはずである。これは単に名称の問題だけでなく、この種の分類において常に問題となる、何をどの範疇に属するかをめぐる不都合も含まれよう。たとえば、収載する各語を意義分類するのは節用集編者であるが、節用集利用者には、彼の分類規則を理解するという負担が押しつけられることになる。あるいは、分類規則を体得したとしても、複数の意義範疇にまたがるような語も出てくるはずである。このように難の多い検索法を採用し続けてきた従来型の節用集は「寔蕃有徒」と評されてしまうものなのである。

〔二〕 収載語における惰性

収載語・用字も同様に改められてこなかった、ときに踏襲性などと呼ばれることがあるが、無批判な複製というに近いものがある。そうした事態になるのは、何らかの問題——たとえば公序良俗への侵犯はじめ、不可侵事への抵触など——がなければ、内容を改めない方がコスト上、有利だからである。近世節用集は平均すれば毎年複数本が刊行された計算になるが、そのようなありように、内容の改変の著しい現代の国語辞典のありようを重ねるのか、頻繁に改訂されるとのイメージを持つ向きがあるが、注意を要する。

無批判に古くからの用字・用語を載せ続けてきたこと、そうした事態を惰性といえばいえようが、以前から存したものを理由もなく排除しないという美徳とも捉えられる部分もあろうし、また、「韻事の書」の（末裔の）ありようとして、多様な用字を示しておく、という自覚的な登載志向もあったかもしれない。

一例として、ホトトギスの用字例を見ておこう。

1杜鵑　2杜宇　3子規　4蜀魄　5蜀魂　6鸜鳥　7時鳥　8別都頓宜寿　9郭公　10鶗　11鴂　12蜀鳥　13催帰

これらの用字の掲出状況を、『〔宝暦新撰〕早引節用集』の刊行された前後の諸本で一覧すると次のようである。

書名（内題）	刊年	推計総語数	ホトトギスの用字
四海節用錦繡嚢	享保19（一七三四）年刊	一・四万語	1 2 3 4 6 7 8 9
倭節用悉改嚢	元文6（一七四一）年刊	二・三	1 2 3 4 6 8 7 9
永代節用大全無尽蔵	宝暦2（一七五二）年刊	一・五	1 2 3 4 6 7 8 9
倭漢節用無双嚢	天明4（一七八四）年刊	一・七	1 2 3 6 4 8 9 7
宝暦節用字海蔵	宝暦6（一七五六）年刊	二・三	1 3 2 5 4 12 13 7 9
万歳節用字宝蔵	宝暦10（一五六〇）年刊	一・三	1 2 3 5 6 7 9
万代節用字林蔵	天明2（一七八二）年刊	一・七	9 4 6 7 1 2 3 8
万宝節用富貴蔵	天明8（一七八八）年刊	二・二	1 2 3 4 6 7 8 9

・小型本

懐宝節用集綱目大全	享保2（一七一七）年刊	一・一	9 1 2 3 4 6 7 8
袖中節用集	宝暦8（一七五八）年刊	一・四	1 9 7 3
書札節用要字海	宝暦11（一七六一）年刊	一・四	1 2 3 5 9 8
拾玉節用集	安永8（一七七九）年刊	一・三	1 2 3 5 9 8
・参考			
節用集（易林本原刻）	慶長2（一五九七）年跋	一・四	1 2 3 4 8 9 6
広益二行節用集	貞享3（一六八六）年刊	二・三	1 2 3 4 6 9 7 10 11 8

どの本もほぼ八字前後を掲げるが、必ずしも総語数の多寡に関わらないので、何らかの理由があってのことと思われる。たとえば、用字に制約を設ける連歌・和漢聯句や、用字の由来を活用する作句への対応などが考えられないかということである。が、たとえば『袖中節用集』は、数多くの語・字に四季・平仄を記すのを特徴とするなど韻文への配慮が顕著なものだが、ホトトギスの用字は四つに整理されている。したがって、他書における用字の多様な掲出は、一概に文芸への対応とも思われず、実のところ、無批判な踏襲が続けられてきた結果と捉えるべきであろう。

〔三〕付録の影響力

このように従来型の節用集は、検索法と本文・内容という、辞書としての根本的な部分においてなおざりだったことがうかがわれるのだが、一方で、日用教養記事を付録する点については相応の発展が認められる。

一七世紀末以前の節用集は、付録は巻末にかぎられており、その種類も少なかった。が、一七世紀末ごろ以降、多種多様な教養記事が付録・増補されるようになり、巻頭や頭書にも配されるようになる。このため、一八世紀後半には、節用集を教養書や作法書とみるような傾向が見えはじめるようになった。

媒人信多快庵案内にて。舅青葉半之介夫婦。五十有余の友白髪。嫁の乗物舁入させて。おの〳〵座に付けば。介副加への役〳〵の女中。立かはり入替り。節用集の式作法。お供のくわい介こん蔵まで。おめでた雑煮の腹鼓(上田秋成 一七六七)

先学の挙げられた他の例も少なくなく、節用集に対する教養全書視は広く行われていたと推測される(第二部第二章)。ただ、付録の内容はハレの場での作法だけではない。「知死期繰様・手筋吉凶之事・願成就日不成就日・男女相性」など易占的・宗教的な、いわば人生の指針とでも呼べそうなものもある。当時の人々は、このような節用集を教養書・作法書以上のものとして見ることもあったらしい。前掲一覧にも用いた架蔵書の『万歳節用字宝蔵』は改装されており、残念ながらその時期は新しからぬものとしか言えないが、新たな題簽には「万事常々心得」とだけ記されている。万ず便利帖といった趣きだが、日常生活の遵守規準ともとれる「心得」に日々時々を意味する「万事常々」が冠されたとみれば、日常生活の規範書といったニュアンスをかぎとることもできよう。これはさらに、『都会節用百家通』(寛政一三〈一八〇一〉年刊)や『永代節用無尽蔵』(天保二〈一八三一〉年刊)など、従来型の節用集をほぼそのまま大型化したものが、ときとして倫理的・宗教的規準と見なされたことにもつながろう。

節用集に従わぬことは、タブーを犯したばあいに覚悟しなくてはならないような宗教的苦痛を、時として感じさせたと見てよい。(略)大冊本節用集がそれぞれの所蔵家でしばしば「門外不出」や「他家貸出無用」の扱いを受け(京都府下での聞き取り)、さらには、墓石と並ぶほど重要なものと考えられたばあいがあること(福島県下での聞き取り)からも、推定されるところである。(横山俊夫 一九九〇)

〔四〕挿絵の効用

また、付録に付された挿絵の効果もみすごせない。節用集の利用者にはある程度の識字力が要求されるが、挿絵ならば字の読めぬものにも馴染まれただろうからである。事実、絵ならば外国人でさえ享受しえた。奥州名取郡の廻米船船頭・清蔵は寛政六（一七九四）年にベトナムに漂着したが、現地人たちは彼の所持していた『倭漢節用無双嚢』（天明四〈一七八四〉年刊）の挿絵を眺めてはうち興じたのである。

国詞しれざる内は、いつも両人づゝかゝり、二冊の本にて文字を見出し認め候せつなどは、官人・通辞までも珍敷存じ、本をかしくれ候様申、くりかへし〳〵詠め悦びけり。其内にも和漢節用の奥にある男女相性の図にて、我国の女の風俗をみて、甚だ笑ひを催せり。又は口にある所の武者の百将伝などにては、大きに我折、或は文字一つを二様に用ひ、音と声の替ることを皆感心せり。（枝芳軒静之 一七九八）

ならば、付録の挿絵は、幼児用の絵本としても相応の役をはたしえた。

凡ソ小児二三歳ノコロヨリ（略）絵本古事談・訓蒙図彙・絵入ノ年代記・絵入ノ庭訓・絵入ノ節用集・京メグリ・日本歳時記・曽我物語・平家物語ナド、何ト限リタルコトナク、画ノアル書ヲアテガヒ置バ、子ドモノナラヒニテ、必ス画トキヲセヨトセガム。其ノ時カノ二十四孝ヨリハジメテ（略）云キカス。余ガ家、小児ヲ教ルハ皆カクノ如シ。（略）畢竟肝要ハ、小児ノ中ヨリ書籍ニナジミヲツケ、書物ヲ厭ヒ嫌フ事ナク、書ヲスキコノム心ヲ養ヒ立ルト云ガ主意ナリ（江村北海 一七八三）

本来、付録は付加価値に過ぎなかったが、以上のように独自の価値なり有用性なりを獲得すると、付録自体が購入目的になることがあったらしい。船頭・清蔵は、他に『大大節用集万字海』（宝暦七〈一七五七〉年刊）を所持していたが[6]、やはりイロハ・意義検索の従来型のものであり、一見したところ本文・語数・体裁ともさして変わらず、二冊所持するには及ばないように見える。が、付録を丁寧に比較すれば『倭漢節用無双嚢』はより挿絵が豊富かつ巧緻であり、「中華音楽の起・本朝神楽の始・和漢楽器之図・倭漢射法の始」などの内外文物の対比や「天竺并韃靼の文字・阿蘭陀并朝鮮文字」など異国情緒を醸そうとする傾向が見て取れるのである（佐藤二〇〇五b）。

このように見てくると、日用教養記事を多数付録する節用集は、辞書とは見なされなかったとまでは言えないものの、辞書とだけ見られたのではなかったとはいえそうである。そこにまで至ったのは、付録内容による他書との差別化が盛んに行われたからと考えられ(7)、そのため、本文や検索法という辞書の核たる部分での更新が忘れられたのである。

このような節用集が、前節でみた文字使用層の拡大傾向にどれほど対応しえたかは問うまでもなかろう。極端な場合、付録記事の内容など知らなくとも笑われるだけで済もうが、文字を知らないことは生活あるいは生命への決定的な打撃につながりかねないのであった。そうした言語生活の状況を念頭におけば、従来型の節用集は、余剰的な付録ばかりを伸長させ、辞書としての本分に無頓着だったと言えよう。これこそ「刻者、寔蕃有徒」と呼ぶにふさわしい状況であったと思われるのである。

第四節　早引節用集自体の諸問題

〔一〕付録の整理・排除

従来型の節用集に対して、早引節用集は対照的な存在であった。付録は、たとえば、次のような言語生活に即したものがわずかにつくだけであった。従来型の節用集にくらべれば、付録によって価値を付加しようとの意図は少ない。その点で、辞書に徹した体裁となっているといえよう。

男女名頭相性字尽・十干十二支・月の異名尽・墨移秘伝・色紙短冊押法并題の哥書やう・偏冠構字尽・朱青墨ゐんにく拵やう・年代略記・銭相庭わり

検索法は、意義分類を廃して、当該語を仮名書きしたときの字数[8]をとる簡便なもので、少なくとも字を引くという行為を身近にしたであろうし、教養のあるものには一層容易に引けたであろう。ことにイロハ・仮名数で分かたれた内部は、標目こそ示さないが、意義範疇ごとに語がまとまるので、[9]従来型のイロハ・意義検索を使いこなすほどの人なら、事実上の三重検索として使いうるのである。このように早引節用集の検索法は、間口が広く、敷居も低いものであると同時に、教養層にはより便利に検索できるものだったのである。

従来型の節用集が辞書としての存在意義を見失いがちであったのに対し、早引節用集は、あたかも新たな言語形式が出現して欠陥のある古い形式を治療・補充・代替するような存在だったと見られる。その意味では、早引節用集は辞書としての節用集の正統を継ぐものともしうるのである。

〔二〕意義検索排除の功罪

早引節用集は、従来型の節用集と右のような関係にあるものとの見通しが得られた。ただ、これは、近世の主流であった二種の節用集間の関係にすぎず、これだけで早引節用集の位置づけが完了するわけではない。そのほかにも関連づけつつ検討しなければならない諸本があるからでもあるが、早引節用集内部にもいくつかの問題があることは明らかだからでもある。以下ではそうした問題点の一端を指摘しておこう。

早引節用集は、検索法の上で意義分類を廃したことが要点であるが、これを『〔宝暦新撰〕早引節用集』刊行後五〇年を経ても害悪とみる向きがあった。

近世早引節用集行レ、門部ヲ別タズ仮名ノ数ニ依テ字ヲ求ム。世俗珍重シテ便利ト思ヘリ。按ズルニ世ノ人ヲ愚ニスルコトコトニ多シ。某字ハ何ニ属スベキ字ナルヲ取失コト是ヨリ始ル。(高井蘭山『字貫節用』国会図書館蔵、文化元〈一八〇四〉年序写本)

たしかに一理あると思う。そしてこの見解が「コトニ多シ」などの文言もそうだが、文面以上に強固な意志があることは容易に知られる。たとえば、『字貫節用』の項目「五百羅漢」にはその全員の名が注されるのだが、このような徹底した編集態度に強固な信念があるものと感じられる。しかも、刊行すらできないほど膨大になってしまった『字貫節用』を、従来型の節用集同様、意義分類とイロハだけで組織するのであるから、意義分類を採用することへの信念と、その裏返しのこととしての早引節用集への批判は、相当確固としたものと思われるのである。

一方、奇しくもその序と同じ文化元年、『偶奇仮名引節用集』が刊行された。これは早引節用集の亜流で、のちに早引節用集の版元と版権問題となるものだが（佐藤 一九九三a）、各語に意義範疇を注記するのが注意される。早引節用集とほぼ同様の簡便な検索法で字を引かせ、その意義範疇も知らせるという行き方は、直接の関係は認めがたいものの、語形から漢字表記と語釈などの情報を引かせる点では、近現代の国語辞書の原型に相当するものであろう。

このような例にくらべれば『字貫節用』の後進性は明らかだが、早引節用集もそこまで意味には配慮をみせず、前述のように意義範疇ごとの群化が認められるにすぎなかった。早引節用集は明治中ごろより近代的な国語辞書にとってかわられるようだが（佐藤 一九九〇b）、右のような意味を表示することへの配慮が不足していたことも衰退要因の一つであったろう。

〔三〕早引節用集の諸類型の把握について

収載語・用字の面でも注意を要することがある。早引節用集は、第二部第五章（注6）で示したように本文の相違で八類型に分かたれる。このうち、『〔宝暦新撰〕早引節用集』をはじめとするA類の諸本では、ホトトギスの用字に「郭公」だけを掲げるのが通例である。これは、本来は誤認によるものらしいが、古くから通用する表記だったようである。つまり、A類の諸本では通俗の用字を重視する傾向があるようなのである。

『節用集』易林本原刻　　郭公〔事林広記曰呼鳩曰｜｜〕
『和漢音釈書言字考節用集』　時鳥〔和俗所ㇾ用〕郭公〔和俗又用二此字一謬来旧／｜｜布穀也〔略〕〕

これに対して他類の早引節用集は従来型の節用集に近く、編集方針ないし原拠本の異なりを反映して異なりを見せる。先の記号を用いて示せば次のようである。

〔増字百倍〕早引節用集　宝暦10年刊　B類　137295
大全早引節用集　寛政8年刊　BZ類　137295　＊　8
〔増補音訓〕大全早引節用集　嘉永4年刊　BS類甲　13　時宇　5　＊　不如帰
早引万宝節用集　嘉永6年刊　BS類乙　137295　＊　6　別都婆鳥
〔明和新編〕早引大節用集　明和8年刊　D類　137925
いろは節用集大成　文化13年序　E類　153　謝豹　田鵑　䞈鳩　買鈪　不如帰　879
早引万代節用集　嘉永3年刊　F類　5179　鶪　塢

＊の部分には、他の語が介在する

このようなA類の突出は、漢字の表示が行草一行であることにも認められるが〔他は真草二行表示〕、いずれにせよ、早引節用集の名のもとに諸本を一括りにできない面のあることを知らなければならない。

こうしたA類の特徴はイロハ・意義検索の『蠡海節用集』〔延享元〈一七四四〉年刊〕の本文を引き継いだことによるのだが[10]、一方で両者は、検索法上、鋭く対立する。そのため、イロハ・意義検索とイロハ・仮名数検索との比較対照をおこなうにはこのうえないペアであり、方法・視点・叙述の仕方に注意すれば近世節用集における編集実務の例を提示しうる興味深い素材ともなるものである。

しかし、右にその一端をみたように特徴的な本文であることから、『蠡海節用集』は従来型（正確にはイロハ・意義検索）の節用集において、『〔宝暦新撰〕早引節用集』は早引節用集において特異な存在となっていることになる。つまり、両書を、それぞれの属する諸本群の代表とするのは必ずしも当を得ないのである。このことは、たとえば、従来型の節用集と比較対照して早引節用集の位置を求めるような、大所・高所からの検討を要する課題にとりくむ際には注意を要する点であろう。

ただ、そこまでいえば、原拠本となった従来型節用集との関係の把握は、早引節用集のB類以下のものにおいても行われる必要があることになる。A類だけに注目していたのでは十分でないが、他類の早引節用集でも検討を行なうことによって、はじめて早引節用集の全体像に近づけるからである。A類がA類らしいのは、非A類との対照によってより明瞭になるからであり、B類・C類などでもそれは同じことである。

〔四〕異端であることの認識

早引節用集は、圧倒的な流布を獲得し、他の節用集に影響を与えるほどの存在であった。我々は、そうしたありようを、動かしがたい事実とし受入れて当然のことのように見ている。近世の辞書史を記述するにも、そのことを一言すれば結構が整えられるし、また触れなければならない事柄でもある。

が、一方では、そのような位置を占めるのは、「去繁就簡」の、人々になじまれやすいものであれば早引節用集にかぎらなかったとは考えられないだろうか。

たとえば、イロハ検索を仮名二字めまでおよぼすものはどうか。利用者は原則としてイロハだけを知っていればよい。また、『〔宝暦新撰〕早引節用集』刊行直後に他の書肆においてまず考案・企画されたのはイロハ二重検索であり、しかも三都の書肆がそれぞれに試みたことからすると（第二部第三章）、誰しも容易に思いつくものだったことになろう。そのうえ、部分的には『新増節用無量蔵』（元文二〈一七三七〉年刊）ですでに実現されてもいた。また、節用集ではないが、荒木田盛澂『類字仮名遣』（寛文六〈一六六六〉年刊）などの先例もあるところである。条件がそろっている以上、イロハ二重検索の節用集が流布しなかったことの方が不自然とすら言いうるのである。

そうした、ありえたであろう展開を思い描くとき、早引節用集の検索法はいびつともいえ、それが圧倒的な流布と長命をかちえたことは不可解と言わざるをえない[11]。早引節用集を単に節用集史上の一変種として扱うならば、このような疑問はあるいは不要のものかもしれない。が、早引節用集の圧倒的な流布と近代にまでおよぶ長命とに幻惑されて、その存在を当然であるかのように認めるだけではない視点を持っていてもよいかと思う。辞書の背景に人間の営みをみ、そのすべてを俎上にのぼせて検討しようとするとき、その流布・規模に幻惑されることはよいことではない。一度は、早引節用集（の検索法）をいびつなものと規定してみて、考察をめぐらせなおすことも、辞書史の記述的研究のためには不可欠であるということになる。同時に、早引節用集の影にかくれがちな諸事象についても配慮の目を怠りなくめぐらすべきであると自戒したい。

おわりに

右に指摘したことで共通するのは、当然のことながら、より広い視野と、繊細な把握が必要だということになろうか。従来型の節用集は検索法だけでは特徴づけられる存在ではなく、早引節用集の内部の差異にも注意が必要だった。また、それらの送り手である書肆や出版機構の問題も無視できるものではない。

ただ、それらは注意を怠らなければ、ある程度までは捉えることのできるものであろう。資料の面でも、節用集原本にしろ本屋仲間の記録にしろ、相応に残っているからである。したがって、今後、それらにもまして意を向けなければならないのは、利用者と節用集との関係の種々相となろう。そのためには、近世の各階層の言語生活を明らかにする必要があるわけが、研究の蓄積はどれほどあろうか。ことに庶民のものについては深刻な状況であろう。本章で用いたのは近世史学・思想史学の側の成果であったが、それに匹敵する蓄積を国語学の側も用意しなければならないのではなかろうか。

注

（1）早く『〔宝暦新撰〕早引節用集』の広告に「早引大節用集〔大本一冊〕山下重政著述」とあるのが注意され、本屋仲間の記録類などでも山下重政が早引節用集の編者とされている。ただ、仮名数検索のアイディアが彼の創案なのかどうかは議論の余地がある（佐藤二〇〇四）。一方、作者を「河州散人　山下重政」とする『近江国細見図』（寛保二〈一七四二〉年刊）・『播磨国細見図』（寛延二〈一七五〇〉年刊）があるのは興味ぶかい（前者については矢守一彦（一九七七）が、早期の国絵図としては「著しく精細」「全般に線細くして精緻」「絵画風な描写をおさえ」などと評価する）。刊行者には早引節用集の版元・村上伊兵衛の名も見えるし、『〔宝暦新撰〕早引節用集』の刊行時期とも重なるので、山下重政は測量家であったのだろう。であれば、紙面を縦横に仕切って作図するなどの工夫は日常的にしそうであり、仕切られた方形に座標名を与えて作図の利便をはかることもしそうである。平面座標への名付けをヒントに、イロハ×仮名数による検索法に発展・応用することはありそうに思える。

（2）朝比奈荻右衛門版『〔訂正増益〕早引節用集』（文化六〈一八〇九〉年刊）の刊記には「正徳乙未（＝正徳五〈一七一五〉年刊）春原刊」との年記がある。が、この書は『〔増補改正〕早引節用集』の寛政一一（一七九九）年版か文化元年版を部分的に改刻した重版書とおぼしく、早引節用集の版元から版権侵害書に指定されたものなので、正徳の刊行も信をおきがたい。蒔田稲城（一九二八）・佐藤（一九九四a・一九九七a）参照。

（3）国文学研究資料館史料館。なお、のちの〔文書5〕は図版（省略）の番号である。また寛政一〇年は一七九八年にあたる。

（4）この時期の重版は小型本なので、重版しやすかったという事情もあろうが、需要のあったことには変わらない。事例の具体相については、佐藤（一九九四ａ、一九九六ａｅ）など参照。

(5)ただ、相応の有用性は認めるべきで、そのことは、丁付け目録ではなくイロハ一覧しか示さぬ節用集に、旧蔵者が丁付けを補記する例がまま見られることからも了解される。

(6)枝芳軒（一七九八）に「右舟頭去年国に有りし時、新敷節用二冊〔一冊は和漢節用無双袋、一冊は大々節用の万字海〕買求め」とある。

(7)付録の充実に注力したことは、おそらく書名要素にも反映されていよう。一八世紀（前半）の節用集の書名において、財宝・永遠などの要素がさかんに用いられるのは、日用教養記事という付加価値的存在を豊富に載せたことの象徴と見れば分かりやすい。

(8)ただし、仮名遣いが確定・流布していない近世であれば、いくつかの問題はある。イロハ各部への所属では語頭の四つ仮名・オ段長音の開合が問題になるが、これはイロハ・意義検索とも共通の問題である。仮名字数を計算する場合、拗音の表記法（仮名二字にするか、三字にするか）で揺れが生じることになる。

(9)これは早引節用集全般に認められる現象で、山田俊雄（一九八三）でつとに指摘され、佐藤（一九八八）でも一部例示した。イロハ・意義検索の節用集から改編したことの影響であって、意図的に分類されたのではなかろう。

(10)Ａ類と『蠡海節用集』との関係は佐藤（一九八七）で指摘したが、この段階では『〔宝暦新撰〕早引節用集』を目にしておらず、『〔増補改正〕早引節用集』（宝暦七年刊）によっていた。なお、先引のホトトギスは『蠡海節用集』も「郭公」のみを掲げるが、「本字杜鵑」と注しており、用字「郭公」の通俗性が明確に意識されている。

(11)版権のうえからは、第二部第三章が筆者なりの解答となる。

第八章　検索法多様化の余燼

はじめに

第二部で見たように、近世後期の節用集は、早引節用集を軸に新たな展開をむかえた。『〈宝暦新撰〉早引節用集』（宝暦二〈一七五二〉年刊）にはじめて採用されたイロハ・仮名数検索は、一八世紀後半の節用集界に検索法の多様化を招来したが、早引節用集の版元が板株（近世的版権）を厳格に適用したため有用性の高い検索法を締め出すことにもなり、一八世紀末にはほぼ終息したのであった。

一九世紀に入ると、小型・軽便な早引節用集から差別化をはかるかのようにイロハ・意義検索の従来型節用集の一部が大型化するが、この傾向は過熱化するとともに、かえって早引節用集を襲うにいたったのであった。ただ、一九世紀のありようをより的確に記述するには、人々の注ぎこんだ営為をくまなく把握しようとするスタンスが辞書史の記述的研究にあるとすれば、検索法新案の集中期以降の、いわば惰性的な動きをもすくいとりたいものである。また、そうした検討をおこなうことによって、検索法新案の集中期を浮き彫りにすることにつなげるとともに「近世節用集の一九世紀」のディティールの記述に資することを考えたく思う(1)。

第一節　仮名数検索の導入をめぐって

〔一〕『〔新増四声〕節用大全』広告

この本は、「伊勢屋忠右衛門蔵版目録」に見えるものである。『日本随筆大成』第一期第一二巻所収の高田（小山田）与清『擁書漫筆』（文化一四〈一八一七〉年刊）にもその影印が載るので、比較的知られたものであろう。同名の版本も存するが、次のような広告の内容を実現したものではない。

数百種の節用集あまねく世におこなはる、といへども誤字かなちがひ、或ハ無用の文字多く、かへつて日用急務の文字を遺漏す。今此書ハ専ら平生要用の文字のミ数千字を増益し、字毎に真字を付し、それに四ツのよミこへをそへ、一字を見て四字を知るの便利とし、且、訓読のかなかずを以て次第し、文字をさくりもとむるの急時にたよりならしむ。此書ハ実に節用集の大全なるものにして俗間日用の至宝なり。

「訓読のかなかずを以て次第し」とは、まさに早引節用集の仮名数検索である。高田与清の随筆を刊行する「物之本屋」に企画・広告させるほど、早引節用集は魅力的だったのであろう。もちろん、早引節用集の刊行後七〇年ほどもたつ時期なので、すでに何件もの版権問題が起き、版権の所在も、版権侵害書の処遇も知られていたはずである。したがって、このような広告が軽々に掲げられるとは考えにくく、相応の事情・背景があるように思われる。

この点、『大全早引節用集』文化一四年版以降の早引節用集の刊記に、須原屋茂兵衛の名が見えるのが注意される。一方、『〔新増四声〕節用大全』と同名の『節用大全』は文政五（一八二二）年に刊行、「須原屋市兵衛元株」で、刊記には英平吉・伊勢屋忠右衛門ほか二書肆が記されるという（山田忠雄 一九六一）。須原屋市兵衛は須原屋茂兵衛の分家なので、茂兵衛のかかわる早引節用集（の版権）と関わりがあるかと思われるが、書籍ごとの版権は書肆ごとに別個のものと見るのが原則であろう。また、市兵衛家は、文化八年に当主が死亡してまもなく廃業したらしく（『日本古典文学大辞典』）、とすれば「元株」とあるのもすでに版木を手放したことをいうのであろう。結局、時期の点からは早引節用集と須原屋市兵衛の接点はなく、伊勢屋も早引節用集の版権とは関わりがないように思われるのである。検討の余地がないではないが、いまのところ、伊勢屋が、仮名数検索の節用集を刊行できるような特殊事情があったとは考えにくい。したがって、この事例は、広告という媒体ないし手法により、早引節用集の出版を予告するという特異なもので、早引節用集の魅力のなせるものといまは見ておくにとどめたい。

〔二〕『〔増補改正〕早字節用集』尾張永楽屋版

『〔増補改正〕早字節用集』はイロハ・意義検索の節用集で、行草一行表示、一面六行取りである。判型は、半紙半切ほどのものと、余白を大きくとった美濃半切縦本がある。高梨信博（一九九八）に紹介されており、本としての特徴の詳細はそちらにゆずるが、大坂本屋仲間の記録から天保三（一八三二）年ごろの刊行とした点は、別書の記録を誤認したものである[2]。そうなると、刊行時期を特定できないことになるが、「早字節用集」と命名できたのが、永楽屋が享和三（一八〇三）年に『新板引方早字節用集』（後述）を求版したことが契機だったとすれば、一九世紀の刊行と見てよく、さらに、尾張書肆による節用集の出版が一九世紀に入ってから顕著になることも考え合わせてよい。

この本で特徴的なのは、高梨も言及するように、外見上はイロハ・意義検索ながら、その下位分類には仮名数順を導入することである。ただし、仮名数を知らせるような標目を一切示していないのが不審ではある[3]。『〔新増四声〕節用大全』の広告とは対照的に、アピールすべき仮名数の標目を設けないのだが、これは早引節用集の版元を刺激しないためなのであろう。たしかに、序文では、仮名数検索の欠点をあげつらってすらいるのである。

節用の類ハ世間に数板有て、今般重宝なれ共、たがひに得失有て何れよろしとも極めかたし。声の数にて引ハ早けれども、中にハかの部の二にて〈かさ〉というふことをさがすに笠傘瘡のうち何れならんと迷ひ、又雲といふ字をさがすとて蜘とあるを見て是なりと取ちがへ、椿と津液、障と月水とを引あやまる類なき（に欠カ）あら

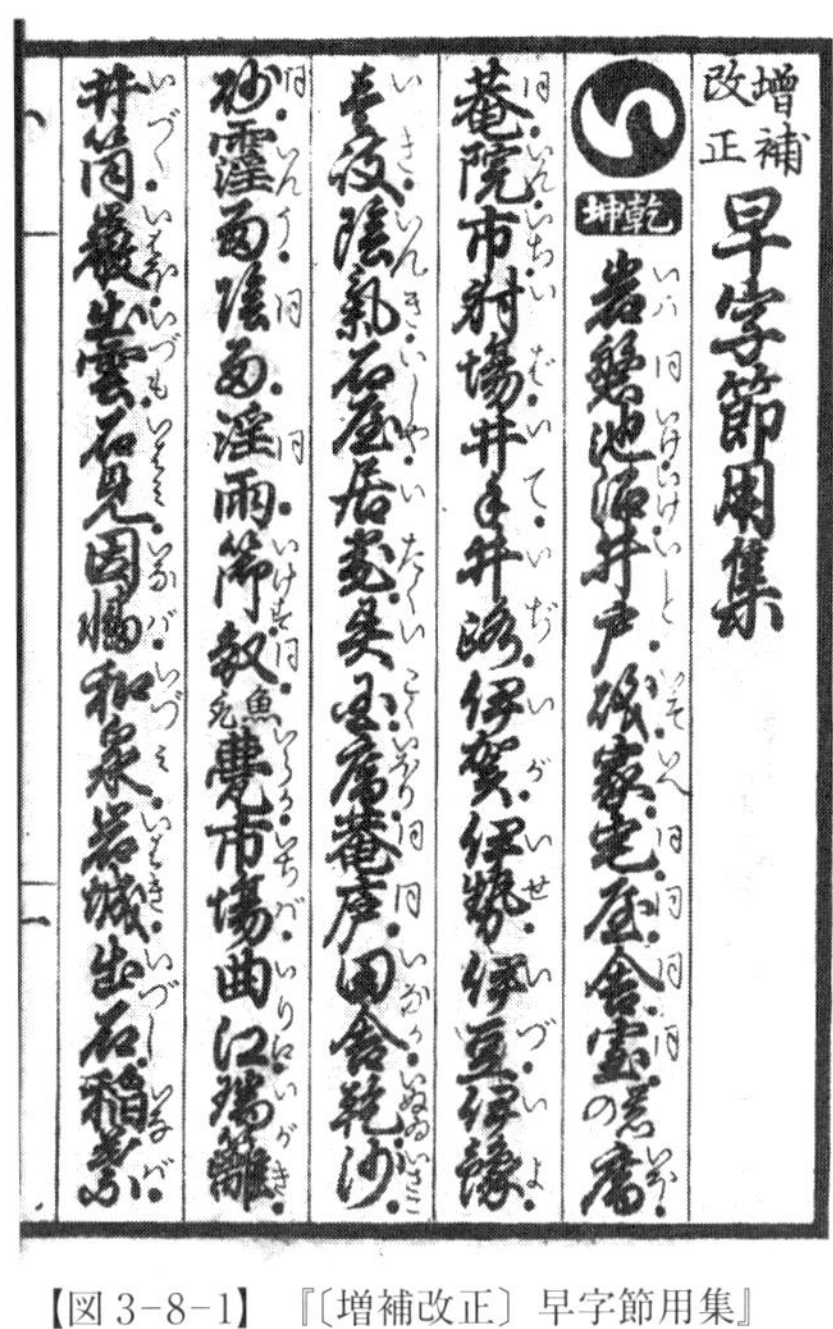

【図3-8-1】『〔増補改正〕早字節用集』

ず。となへ同じきま丶数のミにすがりてひく故なり。今此節用ハ天地人物草木言語なと丶部をわけ、頭をいろはによりてひく故、是らの誤なく殊に多く増字をくハへたれハ誠に無双の節用なり。

早引節用集の仮名数検索が書肆にとって確かな利益をもたらす魅力的な存在であったことは、重版（無断複製）・類版（意匠盗用）の横行が証するところである。が、本書のように、事実上、仮名数検索を導入しながら、序文ではその欠点を挙例しつつ執拗に否定して見せるのも興味深い。一種のカモフラージュでもあろう。

それにしても、早引節用集の版元でないものをして、これだけ屈折した行為をなさせるほど、仮名数検索は魅力的な存在だったのである。

さて、序文で否定したとはいえ、「声の数にて引ハ早けれども」と利点に言及するのも興味深い。一方、「数のミにすがりてひく」とあるのも、早引節用集が意義分類を表示しないことへの批判ではあるが、仮名数検索の欠点を限定的に捉えているとみるべきであろう。とすれば、意義分類と仮名数検索を併用することが、一つの理想的なものとして捉える向きがあったとも読み取れようか。その併用のありようにはいくつかのタイプが考えられ、実際に刊行されてもいるのであった。

『〔増補改正〕早字節用集』享和3（一八〇三）年以降　イロハ・意義・仮名数

『偶奇仮名引節用集』　文化元（一八〇四）年刊　イロハ・仮名数。各語に意義分類を注記
『いろは節用集大成』　文化13（一八一六）年序　イロハ・仮名数・意義

このように、既存のものを取り合わせたり改良したりする節用集は、一九世紀の尾張版にはまま認められる。『〈増字百倍〉懐宝節用集』（天保七〈一八三六〉年刊）は、半切横本の『〈増字百倍〉早引節用集』（宝暦一〇〈一七六〇〉年刊ほか）を三切横本に小型化したものであり、『〈世用万倍〉早引大節用集』（文化六〈一八〇九〉年刊ほか）は、規模を『〈増字百倍〉早引節用集』並みに抑えながら、収載語をほぼ倍の『大全早引節用集』（寛政八〈一七九六〉年刊ほか）から取捨したものであり、『いろは節用集大成』にいたっては『和漢音釈書言字考節用集』一〇巻（享保二〈一七一七〉年刊ほか）をイロハ・仮名数引・意義分類の三重検索に改めただけでなく、ほぼ全語を半切横本・五〇〇丁に収めつつ、真草二行表示をも実現したものであった（佐藤 一九九二）。

こうした工夫のある尾張版の一つとして『〈増補改正〉早字節用集』を捉えることができよう。ただ、右の諸本はそれぞれ版権上問題となったが、『〈増補改正〉早字節用集』にはその形跡がない。早引節用集の版元に気づかれなかったか、一九世紀ではすでに早引節用集が圧倒的に優位であったため、軽微な抵触として黙認されたのでもあろうか[4]。序文でのカモフラージュや、仮名数標目を設けなかったことも関係するか。

第二節　仮名順検索と編集様態

『都会節用百家通』（寛政一三年刊）は、一九世紀の大型本の嚆矢である。大型化自体、早引節用集からの差別化に根ざすものと捉えるので、早引節用集からの間接的な影響が見られるものということになるが、検索法自体はイロハ・意義検索なので何ら新味もない。ただし、ごく一部にアカサタナ順が見られるので、本章であつかう他の諸本と

同様、語の配列規則のうえから注目する。

節用集における各部言語門内部の配列として、字音語について字訓語を配し、字訓語内では漢字複数字語から単字語の順に配することが多い。ところが、『都会節用百家通』のア部言語門の字訓語は、仮名二字めの五十音順（アカサタナ順）に配されることに気付いた（末尾六語をのぞく）。いま、初めの仮名二字めごとまでにくぎり、その最初の語の配列順の通し番号を示した。なお、具体例として二語までを掲げる。

字音語

1～あん（安堵・安心）　27～あい（愛著・愛欲）　43～あく（悪心・悪念）

字訓語

55～ああ（嗚呼・於戯）　62～あか（苟且・白地）　74～あさ（浅・澪。「新敷」を含む）　101～あた（当・丁）
133～あな（阿那・大）　149～あは（合・併）　169～あま（余・羨）　187～あや（文・無益）　212～あら（露顕・発覚）
261～あい（阿痛・滅獲）　267～あき（明・皛）　282～あし（悪・凶）　290～あち（無味・無快）　296～あに（豈・豈料）
298～あひ（間・際）　330～あり（有合・有侭）　343～あく（飽・厭）　355～あつ（厚・篤）　378～あふ（溢・池）
384～ある（歩・歩行）　388～あけ（開闔・不可勝計）　391あせ（涸）　392～あて（充・宛）　398～あえ（敢・無敢）
400～あを（蒼醒・仰向）　404～あこ（浮岩・狂浮）　407～あそ（遊・遨）　411～あと（迹・跡）　423　あへ（無安倍）
424　あや（無益）　425～あぢ（無端・無道）　427　あこ（阿漕）　428あう（阿吽）

一八世紀後半には、早引節用集の版元が版木を買収して刊行させなかったものに、イロハと五十音順を併用した『五音引節用集』などがあるけれども（第二部第三章）、右のようなアカサタナ順が認められる『都会節用百家通』も検索法の多様化があっての産物と見ることがまずありえよう。

ただし、ア部以外の言語門ではこのような配列規則は採られていないので、利用者を利するための工夫ではなさそうである。当然、ア部言語門にしても、五十音の仮名標目もなく、利用者向けの説明もないのである。ならば、何のために、どのような理由でア部言語門だけに整然たるアカサタナ順が現われるのかを改めて問うことになろう。

『都会節用百家通』は、収載語の多いもの、あるいは多く増補されたものである。簡単に増補とはいうが、実作業は煩雑である。まず増補用の語彙集が用意されよう。これは節用集とは別系統の辞書であったり、諸書からの抜き書きであったりするだろうが、まずは、重複語の有無を確認するのが周到であろう。このとき、現代の国語辞典のように五十音順の繰り返しという単純な規則で整一化され、当該語の採るべき位置がピンポイントに指定されるようなら問題ない。が、一般に節用集での検索とは、イロハ・意義検索などで分割された語群から当該語を読み取るものであって、言語門のように語数の多くなる語群において、重出語の確認作業は相当の時間と手間のかかることは容易に了解されよう。もちろん、言語門内での、字音語・字訓語、漢字複数字語・単字語、あるいは同頭字語・同訓語などのまとまりを手掛かりにすれば、幾分は効率を高められるであろうが、やはりそれにも限界があろう。

そこで、収載語を即座に引けるようにしてあれば対照作業は格段に容易になる。そのための工夫が二字めの五十音配列だったのではないだろうか。検索のための仮名順導入ではあるが、節用集利用者のためではなく、増補作業時の収載語管理のために導入したのではないかということである。(5)

であれば、増補作業後の本文には、五十音順の存在を明記する必要はなく、版権のことを考えればむしろ明記するべきではない。もちろん、他の部の言語門においても所属語数が少なければ、対照作業は容易だから五十音順を導入するまでもない。語数が多ければ五十音順を導入して重出語検出の管理に供するが、清書の段階ではそれを故意に乱すことも考えられるわけである。ただ、ア部言語門だけは、何らかの事情ないし偶然のため、編集段階での作業本文が、おそらくはそのままの形で印刷・刊行にまでいたってしまったのではなかろうか。

一応、右のような推測が成り立つが、証明する手だてはない。ただ、『都会節用百家通』の版元として、寛政一三年版刊記には吉文字屋すなわち鳥飼市左衛門の名が見える。吉文字屋は、一八世紀後半において早引節用集に対抗するかのように、濁音仮名・長音仮名・撥音仮名の有無による検索法を考案し、検索法の多様化に関わりつづけた人物であった(佐藤二〇〇二abd)。吉文字屋の存在により、右に推測した『都会節用百家通』の編集過程も、相応の確からしさを帯びるように思われるのである。

第三節　意義分類の再検討

〔一〕『字貫節用集』文化三年再版

『字貫節用集』再版は美濃半切横本だが、各丁上半に「増補画引玉篇」、下半に「字貫節用集」を配するものである。これは初版からの体裁で、当時通行の縦本の頭書(本文上欄)から発想したものであろう。縦方向に余裕のない横本で導入したのが特徴ということになるが、[6]検索効率とは無縁のように思われる。節用集での検索とは、イロハ・意義などで分割された語群から求める語を読み取るものだから、見開きごとにより多くの語を見せた方が、丁をめくる回数が減らせる点で効率がいいからである。

レイアウトについてはさておき、『字貫節用集』再版で注目すべきは、言語門を口・目・耳・鼻・心・身(体)・手・足・雑の別に細分することである。早く山田(一九六一)が指摘したものだが、序にはつぎのような例が載せられている。適宜改行し、付訓を省略して示す。

(口)異説。ㅏ口同音。辞応返事。〔など此類皆口に属する処の字也。依て此ニ入〕

（目）眠。寐。〔此類目に属する字義なり。依て此に入〕
（耳）韻律。〔此類耳に聞処の字義也。依て此に入〕
（鼻）鼾。呼　吸。此類鼻に属する字義也。依て此に入〕
（心）以心伝心。意味。ー趣。〔此類心に属す。依て此処に入〕（下略）

言語門は他の意義範疇にくらべて所属語が多くなる。それを検索しやすくするのに、一八世紀の『新増節用無量蔵』『大新増節用無量蔵』では仮名二字めのイロハで再配置するが、『字貫節用集』再版では意義分類で細分するのである。抽象概念の集まりやすい言語門を、身体部位という身近な具体物で細分したのは優れた着想と評価されよう。早引節用集の登場以来、意義検索は敬遠されがちであったと思われるが、『字貫節用集』再版の工夫をみれば、まだ改良の余地があったとも言えよう。

特徴的な工夫だが、吉文字屋が版元に加わっているのが注意される。先述のように吉文字屋は検索法の多様化をになった書肆であり、新たな検索法の考案を積極的に展開していた。特に、彼の刊行書『大節用文字宝鑑』（宝暦六〈一七五六〉年刊）と改題改修本『新撰部分節用集』（宝暦九年刊）は、上位分類となる意義範疇を五二種（一一門四一類字尽）とするもので、下位分類が不要なほど少語数となる範疇も存する。吉文字屋は、意味分類の細分化をすでに一八世紀の段階で実現しており、その手法を『字貫節用集』再版にも応用したと捉えられそうである。

〔一二〕『新板引方早字節用集』享和三（一八〇三）年刊

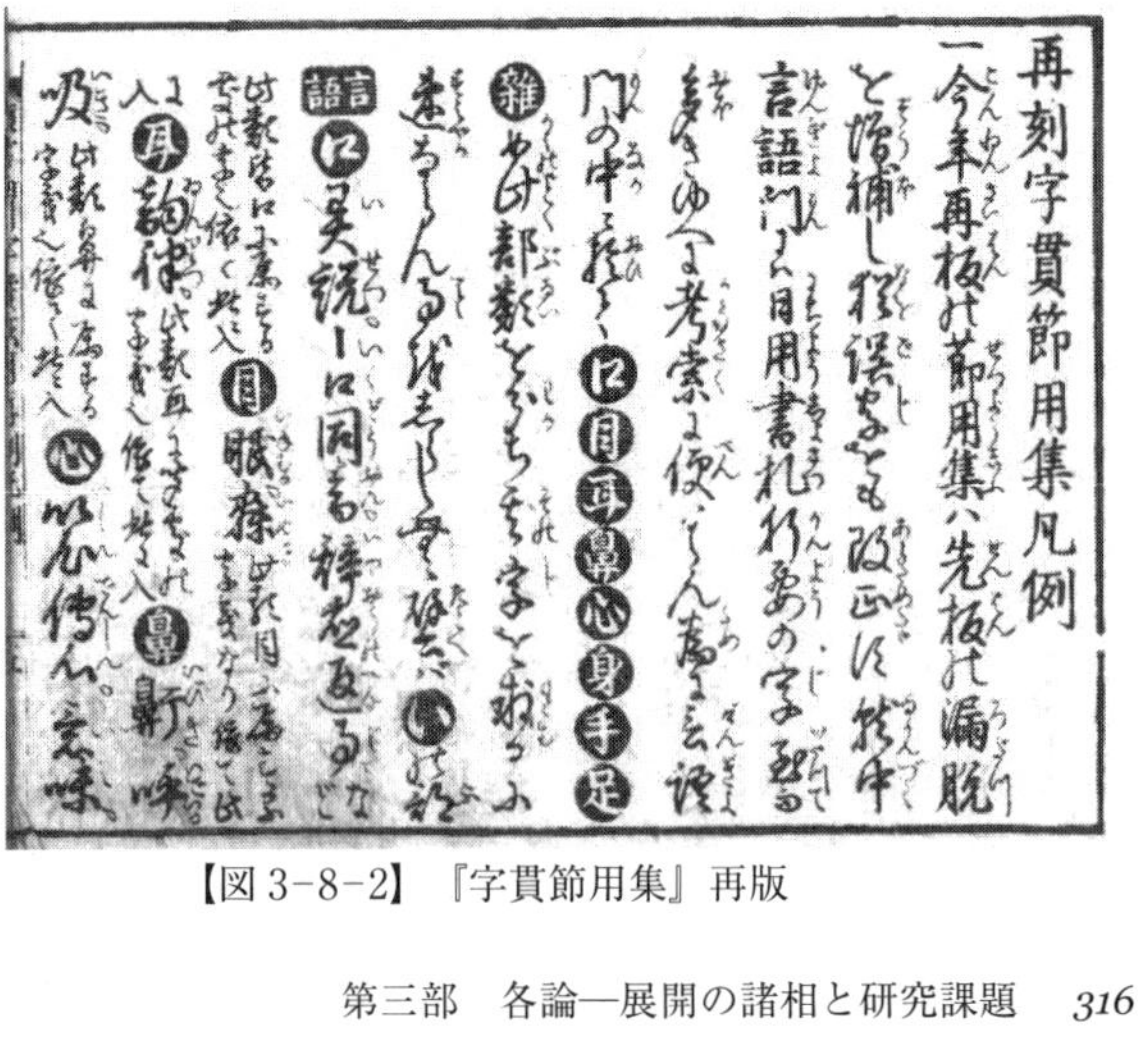

【図3-8-2】『字貫節用集』再版

『新板引方早字節用集』の伝本は少ないようなので、やや詳しく紹介する。半紙半切横本で、行草一行表示、一面八行取り、本文一五八丁の、比較的小規模な節用集である。刊記には、銭屋長兵衛（京都）・勝尾屋六兵衛（浪華）・須原屋茂兵衛（東都）・永楽屋東四郎（尾張）の順に書肆が記されており、永楽屋の次行に「求板」と添えられる。

本書の検索法上の特徴は、従来の意義範疇名を和らげたことにある。「乾坤」ではなく「てんち―山川―あめ―かぜ―ゆき―しも―ミや―いゐ―めいしやうの文字」と具体物を平仮名で列挙したり、「言辞」ではなく「つねにもちゆることバの文字―てかミにもちゆるもんじ」のように説明的に示すのである。[7] このような和らげをイロハ各部のすべての意義範疇に掲げるのだが、それぞれに一行を割くという、紙面を贅沢に使った表示法となっている。

このような工夫を思いつくのは、やはり意義分類を難解なものと考えるからなのであろう。意義分類を廃した早引節用集の発想に通ずるか、同じ視点に立っていることになるが、おそらくは、早引節用集があったからこそ、意義分類の欠点に気づかされ、それを和らげることに思い至り、[8] 刊行にまでいたったのであろう。

ただ、新奇ながらもスマートとはいえない工夫を「新板引方」[9] と呼ぶのは誇張のようで、検索法への意識が過度になるあまりの行き過ぎた表現とも見える。ところが、二〇〇五年に入手した、刊行書肆に永楽屋を欠く一本は、その巻頭に序と「字引目録」三四丁を備えるものであった。序は次のとおりである。

文字を。さがし求るに心やすくして。また紛しき事なく。早字。引かたの。工夫せし。字引なり。則次に目録あり。上にいろはの合印あり。下に平かな門部分在。かたはらに。丁付有。但し丁付何十何丁目と云所に。入用の文字あり。早き事を言ば。順風に。帆を上走るにひとし。

巻頭の「字引目録」は、本文当該箇所に対応する全意義範疇の標目を集め、そのすべてに丁付けをほどこした目次となっている。和らげた門名を一行まるまる宛てる本文も贅沢だが、それを再度巻頭に集めて目次を構成するにいたっては冗長と言うべきかもしれない。全丁数の二割を「字引目録」が占めるのも偏向ではあるが、それだけに編集・企画上の思い切りと見れば「新板引方」と名乗るのも理解できないではない。ただ、永楽屋求版本で「字引目録」が廃されているのは、やはり紙数を要する割には有用性に疑問があったからなのであろう。

実際、有用な検索法はすでに考案しつくされており、一九世紀にはこうした工夫も出てくるということなのであろう。これはこれで、検索法の多様化期を経た産物として注目したく思う。

第四節　視線移動の省力化

『偶奇仮名引節用集』（文化元年刊）は、『大全早引節用集』（寛政八〈一七九六〉年刊ほか）を改編したもので、早引節用集の版元から類版とされてもいるが（佐藤 一九九三a）、縦書きの常識を逸脱するなど、その改編ぶりには注目すべきものがある。

まず紙面の上段に仮名数偶数字語、下段に奇数字語を配している。[10] さらに各段を三段に分かって計六段とし、上から仮名数二字語・四字語・六字語・一字語・三字語・五字語と配するのを基本とする。[11] 収載語は横方向に配列されるが、一面八行取りなので見開きでも各段一六語しか一覧できず、実際の検索では延々と丁を繰ることになる。他にない奇矯なレイアウトだが、「凡例」では次のように発想の経緯が述べられる。

素問曰、人の眼耳鼻ハ左に利き、手足ハ右に利とぞ。是、天の常理なり。今此節用集は、先此理を考得て、竺土貝葉原本の蟹字法に倣て、右より左に横に見る事を格とす。実に、本朝におゐて例なき活法なり。殊に文字の偶奇と、数とを分たれば、世上に流布せる、尋常の節用集とハ天壌の差なること左の引例を見て察給ふべし。

典拠となった『素問』（黄帝内経素問）の一節は、おそらく「陰陽応象大論第五」の次のくだりであろう。

天不足西北、故西北方陰也。而人右耳目不如左明也。地不満東南、故東南方陽也。而人左手足不如右強也。

天の気は西北では不足しています。そこで西北は陰に属し、右〔陰〕の耳目はまた左〔陽〕の耳目の明瞭さに劣ります。地の気は東南方では不足しています。そこで東南は陽に属し、左〔陽〕の手足はまた右〔陰〕の手足の強さに劣ります。

（石田秀実監訳 一九九一）

この一節をどう解釈すれば横配列が発想されのかははっきりしない。単に耳目・手足は左右でバランスをとるから横配列が具合がよいといった程度のことか。ならば目・手と左・右の関係は単なるきっかけで、『素問』や「貝葉原本」も権威付けに持ち出されただけかもしれず、ひいては、横配列も奇をてらったに過ぎないとも考えられる。

そこでまず、通常の節用集での検索を振りかえってみよう。行を単位として縦方向に読み取るが、どこまでが一語の漢字表記に当たるかを判別しながらの作業になる。近世初期の節用集のように隣接語間のくぎりが空格ならば一目瞭然だが、句点などによる中期以降の節用集では厄介である。左右の決まりなく隣接語間の間隙に句点を打つ本もあるからで、白抜きならまだしも、読点や黒丸なら点画の一部と紛れぬよう判別することになる。漢字の「形」を知るために引く節用集に、「形」の上での判別が強いられるのだから、ストレスがかかる。行末から次行行頭に移るのも負荷がかかる。

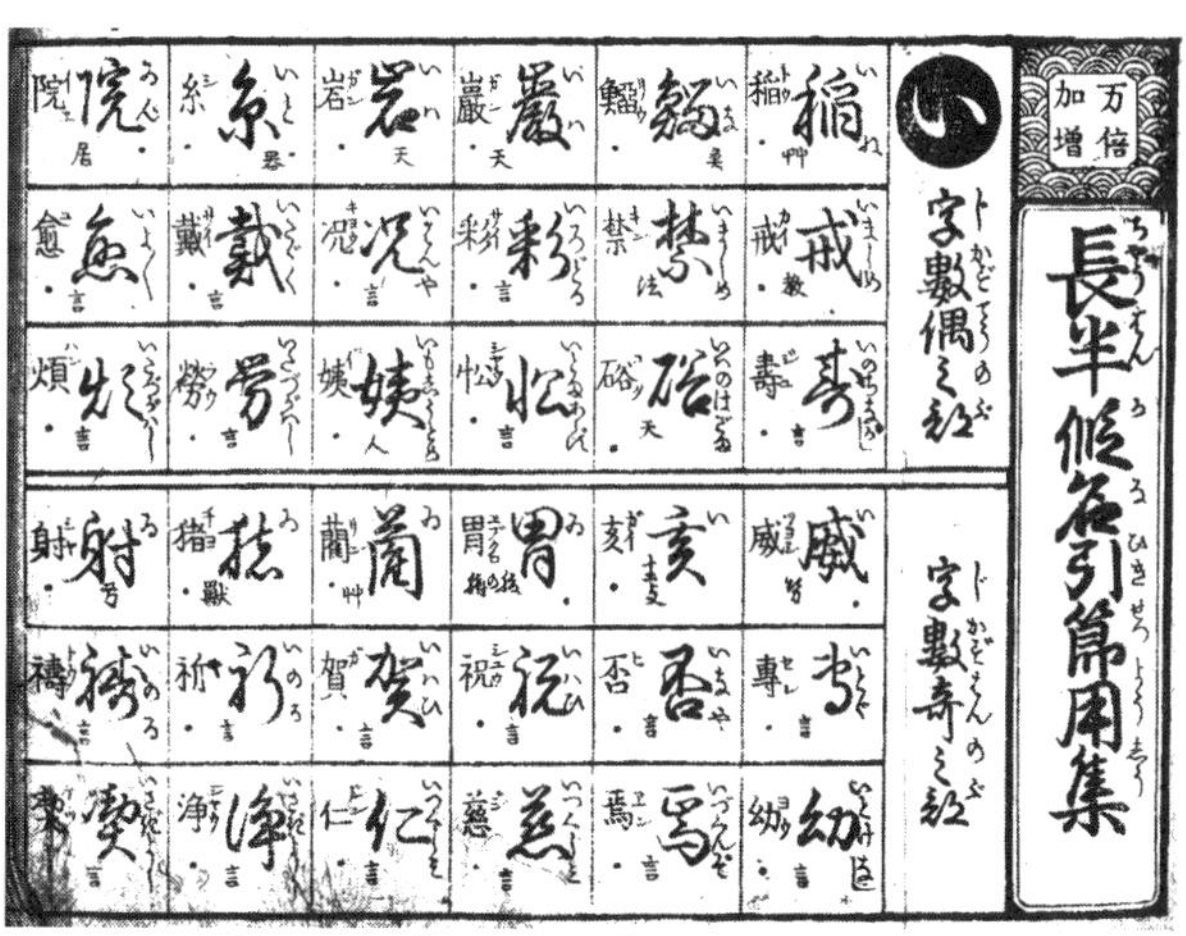

【図 3-8-3】 改題本『長半仮名引節用集』

下端から上端への大きな跳躍とともに視点を左隣行にずらすことになるが、同じ行の先頭や次々行に飛ばないよう注意が必要になる。語の境界を的確に把握しつつ、視線の移動を正確にコントロールする高度な作業が強いられるのである。

その点、『偶奇仮名引節用集』の横配列には一定の利点があろう。原則として縦方向に読み取る必要はないから、隣接語間の切れ目という概念すら存しない。ただただ、目を左方へ走らせればよいのである。もちろん、見開き単位に一覧できる語数は大幅に減るので丁をめくる動作は増える。が、実はそこがポイントではないか。普通なら検索の際に停止しがちな手に、目が負担する動作を大幅に肩代わりさせるわけである。このような動作の転換というコンセプトに気付けば「例なき活法」と誇るのも納得できるのである。

一八世紀後半の吉文字屋の節用集には、表紙・巻頭に配した詳細な丁付け目録を活用すべく、視点の移動を最小限にするよう、丁付けの位置を丁裏右端に配したものがある（第一部第一章第五節）。エルゴノミクス的な着想として注目されるが、『偶奇仮名引節用集』も、これと同等以上の到達点として位置づけうる可能性があることになろう。

おわりに

すでに第二部第三章にみたように、早引節用集の版元は、仮名数検索ばかりでなくイロハ二重検索など仮名順検索についても早引節用集の類版（意匠盗用）とすることに成功したのであった。このように、とても適用範囲の広い版権になった以上、他の書肆は仮名順検索の考案を断念せざるをえなかった。

が、いまだ検索法改良の熱は冷えきってはおらず、意義分類への工夫を怠らなかったと見える。また、仮名数検索を採るものもありはしたが、顕在化をはばかりながらのものであった。『都会節用百家通』ア部言語門のような仮名二字めの五十音分類も、やはり局部的なものにすぎず、おそらくは、何かの手違いで刊行にまでいたったものと考えられた。

結局のところ、一九世紀における検索法をめぐる考案は、やはり終息を迎えるにふさわしい内容と規模のものであったということに落ち着きそうである。そうした見地にたって一八世紀後半を見直すとき、いかに検索法の考案に富んでいたかを改めて知ることになろう。

注

(1) 一八・一九世紀のイロハ二重検索節用集の動向については、次章であつかうこととした。

(2) 髙梨は「一河多より、尾州永楽蔵板早字節用売弘メ願出候ニ付、願書相したゝめ帳面等印形取之候事」(「出勤帳」天保三〈一八三二〉年八月五日)との記事に依拠するが、当該願書の書名には「早字節用集　真字附」とある(大阪府立中之島図書館編一九九三)。「真字附」とは行草体表示に楷書を添えた真草二行体をいうので、行草一行表示の『〔増補改正〕早字節用集』とは別書なのである。なお、この記録での「早字節用集　真字附」は美濃半切横本・一面七行の天保二(一八三一)年本であろう。山田忠雄・金沢市図書館などに蔵される。亀田次郎旧蔵書にも存するが、刊記を欠き、後補した『〔増字百倍〕早引節用集』の表紙により「早引節用集」として目録類に登録されている。

(3) イロハ・意義検索の下位検索に仮名数を用いつつ、その標目を設けない節用集に、早く『万代節用字林宝蔵』(明和三〈一七六六〉年刊)がある。早引節用集の類版として絶版処分になったので伝本は多くないが、関西大学・米谷隆史・筆者が蔵する。なお、諸所に蔵される『万代節用字林蔵』(「宝」字欠)は仮名数検索を廃止させられた別書である。

(4) 『万代節用字林宝蔵』は、前注のように『〔増補改正〕早字節用集』と同じ検索法ながら、絶版に処せられている。検索法開発の集中期にあったため、早引節用集の版元も処分を徹底したのであろう。詳しくは、佐藤(二〇〇四)参照。

(5) 想像をたくましくすれば、『都会節用百家通』言語門では『和漢音釈書言字考節用集』との関係が一部考えられるが(佐藤一九九七a）、それを悟られないよう配列順を乱すため、仮名二字めの五十音順を採ったことも考えられるか。

（6）先例として、縦本ながら『大広益節用集』（元禄六〈一六九三〉年刊）が参考になろうか。「三階版」と称して、上段に「増補倭玉篇」、中段に挿絵入り語注、下段に「大広益節用集」を配するもので、三段の記事すべてが横長になり、『字貫節用集』での頭書導入と近い構成になる。

（7）この表示法は永楽屋版『大全早字節用集』（外題、。文政八〈一八二五〉年版など）に引き継がれる。

（8）『絵引節用集』（寛政八〈一七九六〉年刊。半切縦本）・『絵引節用集』（刊年不詳。三切横本）で意義範疇を絵で標示するのも同趣の目的によろう。

（9）「引方」は、通常「引様」（検索法）とするものと同義と思われ、ここには「〜よう」から「〜かた」への変化が見られることになろうか。

（10）偶数奇数で収載語を二分するものに早く『広益好文節用集』（明和八〈一七七一〉年刊）の類がある。

（11）仮名三字・四字語など配属語数が多いものは、他の字数の語の段をおそい、二段・三段に配されることがある。

第九章　イロハ二重検索節用集の受容

はじめに

第二部第三章において、近世後期節用集における検索法の多様化を見、その要因を、早引節用集の版元による版権の過剰主張とともに、新規の検索法を考案して新たに版権を得ようとする書肆の営為に求めた。その検討の過程では、イロハ二重検索を当時としてはもっともすぐれた検索法であると考えた。一方では、当時において、イロハ二重検索を求める人々がどれほどあるかについては検討できず、その受容の可能性については課題として残ったのであった。本章は、今の段階で判明しているイロハ二重検索節用集をめぐる動向について述べるものである。

本章での検討は一九世紀での記述を含むことになるが、前章とともに検索法新案の終息期の様相の一面として見ていければと思う。同時に、一八世紀後半の検索法開発の集中期を浮き彫りにしつつ、第二部第四章・第五章とも連動することにより、一九世紀の節用集界の動態を的確に把握できればと思う。

第一節　イロハ二重検索節用集諸本

〔一〕現存諸本一覧

イロハ二重検索の節用集は、宝暦一二（一七六二）年、京都の額田正三郎ほか五名により『安見節用集』が刊行され、江戸の前川六左衛門により『早字二重鑑』が刊行されたのをはじめとする。しかし、翌年、早引節用集の版元により類版（意匠盗用）として、それぞれ版木買取・絶版となるにいたった（第二部第三章）。このようにしてイロハ二重検索の節用集は出版界から姿を消したのである。

一方、刊行当時の『安見節用集』『早字二重鑑』の版本は管見に入らないが、次のようなイロハ二重検索の節用集が現存する。

①増補早字二重鑑　安永7（一七七八）年写　筑波大学附属図書館
②早字二重鑑　天明3（一七八三）年写　東北大学狩野文庫
③蘭例節用集　文化12（一八一五）年刊　第三検索に意義分類を採用
④節用早見二重引　嘉永5（一八五二）年刊
⑤早字二重鑑　嘉永6（一八五三）年刊

これらの現存本から、イロハ二重検索節用集の受容のさまをみていくこととする。

まず、これら五本が確認されること自体が、イロハ二重検索の節用集の受容をしめすものと考えられよう。近世の節用集が流布した背景に、出版による大量生産が挙げられる。出版を無視して近世節用集を語ることができないほど、両者は密接な関係にある。そのような状況のなかで、早引節用集の類版書と指定されたイロハ二重検索節用集が刊行できなくなったことは、その生命を絶たれたというに等しい。しかし、ここにあげた諸本は書写などで伝わった。いま④⑤は版権管理が十分に機能していない時期での刊行なのでひとまずおくとしても、①②は写本であり、③は非営利の私家版として行なわれたのである。版本による流布が普通であった当時において、そのようにしてまで利用されたのは、イロハ二重検索がそれなりに受容されたからであると考えることができよう。こうした状況を念頭においたうえで、諸本を検討していくこととする。

〔二〕『早字二重鑑』天明写本

現存諸本のうち、『早字二重鑑』宝暦版本にもっとも近いと思われるのが、『早字二重鑑』天明写本である。序から刊記にいたるまで完備しており、版本をそのまま写したかの感がある。いま参考までにその大要を紹介する。

表紙　縦横九〇×一七七ミリ（横本）。厚さ二九ミリ。

一ウ（見返し）「引字」（各部の所在を示す索引）

二オウ「序」

早字二重鑑序／本朝俗用字書／甚多雖然字画／訂謬之義承師／教之誤或暗升／竹或迷入人之／類往々而在亦
因字門之茂不／能輙得所索失／於正画而背于／本義予因忘固／陋輯成一巻施／諸童蒙請教君／子巳
宝暦丙子秋　／東都西岡重旧（小十郎）

三オ～4ウ「凡例」

此書者為専資官府要用作也／所以題曰早字二重鑑者以呂波四十七字則／一重而各字之／下亦肆列四十／七字合為二重／欲見者従求即得也

一　二字以上者其／一字之下著音／訓譬如違背収／イ條下類也

一　字之下以ー為／標者各著訓于／本字之下譬如／霪雨之類也

一　世俗所謬以謬／記之不甚是正／如仮名遣之法／問諸歌学者可／矣　如クハウカフカウ皆／入コウ之門如キヨウ／ケフケウ皆入キヤウ／門之

類也

一　四十七字之内／如キハ二呂‐音ノ一別ニ無シ二連‐／続之音一故ニ省ク

一　検字図

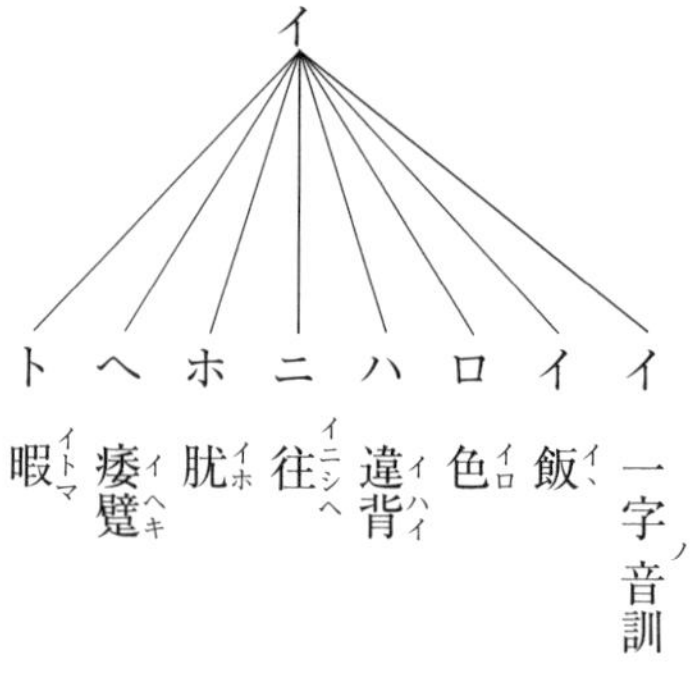

イ
- イ　一字ノ音訓
- イ　飯（イヽ）
- ロ　色（イロ）
- ハ　違背（イハイ）
- ニ　往（イニシヘ）
- ホ　肬（イホ）
- ヘ　痿躄（イヘキ）
- ト　暇（イトマ）

此余准之

一オ〜二〇九オ　本文

・一面九行。各行を四段に分かつ。最上段は行界を設けず、イロハ各部の標目に用いる。下三段は、行界・段界ともに有し、その区画一つに収載語一語をあてるのを原則とする。

・収載語は、一字語の場合、漢字を区画の上半に大書し、左傍に訓・右傍に音を配す。下半には、左傍に掲げられなかった他の訓を細字で掲げる。たとえば、「古」字（二丁オ）には、左傍イニシへ・右傍コを配し、下半にムカシ・トヲク・ヒサシ・カハルの諸訓が配されており、和玉篇のごとき掲載法をとる。
・内容の上では、漢字一字を字音で掲げることがすこぶる多く、二字以上の語は少ない。
・本文末に月の異名を掲げる。

二〇九ウ　刊記

宝暦一二壬午五月／東都書肆崇文堂／日本橋南二町目／前川六左衛門

裏見返し　識語

天明三癸卯年／七月廿三日書成／八公由比演徴

宝暦版本が現存しないので、天明写本の忠実さは知られない。なお、江戸本屋仲間の『割印帳』宝暦一二年午六月二二日分に「同（＝宝暦十二）年五月／早字二重鑑〔作者西岡重旧／大本三ツ切〕全一冊　板元売出　市川（ママ）六左衛門／墨付二百十二丁」とあって三丁だけことなるが、これを天明写本の忠実度を否定する材料にはできない。たとえば、付録のあった三丁分を、天明写本では不用として書写しなかったなどのことも考えられるからである。

天明写本の特徴のうち、欄外などへの書き込みに注目したい。この書き込みは、注に相当するものは少なく、見出し並みのものがほとんどである。丁によって差はあるが、全編にわたって書き込まれている。いま、一〇丁表ごとに、本来の収載語と書き込まれた語の数をみると次のようである。「本来の語数／書き込み語数」で示す。

一〇オ	27／8	二〇オ	22／7	三〇オ	31／18	四〇オ	30／7	五〇オ	22／9
六〇オ	30／16	七〇オ	29／22	八〇オ	25／15	九〇オ	28／10	一〇〇オ	29／10
一一〇オ	29／30	一二〇オ	23／13	一三〇オ	26／16	一四〇オ	25／18	一五〇オ	26／17
一六〇オ	26／11	一七〇オ	31／23	一八〇オ	32／10	一九〇オ	26／21		

大量の書き込みは収載語の補足が目的なのだろうが、それならば、語数の多い節用集は他にもあろうから、それを購入した方が手っとり早そうである。したがって、この書き込みを増補のための増補とだけみるのではなく、旧蔵者がイロハ二重検索の便利さを理解しており、愛用していたことを示すものと考えたい。

このように、天明写本の検討からは、イロハ二重検索の受容のさまをみるいとぐちとして、書写してまで伝えていったという特異性のほかに、増補という視点がくわえられることになる。

〔三〕『早字二重鑑』嘉永版本

諸本のうち、天明写本にもっとも近い内容である。縦を五段に分けることや、多く掲げられた訓のいくつかを整理するなどの改変は認められるが、語の配列順はほとんど変わらない。また、本書が宝暦版本によったであろうことは、序の「以テ二伊呂波ヲ一纂ムルレ事ヲ者（略）而節用集擅ニス二其名ヲ一。有リレ益二於世人一。然未レ有下連ヌル二一言ヲ一者上也。其ノ連ヌル二一言ヲ一者只此ノ書耳。今増二‐補シ旧本ヲ一副スルニ以二草字ヲ一」や凡例の「此書はやく刊本ありといへども、真字のみにして」などに現れている。本書は、天明写本とともに宝暦版本の体裁を伝えるものと考えられる。

なお、宝暦版本には、真字本・草字本の二種があったが、嘉永版本は真字本によったことになる。

〔四〕『節用早見二重引』

内容上、天明写本や嘉永版本よりも若干の増補が見られる。この『節用早見二重引』で注目したいのは、その序に、イロハ二重検索節用集がどのようにして、またどのような場で行なわれたかを具体的に記していることである。

宝暦ノ頃、同藩西岡重旧、専官府要用ノ為二重鑑ヲ著ス。最弁也ト雖、故アツテ世ニ行ハレズ、伝写シテ用ユ。其労見ルニ忍ビス、刊刻ノ意アレトモ文字足ラスシテ用ヲ闕。故ニ今数千字ヲ増補シ、且誤ヲ正シテ、節用早見二重引ト号シ、刻シテ公ニス。（下略。私に句読点を補った）

「最弁也ト雖、故アッテ世ニ行ハレズ、伝写シテ用ユ」からは、労の多い書写という方法をとってでも利用する価値があるほど「最弁」だと読んでも構わないであろう。「其労見ルニ忍ビス」からは、書写自体の苦労はもちろんだが、書写された部数が一・二にとどまらないことも推測されるように思われる。また、序の末に「佐倉　鈴木光尚校訂」とあり、宝暦版本の編者・西岡重旧が佐倉藩士であったこと、ここに引いたイロハ二重検索の受容のさまが佐倉藩で実際にあったことが知られる点も興味深い。

〔五〕『増補早字二重鑑』

『増補早字二重鑑』も写本なので、天明写本同様、書写してまで利用した例となる。美濃半切の横本で、本文二五五丁のものである。天明写本と大きく異なるのは、凡例に

二重主用アラザル文字如遜一本省之○譬壽文字如壽イノ之所出又壽コト所出而已
其所主用アラサル訓音皆畧之他皆准之

とあるように一字に対して多訓を掲出しないことである。形式上では、諸本に存する横方向の罫線ももうけない。

書名の「増補」は「増補をおこなった『早字二重鑑』」の意味ではなく、『早字二重鑑』に存しない、純粋の増補語だけで編集したとの意味のようである。天明写本と比較しても重複する語が極端に少ないのである。たとえば、イ（イ～イス）部では、「偈・祝・往昔・上世・一向・一切」の六語があるだけである。また、「祝」は天明写本でイワ部だったのをイハ部に転じたもので、「往昔・上世」は天明写本では注だったのを見出しとしたものである。完全な重出というには躊躇されるものである。

この『増補早字二重鑑』の総語数は推計で一〇〇〇〇語ほどあり、増補としては大規模である。また、増補という点では、天明写本の書き込みと同趣ではあるが、天明写本のは書き込みという手法自体、補助的な措置であろう。そ

の点、増補語だけで一書とした安永写本は一層徹底したものと言えよう。したがって、安永写本の存在は、イロハ二重検索が受け入れられた証左として重要な位置を占めるものと考えられるのである。

このような原『早字二重鑑』と安永写本の関係は、圧倒的に流布した早引節用集の一本『〔増字百倍〕早引節用集』（宝暦一〇〈一七六〇〉年刊）と、その増補語だけで一書とした『早引残字節用集』（天明五〈一七八五〉年刊）の関係にひとしい。そのような展開を考えれば、『早字二重鑑』についても早引節用集なみの需要が、一部にではあろうが、確実に存したことがうかがわれる。そのうえ、安永写本は安永七（一七七八）年の写記を有しており、『早引残字節用集』に七年ほども先立つ。写本と版本の差はあるものの、注意されよう。

〔六〕『蘭例節用集』

『蘭例節用集』は、序に「余嘗閲西洋言語之書。第一言第二言。各次以音。得語便捷。無如斯法者也。余欲倣以着此書」とあるように、西洋の語学書のアルファベット順を参照したものである。また、巻末に「若述作の趣向を襲ひ擬造する有ば」云々と記し独自性を強調することからも、『早字二重鑑』との関係がないものと考えられる。とすれば、かたや佐倉藩士が、かたや京都の医家が、それぞれにイロハ二重検索にたどりつき、版本にまで仕立てたことになる。いいかえれば、『蘭例節用集』は、『早字二重鑑』の有用性を検算する存在なのである。

また、『蘭例節用集』の一文からすると、蘭学がさまざまな場所で学ばれつつあった近世後期の日本では、誰しもイロハ二重検索を発想しえたものと思われる。このようにイロハ二重検索の発生の場なり環境なりの存したことを想定させてくれる点でも『蘭例節用集』の存在意義はあるものと考えられよう。

『蘭例節用集』で興味深いのは、その序に、イロハ二重検索の優秀さを具体的に検証・誇示していることであろう。序には「頃遂卒業。於是試比之旧書。検一語間得十語」とあり、そのまま受け取れば、十倍の速さだったことになる。

節用集の序などはいささか過剰な賛辞・宣伝文句が見られるものだから、この記述を鵜呑みにすることもないのだが、巻末に「此書一切売店に出さず彫刻家蔵して同好書写の労をはぶく」と営利目的の刊行ではないことが明記されるので、自賛する必要もない。したがって、一〇倍の速さというのも、さまで割り引く必要もなさそうである。

以上、イロハ二重検索の現存諸本から、書写の特異性・増補の意義・二つの系統の存在という特徴がひきだされた。このことから、近世後期においてイロハ二重検索の節用集はそれなりの支持を実際に得ていたとしてよいものと思われる。第二部第三章では、イロハ二重検索は支持をえられるものであって、支持されないのは早引節用集の版元による類版指定の結果のように推論したが、大きく的をはずれるものではないと考えられよう。

第二節　天保の改革と節用集界

ついで、イロハ二重検索への評価がどのようであったかが知りたくなる。が、かたや写本であり、一般の節用集が刊本であるため、単純に刊行部数のような客観的な指標で比較することはできない。しかし、天保の改革で本屋仲間も解散させられた天保一三（一八四二）年から嘉永四（一八五一）年には、版権侵害の監視が十全におこなわれなかったため、ほぼ自由な刊行が可能であった。そのような時期であれば、比較もできそうである。ところが、天保の改革からわずかにおくれて『節用早見二重引』『早字二重鑑』が刊行されるに過ぎなかった。なぜ、イロハ二重検索の節用集はこの時期に刊行されなかったのだろうか。前節での検討結果とは相反する結果であるだけに、かえって近世節用集史上に重要な知見をもたらしてくれるかもしれず、検討しておきたい。

まず、天保の改革にあたる天保一三年から嘉永四年の一〇年間には、巻末付録「近世節用集一覧」によるかぎり、四六点の刊行をみるわけだが、そのうち早引節用集が三七点、イロハ・意義検索のものが八点、意義・イロハ検索のものが一点である。早引節用集は八割という圧倒的な勢力を誇るのである。早引節用集の版元による類版争議の結果、早引節用集がもっとも有効な検索法をもつものとなり、圧倒的な支持をえるにいたったと考えたが（第二部第三章）、それに加え、明治期の節用集はほとんどが早引節用集であるという調査がある（山田忠雄 一九八一下）。これらを勘案すれば、すでに幕末期において早引節用集が他を駆逐しつつあったと推測されるが、そのさまが、本屋仲間解散期の刊行状況に如実に現れているのである。

このことは、数の上のことだけではなさそうである。この時期に刊行された、早引節用集を除く他の節用集には、何らかの点で特徴を有するものが多いことに注意したい。たとえば、『和漢音釈書言字考節用集』は近世を代表する雄編であり、意義・イロハ検索を採るものである。従来型のイロハ・意義検索を採るものでは『大日本永代節用無尽蔵』があるが、収載語数・日用教養記事付録ともに充実した大冊である（第二部第四章）。『大成無双節用集』は部分的に鶴峯戊申が編集したものだが、意義・イロハ検索の『和漢音釈書言字考節用集』をもとにイロハ・意義検索に改めたもので（佐藤 二〇〇三a）、厚みはあるものの判型自体は半紙判に収めている。『字宝節用集千金蔵』は美濃半切で、内容は『大成無双節用集』にくらべて見劣りするが、その分、携帯に適した厚みに抑えている。『節用字便』『新いろは節用集大成』は袖珍判である。

また、版数のうえでも特徴があろうか。『大日本永代節用無尽蔵』は再版だが、『和漢音釈書言字考節用集』はすでに享保・明和・文政と刊行されており、『字宝節用集千金蔵』は文化・文政のほか、改題前の『日本節用万歳蔵』は天明から刊行されている。『新いろは節用集大成』も『万倍節用字便』（享保四〈一七一九〉年刊）などの改題本なので、同様に考えられよう。

このように、天保の改革中に刊行されたものは早引節用集が圧倒的に多いのだが、それ以外の節用集でも、他にない固有の特徴を有するか、再版の実績のある本に限られるようである。これは、早引節用集に対抗するだけの価値や、早引節用集が持ち合わせていない特徴を持つことがなくてはならなかった、ということなのであろう。したがって、これといった特徴のない従来型の節用集――イロハ・意義検索で、ほどほどの日用教養記事の付録をもち、収載語数も一万語内外で、美濃判のもの――は刊行すらされないような状況を、早引節用集は現出せしめたということになろう。

このことは、たとえば、次のような早引節用集批判が存することにも間接的にではあるが、あらわれていよう。

この書ハ文字の引出し方、たゞその早きを旨とすれバ、世に多くある訓音の数をもて引出すの類ひに異なれバ、見馴ぬ人は却て引悪く思ふもあるべし。されバこゝに其凡例を挙て引方の概略を記す。是をよく覚ゆる時ハかの数引の節用に倍れること遠しと云べし（松亭金水『早引文字通』「凡例」）

近世早引節用集行レ門部ヲ別タズ仮名ノ数ニ依テ字ヲ求ム。世俗珍重シテ便利ト思ヘリ。按ズルニ世ノ人ヲ愚ニスルコトコトニ多シ。某字ハ何ニ属スベキ字ナルヲ取失フ事是ヨリ始マル（高井蘭山『字貫節用』文化元〈一八〇四〉写「凡例」）

近世文字ノ音韻ヲ取失ヒ杜撰ノ書往々出テ衆民ヲ痴魯ニスルユヘ、唯々ムツカシキ事トノミ思フ風俗ニ流レ、正キ書ハ却テ廃レ、早引節用ノ如キ文盲混雑ナルモノヲ珍重スルハ歎ズベシ（同）

早引節用集の仮名数検索への対抗意識の表明であるが、一方では己が編集する節用集の存在価値をはかる基準が早引節用集になっていることをも語っていよう。つまりは、そのような基準として機能するほどに早引節用集は流布・定着し、他の書肆・編者からも意識されていたということである。

以上、この時期における早引節用集の存在は、抜きがたい位置を獲得していたことが明らかとなった。このこととイロハ二重検索の節用集がこの時期に刊行されなかったことは、関係があるものと思われる。書肆の側からみれば、早引節用集とは確実な実績のある節用集であり、利をあげるのに手っとり早い商品であった。これに対して、イロハ二重検索の節用集は、一部の人々に知られるに過ぎず、刊行の実績もないものである。たとえイロハ二重検索の優秀さを知る書肆があったとしても、確実に利益をみこめる早引節用集の方を重視したのであろう。

ただ、こうした状況は、冷静に考えても辞書史上の異常事態であろう。現代において各種の順序をさだめる基準はまず五十音順であり、それを多重に用いるのが国語辞典はじめ、さまざまな局面での普通のありようである。これを近世にもちこめば、それはやはりイロハ順の多重適用ということになるはずである。これは、現代的なものが最良だというのではない。一つの規則を知ることで、きわめて効率のよい順序立てのできることが最良なのであり、それが現代では五十音順であり、近世ではイロハ順であるということである。イロハ二重検索は、その初歩的な適用例ではあるが、他の検索法とは比較にならないほどの効率をもたらすものであった。が、一九世紀の出版界では、それがほぼ顧みられることがないほどに、早引節用集のイロハ・仮名数検索が浸透していたことになるが、その浸透ぶりに改めて驚愕するのである。第二部第三章において、早引節用集が新たな検索法の開発を阻止し展開をゆがめたとしたが、そうした影響力の強さは、単に一八世紀後半の検索法の開発期だけのことではなく、一九世紀以降の（通俗）辞書界にも及ぶことをここに確認するのである。

おわりに

以上のように、イロハ二重検索の節用集は一部ではその優秀さを認められ、受容もされていたとみられるが、強固にすぎるほどの早引節用集の流布のため、本屋仲間による版権管理のゆるんだ天保の改革期でも刊行されることがなかった。この傾向は明治期でも同様であり、『節用早見二重引』が明治八年に再版されるが、さして行われなかったようである。明治後半には『〔二重索引〕帝国いろは字典』が出、三九版（大正元〈一九一二〉年刊）まで確認されてはいる。同様に注意すべきものに、『新式〔いろは引〕節用辞典』（明治三八〈一九〇五〉年初版）がある。イロハ・仮名数・イロハという早引節用集とイロハ二重検索との折衷型の検索法をもつうえ、語釈を有するなど、早引節用集と近代国語辞書との中間的な存在でもある。大正一四（一九二五）年の四二版が確認されており、相応に行なわれたことが知られる（山田 一九八一下）。通俗辞書の位相においては、この時期まで待たなければイロハ二重検索が早引節用集に対抗できなかったといえようか。

ただし、このことはイロハ二重検索節用集が早引節用集を駆逐したことを意味しない。早引節用集にとってかわるのは、やはり近代的な国語辞書なのであろう。明治における辞書の流れをみるとおおよそそのように推測されるが、山田（一九八一下）によれば、早引節用集の刊行数の急落する一九〇一〜一〇年が、縮刷版『言海』の出版される明治三七（一九〇四）年に重なることなどに気付くところである。とすれば、五十音多重検索もさることながら、近代国語辞書に特徴的な語釈・品詞などの語にまつわる各種情報が早引節用集を凌駕したのであるかもしれない。もちろん、節用集と近代国語辞書では、その質面においての異なりが大きいので正確な比較対象はしづらい面もあり、性急に結論づけることもできにくいのではあるが。

第四部　展望——新たな課題へ

第一章では、総論的に、節用集をめぐる研究の現況を踏まえつつ、今後の課題・展望を述べた。本書は、近世節用集の展開を記したものなので、それに沿った課題のみに注意を払えばよく、節用集研究の諸分野にまで目を配る必要はないともいえる。が、史的展開の記述をより充実させるには、諸本個々の位置付けの把握から大所高所からの検討まで必要と考えている。そのような立場から広く見渡すよう心がけた。

第二章では、近世節用集は、出版という形態で流布したが、それゆえに、幕府の出版統制を遵守する一方、社会のさまざまな要求を満たすべく動いてきた側面もある。そのような存在を研究してきた手法を応用して、他の資料を見つめることがあってよいと考えるが、まずは古本節用集へ向けてみた。

古本節用集では依然、系統関係での研究が主流のように思われる。たしかに、本文系統の闡明が、付随する他の課題への回答をうながすからでもあろうが、一方では、本文系統はさておき、さまざまな観点から見直すこともまた必要かと思う。そのような関心からの研究の可能性をさぐってみたい。

第三章では、辞書史的研究としての節用集研究を標榜しながらも、日用教養付録については等閑に付してきた反省として、いま現在、何が考えられるかを記したものである。その一方で、付録研究への過大な期待を戒めるような、やや負の方向での扱いになったのは筆者の未熟によるのだが、そうした結論にたどりつく筋道に過誤はない。また、検討の過程で得られた諸事実は、節用集研究に資するにあたって検討に値するものと思い、ここに記すこととした。

第一章　節用集の辞書史的研究の現況と課題

はじめに

節用集は、一五世紀後半にはイロハ・意義検索の辞書として誕生し、近世には出版されて広く行なわれていく。近世中期にはイロハ・仮名数検索が考案され、昭和初期まで刊行されるに至る。節用集は、まさに（広義の）近代を生き抜いた辞書といえよう。この長い歴史のなかでは、社会的・言語生活史的位置づけも変化したはずで、その展開史を記述することは辞書史学の重要な課題であり、記述のための検討も続けられているところである。

そこで本章では、これまでの研究の大要を把握・提示しつつ、今後、節用集の展開史を記述するにあたって、望ましい検討のありようとそれを実現するための課題について述べることとした。その際、研究の基礎となる資料上の諸問題と、時代ごとの社会的・言語生活史的位置づけのための手法の二点を柱として詳述することとした。

なお、本章は、辞書史的関心をもとに記すので、節用集の付録部分を含めた総体としてのありように目配りすることになるし、それはさらに、節用集に接する人々との問題にも波及することになろうかと思う。そのため、日本語史資料としての検討が手薄になるが、辞書史的研究の基礎があってはじめて、言語資料としての性格・性質の検討も充実するものと考えている。了とされたい。

第一節　従来の研究の大要

節用集の研究は、上田万年・橋本進吉（一九一六）によって始められた。古本における伊勢本・印度本・乾本の三分類や系統関係の提示を中心に、編者・成立などの基本的な見解も示しつつ、近世での変容の見通しまで示したものである。節用集について何事かを知ろうとするとき、まずは参照すべき存在である。

山田忠雄（一九五一）は、上田・橋本の系統記述に改良案を示すかたわら、新出本の紹介を行ないつつ、従来の研究が、古本節用集を中心とする書誌的研究に終始したと顧みている。その後、山田（一九六一）により近世節用集研究の基礎を築き、山田（一九七四）により精密な系統研究の範を示した。

このほか、岡田希雄・亀田次郎（諸本研究）・川瀬一馬（書誌研究・諸本発見）・亀井孝（諸本対照）・中田祝夫（諸本紹介）・木村晟・高橋久子（系統研究）らによる多くの成果がある。そして、安田章（一九八三b）は、節用集などの中世辞書の存在意義を「韻事の書」と規定することで本質的議論への道を開くという画期的な成果をもたらした。

近世節用集では、前田富祺（語彙研究）・柏原司郎（初期系統・付録）・菊田紀郎（中期系統）・木村秀次（前期系統）・高梨信博（前期系統・俯瞰）・米谷隆史（前期系統）・筆者（検索法・言語生活・出版史）らにより、多方面に及ぶ研究が進められている。

第二節　節用集諸本の現況と問題点

〔一〕古本節用集の現況把握

資料の置かれた諸状況を知ることは研究の基本である。ここでは、節用集諸本の残存・収蔵・利用に関することがらを見ておく。

古本では、今野真二（二〇一二a）所掲の「『節用集』一覧表」に七一本が見える。焼失本などのほか、未紹介の諸本も含んでの数である。以下、この一覧に加えられるものを示してみよう。

まず、今野は、乾本の版本に易林本（四版種）・草書本（三版種）・寿閑本を掲げるので、上田・橋本も言及する慶長一六年本を加えてもよいだろう。小山版・寿閑本の翌年の刊行であり、行草体表示の寿閑本に楷書表示を加えたものであって、語数上からもほとんど同等だからである。

山田（一九七四。口絵）の「推定易林本断簡」は、易林本と祖本を同じくし、より古態を示すものかという。断簡ゆえに一本としにくいが、その重要性から加えることができよう。

米谷隆史（二〇一〇）は、諫早家旧蔵本（諫早市立図書館蔵。伊勢本）を紹介するが、さらに稲葉家旧蔵本（臼杵市立図書館蔵。伊勢本）も紹介の予定という。

筆者は、二〇一三年秋、小泉吉永氏（教育史）より古本一本を譲られた（口絵参照）。第一丁表は失われているが、乾坤門は旧国名から配置するので伊勢本であり、和歌名所が各部にあることと総語数・注のありようから『増刊下学集』（天理図書館蔵）と『増刊節用集』（広島大学蔵）の中間的な存在と推定される。

都合、古本節用集は七六本の存在が知られることになる。

〔二〕近世節用集の現況把握

本書巻末の「近世節用集一覧」では六〇〇本を超える。所掲数のもっとも多い一覧だが、易林本以降の、現存の確認できるものを中心として、江戸本屋仲間の『割印帳』所掲のものは現存しなくとも採録するなどしたものである。

また、板株（近世的版権）の確立する元禄までのものは、同版本でも書肆名の異同により一本と計上する一方、それ以降の諸本では刊記刊年が同一であれば異版であっても計上していない。検索法・収載語数などの情報を略記し、展開史のおおよそが把握できるようにした。

大規模な集書としては、国会図書館亀田次郎旧蔵書の約二〇〇本を筆頭に、慶応義塾大学・東京大学国語学研究室・東北大学に一〇〇本規模の、国立国語研究所・玉川大学・ノートルダム清心女子大学に五〇本ほどの集書がある。国文学研究資料館では、全国の図書館などの蔵書から二〇〇本強をマイクロフィルムとして公開している。

亀田旧蔵書が最大だが、その四分の一ほどは一七世紀刊行書なので、初期諸本の研究には欠かせない存在である。また、亀田旧蔵書にのみ存するものや、保存状態のよいものが多いのも美点である。これが『江戸時代流通字引大集成』（雄松堂マイクロフィルム。ほぼ全数）・『節用集大系』（大空社影印。選集）に収められ利用の便が増した。それまでは『合類節用集』『和漢音釈書言字考節用集』（以下『書言字考』）・『蘭例節用集』など、特徴的な諸本だけが影印に付されたが、より広く用いられた普及版とでもいうべき諸本に容易に接することができるようになっている。

〔三〕 亀田旧蔵書依存

ただ、亀田旧蔵書は無欠ではなく、節用集史上の重要書が収められていないこともある。近世後期に広く流布する早引節用集のうち、三切縦本では『〈宝暦新撰〉早引節用集』（宝暦二〈一七五二〉年刊）が、半切横本では『〈増字百倍〉早引節用集』（宝暦一〇年刊）が最初のものであり、早引節用集への対抗として収載語・付録を大幅に増補したものに、大坂の『都会節用百家通』（寛政一三〈一八〇一〉年刊）、京都の『倭節用集悉改嚢』（文政元〈一八一八〉年刊）・『永代節用無尽蔵』（天保二〈一八三一〉年刊）があるが、これらの初版本を亀田旧蔵書は収蔵しないのである。再版本は蔵するので補えてもいるが、初版本と同一視できない部分もあるため、他の集書に依る必要があることになる。

他にも同趣の例がある。東京女子大学蔵『節用集』（二巻。寛永六〈一六二九〉年刊）は、佐藤（二〇〇八c、第三部

第四章）において寿閑本系統ものであることを明らかにしたが、受入印には「昭和6年11月5日」とあるので八〇年近くも埋もれていたことになる。研究者の多い東京の大学の蔵書が見過ごされたのは、やはり亀田旧蔵書への依存があったからであろう。亀田旧蔵書には、同版の寛永一二年再版本（三巻）が収まるが、寛永六年本の版木を再編して三巻本とするので、巻の境界部分に弥縫がほどこされている。

寛永年間は近世節用集の揺籃期にあたるが、刊行ペースは間遠ではなかった。『二体節用集』（横本。真草二行）だけでも元和末ないし寛永初期ごろ版・寛永三年版・寛永六年版（二種三類）、これに『節用集』寛永七年版（杉田版。行書一行）・『二体節用集』寛永九年版（縦本。真草二行）・『真草二行節用集』寛永一五年版・同一六年版（ともに真草二行）などがあるのである。こうした時期にあって、寛永六年本が知られず、寛永一二年本のみに依拠するようではこの時期の的確な記述は困難であろう。亀田旧蔵書の利便性に依存せず、一本でも多くの諸本に接しようとする姿勢、できれば未紹介のものを見つけだそうとする心がけが必要であろう。

第三節　資料新出の可能性

〔一〕古本節用集の場合

新出資料を求める努力は必要だが、古本節用集では、偶発的な幸運によるほかないのが実情であろう。ただ、前述の諫早家本・稲葉家本が、大名家伝来の書でありながらこれまで知られなかった理由を考えれば、発見の確率を高める条件がさぐれよう。

諫早家の佐賀藩諫早領も稲葉家の臼杵藩もともに十万石に満たない小藩である。その蔵書規模からして、学術的な調査は他の集書が優先されたため、これまで知られなかったのであろう。一方、蔵書が伝存した条件としては、大きな災害や空襲を受けなかったことがまずあるが、太平洋戦争以前に公的機関に寄贈されたため、戦後の混乱期に見られた売り立てなどによる散逸もなかったことが注意される。こうした条件に合致するような集書を当たることで、新出本発見の可能性を高められそうである。

〔二〕地方自治体の文書館など

近世節用集の場合は、地方自治体立の文書館などでの調査が有効である。階層にかかわらず、旧家の古文書類を家ごとに保管し、閲覧に供する施設である。自治体によっては郷土資料館・歴史博物館に任せていることもある。ただ、文書館が未設置の県もあり、設置済みでも収蔵量の乏しい場合もある。全文書の目録が公開されていない館もあるなど、整備上の課題もあるのが実情である。

ただ、図書館が原装本・完本・美本を求めがちなのに対して、文書館は当該家の古文書類を総体として保管する方針がある。そのため、書籍類も保存状態にかかわらず収蔵するので、新出本の発見が期待できるのである。先の『節用集』寛永六年版は、東京女子大学のほか、神奈川県立文書館・福岡市立博物館（零本）での所蔵を確認しており、埼玉県立文書館には他に伝存を聞かない『大徳増補節用集大全』（元禄一三〈一七〇〇〉年ごろ）・『永代節用重宝無尽蔵』（宝永〈一七〇四～一〇〉ごろ）を見いだしている。さらなる発見に期待したい。

また、文書館では、古文書類を家単位に保管するため、異なる家の所蔵書であれば、同一の本を複数収蔵することがある。結果として、同版本・異版本が一館内に収蔵されることになるが、これは版種の比較研究（後述）には大変都合のよいことである。

文書館のさらなる利点として、家別文書群の整理・分析が進んでいることが挙げられる。家別の冊子体目録には、多くの場合、その家の社会的位置づけが記されており、代々当主の人となりや趣味・嗜好まで知られることもある。

節用集を社会的に位置づけようとするとき、こうした情報が容易に入手できることは理想的といえ、文書館の有用性を思い知るのである。

なお、文書館から古本節用集が発見されたことはないようだが、近世初期の易林本平井別版は茨城県立歴史館・群馬県立文書館に、草書本は埼玉県立文書館に蔵されている。節用集ではないが、佐々木孝浩（二〇一四）は、『伊勢物語』室町中期写本を山口県立文書館で、『狭衣物語』近世初期写本を下関文書館で見いだしている。今後、古本節用集が文書館から発見されないともかぎらない。

第四節　版種研究

〔一〕版種研究の進め方

同一内容、よりいえば行数・字詰め・書体などまで、一見同じように見える諸本について、版木による異同の有無を検討することも必要である。易林本なら、平井版と平井別版では版木が異なるので異版となるが、原刻と平井版では同一版木ながら後者には一部改刻がなされている。こうした版木レベルの異同を把握していくのである。

このような調査がすべての諸本になされるのが理想だが、六〇〇本を超える近世節用集では相当の困難が予想される。そこで現実的には、現存数の多い節用集から調査することになろう。現存数の多寡は刊行量に比例しそうであり、ならば、多く現存するものほど版木の新調や改刻の機会も多いと予想されるからである。もちろん、多くの読者・利用者を獲得した本という意味でも、まずは、現存数の多いものから調査するのが順当であろう。

〔二〕修訂のありようから

関場武は、早く『大全早引節用集』での異版の存在を報告しているが、関場（二〇一三）では、一九世紀の大型本に注目して、いくつかの重要な発見をしている。

たとえば、『永代節用無尽蔵』（天保二〈一八三一〉年刊）の付録の武鑑では、老中「松平周防守」（三八オ）の注を「石州／浜名／城主」とするものと「浜名」を「浜田」に改刻したもの、そして「田」を印字した紙片を貼付したものの三様あるという。利ざやの稼げる大型本ゆえに細部にも修訂の手が届きやすいのか、老中の居城情報ゆえに機敏に反応したのかは判然としないが、少なくとも誤りに対する書肆の処置が、ひいては編集態度や刊行物への責任の取りかたの一端が知られる例となりうるものである。

このように一見些細な事象であっても、いまは一つでも多く発見しておく段階であろう。もちろん、同時に事象の発生要因なりの解釈ができればそれに越したことはない。が、そうした解釈なり解釈の見通しがつかない場合、研究者は事象自体を指摘・公開しないことが多いように思われる。けれども、研究というものが個人の力だけで完遂するものではないことを思うとき、事象の指摘と公開は、事象の解釈にさきだってなされてよいかと思う。事象の発見者にはできなかった解釈が、異なる眼をもつ研究者なら可能であることもあろう。したがって、まずは事象の発見と共有こそが求められるものと思うのである。

〔三〕社会的位置づけへ

修訂という作業の要因についても種々検討したく思うが、現在のところ、社会との結び付きから考えつつあるものが二書ある。一つは、『倭漢節用無双嚢』（天明四〈一七八四〉年刊）で、公家鑑を頭書（本文上欄）に延々載せるものと、見開き一面で終わらせるものがある。いま一つは、『倭節用集悉改嚢』（文政元〈一八一八〉年刊）で、武鑑の槍印などの図像の有無で二種あり、図像のあるものでも公家鑑の内容に異同があることが知られる。これらについては、公家・武家に関わる情報について何らかの統制が働いたことが予想されるが、確実なところを追究したく思う。

右の二書は規模の大きなもので、書籍として作り込みにも意を用いたものだが、比較的簡便に作られたものとしては『〔世用万倍〕早引大節用集』（文化六〈一八〇九〉年刊）が注意される。版木の異なりで二種あるが、それぞれに覆刻版があるらしく、さらに別種の新版を加えた三版雑糅本も存する。出版事業や制度的な面で三都に出遅れた尾張版であることが注意され、実際、早引節用集の版元とのあいだで版権問題にもなっている。そのような出版史的事実と版種（の多さ）がどのように関わっていくか、明らかにできればと思う。

山崎美成編『〔増字百倍〕早引節用集』（嘉永二〈一八四九〉年刊）にもやはり複数の版がある。これは、江戸芝神明前の和泉屋市兵衛によるもので、早引節用集の版権を持たないままに刊行されたものである。嘉永二年は、本屋仲間が解散させられたため、版権管理が機能していない時期なので、そのような出版が横行したわけである。そうした状況下での、早引節用集の刊行のありようを伝えるものといえ、それを版種レベルでの調査により、的確に把握できれば興味深い。その意味では、すでに第二部第五章において採り上げたように、刊行手法に問題の

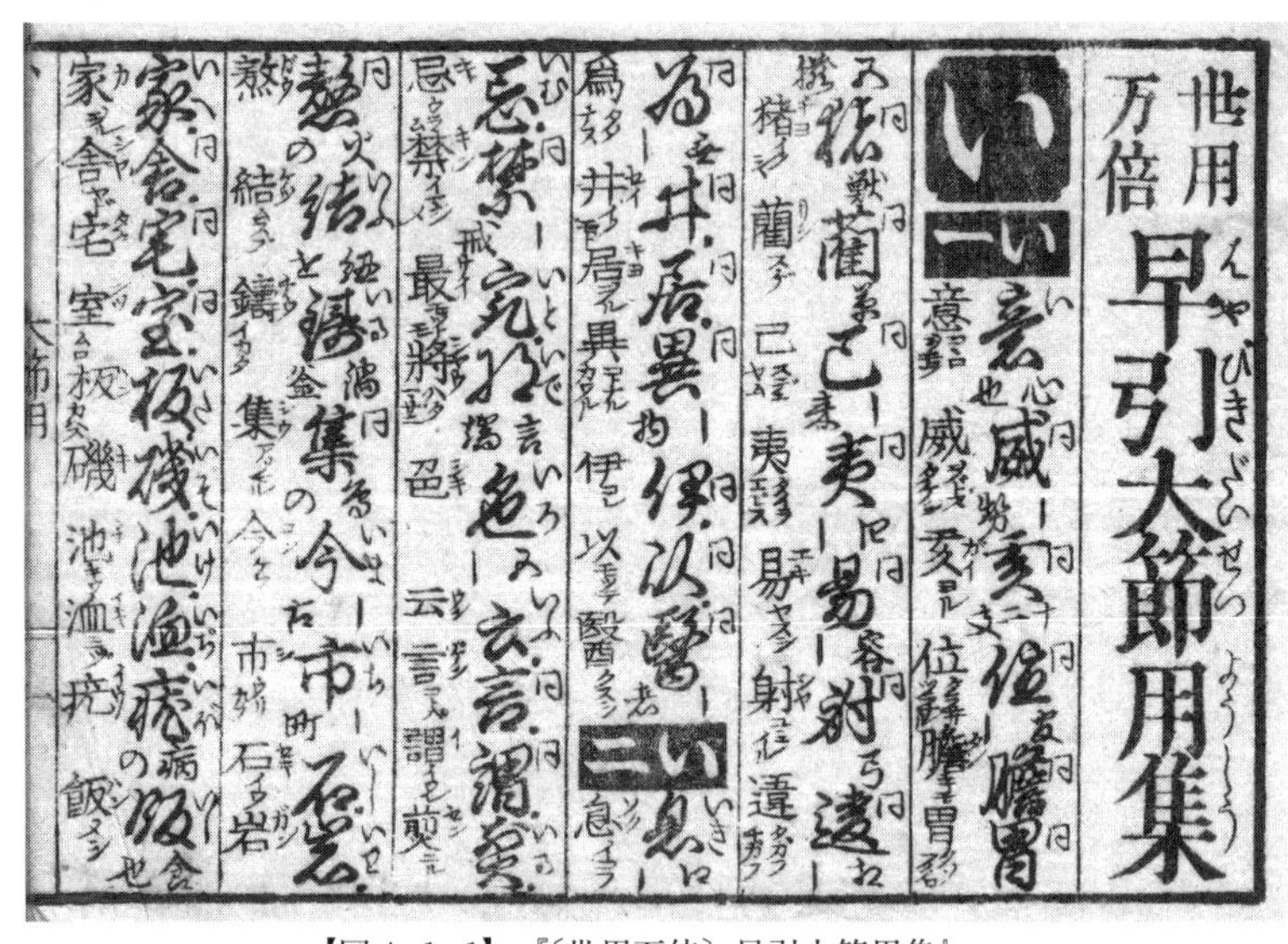

【図 4-1-1】『〔世用万倍〕早引大節用集』

あることが知られるので、その意味でも注視したく思う。

第五節　編集をめぐる諸相の解明

〔一〕編者像の追究

節用集が、何者によって、何を原拠とし、どのように編まれたかという問題は以前より関心が持たれてきた。一部にはかなり明らかな見通しの立つものもある。

編者像については、早く森末義彰（一九三六）が易林の実像を紹介している。他には『書言字考』の槙島昭武、『大成無双節用集』の鶴峯戊申・暁鐘成、『江戸大節用海内蔵』の高井蘭山・松亭金水、『偶奇仮名引節用集』の田宮仲宣らが、大名家右筆・思想家・啓蒙作家・戯作者であることが知られており、それぞれに人物研究の蓄積もあるので、節用集編者としての像も結びやすい。が、『早引節用集』の山下重政など、節用集史上の重要な本の編者でも詳細な情報のない者も少なくなく、今後の研究の余地が大きい。

一方、五井禅休守香（天正〜正保ごろか）のように、節用集を編集したと伝えられる者もある。守香は、大坂・懐徳堂初期の助教・五井蘭洲（一六九七〜一七六二）の曾祖父である。梁田蛻巌（漢詩人。一六七二〜一七五七）の「五井先生伝」は蘭洲の父・持軒の伝だが、守香にも言及して「著節用集一部」と記すのである。節用集の編者と目される者が、和漢の学に明るいと言われた五井家の血筋のものと知られるわけで、注目に値する情報である。なお、守香の編んだ節用集を現存本のなかで比定するならば、『和漢通用集』がまず検討されるべきものと思われる（佐藤 二〇一八）。

〔二〕原拠の闡明

これまでも本文系統の同定研究はさかんに行われてきたが、たしかに当該節用集の依拠した先行書が知られれば、編集作業を再現することは容易ではあろう。

たとえば『書言字考』には多くの項目に出典注が付されており、これを整理・一覧するだけでも『書言字考』の性格に言及できることになる（高梨 一九八二）。ただ、巻一〇の「数量門」（「一」部を除く）および「本朝通俗姓氏」では出典注がないので他の方法に依るしかない。が、軍書・読本研究の倉員正江（二〇〇八）によれば、数量門の「里見家八犬之士・尼子家十勇十介」のような武家名数は、樋口好運『本朝武家高名記』を原拠とする可能性が高いという。さらに「『字考』の「数量門」はやや安易に『高名記』の記述を踏襲している感もなくはないが、（中略）疑問点は諸書を参照して修正していることが確認できる」ともいう。『書言字考』が安易な編集に陥っていないことが知られて興味深いが、そもそも倉員が編集方針にまで言及しえていることが注意される。編集の細部や内実についても、隣接分野の成果から摂取することをためらう必要はなく、むしろ積極的に摂取すべきであろう。

『書言字考』の編者・槙島昭武は膳所藩の右筆であり、『関八州古戦録』などの著述もあるので、複数の軍書に当たり得、そうした諸書から実際にさまざまな情報を摂取したであろう。ならば、軍書からの影響は数量門に限らないとみるべきである。「本朝通俗姓氏」には、現代とは異なる用字の姓が散見されるが、当時通行の軍書の表記を反映するのかもしれず、今後の解明・検証が待たれるところである。

〔三〕編集作業の実際へ

節用集の編集作業が実際にはどのように行われていたかは、きわめて興味深い検討課題である。が、編集現場の実際・実態までを示す資料は皆無にひとしい。

そのようなかで、大蔵永常（農政家。一七六八〜一八六一）の節用集編纂に関わるいくつかの資料が残っているのは幸運といえよう。一つは、第二部第五章でも援用した、早川孝太郎（一九四三）所掲の書肆・河内屋宛書簡である。『書言字考』をイロハ・仮名数検索したことが具体的な編集作業として知られるが、版権上の問題や高井蘭山に同趣の書があることから完成を断念したことなどが知られる。いま一つは、古屋道庵（医家。広瀬旭荘門）の日記で、永常が道庵ら儒者に校訂作業を依頼したことや、その作業頻度を伝える記述が見える。今後、同趣の資料を発見したいものであるが、古文書類の調査に通暁する史学研究者などとの連携が望まれよう。

現存する節用集自体から、編集作業を推測できる場合もある。たとえば、合類型（意義・イロハ分類）の『書言字考』を底本とする節用集には、イロハ・意義検索、イロハ・仮名数検索など、組織の異なるものが派生している。すでに対照・研究が試みられているが（Antelmo Severini,Carlo Puini 1875、佐藤 一九八八・一九九二・二〇〇三a）、検索法の変更であるため、編集過程も機械的に再構しやすく、そうしたものから検討を始めることがあってよい。

あるいは、当該書一冊から編集様態がうかがい知られることもあろう。本書第三部第八章でも触れたように『都会節用百家通』のア部言語門では、二字めの仮名のアカサタナ順に配列されている。利用者のための説明もないので、編集側の便宜の——たとえば語の重複・誤脱を点検するために配列を定めるなどした——名残りでもあろう。このような事象も丹念に拾い上げれば、編集の実際を知るのに役立つはずである。

第六節　諸本の性格論・本質論

〔一〕性格論の効用

山田（一九七四）は、易林本を

意義分類の　名称、篇名表示の万葉がな・かなづかひ、語彙の出入、あらゆる　点において、旧来の　古写本

節用集の　意表に　いづること　はるかなる　もの　あり

とし、「異端の　最右翼」と性格づけた。また、天正十八年本にいたる伊勢本諸本を、その本文の性質から略本・中間本と命名してもいる。あるいは、

> 伊勢本（略本）の「名所」と印度本の「国花合紀集抜書」と——（中略）単純に類型化して、即ち、「名所」に焦点を絞れば連歌の、「国花合紀集抜書」に力点を置けば聯句のといった、それぞれの、要するに詩作の資としての書の方向が浮かび上がって来るが、むしろ両者の接点としての聯句連歌、つまり、広義の和漢を目指してのものが、節用集の実像なのではあるまいか。（安田　一九七八）

のような行文からは、諸本の性格把握が、次の考察のステップを築いていると理解される。時代・社会への節用集の定位という営みにあっても、諸本ごとに性格を把握・整理し、腑分けした類型ごとに検討するなど、効率化と正確さを志向すべきであろう。

〔二〕メディア論的視点の有用性

写本にせよ版本にせよ、一度書記されたものは他見の可能性がある。そこで、節用集をメディアとして見ること、また、そう見るときに、どのような性質が認められるかを検討することがあってよい。時代・社会のなかに節用集を定位するとき、視点が多いほど確からしさは増すだろうし、どのような視点からの分析が有効であるかを試す場合でも、メディア論的視点をはずす理由はなかろう。近世節用集はもとよりだが、古本においては、適用するのが躊躇されるなら、「対利用者意識」などと弱化・限定して検討することもありえよう。

あるいは、そうした検討はすでに一部では導入されていると言えようか。岡田希雄（一九四二）は、前田家本『辞林枝葉』の体積・重量・装丁の図抜けたありようから「大名用（中略）の豪華本」とし、永田信也（一九八八）も下

賜するための存在とした。つまり、漢字表記を知（らせ）るための節用集でありながら、威光を伝えるべく準備されており、それはまた、威光を伝えるべき対象者が明確に意識されての準備であったはずであろう。

『辞林枝葉』は、慶長二年の跋を有する易林本を原拠の一つとするので（大熊久子 一九八四）、古本節用集としては末期的存在であり、他の古本節用集からはかけ離れた性質を持っていても不思議ではない。そうした性質の一つが、メディア論的な視点から明瞭に規定できる可能性もあろう。今後は、他の諸本についても同様に捉え直すことで、諸本間の新たな位置づけへと発展させることもできるであろう。

右の諸点については、次章において試験的な検討をおこない、改めて記述した部分もあるので参照されたい。

〔三〕「韻事の書」論の深化

性格論の延長上に、安田（一九八三b）により提出された「韻事の書」論もあることになろう。韻書との交渉をもつ中世辞書の存在意義を、和漢聯句などでの利用を想定した「韻事の書」と規定したのであるが、多くの辞書史研究者が首肯するものの、より深い次元での把握は後進に託されていよう。

「韻事」といえば文苑に遊ぶといった図を思い描くが、安田が念頭に置いた和漢聯句は、複数の人々による「座の文芸」である。一座の人々には和漢にわたる高い教養が求められるのだが、それは皇族・上級貴族・禅僧などにかぎられた。そうした人々やその周辺に位置する人々が作る社会に節用集も存したことになる。

そう考えるとき、印度本諸本に「当家御代々次第」「細川殿御代々次第」との付録があるのは実に興味深い。これらは、室町幕府の中枢にある足利家・細川（管領）家代々当主の院号・官位・没年月日・享年などを記したものである。こうした付録が付された背景には、たとえば両家への忠誠を促す政治的配慮がありそうである（次章）。

つまり、「韻事の書」を単に「文芸に資する本」とのみ捉えるなら、右に示したような政治的な配慮が透けて見える付録の存在が理解できなくなる。逆に、そうした付録が存在することから節用集の性格を読み直すなり、読みを加えるなりすることもできようし、そのような営みの積み重ねが節用集観を深化させると考えたい。

和漢聯句の一座を構えるという芸術的な営みが、武家による実質的な権力を常に意識せざるをえない現実のなかで行なわれるという緊張した貴族社会のありようが、印度本節用集には象徴的に反映されているのではないか——そうした予測がどこまで支持され、具体的に論証されるかは今後の検討に待つほかない。ただ、和歌や、ほかならぬ座の文芸である連歌においては、すでに政治的な利用の可能性が説かれている（小川剛生 二〇〇八ほか）。ならば和漢聯句ひいては節用集においても、そうした可能性のあることを排除する理由のないことだけは確かである。政治史的な文脈において古本節用集の存在を議論することがあってもよいのである。

第七節　付録研究の進展

〔一〕付録の変容と系統研究

写本である古本節用集では、どのような付録を盛り込むかは書写者の自由裁量にまかされていた。そこで、系統を吟味する際にも、付録の内容・種類の検討が不可欠になるのである。当該節用集がどのような原拠あるいは要素から成り立っているかを知ると同時に、系統を見極めるための指標となるからである。

これに対して近世節用集では、付録類まで視野を広げて検討することはまれである。一七世紀末以降、付録の原拠となる書籍には板株（近世的版権）が設定されているのが普通である。したがって、ある書肆の刊行する節用集には、彼の権利下にある付録記事か、誰の板株でもない記事しか付しえないのが原則であった。一種の固定化が起こるわけで、系統関係を証する指標にはなりにくいのである。

〔二〕付録を含めた節用集の社会的位置づけ

もっとも、板株による制約以前に、内容の多種多様さから、付録研究は避けられてきたというべきであろう。

諸本の　系統・系譜を　かんがふる　うへに　あたりて、付録は　不可欠の　ものなれど、そは　一科の　専攻題目として　おこなはるべき　ものにして、いま　これを　くはふるは　自他　ともに　多岐亡羊の　うらみを　生ぜしむべき　おそれ　なしと　せず（山田一九六一）

しかし、系統関係の解明の場合を除くとしても、近世節用集から付録を切り離して論ずることは、すでにできなくなっている。近世節用集は営利出版事業の収益の柱であるから、一冊でも多く売る必要があった。そのために、購買者の嗜好・志向にかなう多彩な付録を盛りこむようになり、結果として、節用集の教養全書化を招来した。そうした背景と役割を帯びた付録類にも目配りしてはじめて、節用集を近世社会の中に定位できることになるはずである。ただ、多様な付録類を漏れなく把握し、評価するのは、やはり国語学・日本語学の手に余りそうではある。

〔三〕隣接分野の研究成果

そこで他分野での成果を参照することになる。文明史の池上英子・横山俊夫、教育史の石山秀和、地理史の開国百年記念文化事業会、近世史の小林茂文・横田冬彦らは、付録の内容を吟味し、その機能と可能性についてそれぞれの立場から言及している。

たとえば、横山は「文明化」をもたらしたものと規定する。

無秩序の集合に一定の分断や関連づけ、融合などをふくむ「枠付け」をし、形を与える、つまりインフォームすることによってエネルギーの磨耗を防ぐのが情報作用である。比喩的表現をつづけるなら、節用集とは、日本社会の構成員に礼譲を中心とした情報作用を加えることで、日本社会のエントロピーの増大をくい止め、文明と

呼びうる状態を維持してきたものなのである。（横山 一九八四）

横田は国家意識の形成を準備したものと見る。

元禄・享保期に成立した出版文化は、一定の空間的・時間的・文化的な内実（領域・歴史・伝統）をもつ〈日本という国家〉についての知識や観念、あるいはそこでの生まれを同じくする〈日本人〉という意識を、書物という媒体を通して、人々の共通認識＝〈常識〉として広く均質に普及させることになった。『節用集』付録に集約されたさまざまなツール＝〈参照系の知〉が、元禄期に急速に充実していったことは、そのことをよく示している。（横田 二〇〇六）

池上は、節用集の付録類を、利用者の視点からまとめている。

一見てんでんばらばらなこれら教養知識の断片群なのだが、（中略）「日本」と呼ばれる空間は、ある一貫した文化と歴史の伝統に恵まれ、そこには教養ある人びとが身につけるべき共通の知識があるというイメージが、いかにも既定の事実であるかのごとく、読者の前に現われてくるのだった。マニュアル恐るべし。それは意図せずして「日本」というものをつくり上げるマニュアルだったのだ。（池上二〇〇五）

すでに複数の見解が提出されている。これらを、辞書史研究の立場からいかに評価・摂取し、どのように節用集の社会的位置づけへと集約していくか、今後の重要な課題として残されている。

日用教養付録については、もはや検討を進めないわけにはいかない状況にあるように思われる。次々章において、付録の具体例に触れることからはじめて、いくつかの検討をおこなってみた。いまだ検討自体は十全なものではないが、問題点の洗い出しもおこなっているので参照されたい。

第八節　利用様態研究の可能性

〔一〕利用様態研究の意義

前節で紹介した他分野からの見解は、厳しく見れば、付録内容からの予測に属するものが多いといえよう。近世人が、節用集から実際に何を学び得ていたかは、必ずしも十分には確認されていないのである。したがって、人々と節用集の関係はどのようであったかを、具体的な根拠を示しつつ論じていくことが求められる。いくら例があっても足りないが、かといって能率を求めて付録内容からの類推にすがるのでは、利用様態の研究は先細るばかりであろう。

この、実証的な様態研究とでもいうべき分野の必要性について、横山俊夫はいち早く気付いており、旧家での聞き取りや節用集に付着した手垢汚れの程度・範囲から旧蔵者の関心事をダイレクトに把握しようとすらしている。

〔二〕手垢汚れの示すこと

横山は、底面小口に縞状に現われる手垢汚れのつき具合から使用頻度の高い丁を割り出そうとするが、物理的な問題点もある。当時の製本技術は相応に高度だが、綴じ方は現代の書籍にくらべて柔軟である。何丁かのまとまりが小口平面から突出したり、細かい段差もできやすい。そうした部分は手垢が付着しやすいので、汚れ具合による使用頻度の判断は慎重を期さざるをえないのである。

ただ、横山（一九九八）では、旧蔵者およびその社会的な地位・職業が明確な本を素材とするので使用様態に迫れていると読めるのだが、それでも気になる点はある。横山の関心は付録類にあり、手垢の色濃くついた丁（とその前後）に、旧蔵者の関心事があると読みとることになる。このとき、注意すべきは紙面構成であろう。巻頭・巻末では丁全体が付録記事で埋められるのだが、その一面を二〜四段に分けて付録記事が配されるので、どの記事が目当てだったかは明確には知りがたいことになるからである。これが本文の場合には、頭書にしか付録は配されないので却って旧蔵者の関心事を読みとりやすいともいえる。が、横山の対象としているのは大型書であるから、当該書を持ち支えたり、あるいは机上に安定させるためにとりあえず開くことがあるが、そうしたときに自然と手がかかる箇所というものがありそうである。そのようなミスリードを誘いそうな可能性があることになるが、注意しなくともよいのであろうか。

否定的なことばかりを述べてしまったが、ダイレクトに旧蔵者の関心にアプローチできるのは、他には旧蔵者による合印や書き入れ、不審紙の貼り付けくらいであろう。それだけに横山の方法を退けるつもりは毛頭なく、精度を高める工夫がなされればと願うものである。

〔三〕人文学的手法

野間光辰(一九五八)は、浮世草子の読者層の解明を、対象が不特定多数であることと、近世という過去の存在であることから困難な課題とした。ただ、特定少数者の事例の集積によって不特定多数の行動に到達しうるとすれば、個別の利用例を数多く収集することから検討が始められる。日記や随筆・旅行記・漂流記などに記述された利用例が見られることがあり、書籍購買録なども援用できるだろう(佐藤二〇〇三b・二〇〇五b)。

また、節用集自体になされた各種の書き込みも手がかりになろう。筆跡の巧拙に教養程度が現われることもあろうし、遺失時の返還願いを記したものでは書籍へのスタンスがうかがわれる(佐藤二〇〇二f・二〇一一b)。記された氏名・住所を手がかりに子孫に接してその家代々のありようを尋ねることも不可能ではなかろう。この場合、特定少数を対象にすることになるが、だからこそ、過去の人物にも肉薄できる例となろうか。プライバシーなどクリアすべき問題もあるが、こうした実践が積み重ねられればと思う。

〔四〕知の伝達の実証へ

一例を引こう。鍛治宏介（二〇一〇）では、東京学芸大学蔵『庭訓往来』（元文三〈一七三八〉年刊）の欄外にある束帯姿の公家の手書き絵を、同じ丁に印刷された朝廷行事「朝拝」を写したものと見る。手すさびかもしれないが、複写の過程で旧蔵者は情報を摂取したと判断できる。ありふれた書き込みながら、利用者に知が到達した証拠と見なせることがあるわけである。幸い、この旧蔵者は「武蔵国葛飾郡西大輪村」「渡辺邦蔵」などと住所・氏名を書き込んでおり、山本邦夫（一九八二）から、神道無念流の師範であり、大輪村に道場を開いていたことが知られるという。人物の具体像にまでたどりつけたわけである。

同じ通俗教養書である近世節用集でも、知の伝達が実証される可能性はある。架蔵する『倭節用集悉改嚢』写本は、一八世紀後半の同名版本を、割注の振り仮名まで丁寧に写したものである。明治後半の書写ながら、奈良県山辺郡以下、詳細な住所と氏名も記されている。今後、近世の写本でも、同様に詳細な情報の記された節用集が見出されることもありえよう。書写・書き込みから、どのような知が、どのような人物に伝達されたかを明らかにすることは夢想ではないのである。

おわりに

以上、節用集の辞書史的研究についての現況と今後に触れてみた。が、書き記せなかったことも少なくない。たとえば、研究の基礎となる目録類の整備もその一つである。現存節用集の総目録としては、国文学研究資料館のデータベースが最も近い存在であるが、そのまま節用集研究には利用できるとは限らない。新たな『開版節用集分類目録』をはじめ、石川松太郎監修『往来物解題辞典』のような諸本解説が構想されてもよいかもしれない。なお、付録類の目録には柏原司郎（二〇一二）がある。付録のありようを知り、他分野でなされた付録類への見解を吟味する際にも有用なツールとなろう（佐藤二〇一四b）。

また、近世節用集と社会のありようを示す好例に、文政年間に起きた『都会節用百家通』彫過一件があるが、佐藤（二〇一五c）に譲った。この一件では東西本願寺の対立が露わになるが、公家鑑出版をめぐる根深い対立の一端という（万波寿子二〇一一）。

横山（二〇一二）では『女節用集罌粟嚢家宝大成』『男節用集如意宝珠大成』の付録・長文注を丁寧に読解し、編者・山本序周の編纂意図に肉薄しようとしている。ユニークな営みとして尊重したい。

最後に引いた写本も興味深い。明治期の人を書写する気にさせた近世節用集の魅力を問うことも、広く辞書史的な検討課題としてありえよう。識語などがその糸口にもなろうか。

此節用集内ノ大字ヲ写シタルハ明治三拾有七辰年新暦十月廿日ヨリ筆動ニ係リ其ヨリ寸時余暇ヲ以テ写シ居タリシニ明治三十有九丑年九月六日ニ至リ遂ニ大字ノ部方ノミヲ写シ終リタリ。都合二十一ケ月十一日ノ長キ日月ニ亘リタリ　千秋万歳楽（「大字」は辞書本文か。付録を含まないの意）

以上、書き進めるにしたがって痛感するのは他分野の研究の進展である。他分野の研究者は、我々とは別の角度から節用集を見つめる存在である。本章で紹介できたのは彼らの検討の結論部にかぎるが、それを引き出すにいたった多様なアプローチも実に興味深く、積極的に摂取して豊かな節用集像を結ぶべく、研究の継続を期するものである。

第二章　古本節用集における対利用者意識

はじめに

近世史・文明史・教育史など隣接諸分野では、個人の思想形成のためのメディアとして書籍の再評価と研究の蓄積が進んでいる。なかには近世節用集に言及するものもある。人々が欲していたであろう、生活のための知識や依るべき指針、歴史・地理情報などの日用教養記事を付録として提供したからである。

こうしたタイプの節用集は、一七世紀末ごろから見えはじめ、一九世紀には頂点に達することになる。では、それ以前の節用集を等閑視してよいかというに、隣接諸学ならばともかく、辞書史・言語生活史の立場からはそうではない。日用教養記事はさておき、人々が文字や文字使用にかかわる知識を血肉化する過程として、どのような手段・伝達媒体があり、それらをいかに用いたかを明らかにすることが、学の性質上、求められるからである。

一方、一七世紀以前の節用集、ことに古本節用集を、メディアないしそれに準ずるものとして見直すことで、近世節用集のメディア性の萌芽にさかのぼることもありえよう。ただ一方では、古本節用集が写本に依り、近世節用集が出版に依ると見るのは常識であって、媒介としての伝達効率をはじめとして懸隔がありすぎるともいえよう。また、これに相応じたものか、古本節用集と近世節用集とでは研究者が棲み分けているという現状もある。対象それぞれの特徴・困難・問題点を抱えていることを思えば必要な細分化・分業化なのだが、正確で豊かな辞書史の構築をこころざすのであれば、連続性を意識した検討も必要になるはずである。たとえ、「懸隔」がより深刻であると分かったとしても、それはそれで貴重な成果である。

以上のことから、本章では、古本節用集をメディアとして見ようとするとき、どのような注目点がありうるかを検討していくこととする。まだ見始めた段階の試論であり、手さぐりというに近い。大方の教示をねがう次第である。

第一節　対利用者意識

古本節用集のほとんどは写本なので不特定多数向けのものとは言い難いが、他に対する配慮を認めることはできる。たとえば、イロハ各部の始まりをしめすのに、伊・路・波・仁などの真仮名を用いるが、この一字だけに一行を割りあてて、直前の部との境界を際立たせたりすることがある。門名についても、辞書本文の一段上に配して際立たせるのは常套手段である。さらには朱筆で囲ったり合点様の符号を付けることもある。内容面では、固有名を引き立たせるために朱引きがなされることもある。

このような工夫は、構成・内容をすばやく的確に悟らせるためのものであり、再読の編者・書写者自身もふくめた「利用者」を意識した工夫と捉えられる。こうした、対利用者意識とでもいうべきものの現れを、のちのメディア性の萌芽と見て検討してみたい。ただ、いま例示したのは、古本節用集よりさらに遠くさかのぼる辞書類にも認められるものである。以下では、より古本節用集に特徴的なことがらを採り上げていく。

まず、構成にかかわるものから見ていこう。イロハ四四部立てとする伊勢本・印度本においては、ヰ部の収載語は巻頭のイ部に併合され、ヰ部には表示されない。そうした事情を改めて注記することがある。

先、此の本（黒河本『増刊節用集』。焼失――佐藤注）のヰ部に

伊井音便雖異皆以書于前伊字内

とあるのは天正十八年本類に

伊与井音雖異皆以書于前之伊字内

とあるのと殆全く同じくして、其の他の諸本には類の無い所である（上田・橋本 一九一六）

このほか、広島大学蔵『増刊節用集』や架蔵伊勢本写本にも認められる。[1] 安田章（一九七六）も、吉沢文庫本（字書断簡）のオ部に見える「前之注」遠軽重口舌雖異声依通如此也」、ヱ部の「ㄧ与江之音舌雖異皆以書二于前之江字之内一也」を指摘する。より簡便な「見于前」（天正一七年本）・「前伊有之」（枳園本）などは広く見られるが、『増刊節用集』・天正一八年本などのものは、一段詳述する点により強い対利用者意識が現われていると見たい。

識語なども他見を前提とした存在であろう。永禄五年本にあるという「右本悪筆老眼文盲自他比興校合之後耻他見而耳」（上田・橋本 一九一六）は、特異な事情を記していることもあって、利用者への意識があるものと見られる。また、簡潔な記載でも、相応に対利用者意識を読み取ることができる。たとえば、竜門文庫天文一九年本の巻末には、簡単な書写識語につづいて「右筆智善」との署名がある。右筆の仕事、たとえば他に遣わす書類などの清書であれば己れの職名・氏名を記すはずがない。また、私的なメモでもそうだろう。したがって、この節用集は、他に遣わすほどには公式ではないが、メモではない程度に公的な存在と考えることができる。つまり、少なくとも他見を前提とするからこそ、職名まで記したと考えられるのである。

第二節　印度本と付録

現代の新聞全国紙でも地方面は地方により内容が異なる。地理上、必要とされる記事を必要としうる人に提供するためだが、このような、多様な利用者に応じる内容・編集の異なりが古本節用集にもあるとすれば、現代のメディアに通じる性格をもつことになろう。

たとえば、伊勢本（略本）と印度本とで、志向の異なりが指摘されることがある。

伊勢本（略本）の「名所」と印度本の「国花合紀集抜書」と——（中略）単純に類型化して、即ち、「名所」に焦点を絞れば連歌の、「国花合紀集抜書」に力点を置けば聯句のといった、それぞれの、要するに詩作の資としての書の方向が浮かび上がって来るが、むしろ両者の接点としての聯句連歌、つまり、広義の和漢を目指してのものが、節用集の実像なのではあるまいか。（安田章 一九七八）

伊勢本のうち『増刊下学集』『増刊節用集』・天正一八年本類などは天地門に和歌名所（歌枕）を収載し、大谷大学本では「名所門」を立てている。また、印度本諸本の多くは、巻末に「国花合紀集抜書」との特殊用字集を付録している。安田の言及は、このような特徴を踏まえたものである。

また、早く上田・橋本が指摘するように、伊勢本のイロハ各部の天地門の初めに配置された旧国名を、印度本では削除するが、これは、巻末付録に「日本国六十余州名数」[2]などの海道別の国郡名一覧を付すためという。各部天地門、すなわち各部の始まりの部分でこのような大規模な改編があれば、利用者の印象はかなり異なるであろう。また、旧国名を一覧したい向きには海道別にまとめられた付録の方が便利だったかもしれない。そう考えれば、ここにも対利用者意識を見てもよく、そのような意識に裏打ちされた編纂方針が、伊勢本から印度本への分派を促したのかもしれない。注目しないわけにはいかないが、古本節用集史上の大きな変化なので結論は急がなくてもよいだろう。

対利用者意識を見るならば、伊勢本と印度本とで、付録のありように大きな隔たりがあることに注目した方が分かりやすい。これも、早く上田・橋本の指摘するところである。

節用集には必付録があつて、本文の後、時としては前に、多少の事項が付載してある。其の付録の数は、饅頭屋本の二種、伊京集の三種を最少とし、永禄二年本、弘治二年本及び図書寮本の三十三種、経亮本の三十二種、永禄十一年本の三十一種を最多とし、和漢通用集、枳園本、天正十八年本類、温故堂本、易林本類は其の少い方に属し、天正廿年本、増刊本之に次ぎ、永禄二年本類はその多い方に属する。

「古本節用集諸本付録比較表」（付表第二）によって一層明快だが、伊勢本では付録が少ないのに対し、印度本では付録数最多の異本をふくむなど特徴的である。その数からすれば、印度本では、付録をより多く設けることが一つの改編目的だったと見てよい。ただ、そのような意図の依ってきたるところは分からないが、対利用者意識があった可能性は排除できないだろう。そのことを別の視点から補ってみよう。

印度本の付録記事には共通の性格がある。たとえば「名字抄・名乗」「人倫・人名」「器財并食物異名」「点画小異字」「十二時」「十二月異名」「大内之所々殿并十二門」「六律」「六呂」など、ある一定の範囲のもので、その内部の要素同士が並立・対立などの関係によりまとまりを構成することである。イロハと意義によって分類枠を提示する辞書本文に収めなくとも、集合として際立つものであり、部分体系と言ってもよい。さきの「日本国六十余州名数」も、旧国名というまとりまりがあるから付録に回しやすいのだろう。また、内容上も特徴が見出せる。右に例示したものもそうだが、誰もが欲する知識や、誰からも平等な位置にある対象、誰もが従うべきことがらなどが多く一般性に富むように思われるのである。結局、付録にしやすい条件とは、まとまりと一般性を有することと考えてよい。

そのように見てくれば、印度本の多くが付録とする「当家御代々次第」「細川殿御代々次第」は異質といえよう。「当家・細川殿」との呼称からすると、足利将軍家に属するか、自身を足利家に近い存在と見なす者で、細川管領家にも敬意を表すべき者が作製したのだろう。両家代々当主の、院号・官位・没年月日・享年などを記した記事で、いわば過去帳である。室町幕府の中枢たる両家には「まとまり」と「一般性」があるとも言えるが、幕府の影響力の小さい地方や政権が終焉を迎える未来にはほぼ無価値な、その意味では相対的な事柄である。それを付録するところに不自然さを感じるが、それだけに編者の強い意図の存することがうかがわれよう。まずは、両家への忠誠を促すような政治的配慮が思い浮かぶが、[3] ともあれ、このような形でも対利用者意識が認められることにはなるのである。

第三節　多様な変容

『辞林枝葉』は、易林本と饅頭屋本とを主要な依拠本とするもので（大熊久子 一九八四）、山田忠雄（一九七四）は、易林本に比肩する異端として、懐中節用集とともにその名を挙げるが、一方で、岡田希雄（一九四一）は、前田家本『辞林枝葉』の印象を次のように記している。

> けだし大本の厚冊で、二冊では大変な重量があり、一冊を片手に取り扱ふ事が困難な程の重さのある本であるからだ。（中略）縦一尺八分に横七寸九分程の大きさ、二冊、用紙は厚手の楮紙かと思ふが、普通の袋綴本である。厚手の用紙だから二冊で三寸三分の厚さがあり、重いのである。紺地の紙書皮だが、見返しは、裏書皮の　も金紙でまことに豪華な本である。節用集としては最も豪華な本であらう。

僚本とでもいうべき伊達文庫本は、上巻二二〇〇グラム、下巻二七五〇グラムという（宮城県図書館より教示）。こうした印象から岡田は「最初から大名用——実用と云ふ事では無い——の豪華本として」作製されたものとし、永田信也（一九八八）は下賜するための存在とした。物質的側面を操作して社会的ステータスを誇示すること——方法のありようと伝えるべき内容の二点で特徴的な対利用者意識の現れが認められることになる。

さらに永田は、内容面でも特異な存在であるとする。

見出し語とその訓は節用集のものである。次に、漢字の上中下に附された傍訓や音の多さは、倭玉篇的なものである。又、右に述べた朱点は、韻書的なものである。更に、行草体を知る辞書ともなつてゐる訳である。かうして見て来ると、本書の編者の意図は、右のやうな情報が一見して分かるやうな、当時としての総合的な辞書を作るところにあつたと思はれるのである。

このような節用集が出現する背景には、流布の副作用とでもいうべきことがあるのだろう。節用集が貴紳のための韻事の書であったとしても、流布が進んで本意を理解しない層にまで行き渡れば、単なる語彙集に変容する。ならば外観・内容とも「豪華」になった『辞林枝葉』のような存在も現われるのであろう。

参考までに、他の特徴的な諸本を成立年とともに掲げてみる。

・易林本は、慶長二（一五九七）年の跋を有する。山田（一九七四）では「意義分類の　名称、篇名表示の万葉がな・かなづかひ、語彙の出入、あらゆる　点において、旧来の　古写本節用集の　意表に　いづる　こと　はるか」であるとし、「異端の　最右翼」と評する。
・『和漢通用集』は、元和一〇（＝寛永元年。一六二四）年に徳川家光に呈上されている。ほぼ全語に語注をほどこすなど、特色のあるものとなっている。
・架蔵伊勢本写本は(4)、「飛驒」（ヒ部天地門）の漢名を「飛州」と注する。通常、伊勢本では「驒（弾）州」と注することが多い。
・大方家蔵慶長五年写零本は、印度本の本文に、意義分類体の語彙集から増補してある。このため、キ部では三六門、サ・シ部では三五門を数えるという（小林健二一一九八九）。
・諫早文庫蔵近世前期写伊勢本は、九州の方言語形を収載する（米谷隆史二〇一〇）。

自由・無軌道に語や付録が増補されたり変更されたりし、社会交際上の道具になるような修飾・演出まで施される。こうした過程を通して、韻事の書としての性格は保持されつつも、相対的には薄められていき、辞書としての汎用性と形態上の自由度を獲得していくことになる。これはそのまま、より多様な人々のためのメディアへの変容でもあろう。とすれば、近世的なものへの動きは、古本のなかにすで認められることになろう。

第四節　書体の意味

メディア性をさぐるには視覚印象に訴える事象も注意される。古本節用集の多くは楷書表示を採るが、行書・草書を採るものもあり、なかには、いわゆる書流を意識させるような美的価値のあるものも存する。

たとえば、『和漢通用集』の行書は、筆画の太・細の対比や丸を連想させるボリューム感が特徴的で、青蓮院流をさらに様式化したもののように見える。「本文は、上下二段と、其の上に低い一段と、四周の欄界とを墨で引いた紙に、二段八行に書いてある」（上田・橋本 一九一六）など、丁寧にも界線によって紙面を三段に分かち、最上段には門名を、下二段に本文を配するのである。一行に二語しか配されないことになるが、これは、ほぼ全語に和文注を添えるためのことであろう。このように、書体だけでなく全体としても整然とした印象があるものである。

竜門文庫天文一九年本は、「一」さえも豊かな曲線を描くような典型的な和様である。個々の字をわずかに縦長にまとめることも多く、払い・縦棒を伸びやかに記すのと相俟って闊達な印象を与える。薄めの墨色のせいか、料紙表面の平滑さのためか、筆画の途中でも停滞のない、伸びやかな筆の運びがうかがわれる。「毎半葉六行四段書写、四分弱の版心を設け、上下単辺、界高七寸五分。上辺に四分の上欄を施して表示」（川瀬一馬 一九八六）するように、界線を用いて位置決めがなされている。一行を四段に分けるのは漢字二字語を主としてのことで、他の語の場合は適宜案配されるが、いずれにしても文字の書きぶりと応ずるように窮屈な印象はない。また、界線が記されるのも整然とした印象があり、その界線自体も細いものなので繁雑には見えない。「上欄」には門名が一行一字の縦書きで記されるが、その左右には縦界により几帳面に仕切るなどしており、総じて見せることに意を用いたものとなっている。
このように、美麗な書体で記されるうえに、字配りや界線の使用などといった工夫とも協調して整然とした紙面を構成するものがある。[5] こうした効果的な整理は明らかに利用者を意識するもので、多くの人々の利用にも耐えるものであろう。とすれば、この延長上には、不特定多数を意識した版本が位置してもおかしくなく、古本節用集と近世節用集の連続を確認できることになる。

第五節　改編の契機としての出版

節用集では、各部における門（意義分類）の順序が一定しないが、版本の天正一八年本が整一であるのは、出版を契機として改修されたものと考えられそうである。

同じ本の中でも、門数の多少は部に依つて異り、各部一様でないと等しく、門の順序も各部悉く同一なものは極めて稀である。（中略）諸本中、各部を通じて門の順序の斉整なのは、天正十八年本類であつて、天正十八年本には唯一箇所だけ錯雑があるが、その他の三本は、一も乱れた所は無い。和漢通用集も錯乱は一個所のみである。その他の諸本は随分混乱が多いのであつて、中に最甚しいのは、和漢通用集以外の弘治二年本類、増刊本、温故堂本及び易林本類である。（上田・橋本 一九一六）

『和漢通用集』は写本だが、先述のように整然とした記しぶりに応ずるように門序も見直されたのであろう。写本ながらも強烈な対利用者意識を見ることができる。

対照的なのは易林本で、版本であるにもかかわらず、門序の乱れが「最甚だしい」という。先にも触れたように（第三部第一章）、出版物として未熟な点もあるので、ここでもそうした性格が露呈したのであろう。

天正一八年本では出版に際して各部の門序が整えられ、それが他の天正一八年本類諸本に波及したと考えられれば無理がなさそうである。しかし、同類本のなかでは早稲田大学本が古態を残すとされており（山田 一九七四）、天正一八年本が先んじるとはかぎらないようである。天正一八年本類のいずれかの写本が先に門序の整備をしていたことを想定する必要もありそうである[6]。

天正一八年本類といえば、さきに井部の所在注意書きをみたが、ここでも版本と写本の先後関係が問題になるかもしれない。版本の天正十八年本において対読者意識からする「伊与井音雖異皆以書于前之伊字内」との注記がまず生じ、やがて同類の他の写本に波及したのであれば無理がなさそうだが、門序の整備と同様、写本において先に注記がなされた可能性も想定しておいた方が慎重だということである。

このように、出版を契機として対利用者意識が高まり、改編・整備がなされるという関係は、理屈上は成り立つものの、諸本間の先後・書承関係が確定しないうちは確実なことが言いにくいともいえそうである。

一方、諸本間の書承・依拠のありようは単純ではないとするのが現代の研究の常識である。すなわち、底本からの一度かぎりの書写で新たな写本が生まれるとは限らず、底本から書写し、確認する段階ですら収載語の増補・削除・改編が想定され、節用集にかぎらぬ多様な書籍からの借用もありうると見るのである。そうしたことを勘案しつつも、ときに夾雑物として他書を排除するなどしながら系譜を再構するのは容易ではない。

もちろん、諸本の関係を簡単に把握できないのは、隔たりの大きい諸本しかいまだ発見されていないからとも考えられる。いわば見掛け上のことであって、今後、隔たりを埋めるだけの十分な異本が出揃ってくれれば、諸本間の関係は比較的簡素な形として捉えられることはありうる。としても、やはり道のりは長い。ならば当面は、出版と対利用者意識を関係はあるものと捉える一方で、系譜研究の成果とを見合わせながら、可能性のある事象について述べるべきは述べるといったスタンスをとらざるをえないことになろう。

おわりに

古本節用集をメディア的に見る手段として対利用者意識との視点を持ち出した。そしてそれが、一層強く意識されるであろう、出版という形態にまで話がおよんだ。この後は、節用集のほとんどが出版に付される近世と、どのように結びつけつつ考察を広げるかが問題となろう。

一方、安田(一九七八)の末尾に示された見解も想起される。節用集が出版されて不特定多数の人々の手にわたるようになれば、それと引き換えに一種の平準化とでもいうべき現象が起き、古本節用集が本来もっていた韻事世界との豊かな関わりかたを象徴するような側面が忘れられるというのである。より広範なメディア性を獲得したがゆえに失われるものがあるという現実を、どれほどまで目配りできるかは心もとないが、より確かな成果のための指標としておきたい。

今後、さらに古本節用集のメディア性を検討するとして、気にかかっているのは書体である。古本節用集では楷書を主とするとされるのだが、伊勢本には行草書本が多いような印象がある。あるいは楷書が定着したのは印度本においてであろうか。こうした諸事象と本文系統との対応関係も捉えられればと思う。

注

（1）小泉吉永旧蔵。巻末の後補紙に「正保四年四月吉辰」とあり、この年（一六四七年）以前の写本であり、室町末期あたりにまでさかのぼるもののようである。

（2）旧国名のほか、郡数・郡名・漢風名・田数などの情報が補記されることがある。伊勢本でも『増刊節用集』のように、「五畿内」以下旧国名と郡数・郡名を掲げるものもある。

（3）このように特徴的な付録が印度本にのみ存することは、印度本の派生の理由とも関わる可能性があるかもしれない。それには、内容からしても、社会・政治関係の各種事象にも目配りする必要があることを示唆している。

（4）飛騨地方に縁のあるものらしく、本文末の署名「是心（花押）」（本文とは別筆か）と、後補紙の書き入れ「暎芳寺・南無阿弥陀仏・法名釈」より、旧蔵者小泉吉永は、是心坊（宮川是重。飛騨国主家・姉小路尹綱（?〜一四一一）の臣という）を開基とする浄華山暎芳寺（浄土真宗大谷派。岐阜県高山市）を割り出した。

（5）このほか、胡蝶装本は、山田（一九七四）・今野真二（二〇一二a）の図版によれば、丁寧に記された曲線のなかに楷書を意識させる硬さを持ち合わせた美しい行書である。『増刊下学集』は楷書主体ながら、古筆了雪による飛鳥井栄雅筆とする極めがある。栄雅本人の筆かどうかは定かでないが、栄雅クラスの書き手を充ててよいほどの品格があるということであろう。黒本本にも古筆了佐による相国寺横川和尚筆とする極めがあるが、禅家の墨跡に通じる書風を認めたからだろう。和様書流とは別個の価値基準によるものと思われ、本章での関心からははずれるものとしておきたい。

（6）古態を残すことが古い写本であることを必ずしも意味しないし、まして関係諸本の祖本であるともかぎらない。新規の部分と古態とが併存することは稀ではないからである。が、ここでは、版本に先だって写本での整備がなされた可能性として記しておいた。なお、山田（一九七四）は、別途、天正一八年本・易林本・饅頭屋本などの版本に特殊性があるとしても、それが出版を契機とするものか、依拠した底本にすでに備わるものかについては、議論の余地があるとする（「本研究の 説述の 態度」）。

第三章　付録研究への展望と限界

はじめに

本章は、今後展開すべき近世節用集の付録研究について、その準備にかかわる事柄について記すものである。一つは、なにゆえこれまで付録研究が辞書史研究として進展を見なかったのかに触れつつ、隣接諸学での先行成果の注意深い摂取が必要であることを述べる。ついで、節用集の付録にはどのようなものがあり、書肆によってどのように扱われるものであるかを具体的に見ていく。一方で、近世節用集とその付録に対してなされる評言に「雑多」「百科事典的」「踏襲性」などがあるが、そう表現されることによって規程されてしまうことの問題点に触れた。最後に、節用集付載の武鑑と単行武鑑との基本的な異なりに注目し、今後の研究においては、付録記事の内容はもちろんのこと、付載にいたる意図や経緯などからの吟味が必要であることを述べた。

第一節　付録研究への躊躇

〔一〕躊躇と節度

筆者は、これまで近世節用集の展開史の記述をおこなってきたが、近世的書籍として板株（近世的版権）との関わりの種々相とともに、辞書の組織上の中核である検索法をめぐることどもを軸とするものであった。そこでは、本文部分を対象にしてきた関係上、日用教養記事からなる付録類について言及することはまずなく、あったとしても板株をめぐる版権紛議の場合に必要最小限に触れたにすぎなかった。

もちろん、近世社会に節用集を位置づけるという仕事を志すものとしては、紙数上も一定以上の割合を占める付録類を無視することは不可能であり、隣接諸学において注目され、種々の成果が生み出されている現況を見れば、形式的にではあっても一度は検討すべきものと思っている。ただ、これまで検討してこなかったのは、たとえば、何の準備もないまま近世節用集の付録研究へとおもむく不合理・非効率を警戒する意見表明（山田忠雄 一九六一）を尊重してのことでもあるが、尊重とは言い条、実のところ免罪符にしていたというべきであろう。

ただ、付録についての検討を一旦は棚上げにしておくとの態度は、古本節用集はともかく、近世節用集においては、その内容の多様さを見れば、誰しも是認するところだろう。何の方針・目的もないままに検討を強行すれば、みずからも混乱し、他人をも混乱に招じ入れかねないし、ひいては新たな研究参加者をも排除することになりかねない。逆説めくが、当面は付録類を研究対象にしない方が学の進展に寄与すると考えられるのである。

たしかに、付録記事の多様さから容易に想像されるのは、その背後にある広漠たる知的世界へ足を踏み込むことへの危うさである。それらを研究対象とすることは国語学の埒外に踏み出すことを意味するし、よしんば、そうした軛は乗り越えたとしても、広大な領域を研究対象とするとなれば新たに学ばねばならない事柄の多さと、それにかかる労力と時間の長さを思えば、やはり付録研究には容易には入り込めないように思われる。

〔二〕書物研究との連携

幸い、近年の歴史学諸方面での研究成果——たとえば、池上英子・石山秀和・鍛治宏介・横田冬彦・横山俊夫らの業績——には、近世節用集の付録への注目度が高いものがあり、かつ、他分野の研究者にも問題意識と結論が見やすい形で提供されてもいる（第四部第一章）。それらは、節用集の付録類に盛られた知の内容を、書籍であることによる伝達メディアとしての性質を重ね合わせれば、近世人の教養形成にあずかった可能性があることを見越しての検討であった。国語学的なアプローチからは得られにくい傾聴すべき見解が示されており、これまでの国語学がなおざりにしてきた節用集の一面を補う点が多々存するのであった。

一方では、それらの研究成果をそのまま受け入れてよいのかどうか、躊躇すべき点もないではない。信頼度に問題がありそうな方法論もないではなく、節用集に盛られる付録には板株制度（近世的版権）による制約があって自由な構成を採ることが必ずしもできるわけではないのだが、そうした側面についての顧慮が欠けているものもあるように思える。もちろん、これまでの検討結果が無価値であるというのではない。節用集の付録研究は端緒についたばかりであって、方法を選んでいるほどの余裕はないともいえる。節用集の付録に接した研究者の関心に応じて、節用集からさまざまな知見を引き出せばよく、参加者は多いほど多様な知見を引き出すことになる。成果の優劣を判別するのは、まだまだ先のことでよいものと思う。

〔三〕付録研究への視点の質

とはいえ、やはり気になる点もないではない。たとえば、節用集の付録を見るのは現代の我々の目であるから、ある種のフィルターが掛かってしまい、当時における付録観とはかけ離れることが予想される。貞享・元禄以降、節用集には多様な日用教養記事が付録されていくが、それらが近世人の目にはどのように映り、どのように知を摂取していたかを正しく見積もる必要があるということである。もちろん、こうした把握は単に理想論としてのみ存在するものともいえるが、理想なら理想として、それに近づく営為を放棄してはならないだろう。実のところ、近世節用集の付録にはどのような記事がどれほどあって、どのように組織されているか（または、されていないか）という、いわば付録の実態については、節用集に親しく接したものでないと十分なイメージを描けないであろう。もちろん、諸本によって内容の出入りはあるから、「近世節用集の付録らしさ」を把握するだけでも、相応の手間がかかることではある。本章では、とりあえず、一例を見ることからはじめようと思う。くわえて、それらの付録をめぐってどのような検討がなされているか、注意すべき点がないかについて記してみたい。さらに武鑑についてやや詳しく位置づけや来歴を見ることで、ささやかながら具体的な検討例として提示したい。

第二節　付録とその効用

〔一〕日用教養付録の実際

節用集の付録の構成例として『倭漢節用無双嚢』（天明四〈一七八四〉年刊）を採り上げる。本書は、付録の豊富な節用集の典型的なものの一つである。つまり、美濃判縦本の体裁に、巻頭と辞書本文の上部（頭書）および巻末の数丁に付録を配するものである。辞書部分はイロハ・意義検索であり、収載された各語は行草書で大書され、左傍には楷書が小書きされ、それぞれに平仮名・片仮名にて訓が施されるのである。

本書が、同時代の他書と異なるのは、品質の向上が志向されていることである。画工・筆耕名が巻頭・刊記に明記されるだけでなく、普通なら明記されない刻工名が、巻末だけでなく担当した丁ごとに記されてもいるのである。収載語数も一三〇〇〇語ほどと他書に比べればやや多くなっている。総じて、造作に意を用いた節用集であり、一八世紀のものとしては念入りに作られたものと言えよう。こうした志向は、一九世紀に現われる大型本により顕著に見られるものなので、『倭漢節用無双嚢』が節用集史の重要な通過点的存在であるとも見られる。

本書の巻頭目録には、一〇〇を越える付録記事が掲げられている。いま、大まかに分類して示せば次のようになる。

各記事の頭の数字は目録での掲出順を示すものである。

・地理・社会・歴史　1肥前長崎風景　8大日本国之図　9同国号考　10禁裏の図　11同造営の説　12公家百官名尽　13葵祭之図式　14本朝遷都考　15平安城京之図　16武州江戸之図　17摂州大坂之図　18本朝官職考　19扶桑百将伝　20御公家鑑　66中興武将伝略　67改正御武鑑　68東百官名尽　69武家諸役名目　80浪華八景の図　82本朝年代記

・宗教・易占　2鴉鳴吉凶の占　3灯花善悪の占　70祇園会御輿洗図　79京大坂堺江戸寺院　84知死期并不成就日　85有卦無卦之事　86四季皇帝の占　88新改服忌令　89諸社参詣忌の事　90人相九面の吉凶　91手之筋の占　97六十之図　98男女相性之事　99孟仲季の占　100破軍星繰様　101十干十二支　102願成就大吉日

・礼法　22漢礼之起　23和礼之始　24小笠原食礼の式法　63台の物積物の法　87食物相反の事

・芸能・趣味　21和漢六芸大意　25中華音楽の起　26本朝神楽の始　27申楽能の始　28和漢楽器之図　58茶湯調様の事　59天目置合并立様図　60初心立花指南　61同投入の心得　62花生の図　64囲碁の起并作物　65象戯の初并作物

・武芸　29倭漢射法の始　30歩射の總法　31本朝曲的の図　32矢代勝負の事　33和漢御之始　34馬上諸器の図　35小笠原家手綱法　36馬の息間之事　37馬上心得之事

・文字・書字　38中華文字之始　39古文字并八躰　40真草行手法　41漢字日本伝来事　42和字并片かなの始　43仮名いろはの起　44いろは訳文并本字　45天竺并韃靼の文字　46阿蘭陀并朝鮮文字　72十三門部分註　73筆法門折紙調様　74注文目録等書様　75制札書様の寸法　76箱曲物書付仕様　77絵馬認様の事　78手形証文案紙　83年号用字尽　92篇冠構字尽　93人の名頭字尽　96名乗字尽

・算術　47倭漢数度之始　48河図洛書之事　49大数小数之事　50諸数名目之事　51八算割掛之事　52見一乗除の法　53金銀銭両替の事　54米売買算用一件　55杁形俵数を知法　56田地積の事　57町間の事

・故事・その他　4鍾馗大臣故事　5鶏五徳の事　6蟷螂向車故事　7牡丹花睡猫故事　71四条河原涼之図　81和漢故事画　94石田教訓倹約丸　95和漢八景并詩歌

巻頭近くにあるもの、通し番号でいえば20あたりまでのものが「地理・社会・歴史」に多いことが知られる。これは、一つには、挿絵というより図自体が記事本体であるような1・8・10・13・15・16・17を巻頭部に配する必要があったことによるものである。その意味では、4～7もさして広からぬスペースに巧緻な挿絵を備えるものであり、同様に考えられよう。すなわち、現代の書籍や雑誌類における巻頭グラビアと同様、図版によって注意を引こうとの意図がよく知られるのである。

また、和漢の対比を旨とした付録記事が各分野に見られるのも注意される。単に地理的な差だけでなく、広く文物の上で異なりなり特徴なりが存することを強調するかのようであり、書名に「倭漢」を掲げるにふさわしいところである。さらに、45・46のように天竺・韃靼・阿蘭陀・朝鮮の文字を盛り込んでいるが、これと呼応するように、口絵の「肥前長崎風景」にも点景として「おらんだ船・シヤム船・南京船・ほくちうふね」があしらわれている。こうした図が、日本図よりも先に掲げられ、しかも日本図でさえ見開き一図だけなのに、「肥前長崎風景」は見開き二図を要するのである。総じて、単に和漢の対比にとどまらず、見るものをして、異国への関心を引き出そうとする演出が施されているのである。

一方、用意された付録記事は一〇〇点を超えるものの、その内容の濃さや実際の充実ぶりはまた別に考える必要がある。4～7の挿絵付きの故事類は、それぞれ四分の一丁のものにすぎないが一点として数えられている。したがって、一〇〇を越える記事とはいっても、過大に評価する必要はなさそうである。もちろん、内容と挿絵の出来などによって別の角度から評価する必要までないわけではないけれども。

一〇〇という数字ないし量も、先に記したような、本書の品質向上志向を端的に購買者に示す意図があるのであろう。現代の各種商品、たとえばデジタルカメラの画素数や日焼け止め剤の持続時間などなど、能力の高さを数値で誇示することがあるが、実際の使用法では十分に過ぎることが少なくない。もちろん、その性能を真に欲する人もいようからフェイクとまで言わないが、『倭漢節用無双嚢』の目録も似たような効果を狙っていることは考えておいてよい。

そうした誇示は、付録目録全体にも見られるとすべきだろう。図版からも明らかなように、単純に各種記事を箇条書きしただけのものではない。必要かどうかは一見分からないような、見栄え上の効果をねらう工夫がほどこされているのである。まず、記事名だけなら半丁で済みそうなものを見開きで掲げるのだから、敢えてする意図を感じずにはいられない。

〔二〕挿絵の意図をくむ

また、丁寧ないし大仰に披露する雰囲気もある。実際、目録の四周に各種意匠が施されているが、これなどは、まるで宝箱を開けて覗き込んでいるかのような錯覚すら覚えかねない。全項目を統率するように上部に配された「目録」の二字は、それぞれが雲形に囲まれ、さらに外側を唐草が埋めつくしている。四周には、いわゆる百寿図を想起させる、さまざまな書体で表された「寿」字が配され、その間を牡丹・菖蒲・朝顔・菊などの花々が埋めている。穏やかに言祝がれた場が無理なく連想されよう。ただ、注意すべきは右上隅の土筆と菫である。寿字間をつなぐ植物としては力量不足と思われる雑草だが、これもスミレが「墨入れ」を語源とすることに思い至れば至ったでよし、語源まで至らずとも「スミ」の音さえ感じとれれば「墨」にたどりつけよう。つまり、土筆と菫は、筆と墨の形象なのであろう。筆と墨によって本書（のすべての文字や図像）が書かれたのであるから、むしろ、他の植物以上の実力を持つものである。また、節用集の本体が辞書であることを思えば、勉学へと誘うものとしての筆と墨なのでもあろう。そこまで考えれば、目録の右上に配された意図も明らかとすべきか。右上とは、縦書きで左へと改行していく日本語表記においては最初の部分であることを意味する特別な位置である。そこに土筆と菫を配したことは、辞書を含む教養書として、実に理に適った配置と見える。力量不足どころではない。他の植物とは、一線を画す特別な存在として遇されているのである。

　拙い想像を書き連ねてしまったが、それはともあれ、右に見たような付録の多様さや見せ方さえも、大金を払わせるための、書肆による説明責任のようなものなのであろう。散財の理由として購買者みずからも納得し、家族をも説得できるようなものであればなお好都合である。つまりは、

目録

一肥前長崎風景
一鴉鳴吉凶乃占
一燈花善悪の占
一鐘馗大臣故事
一鶏五徳の事
一蟷螂向車故事
一牡丹花睡猫故事
一大日本国之図
一同図號考
一禁裏乃図
一同造営の説
一公家百官名尽
一[illegible]之図式
一朝鮮[illegible]
一平安城京之図
一武州江戸之図
一摂州大坂之図
一小笠原家手綱法
一馬の息合之事
一馬上心得之事
一中華文字之始
一古文字并八体事
一真艸行手法
一漢字日本伝来事
一和字[illegible]始
一仮名いろはの起
一いろは[illegible]
一天竺并韃靼の文字
一阿蘭陀并朝鮮文字
一倭漢数度之始
一[illegible]
一大数小数之事
一諸数名目之事
一八算割掛之事
一武家[illegible]
一祇園会[illegible]
一四条河原[illegible]
一十三門部[illegible]
一筆法門折紙[illegible]
一注文目録[illegible]
一制札書様の寸法
一箱曲物書付仕様
一絵馬認様の事
一手形證文案紙
一京大坂江戸寺院
一浪華八景乃図
一和漢故事画
一[illegible]年代記
一年号用字尽
一知死期并不成就日
一有卦無卦之吉

一本朝官職考
一扶桑百将伝
一御公家鑑
一和漢[illegible]大意
一漢礼之起
一和礼之始
一小笠原食礼の式法
一中華音楽の起
一本朝神楽乃始
一申楽能の始
一和漢楽器之図
一倭漢射法の始
一歩射乃総法
一本朝曲的乃図
一矢代勝負の事
一和漢弓之始
一馬上諸器の図
一見一乗除の法
一金銀銭両替之事
一米乗当八算用一件
一[illegible]
一田地横乃事
一町間の事
一茶湯認様乃事
一天目[illegible]
一[illegible]立花指南
一同投入の[illegible]
一花生乃図
一盆の[illegible]
一囲碁の起并[illegible]
一象戯の初并[illegible]
一中興武将伝略
一改正御武鑑
一東百官名尽
一四季皇帝の占
一食物相反の事
一新改服忌令
一[illegible]忌の事
一人相九面の吉凶
一手之筋の占
一篇冠構字尽
一人の名頭字尽
一石田[illegible]
一和漢八景并詩歌
一名乗字尽
一六十[illegible]之図
一男女相性之事
一[illegible]
一破軍星繰様
一十干十二支
一[illegible]大吉日

【図 4-3-1】『倭漢節用無双嚢』

『倭漢節用無双嚢』の購入が、等価交換以上の価値ある行為であると、たとえ短時間でも感じさせるだけの豊かさを演出することが必要なのである。

このように考えてくると、近世節用集の付録のとるべき位置というものは、単に金銭上の損得というだけではない、購買者の社会的な地位の問題とも直結しそうに思えてくる。近世中期において、横田冬彦によれば、地域の中心人物の蔵書にはそれにふさわしい書物が求められており、上杉和央も、地図の収集にあってより正しいものを求める層が醸成されていたと見ている。このような知の経路としての書物に対する社会的要請があり、周囲の期待を裏切らないような買い物をせざるをえない層があるとすれば、それに応えるための節用集が編まれた可能性も考えられるところである。それを達成するために書肆の側が採りうる方策として日用教養付録の充実があったと見ることが考えられることになろう（第二部第四章）。

第三節　「雑多な」「百科事典的」「踏襲性」

〔一〕雑多な内容

比較的有名な川柳がある。

節用にちきれ〳〵の仕付形　　『武玉川』七（宝暦四年）

句意を十分に分かっているわけではないが、節用集の付録が一見多様であることを揶揄したもののように思える。異文として「節用で」とするものもあるが（川柳評万句合）、その場合は、節用の付録による躾という、行動面を重視する読みになるのであろうが、それはともかく、多彩には見えたとしても付録というものの性格上、本格的な記事とは言えないことは容易に想像がつく。展開される知のありようも、必ずしも系統的ではなく、周到を欠くこともあり、ひいては体系性も備えてはいない――そうした粗が目立つと見る識者もいたことを、この一句から読み取れよう。

ただ、こうした見方は節用集一般をさしていうのであって、比較的整備された『倭漢節用無双嚢』には当てはまらないとも言えなくはないが、かといって『倭漢節用無双嚢』が完備したものとも言えない。たとえば、それは、改版の事実からも指摘できそうである。天明四年の刊記を持つ初版本でも、初刻本と改刻本とがある。初刻本の巻頭付録では、三階版の紙面の最上段に「〔改正〕御公家鑑」を、大振りの文字により一二丁裏から二六丁表まで掲出しており、対応する中段には「六芸之大意」（礼楽射御書数に分かつ）を、下段には「扶桑百将伝」を配している。こうした紙面構成に、社会における公家の概念的位置づけを知らしめる配置があると見ることもできようが今は論じない。ただ、改刻本では「〔改正〕御公家鑑」のあった位置に「小笠原家諸礼躾方」を新たに配するという、やや規模の大きな改刻を施しているので、果たして最上段の意味をどれほどに見積もればよいか迷うところではある。

元の箇所から削除された「〔改正〕御公家鑑」は、この改刻によって見開き一面に圧縮され、より巻頭に近い部分、本来の丁付けでいえば七丁裏・八丁表に配されることになった。この直前には「公家百官名尽・禁裏之図并説改正」があり、直後に「葵祭之図式・本朝遷都考」があるため、かえって的確な位置に置き直されたとも言える。ただ、『倭漢節用無双嚢』の巻頭部分は挿絵を擁する記事が続く、現代風にいえば巻頭グラビア特集との印象を抱かせる部分である。「〔改正〕御公家鑑」の前後にも「禁裏之図并説改正」と「葵祭之図式」の図が紙面を大きく占めている。そうしたなかで、文字だけからなる公家鑑は調和を欠くだけでなく、せせこましく圧縮された感が引き立ってしまい、異様な印象を与えるものとなっている。

ともあれ、このような改刻が見られることは、よりよいものを追求する姿勢があってのことと評価できる面があるのだが、一方では、当初の紙面設計・内容構成が万全ではなかったことを意味することにもなる。『倭漢節用無双嚢』

のような、比較的整備されたものであっても「ちきれ〳〵」な要素は見られることになるのである。

　こうした付録のありようについて、池上英子（二〇〇五）は「一見てんでんばらばらなこれら教養知識の断片群なのだが」と端的に述べ、横田冬彦（二〇〇六）も「『節用集』付録に集約されたさまざまなツール＝〈参照系の知〉」のような表現を用いるように、課程性や体系性を前提とするものではないと認識しているようである。いち早く節用集の付録の可能性に着目した横山俊夫（一九九〇）も「この書物が伝えた知識が、一見雑多な生活知の寄せ集めのようでありながら」と評するところである。ただ、横山の場合、これに続けて「天・地・人を包含するひとつの体系を備えていたことである。その体系とは、端的に言えば、礼法つまり人や事物の高低親疎の距離のとりかたであったと言ってよい」ともいうのは、横山の脳裏に、近世における「文明化」を促したものとして節用集の付録を見ようとする、一種の定見があるためである。これはさらに、『男節用集如意宝珠大成』『女節用集罌粟袋大成』における長文注に、編者の、統一的な思考をさぐろうとする営為となって現れることになるが（横山二〇一二）、今は、節用集の付録の捉え方の初歩段階を確認できればよい。

〔二〕「百科事典的」という定義の危うさ

　こうした先学の目には近世節用集の付録のもつ知の内実についての危うさが心得られているわけだが、多岐にわたる内容と数多く挿入される図像に眩惑されてか「百科事典的存在」などと近世節用集の説明をほどこす向きも少なくなく、むしろ、一般的な辞書類での説明としてはその方が多いように思われる。注意を要するところである。

　現代的な「百科事典」は、「百」の意義・ニュアンスが示すように、すべての自然・社会現象を項目として採り上げることに主眼があろう。ところが、節用集の付録類はそうした網羅性を企図して収集・掲載されたものではない。たとえば、『倭漢節用無双嚢』には、経絡・按摩などの実用医学や、献立など料理方面の記事が見られないけれども、そうした付録記事を載せる節用集も一方ではまた存するのであるから、付録として載せる記事の内容については、幾分ないし多分に恣意的ともいうべき編集方針に従っていたと見るべきところであろう。

こうした網羅性を欠く傾向は、近世的版権制度である板株の存在を考えることで合点がゆく。付録記事は、その節用集のために作られた、まったく新規の内容もありうるが、むしろ、粉本やそれに相当する書籍があることが多い。節用集を刊行しようとする書肆がそれら原拠書籍の板株を所持していれば問題なく付録として採用できるけれども、そうでない場合、付録としての採用は諦めることになる。強行して掲載すれば、原拠書籍の板株を所持する版元とのあいだで版権問題となるが、これはこれで、当事者の双方に時間と金銭の消耗をもたらすだけのものである。一方、新たな付録記事を導入した節用集は、少なくともその新規の付録部分は板株として認められるはずであり、それによって独占販売も可能になる。そのため、他の節用集にはない付録記事を開発・収載することは書肆の営業策として望ましいものであり、また、新たな付録記事を載せるために粉本となる書籍の板株を買収することも起こりえた。このような経緯から、他の節用集の付録記事とは異なろうとする傾向が、板株制度下、つまり一七世紀末以降の節用集には認められることになる。したがって、近世節用集の付録には、諸本ごとの個性を主張せざるを得ないように、一方では、他の個性を侵すことがないようにと、機構的に定められていたことになる。これでは到底、「百科事典的」な万能さを獲得できるとは思われないのである。

そもそも「百科事典的」と言い表したのは「近世節用集が、語・表現・文字などとは直結しそうにない多様な付録記事を、豊富な挿絵まで添えて掲載しているため、辞書・字書にとどまる存在とは見えない」という認識の反映なのであろう。ただ、それは「百科事典」の語義の半分にも対応しないのが実態なのである。そうした説明なり名付けなりが一人歩きしないことを願うばかりである。

〔三〕「踏襲性」の問題点

これと類似した問題を持つものとして、本文および付録について近世節用集には「踏襲性」があると説明する向きがある。現象としてはまさに古くからのものを使い続けることがままあるわけで、それを指して「踏襲性」といえば故意に使い続けるとのニュアンスを帯びることになろう。たしかにそうした面もないではないが、一七世紀末以降の節用集にあっては、やはり板株の問題を考慮する必要がある。たとえば、新たな地図を付録として掲載したければ当該図の板株を所持する必要があるが、それができなければ従前のものを使い続けるほかない。検索法でも、新たなものを開発したとしても、別の検索法と抵触するようでは採用できない。であれば、やはり、従前のイロハ・意義検索を採用するほかないことになる。こうした版権上の制約から新規のものを採り入れがたい状況をも「踏襲」で片づけてしまうのは、やはり表面的な理解によるものと思われる。他に致し方なく、板株の存しない、旧来のものを使い続けるしかないというだけのことであろう。

新たに板株を得るには、内容上、相応の新規性を獲得する必要があるが、それを開発するにはやはり相応のコストがかかることになる。コストに報いるだけの効果を発揮するものになるかどうか、これは実際に作ってみないと分からないわけであり、いわば博打ともいいうる。そうした賭の要素があるとすれば、そうは新規性を獲得する行為には出にくいのではなかろうか。たとえば、付録地図における「新しさ」を地理学的な正確さに求めるとすれば、相当にコストが掛かりそうであるから、在来の地図を載せておく方が経営上ははるかに安全だということになる。節用集の付録の地図などは、主要な国・地名の配置が相対的に破綻せずに示せて、必要十分の情報さえ盛り込めればよいはずのものであろう。ここまで考えて「踏襲性」という積極的なニュアンスを帯びる用語を使うのは有意義であるとは思う。

さて、節用集の付録の総体を見るにあたって、右のようなことどもに注意を要するのだが、個々の付録記事についても、内容によっては十分の吟味が必要となることがあるように思う。次節では、武鑑を採り上げて、いささか検討してみたい。

第四節　地誌としての武鑑

〔一〕節用集付録の武鑑

武鑑としてまず想起される典型的なものは、須原屋・出雲寺和泉掾などから単行本として刊行されたもので、将軍家から御三家以下諸大名などへ次第するものであろう。このような序列のありようは、いかにも当時の支配体制・組織を髣髴とさせ、槍印などの図像とともに文字によって政治体制を二次平面に転写したものというべく、武鑑の名にふさわしいものとなっている。それだけに、徳川の政権を認識させるツールとして効果的に機能したことと思われる。

ところが、節用集に付録される武鑑はそのような序列を持っていない。少なくとも一見して支配体制を感得できるような構成にはなっていないのである。もちろん、整備された単行武鑑とは異なり、諸情報は大幅に刈り込まれて付録らしいコンパクトなものになっているが、将軍家はじめ幕閣・諸大名の名が示され、その領国・石高・槍印等々の情報が併記される点は、たしかに「武鑑」ではある。

　先建て武鑑借り申候。且又大日本図ノ付録可作と奉存候。延喜式ノ中の郡名ハ写置候。追て和名抄ヲかり式と対校シ、又節用ヲかりて郡名ヲ対校セント思フ。是ハ郡名、古今ノ異同アル故也。武鑑も節用の武鑑ハ国ワケニシテ有之、アノ順ニて写し置可申。是ヲ付録ニ可仕と奉存候（安政元年十二月廿四日、兄杉梅太郎宛書簡。『吉田松陰全集』五）

獄中の吉田松陰は、単行の武鑑のほかに「節用の武鑑」を必要とした。そこで採られた序列が「国ワケ」、すなわち、畿内・東海道・東山道などに分け、さらにその中を国ごとに記してある体例が有用であったからである。

単行武鑑は徳川政権のヒエラルヒーをよく再現したものであったが、節用の武鑑のように地域別な序列ではそうはいかない。もちろん、個々の役職名等の情報は付されるから脳内で再構築することは容易だが、一見して政権構造を感得できる形態ではないのだから、その印象からする効果・機能は異なってこよう。もちろん、印象を中心とする効果について、さして注意を払う必要がないともいえ、微差として問題視しないことも考えられる。が、改めていうまでもなく、近世における身分差が、身なり風体という視覚印象から感得でき、使用する言語でも異なりがあったことからすると聴覚印象としても認識されるものだった。身体感覚として認識しうる（させうる）仕組みがあるならば、武鑑の構成のありようについても注意してよさそうである。

そのような点まで考えるとき、地理的序列による武鑑を軽々に「武鑑」視してよいかどうかは、やはり問われるべきであろう。そこでまず、節用集の武鑑とは何物であり、何ゆえに地理的序列によるのかを検討しておきたい。

〔二〕節用集的武鑑の生成過程

一つには、単刊武鑑との意図的な差別化が考えられる。「武鑑」が節用集に現われるのは貞享・元禄ごろからだが、これは板株による近世的版権制度の確立期にあたる。元禄一一年の重版・類版の禁令が発布されることが明示的なイベントだが、これ以前に、版本の内容上のプライオリティをめぐる紛議が確認できるし、寛文・延宝ごろにさかのぼっても、独自の特徴をそなえた節用集が複数刊行されていることが確認できるところである。禁令発布以前の、いわば私的版権とでもいうべき段階がこのころにあったことがうかがえるのである。こうした出版権利上の慣行があることを考慮すれば、遅くとも貞享・元禄ごろの節用集の武鑑が地理的序列を採用したことは、単刊武鑑の体裁への抵触を回避した意図があるものと考えることが、ひとまず許されよう。

が、今一つ考えるべきは、元来、節用集には国別概要の付録がそなわっていたことである。上田万年・橋本進吉は、古本節用集諸本の分類・系統づけのための指標として付録類に注目した。その際、節用集の原初形態を色濃く反映する伊勢本諸本には存在せず、印度本・乾本に存する特徴の一つとして巻末付録における国別概要を指摘する。

伊勢本においては、国名・郡名などは辞書本文中に散在していた。つまり、国名・郡名は、他のさまざまな語と同様にイロハ分けの下に配されていたのである。語形と語義（といっても、天地門ないし乾坤門という地理的要素を主とする語の集合に入りうる資格があること、というにすぎないが）のみによって組織される辞書本文に繰り込まれるのだから、他の語と同様に辞書項目の一つとして見られていたと捉えられよう。

それが印度本において、「日本国六十余州名数」などの項目名のもとに巻末に付録され、海道別に類聚されることになった。単に国名・郡名だけでなく、郡数・田数などの情報が補記されたりするようにもなっていく。これは、単なる地名語彙としての資格でではなく、国家を形成する地理的基本単位としての側面が見直されたと捉えるべきところであろう。この付録化のため、国郡名は辞書本文から消えることになったが、辞書たる節用集においても国郡名が特別な存在になったことが端的に知られるのである。印度本の編集態度に政治的配慮が入りこみがちであることは以前指摘したが（前章）、そうした動きと無関係ではないもののように思われる。

印度本の影響下にあるとされる乾本では、巻末に「南瞻部州大日本国正統図」の名のもとに海道別の国郡名ほか、漢風名・管の大小・範囲・国風寸評などが載ることとなった。「図」を称するものの、図像は示されていないのだが、これは、唐招提寺に蔵される『南瞻部洲大日本国正統図』（一六世紀成立か）という日本図の周囲に記された諸国情報テキストの流れをくむことを示すものと捉えればよい。なお、国風寸評については、上田・橋本がすでに指摘するように『新撰類聚往来』に同文のものが存しており、それに依るのであろう。

　この乾本の末裔が近世節用集になるのだが、やはり「南瞻部州大日本国正統図」を引き継ぐことになる。となれば、古本節用集印度本以来の慣例として国勢を表すのが節用集の付録の特徴としてあり、その充実をはかる一つの方法として、諸大名の名・知行が海道別・国別に記載されることになったと考えられそうである。一例だけ挙げれば、『頭書大成節用集』〈元禄八〈一六九五〉年刊〉には、その名も「南瞻部州大日本国海陸記」とする「節用の武鑑」の母体のようなものが巻頭付録に存する。項目名の下には〈従江戸諸国江之道法／諸大名御居城并知行付〉と注記されるが、図版に見るごとく、郡名の方が大名名・知行よりも大書されるのであって、国勢を主とし、支配者は従の位置に置かれていることが知られる。このような形態からはじまり、のちには大名名などを主とするように改められていき、その結果として地理的序列による武鑑が生まれるのであろう。

【図 4-3-2】『頭書大成節用集』

おわりに

いまだ検討を尽くせてはいないが、おおむね、右のような経緯から「節用の武鑑」が誕生すると見えるので、一度は、あるいは研究スタンスによっては、単行武鑑とは別種のものとして扱うべきように思われる。同じく武鑑の名を持つとはいえ、片やヒエラルヒーの転写であり、片や地理的情報の延長である。近世において絶対的な存在であった武家政権が、地理的座標によってすんなりと相対化されるかのような印象すら与えるものともなっている。

我々は節用集の付録記事から、近世人が摂取したであろうさまざまな知識なり認識なりを容易に想像できる場合がある。が、武鑑の成り立ち一つとっても、現代人のもつ「武鑑」との名称からの連想とは齟齬する部分があることが明らかになった。その齟齬を抱えたまま、立論することの危うさについて警戒すべきであろう。武鑑の場合は、付録と単行とでは比較的分かりやすい差があったわけだが、他の付録記事についてはいかがであろうか。できるかぎりの吟味をする用意と周到さが求められるように思われる。

あとがき

近世節用集の展開は多様であり、近世という時代も二七〇年ほどもあって長い。また、検討する者のスタンスのありようによっても、節用集史の像は異なってくるはずであろう。したがって、節用集史を端的、かつ周到に過不足なく描きだすことは至難のことと思われる。本書における節用集史の記述が、唯一無二の最良のものとは思わない。今後、改めるべきは改めていただくことを願っている。

日本における辞書の歴史は、早く上代において大陸から舶載された字書類の受容から始まったことは衆目の一致するところであろう。たとえば飛鳥池遺跡字書木簡が発掘されるにおよんで、相応に広い層において実際に辞書が利用されたことが知られる至った。新川登亀男（二〇〇六）は、この木簡の辞書摂取のありようを「新しい病気・病因が認識される過程をよく示し」たものとみるなど、漢字使用をめぐる言語生活の実態を的確に推測しており、さらには、公事完遂を支えるための、穢れをコントロールする機関として寺院・僧尼の存在が、時の政府により期待されていたという仏教寺院像を描いてみせた。七～八世紀という遠い過去における辞書使用のありようが実証的に推測され、言語生活のみならず、社会政策にまで到達するような知見を生み出す歴史学のありようには衝撃を受けるばかりである。

それにくらべれば、近世節用集の研究は、たかだか一五〇～四〇〇年まえのこと・ものを対象とするので、資料の残存率からしても相当に有利であるにもかかわらず、進展を見ないように思われる。いや、そのように他人事のようにいうべきではない。反省と自戒の念があるのみである。もちろん、相応の量の記述はできるのだけれども、渦中にあるものだからであろうか、未だしの感がぬぐえない。さらなる研究の進展を期するばかりである。

本書の各章は、次に示すような既出論文を基とするものである。が、論証の足りなかった部分を採らなかったり、新たな異本の発見やデータの追加によって書き改めたり、分かりにくい表現を改めるなどしている。結論部分に大きな変更があるわけではないのだが、より確度を増すように改修したことを了解されたい。

第一部　序論

第一章　視点・方法　佐藤（一九九六d）
第二章　節用集史の記述のために　佐藤（二〇一三b）
第三章　書名要素「節用集・節用」の通史　佐藤（二〇一二b）

第二部　総論

第一章　典型形成期　佐藤（二〇一一a）
第二章　教養書化期　佐藤（二〇一三a）
第三章　検索法開発期　佐藤（一九九〇a）
第四章　二極化期――イロハ・意義検索節用集の大型化　佐藤（二〇〇五a）
第五章　二極化期――早引節用集の大型化　佐藤（二〇〇六）

第三部　各論

第一章　易林本『節用集』の諸問題　佐藤（二〇〇八b）
第二章　横本『二体節用集』の諸問題　佐藤（二〇一〇b）

構成については右のようなありようが唯一のものとは思っていない。ことに、第二部と第三部の間にはいまだに落ち着かなさを感じている。第二部の各章を解体してそれぞれ部とし、その配下に第三部の各章を再配置することもありえたであろう。時代区分ごとに一つの概論と複数の各論によって構成するのである。イメージとしては、三拍子のワルツのように一拍めに強く重点をおき、残りの二拍は付随するように軽く流す全体のリズムの繰り返しになる。ただ、大きな流れをまず把握し、必要に応じて細部の情報を摂取していくというのが、何事かをそっくり把握する際の手順と考え、右の構成を採ったのである。

それにしても、近世節用集の研究に従事して三〇年ほどにもなる。相応に論文も書きためてきた。そろそろまとめては、との声を聞くようになってからかなりの年月が経つ。ここまで延ばしてしまった不才と怠惰はいかんともしがたいが、諸所での調査において未知の諸本に出会う喜びと驚きを感じるたびに、論文は研究の途中経過として記してもよいが、一書にまとめるような到達点などありはしないように思えて仕方なかったのである。

ともあれ、今はこのような形で出版するに至った。「満を持す」といえば聞こえがよいけれども、本書にあっては時間の経過だけがあてはまるにすぎない。また筆者も拙い才に時をかけて磨くこともなく便々と過ごしてしまった。本書の充実までは保証できないけれども、過去・現在において考えうることは書きとどめたとの思いだけはある。

謝辞。ここまでの過程には多くの人々の温かい心遣いとまなざしがあった。

言語の学への扉を開いてくださった小松寿雄先生、方言学からの専攻分野の変更をお許しくださった柴田武先生、近世語への目を開いてくださった加藤正信先生、国語研究のための基礎体力を培ってくださった佐藤武義先生、東北大学附属図書館の節用集コレクションを形成された前田富祺先生、ほどよい距離感で暖かく見守ってくださった遠藤好英先生。小著をもって御学恩に報いることは到底かなわないが、志だけでも表したく、御礼申し上げたい。

知友にも恵まれた。ことに、前田先生よりお誘いがあるままに研究発表を行なった国語語彙史研究会は、さまざまな大学院の出身者との交流の場であった。そこで出会ったお一人に藤田保幸氏があるが、お誘いのまま愛知教育大学へ出講すれば、山本真吾氏と知りあい、やがて後輩でもある矢島正浩氏が同大に赴任するにおよんで親交が深まった。さらに藤田氏の主催する中部日本・日本語学研究会を通じて、岐阜に来られた小田勝氏とも面識を得るにいたった。この四人は、大変な地力の持ち主であって、専攻分野における見識と研究への熱意、次々と築きあげていく着実な論考にはいつも刺激を受け、ときに叱咤激励を受けるような思いで拝読してきたところである。

国語語彙史研究会には、阪倉篤義先生をはじめ、根来司先生・前田先生・糸井通浩先生・山内洋一郎先生という錚々たるメンバーがおいでになり、やがて蜂矢真郷先生・浅野敏彦先生・乾善彦先生ともお話できるようになって、さまざまな学恩に浴することができた。また、岡島昭浩氏・西田隆政氏・橋本行洋氏・福田嘉一郎氏・藤井俊博氏・米谷隆史氏といった方々からもさまざまに教えを受けることができたのは何よりであった。ことに、米谷氏の協力がなければ、本書のいくつかの章・節は成すことがかなわなかったに違いない。記して謝意を表する。

最後に、出版を引き受けてくださった武蔵野書院代表社員・前田智彦氏、編集部・梶原幸恵氏、営業部・本橋典丈氏にさまざまにお世話になった。記して謝意を表するものである。

二〇一八年九月

岐阜城をのぞむ研究室より

佐藤貴裕記す

＊本書は、平成三〇年度科学研究費助成事業（科学研究費補助金）（研究成果公開促進費）「学術図書」（課題番号：一八ＨＰ五〇七〇）の交付を受けて刊行された。

参考文献

青木美智男（一九八五）『文化文政期の民衆と文化』文化書房博文社

赤堀又次郎（一九〇二）『国語学書目解題』吉川半七（勉誠社復刻、一九七六）

朝倉治彦・大和博幸（一九九三）『享保以後　江戸出版書目　新訂版』臨川書店

朝日重章（一七〇二）『鸚鵡籠中記』二。名古屋市教育委員会編（一九六六）『名古屋叢書続編』一〇

跡見学園短期大学図書館編（一九八七）『百人一首目録稿』三

池上英子（二〇〇五）『美と礼節の絆　日本における交際文化の政治的起源』ＮＴＴ出版

石川松太郎（一九七八）『藩校と寺子屋』教育社

石田秀実監訳（一九九一）『現代語訳黄帝内経素問』上巻、東洋学術出版

石山秀和（一九九八）「節用集の出版と普及過程――乾本（易林本）を中心に――」『立正大学大学院年報』一五

乾　善彦（一九九六）「字注にみる易林本節用集の同字意識」『国語語彙史の研究』一六、和泉書院。乾（二〇〇三）に再録

乾　善彦（一九九九）「書体と規範――近世の漢字字体意識の一側面――」『国語学』一九九。乾（二〇〇三）に再録

乾　善彦（二〇〇三）『漢字による日本語書記の史的研究』塙書房

井上隆明（一九八一）『近世書林板元総覧』青裳堂書店

今西浩子（一九九六ａ）「『易林本節用集』の漢字」『横浜市立大学論叢』（人文科学系列）四七―三

今西浩子（一九九六ｂ）「『易林本節用集』の片仮名字体」『国語国文』六五―五

上杉和央（二〇一〇）『江戸知識人と地図』京都大学学術出版会

上田秋成（一七六七）『世間妾気質』（中村幸彦ほか編『上田秋成全集』七、中央公論社）

上田万年・橋本進吉（一九一六）『古本節用集の研究』東京帝国大学文科大学（勉誠社復刻、一九六八）
江村北海（一七八三）『授業編』岐阜県図書館蔵本
遠藤和夫（一九八六）「『富士野往来』小考」。山田忠雄（一九八六ａ）所収
大分県先哲史料館編（二〇〇〇）『大分県先哲叢書　大蔵永常資料集』第四巻、大分県教育委員会
大熊久子（一九八四）「『辞林枝葉』編纂の基礎資料」『国学院雑誌』八五―二
大阪図書出版業組合（一九三六）『享保以後大阪出版書籍目録』龍溪書舍（清文堂復刻　一九六四）
大阪府立中之島図書館（一九八一・一九八二）『大坂本屋仲間記録』八・九、清文堂
大阪府立中之島図書館（一九九三）『大坂本屋仲間記録』一八、清文堂
大谷大学国文学会編（一九三二）『倭玉篇展観書目録』
太田正弘（二〇〇三）『寛永版目録』（自家版）
大塚隆編（一九九四）『〈慶長昭和〉京都地図集成』柏書房
岡田希雄（一九三六）「元禄期の辞書界」『立命館文学』三―八
岡田希雄（一九四一）「古本節用集の一種辞林枝葉に就いて」『歴史と国文学』二五―六
岡雅彦・和田恭幸（一九九六〜二〇〇〇）「近世初期版本刊記集影」（一）〜（五）『国文学研究資料館文献資料部調査研究報告』一七〜二一
小川剛生（二〇〇八）『武士はなぜ歌を詠むのか』角川書店
小川武彦（一九八一）『近世文学資料類従　参考文献編』一八、勉誠社
小川武彦（一九八四・一九九一）『青木露水集』一・別巻、ゆまに書房
奥野彦六（一九四四）『江戸時代の古版本』臨川書店（増訂版、一九八二）
開国百年記念文化事業会（一九五三）『鎖国時代日本人の海外知識』乾元社

鍛治宏介（二〇一〇）「江戸時代教養文化のなかの天皇・公家像」『日本史研究』五七一

柏崎順子（二〇一五）「江戸版からみる一七世紀日本」。鈴木俊幸編『本の文化史』二、平凡社

柏原司郎（一九七三ａ）「旧亀田文庫蔵『二体節用集（横本）』の版種について」『語学文学』一一

柏原司郎（一九七三ｂ）「近世初期『節用集（横本）』の改板例（上）」『野州国文学』一二

柏原司郎（一九七四）「近世初期『節用集（横本）』の改板例（下）」『野州国文学』一三

柏原司郎（一九七七）「縮刷本節用集の性格について」『浅野信博士古稀記念国語学論叢』桜楓社

柏原司郎（二〇〇二）「古版本節用集の近世的書入について」『湘南文学』三六

柏原司郎（二〇一二）『近世の国語辞書　節用集の付録』おうふう（増補改訂版、二〇一五）

金沢庄三郎（一九三三）『濯足庵蔵書六十一種』金沢博士還暦祝賀会

神坂次郎（一九八四）『元禄御畳奉行の日記』中央公論社（新書）

亀井　孝（一九四九）「小山板節用集の系統と価値」『国語と国文学』二六―一〇

亀田次郎（一九三六）「徳川時代刊行節用集の展観に就て」『大谷学報』一七―四

川嶋秀之（二〇〇一）「『易林本平井板節用集』解説」茨城大学附属図書館ホームページ。http://www.lib.ibaraki.ac.jp/kan-db/namazu-d/kai/kai-setsuyoushu.pdf

川瀬一馬（一九三三）『高木文庫古活字版目録』高木義一

川瀬一馬（一九三五）『善本影譜　甲戌第九輯』日本書誌学会

川瀬一馬（一九三七）『古活字版之研究』安田文庫（増補版、一九六七。ＡＢＡＪ）

川瀬一馬（一九四三）『日本書誌学之研究』講談社（復刊、一九七一）

川瀬一馬（一九五五）『古辞書の研究』講談社（増訂版、一九八六）

川瀬一馬（一九八〇）『日本書誌学之研究 続』雄松堂書店

川瀬一馬（一九八六）『龍門文庫善本叢刊』七、勉誠社
川瀬一馬（一九九〇）『江戸時代流通字引大集成　解説目録』雄松堂マイクロフィルム出版
菊田紀郎（一九七二）「寛文五年版節用集「乾坤」門の増補語彙」『国語学研究』一一
菊田紀郎（一九七三）「易林本節用集言語門の表記」『解釈』一九—三
菊田紀郎（一九九九）「『頭書増字節用集大成』の頭書増補語彙の性格」。岩手大学人文社会科学部欧米研究講座編『言語と文化の諸相』
菊田紀郎（二〇〇四）「近世節用集」『日本語学』二三—一二
菊田紀郎（二〇〇五）「開板節用集「い」部乾坤門の語順」。近思文庫編輯『日本語辞書研究』三上、港の人
菊田紀郎（二〇〇七）「開板節用集「い」部乾坤門の語順（続）」。菊田『中世・近世辞書論考』港の人
菊田紀郎（二〇〇八）『続中世・近世辞書論考』港の人
木村　晟（一九九六）『広益字尽重宝記綱目　言語并世話』汲古書院
木村秀次（一九八一）「寛文十年本『頭書増補二行節用集』について」『馬渕和夫博士退官記念国語学論集』大修館書店
久保田篤（二〇〇〇）「近世の節用集について」『日本語学』一九—一一
倉員正江（二〇〇八）「『書言字考節用集』巻十「数量門」と『本朝武家高名記』覚書」『〈近世文芸〉研究と評論』七四
慶応義塾図書館（一九五八）『和漢書善本解題』
小泉吉永（二〇〇一）『往来物解題辞典』大空社
国立国会図書館（一九五五）『節用集類仮目録（亀田次郎氏旧蔵）』
国立国会図書館整理部（一九六〇）『亀田次郎旧蔵書目録』
小坂　昌（二〇〇一）「稀本あれこれ（四〇六）『字貫節用』稿本」『国立国会図書館月報』四八七
後藤憲二（二〇〇三）『寛永版書目并図版』青裳堂書店

小林健二編（一九八九）『慶長五年本節用集・国尽・薬種いろは抄』清文堂出版
小林茂文（一九九三）「漂流と日本人」。網野善彦ほか編『海と列島文化』別巻、小学館
小林文雄（一九九一）「近世後期における「蔵書の家」の社会的機能について」『歴史』七六
今野真二（二〇一二a）『日本語学講座　第五巻　『節用集』研究入門』清文堂出版
今野真二（二〇一二b）「『節用早見二重引』について」『清泉女子大学人文科学研究所紀要』三三
酒井憲二（一九八六）「『両仮名雑字尽』の版種」。山田忠雄（一九八六b）所収
佐々木峻著・菅原範夫編（一九九七）『広島大学蔵増刊節用集の研究』武蔵野書院
佐々木孝浩（二〇一四）「書誌学入門2」『書物学』二、勉誠出版
佐藤　茂（一九六一a）「近世語における漢字・漢語使用上の易林本節用集（阿部）」『国語学研究』一
佐藤　茂（一九六一b）「易林本節用集伊部の漢字・漢語　古本との比較より」『国語国文学』（福井大学）一〇
佐藤　茂（一九六四）「節用集の門の排列についての一考察」『国語学研究』四
佐藤貴裕（一九八六）「東西方言対立語からみた『書言字考節用集』の性格」『国語学』一四七
佐藤貴裕（一九八七）「早引節用集の分類について」『文芸研究』一一五
佐藤貴裕（一九八八）「冒頭に「意」字を置く早引節用集二種」『文芸研究』一一八
佐藤貴裕（一九九〇a）「近世後期節用集における引様の多様化について」『国語学』一六〇
佐藤貴裕（一九九〇b）「早引節用集の流布について」『国語語彙史の研究』一一、和泉書院
佐藤貴裕（一九九一）「イロハ二重検索節用集の受容」『岐阜大学国語国文学』二〇
佐藤貴裕（一九九二）「『和漢音釈書言字考節用集』の一展開――早引節用集E類の原拠として――」『国語学研究』三一
佐藤貴裕（一九九三a）「近世節用集の類版――その形態と紛議結果――」『岐阜大学国語国文学』二一。佐藤（二〇一七）
に改稿再録

佐藤貴裕（一九九三b）「書くための辞書・節用集の展開」『しにか』四―四。佐藤（二〇一七）に改稿再録
佐藤貴裕（一九九四a）「節用集の版権問題」『月刊日本語論』二―四
佐藤貴裕（一九九四b）「早引節用集の位置づけをめぐる諸問題」『岐阜大学国語国文学』二二
佐藤貴裕（一九九五a）「近世節用集版権問題通覧――元禄・元文間――」『岐阜大学教育学部研究報告 人文科学』四四―一。
　佐藤（二〇一七）に改稿再録
佐藤貴裕（一九九五b）「早引節用集の系統について」『日本近代語研究』二、ひつじ書房（『日本近代語研究』三に修訂再
　収）
佐藤貴裕（一九九六a）「近世節用集版権問題通覧――宝暦・明和間――」『岐阜大学教育学部研究報告 人文科学』四四―二。
　佐藤（二〇一七）に改稿再録
佐藤貴裕（一九九六b）「近世節用集書名変遷考――資料篇・付言――」『岐阜大学教育学部研究報告 人文科学』四四―二
佐藤貴裕（一九九六c）「江戸の鱗」『言語学林 一九九五―一九九六』三省堂
佐藤貴裕（一九九六d）「近世節用集の記述研究への視点」『国語語彙史の研究』一五、和泉書院
佐藤貴裕（一九九六e）「近世節用集版権問題通覧――安永・寛政間――」『岐阜大学教育学部研究報告 人文科学』四五―一。
　佐藤（二〇一七）に改稿再録
佐藤貴裕（一九九七a）「近世節用集版権問題通覧――享和・文化間――」『岐阜大学教育学部研究報告 人文科学』四五―二。
　佐藤（二〇一七）に改稿再録
佐藤貴裕（一九九七b）「早引節用集の系統――B類諸本間非増字本文における――」。加藤正信編『日本語の歴史・地理・
　構造』明治書院
佐藤貴裕（一九九七c）「近世節用集版権問題通覧――文政・天保間――」『岐阜大学教育学部研究報告 人文科学』四六―一。
　佐藤（二〇一七）に改稿再録

佐藤貴裕（一九九八）「近世節用集版権問題通覧――嘉永・明治初年間――」『岐阜大学教育学部研究報告 人文科学』四七―一。佐藤（二〇一七）に改稿再録

佐藤貴裕（一九九九）「『合類節用集』『和漢音釈書言字考節用集』における版権問題」『近代語研究』一〇、武蔵野書院。佐藤（二〇一七）に改稿再録

佐藤貴裕（二〇〇〇ａ）「節用集の世界――典型と逸脱――」『月刊しにか』一一―三。佐藤（二〇一七）に改稿再録

佐藤貴裕（二〇〇〇ｂ）「早引節用集Ｂ類諸本間の増字本文の派生関係」。遠藤好英編『語から文章へ』

佐藤貴裕（二〇〇一）「近世節用集書名変遷考――一七〇〇年前後の転換期まで――」『国語語彙史の研究』二〇、和泉書院

佐藤貴裕（二〇〇二ａ）「『錦嚢万家節用宝』考――合冊という形式的特徴を中心に――」『国語論究』九、明治書院。佐藤（二〇一七）に改稿再録

佐藤貴裕（二〇〇二ｂ）「『錦嚢万家節用宝』考――不整合の解釈――」『岐阜大学教育学部研究報告 人文科学』五〇―二。佐藤（二〇一七）に改稿再録

佐藤貴裕（二〇〇二ｃ）「『新増節用無量蔵』の意匠」『岐阜大学国語国文学』二九

佐藤貴裕（二〇〇二ｄ）「『錦嚢万家節用宝』考――合冊の背景――」『岐阜大学教育学部研究報告 人文科学』五一―一。佐藤（二〇一七）に改稿再録

佐藤貴裕（二〇〇二ｅ）「近世節用集の価格」『近代語研究』一一、武蔵野書院

佐藤貴裕（二〇〇二ｆ）「子どもと節用集」『国語語彙史の研究』二一、和泉書院

佐藤貴裕（二〇〇三ａ）「『大成無双節用集』の成立」『国語語彙史の研究』二二、和泉書院

佐藤貴裕（二〇〇三ｂ）「村の節用集――農村の文字生活との連関試論――」『岐阜大学国語国文学』三〇

佐藤貴裕（二〇〇四）「早引節用集の危機」『国語語彙史の研究』二三、和泉書院。佐藤（二〇一七）に一部改稿再録

佐藤貴裕（二〇〇五ａ）「一九世紀近世節用集における大型化傾向」『国語語彙史の研究』二四、和泉書院

佐藤貴裕（二〇〇五ｂ）「海民と節用集」『歴史評論』六六四
佐藤貴裕（二〇〇六）「一九世紀近世早引節用集における大型化傾向」『近代語研究』一三、武蔵野書院
佐藤貴裕（二〇〇八ａ）「寿閑本節用集の意義――慶長刊行節用集の記述のために――」『日本語の研究』四―一
佐藤貴裕（二〇〇八ｂ）「易林本節用集研究覚書六題」『国語語彙史の研究』二七、和泉書院
佐藤貴裕（二〇〇八ｃ）「『節用集』寛永六年刊本類の本文系統」『近代語研究』一四、武蔵野書院
佐藤貴裕（二〇〇九ａ）「一七世紀節用集における検索補助法」『国語語彙史の研究』二八、和泉書院
佐藤貴裕（二〇〇九ｂ）「近世節用集刊行年表稿」『書物・出版と社会変容』六
佐藤貴裕（二〇一〇ａ）「易林本『節用集』平井版研究の基本課題」。月本雅幸ほか編『古典語研究の焦点』武蔵野書院
佐藤貴裕（二〇一〇ｂ）「横本『二体節用集』の研究課題」『国語語彙史の研究』二九、和泉書院
佐藤貴裕（二〇一〇ｃ）「検索法多様化の余燼」『近代語研究』一五、武蔵野書院
佐藤貴裕（二〇一一ａ）「近世節用集の典型形成期」『国語語彙史の研究』三〇、和泉書院
佐藤貴裕（二〇一一ｂ）「節用集と近世社会」。金澤裕之・矢島正浩編『近世語研究のパースペクティブ』笠間書院
佐藤貴裕（二〇一二ａ）「『珠玉節用万代宝匣』の異相」『近代語研究』一六、武蔵野書院
佐藤貴裕（二〇一二ｂ）「近世節用集書名変遷考――字数と基称――」『国語語彙史の研究』三一、和泉書院
佐藤貴裕（二〇一三ａ）「近世節用集の教養書化期」『国語語彙史の研究』三二、和泉書院
佐藤貴裕（二〇一三ｂ）「近世節用集史の俯瞰のために」『近代語研究』一七、武蔵野書院
佐藤貴裕（二〇一四ａ）「古本節用集の対利用者意識・試論」『国語語彙史の研究』三三、和泉書院
佐藤貴裕（二〇一四ｂ）「〔書評〕柏原司郎著『近世の国語辞書　節用集の付録』」『國學院雑誌』一一二八六
佐藤貴裕（二〇一五ａ）「易林本『節用集』版本研究覚書――匡郭考――」『近代語研究』一八、武蔵野書院
佐藤貴裕（二〇一五ｂ）「節用集の辞書史的研究の現況と課題」『日本語の研究』一一―二

佐藤貴裕（二〇一五c）「辞書から近世をみるために」。鈴木俊幸編『本の文化史』二、平凡社
佐藤貴裕（二〇一五d）「節用集展開史の後景」『文学』（隔月刊）一六―五、岩波書店
佐藤貴裕（二〇一六a）「節用集の付録による教養形成研究のための覚書」。井上泰至編『近世日本の歴史叙述と対外意識』勉誠出版
佐藤貴裕（二〇一六b）「『真草二行節用集』の研究課題――異版調査経過報告――」『近代語研究』一九、武蔵野書院
佐藤貴裕（二〇一七）『節用集と近世出版』和泉書院
佐藤貴裕（二〇一八）「五井守香と『和漢通用集』」『近代語研究』二〇、武蔵野書院
斯道文庫編（一九六三）『書林出版書籍目録集成』三、井上書房
柴田　武（一九七七）「命名の言語学」『言語』一九七七―一。柴田武（一九七八b）再録
柴田　武（一九七八a）「生きている語源」『言語』七―一
柴田　武（一九七八b）『方言の世界――ことばの生まれるところ』平凡社
枝芳軒静之（一七九八）『南瓢記』。加藤貴校訂（一九九〇）『叢書江戸文庫』一、国書刊行会
島居　清（一九五八）「易林本節用集について」『ビブリア』一一
白井　純（二〇〇四）「易林本節用集と字体注記」『国語国文研究』一二六
新川登亀男（二〇〇六）「古代日本からみた東アジアの漢字文化とメンタリティの多様な成り立ち」。深津行徳・浦野聡編『古代文字史料の中心性と周縁性』春風社
杉本つとむ代表、B・H・日本語研究ぐるうぷ編（一九七一）『易林本小山板節用集』文化書房
鈴木　博（一九六八）『蘭例節用集　文化一二年』臨川書店
鈴木ゆり子（一九九一）「村役人の役割」。藤井讓治編『日本の近世』三、中央公論社
住友商事株式会社社史編纂室（一九七二）『住友商事株式会社史』住友商事株式会社

関場　武（一九九一）「宝暦新撰、増補改正、早引節用集」『芸文研究』五九。関場（一九九四）に再録
関場　武（一九九四）『近世辞書論攷　早引・往来・会玉篇』慶応義塾大学言語文化研究所
関場　武（二〇一二）「節用集について　付・改稿「大全早字引節用集」の諸本」。関場編『辞書の世界』慶応義塾大学文学部
関場　武（二〇一三）「節用集の装丁」。田村俊作・関場編『辞書・事典の世界』慶応義塾大学文学部
高梨信博（一九七八）「『和漢音釈書言字考節用集』の考察――版種を中心として――」『国文学研究』六四
高梨信博（一九八〇）「『和漢音釈書言字考節用集』の考察――註文の検討――」『国文学研究』七一
高梨信博（一九八二）「『和漢音釋書言字考節用集』の考察――出典註の諸相とその背景――」『国文学研究』七七
高梨信博（一九八四）「草書本節用集について――易林本節用集との比較を中心に――」『国文学研究』八三
高梨信博（一九八七～一九八九）「近世節用集の序・跋・凡例（一）～（三）」『国語学　研究と資料』一一～一三
高梨信博（一九九〇a）「近世刊本付載蔵版目録中の節用集」『東洋大学短期大学紀要』二二
高梨信博（一九九〇b）「近世節用集の序・跋・凡例（四）」『国語学　研究と資料』一四
高梨信博（一九九一）「近世節用集の序・跋・凡例（五）」『国語学　研究と資料』一五
高梨信博（一九九二）「近世前期の節用集」『〔辻村敏樹教授古稀記念〕日本語史の諸問題』明治書院
高梨信博（一九九四）「早引節用集の成立」『国文学研究』一一三
高梨信博（一九九六）「『真草二行節用集』の版種」『国文学研究』一一九
高梨信博（一九九七a）「『真草二行節用集』諸版の本文と性格」『早稲田大学大学院文学研究科紀要』（第三分冊）四二
高梨信博（一九九七b）「近世節用集の一展開」『国文学研究』一二三
高梨信博（一九九八）「未紹介の近世節用集の二、三について――近世節用集目録の作成をめざして」『早稲田日本語研究』

高梨信博（二〇〇二）「近世節用集の序・跋・凡例――早引節用集――」『早稲田大学大学院文学研究科紀要』（第三分冊）四七
高梨信博（二〇〇五）「近世節用集の〈両点〉について」『早稲田日本語研究』一四
高梨信博（二〇〇六）「四十四部系近世節用集の成立――『頭書増補大成節用集二行両点』を中心に」『国文学研究』一五〇
高梨信博（二〇一四）「美濃本『急用間合即坐引』とその周辺」『国文学研究』一七二
高梨信博（二〇一五）「近世節用集の項目検索法と仮名遣い」『国文学研究』一七六
高梨信博（二〇一六）「美濃本『急用間合即坐引』の成立について」『早稲田大学大学院文学研究科紀要』（第三分冊）六一
高橋　敏（一九八五）『民衆と豪農』未来社
高橋久子（一九九四）「易林本節用集の漢字字体に就いて」『新釈漢文大系季報』八七（同大系第八〇巻付録）
高柳真三・石井良助編（一九四一）『御触書天保集成』下、岩波書店
多治比郁夫（一九八四）「本屋仲間」『日本古典文学大辞典』五、岩波書店
塚本　学（一九八七）「文書の普及と庶民生活」『長野県史　通史編』四、長野県史刊行会
塚本　学（一九九一）『都会と田舎』平凡社
禿氏祐祥（一九五六）「後陽成天皇と涅槃宗」『龍谷大学論集』三五三
鳥居フミ子・酒井わか奈編（一九九六）『東京女子大学所蔵近世芸文集』ぺりかん社
長澤規矩也編（一九七四）『唐話辞書類聚』一六、汲古書院
永田信也（一九八八）「『辞林枝葉』現存三本に就いて」『北大国語学講座二十周年記念論輯　辞書・音義』汲古書院
中田祝夫編（一九六八）『古本節用集六種研究並びに総合索引』風間書房（改訂新版、勉誠社〈一九七九〉・勉誠出版〈二〇〇九〉）
中田祝夫・北恭昭編（一九七六）『倭玉篇〔夢梅本・篇目次第〕研究並びに総合索引』勉誠社

中田祝夫・小林祥次郎編（一九七三）『書言字考節用集研究並びに索引』風間書房（改訂新版、勉誠出版〈二〇〇六〉）
長友千代治（二〇〇一）『江戸時代の書物と読書』東京堂出版
中野三敏（一九九五）『書誌学談義　江戸の板本』岩波書店
中野三敏監修（二〇〇五）『江戸の出版』ぺりかん社
中村喜代三（一九七二）『近世出版法の研究』日本学術振興会
野間光辰（一九五八）「浮世草子の読者層」『文学』二六—五
橋本進吉（一九三七）「尊経閣蔵古鈔本節用集解説」前田家育徳財団。橋本『伝記・典籍研究』（岩波書店、一九七二）再録
濱田啓介（一九五六）「近世後期に於ける大阪書林の趨向」『近世文芸』三。濱田（二〇一〇）再録
濱田啓介（一九八二）「出版と文字の歴史」『講座日本語学』六、明治書院。濱田（二〇一〇）再録
濱田啓介（二〇一〇）『近世文学・伝達と様式に関する私見』京都大学学術出版会
早川孝太郎（一九四三）『大蔵永常』山岡書店
林　望（一九八四）「『江戸時代初期製本書留』（仮題）について」『東横国文学』二一
林　望（一九九五）『書誌学の回廊』日本経済新聞社
布川清司（一九八四）『近世庶民の意識と生活』農山漁村文化協会
布川清司（一九八八）『近世民衆の暮らしと学習』神戸新聞総合出版センター
福永静哉（一九六三）『浄土真宗伝承音の研究　室町時代音韻資料として』風間書房
古屋　彰（一九七七）「世話字——『邇言便蒙抄』を手がかりにその糸口をさぐる——」『金沢大学法文学部論集　文学編』二四
古屋　彰（一九七八）「世話字尽と節用集——一つの改編の例を通して——」『金沢大学法文学部論集　文学編』二五

古屋　彰（一九八四）「「世話字尽」展望――延宝から享保まで――」『金沢大学文学部論集　文学科篇』四
古屋　彰（一九八六）「節用集と世話字尽」。山田忠雄（一九八六b）所収
前田　愛（一九七三）『近代読者の成立』有精堂（ライブラリ版、岩波書店〈一九九三〉）
前田　愛（一九七七）「寛政の改革と江戸文壇・概説」。尾形仂ほか編『日本文学史』五、有斐閣
前田富祺（一九六七）「指の呼び方について」『文芸研究』五六。前田（一九八五）に再録
前田富祺（一九六九）「語彙研究資料としての節用集」『国文学言語と文芸』六六。前田（一九八五）に再録
前田富祺（一九八五）『国語語彙史研究』明治書院
蒔田稲城（一九二八）『京阪書籍商史』東京大阪出版タイムス社（復刻、高尾書店〈一九六八〉）
松井利彦（一九八九）「近世節用集の性格」『日本語学』八―七。松井（一九九〇）に再録
松井利彦（一九九〇）『近代漢語辞書の成立と展開』笠間書院
万波寿子（二〇一一）「近世後期における公家鑑の出版」『近世文芸』九四
向井芳彦（一九五一～五）『泉屋叢考』一～六（刊記・奥付がないため年次は序・跋年記にしたがう）
宗政五十緒・朝倉治彦編（一九七七a～d）『京都書林仲間記録』一～五　ゆまに書房
森末義彰（一九三六）「易林本節用集改訂者易林に就いて」『国語と国文学』一三―九
森　安彦（一九九四）『古文書が語る近世村人の一生』平凡社
安田　章（一九七四）「解題」『節用集二種』天理図書館善本叢書和書之部二一、八木書店。「安田（一九八三b）に再録」
安田　章（一九七六）「吉沢文庫『字書断簡』考」『女子大国文』七九。「吉沢文庫本節用集」と改題して安田章（一九八三b）に再録
安田　章（一九七八）「語彙研究資料としての通俗辞書」『国語と国文学』五五―五。安田章（一九八三b）に再録
安田　章（一九八三a）「解題」『増刊下学集　節用集天正十七年本』天理図書館善本叢書和書之部五九、八木書店。安田章

（一九八三b）に再録
安田　章（一九八三b）『中世辞書論考』清文堂出版
柳田聖山・椎名宏雄編（二〇〇一）『禅学典籍叢刊』第六巻上、臨川書店
山田忠雄（一九五一）「橋本博士以後の節用集研究」『国語学』五
山田忠雄（一九五六）「書評　川瀬一馬氏著　古辞書の研究」『国語学』二六
山田忠雄（一九五九）「漢和辞典の成立」『国語学』三九。付録に「本邦辞書史概説付表」あり
山田忠雄編（一九六一）『〔開版〕節用集〔分類〕目録』大東急記念文庫文化講座ノタメ
山田忠雄（一九六四）「草書本節用集の版種」『ビブリア』二九
山田忠雄（一九六七）「節用集と色葉字類抄」。山田編『本邦辞書史論叢』（三省堂）、所収
山田忠雄（一九七四）『節用集天正十八年本類の研究』東洋文庫
山田忠雄述（一九八一）『近代国語辞書の歩み』上下、三省堂
山田忠雄（一九八六ａｂ）『国語史学の為に』一・二、笠間書院
山田俊雄（一九七五）「節用集改編ものの一例について　その一」『成城文芸』七三
山田俊雄（一九八三）『詞林逍遥』角川書店
山田俊雄（一九九一）『ことばの履歴』岩波書店
山本邦夫（一九八一）『埼玉県剣客列伝』遊戯社
矢守一彦（一九七七）「近江の板行国絵図と名所図会」『近江地方史研究』六
湯浅茂雄（一九八二）「節用集の語彙」。森岡健二ほか編『講座日本語学』五、明治書院
ゆまに書房（一九八〇～一二）『江戸本屋出版記録』上中下
横田冬彦（一九九五）「益軒本の読者」。横山俊夫編（一九九五）『貝原益軒――天地和楽の文明学』平凡社

横田冬彦（二〇〇六）「近世の出版文化と〈日本〉」。酒井直樹編『歴史の描き方』一、東京大学出版会
横山俊夫（一九八四）「日本人必携の辞書であった節用集から現代へのメッセージ」『中央公論』九九―一〇。「節用集と日本文明」と改題、梅棹忠夫・石毛直道編（一九八四）『近代日本の文明学』（中央公論社）に再録
横山俊夫（一九九〇）「日用百科型節用集の使用様態の計量化分析法について」『人文学報』六六
横山俊夫ほか（一九九八）『日用百科型節用集の使われ方』京都大学人文科学研究所
横山俊夫（二〇一二）「十八世紀日本の言葉なおし」。横山編著『ことばの力』京都大学学術出版会
米谷隆史（一九九二）「『合類節用集』の編纂をめぐって――『字彙』からの引用を中心に――」『語文』（大阪大学）五九
米谷隆史（一九九四）「『合類節用集』の増補態度について――『多識編』からの引用を中心に――」『待兼山論叢』二八

（文学篇）

米谷隆史（一九九七a）「新刊節用集大全の編纂資料をめぐって」『国語学』一八八
米谷隆史（一九九七b）「元禄期の節用集について」『語文』六九
米谷隆史（二〇〇一）「蠡海節用集の形式的特徴をめぐって」『語文』七五・七六（合併号）
米谷隆史（二〇〇三）「近世中期節用集の意義分類をめぐって」『国語語彙史の研究』二二、和泉書院
米谷隆史（二〇〇四）「高田政度の節用集をめぐって」『国文研究』（熊本県立大学）四九
米谷隆史（二〇〇五）「両点本節用集の成立をめぐって」『熊本県立大学国文研究』五〇
米谷隆史（二〇一〇）「資料紹介　諫早文庫所蔵の古本節用集について」『国語語彙史の研究』二九、和泉書院
若杉哲男（一九八〇）「女用語彙と男用語彙（一）　女節用集文字袋と男節用集如意宝珠大成」『仁愛女子短期大学紀要』一二
若杉哲男（一九八六）「女節用集文字袋と女重宝記の語彙」『東横国文学』一八
和久　希（二〇一四）「経国の大業――曹丕文章経国論考――」『筑波哲学』二二

渡辺守邦・柳沢昌紀（一九九六）「敦賀屋久兵衛の出版活動」『江戸文学』一六。中野三敏監修（二〇〇五）に再録

渡邉義浩（二〇〇九）「曹丕の『典論』と政治規範」『三國志研究』四

和田万吉（一九四四）『古活字本研究資料』清閑舎

和田恭幸（二〇〇一）「近世初期刊本小考」。冨士昭雄編『江戸文学と出版メディア』笠間書院

Antelmo Severini,Carlo Puini（1875）"Registro alfabetico delle voci contenute nel Wa kan won seki siyo "ken "si kau setu you siu, e nel compendio di esso Faya "fiki yei tai setu you siu" Firenze : Monnier（『和漢音釈書言字考節用集』と『〔早引〕永代節用集』との対照索引）

付録　近世節用集一覧

この一覧は、易林本以降、慶応三年までの諸本を対象とし、その内題を年次順に示したものである。およそ次のような要領により記載することとした。

（1）ここで採った諸本は、刊行年が確認できる現存書を原則とする。すなわち、佐藤が実見したものを基礎としている。刊記が脱落するなどして刊年が明らかでないものは、武鑑・年代記・暦日関係の付録記事の年記を根拠として、おおよそのところに配した。また、類似書間を比較することにより刊年がほぼ確定できるものも同様に扱った。もちろん、刊記を完備したものと同一書であると判明した場合はこのかぎりではない。ただし、元禄年間の諸本は現存書が少ないこともあって同定作業が十分には進んでいない。続く宝永・正徳年間の諸本でも、料紙が粗雑なものであるためか刊記の脱落したものが多く（佐藤 一九九五ａ）、事情は相似る。

（2）実見したもの以外では、周到な調査による目録・論考に掲げられたもの、実際に刊行されて江戸本屋仲間の『割印帳』に記載されたものも採っている。一部、古書籍商の販売目録などから採ったものなどでは、原本による確認が必要なものもある。ただこれも、販売目録に掲載された情報をそのまま取り込むのではなく、影印の載せられたものや、記載が詳細で信頼性の高いものにかぎった。

（3）一本の認め方として、同名であっても刊年が異なれば一本と認める。他書と合冊されて別の年に出版されたものも同様である。また、改題本も一本と認めることとした。一方、同名・同刊年ながら判型が異なるものや、料紙の厚薄の別、それにともなう冊数の異同があるものなどについてはそれぞれを一本とは認めていない。ただし、一七世紀末ごろ以前の、版権が公認されていない時期の諸本では、やや厳密に異版を捉えることとした。たとえば、草書本には三版種あることが知られており（山田忠雄 一九六四）、これによって三本それぞれを別個のものとして掲出した。また、一部に別版木による部分を含む異本も別途一本とした。さらに、この時期の諸本については、同版書であっても書肆に異同のある場合には、それぞれに一本と認めた。このなかには、元あった書肆名を削除しただけで新たな書肆名を刻さないものもあるが、同様に一本とした。

こうした処置は、元禄年間に重版（無断複製）・類版（意匠盗用）の禁令が発布される以前以後において、版権管理のありようや、そもそも版権の意識についても異なることが考えられるので、念のため、発布以前のものについては丁寧に諸本の推移を見ておきたく思うからである。逆に、重版・類版の禁令以降の諸本については、書肆の異同や版木の小異にはこだわっていない。たとえば、『倭節用集悉改嚢』（文政元〈一八一八〉年刊）には、付録の「改正御武鑑」に鎧印のあるものと削除したものがあり、前者にはさらに「御公家鑑」中の「閑院宮」における実名などの情報の有無による差があるが、別本を認めなかった。『倭節用集悉改大全』（文政九年刊）には三〇丁ほどの付録を追加した版も存するが、これも一本とは認めなかった。

（4）書名は原則として内題を採るが、その第一の理由として、当該書の正式名称と捉えられることによる。書名としては、外題（題簽上の書名）を採用すべきとする論には従わなかった。また、現実的な問題として、節用集は実用品であることもあって外題などの汚損・脱落が常だからでもある。図書館・博物館などに収められた極上の保存状態のものだけでは、節用集史を語り尽くすことはできず、各地の文書館などに原状のまま収められた、しかし他に伝存のあることを知らない異本までも目を通す必要があるので、いたしかたないと思う。

内題を持たない異本や、内題を削除して空白のまま刊行されたものも存する。これらについては、外題・序題などで代用したが、それでも書名を決定できないものがごく少数ある。『急用間合即坐引』もその一つだが、特殊仮名（濁音・長音・撥音）の有無による特徴的な検索法と三切横本という特徴から容易に同定できるので「急用間合即坐引」として扱った。

（5）諸本の性質について、簡単ながら記号を付すことによって示した。イロハ・意義検索のものは無印としたが、それ以外の点については、検索法・語数などの特徴的な部分について、つぎのような記号により示すこととした。これにより、近世節用集の展開のあらましが捉えられるものと思われる。

○意義・イロハ検索　■イロハ・仮名数検索　◆イロハ・仮名数の偶数奇数検索

▲イロハ二重検索　△部分的なイロハ二重検索　▼特殊仮名（濁音・撥音・長音）の有無検索

▽その他の新規検索　☆推計三万語以上所収　＊確認調査を必要とするもの

また、諸本の同定のために、同名・類似名となるものについては補助的な情報を付記した。

〔　〕角書　（　）刊行書肆・別称・その他の情報

（6）補注的に。この種の書名一覧は、これまでに四度公開してきた。佐藤（一九九六b）は初めての試みだったこともあり、取りこぼしをおそれて、節用集の概念・定義を広めに採ったため、語彙集型往来とすべきものも含むこととなった。調査が進展するにしたがって狭義の節用集でも相当の数にのぼることが分かってくると同時に、大坂本屋仲間記録などにより出版の実情が少しばかり分かるようになると、重版類版停止令前後で対処する必要があるものと考えられたので、佐藤（二〇〇九b）以降では、元禄以前のものについては、右（3）のような扱いに移行することとした。なお、佐藤（一九九六b・二〇一二b）は諸本本位に配列した、まさに一覧の形を採るものとした。左に示す本書の一覧もこの流れをくむもので、特に、記号により当該書の検索法・規模などを示した佐藤（二〇一二b）の改訂増補版となっている。

書名	刊年
節用集（易林本原刻）	慶長2（一五九七）跋
節用集（同平井版）	慶長2（一五九七）跋
節用集（同平井別版）	慶長2（一五九七）跋
節用集（同小山版）	慶長15（一六一〇）
節用集（寿閑本）	慶長15（一六一〇）
節用集（同別刊記）	慶長15（一六一〇）
節用集（慶長一六年版）	慶長16（一六一一）
節用集（草書本初版）	慶長ごろ
節用集（同再版A）	慶長ごろ
節用集（同再版B）	慶長ごろ
節用集（源太郎版）	元和5（一六一九）
節用集（同別版）	元和5（一六一九）
二体節用集（刊記不記）	元和末〜寛永初
二体節用集（同一部別版）	元和末〜寛永初
二体節用集（嘉久版）	寛永3（一六二六）
二体節用集（嘉久版再版）	寛永6（一六二九）
二体節用集（書肆名不記）	寛永6（一六二九）
二体節用集（同一部別版）	寛永6（一六二九）
節用集（中野版二巻本）	寛永6（一六二九）
節用集（杉田版）	寛永7（一六三〇）
二体節用集（杉田版）	寛永9（一六三二）
二体節用集（書肆削除）	寛永9（一六三二）
二体節用集（刊年数字手書）	寛永10（一六三三）
節用集（中野版三巻改編本）	寛永12（一六三五）
二体節用集（刊年数字手書）	寛永14（一六三七）
真草二行節用集（西村版）	寛永15（一六三八）
真草二行節用集（書肆削除）	寛永15（一六三八）
真草二行節用集	寛永16（一六三九）
二体節用集	寛永21（一六四四）
節用集（亀田次郎旧蔵書）	寛永ごろ
真草二行節用集（仲秋版）	正保3（一六四六）
真草二行節用集（仲冬版）	正保3（一六四六）
増補節用集大成＊	正保3（一六四六）
真草二行節用集	慶安3（一六五〇）
節用集＊（叡山文庫）	慶安3（一六五〇）
真草二体節用集（孟秋版）	慶安4（一六五一）

書名	刊年
真草二行節用集（孟冬版）	慶安4（一六五一）
真草二行節用集（同別版）	慶安4（一六五一）
真草二行節用集（同別版混淆版）	慶安4（一六五一）
真草二行節用集（同別版一部新版）	慶安4（一六五一）
真草二行節用集（無刊記両点版）	慶安・万治ごろか
真草二行節用集	万治元（一六五八）
真草二行節用集	万治2（一六五九）
真草二行節用集（万治二年版一部改刻）	万治2以降
真草二行節用集（同新刻）	万治2以降
真草二行節用集（同新刻覆刻）	万治2以降
真草二行節用集	寛文元（一六六一）
真草二行節用集（増補版）	寛文2（一六六二）
二体節用集	寛文3（一六六三）
真草二行節用集	寛文3（一六六三）
二体節用集	寛文4（一六六四）
真草二行節用集	寛文4（一六六四）
真草二行節用集（増補版再版）	寛文5（一六六五）
真草二行節用集（同書肆削除）	寛文5（一六六五）
真草二行節用集	寛文5（一六六五）
真草二行節用集＊	寛文10（一六七〇）
頭書増補二行節用集	寛文10（一六七〇）
二行節用集	寛文10（一六七〇）
増補二体節用集	寛文11（一六七一）
二行節用集（孟春松会版）	延宝2（一六七四）
二行節用集（陽月近江屋版）	延宝2（一六七四）
真草増補節用集	延宝3（一六七五）
増補二行節用集	延宝4（一六七六）跋
頭書節用集＊	延宝7（一六七九）
頭書増補二行節用集	延宝7（一六七九）
合類節用集（外題）○	延宝8（一六八〇）
新刊節用集大全	延宝8（一六八〇）
頭書増補二行節用集	延宝8（一六八〇）
翰墨節用集身宝大成	延宝8（一六八〇）か
増補頭書両点二行節用集	延宝9（一六八一）
頭書増補二行節用集	延宝9（一六八一）
二行節用集	延宝9（一六八一）
永代節用集大成	延宝9（一六八一）か
頭書増補節用集大全	天和4（一六八四）
頭書増補二行節用集	貞享元（一六八四）
頭書増補節用集大全（七行。小野版）	貞享2（一六八五）
頭書増補節用集大全（七行。伊勢や版）	貞享2（一六八五）
頭書増補節用集大全（六行）＊	貞享2（一六八五）
広益二行節用集	貞享3（一六八六）

書名	刊年
頭書増補節用集大全	貞享3（一六八六）
増補頭書両点二行節用集	貞享4（一六八七）
頭書増補節用集大全（鱗形屋版）	貞享4（一六八七）
頭書増補節用集大全（須原版）	貞享4（一六八七）
頭書増補節用集綱目＊	貞享5（一六八八）
頭書増補節用集大全（藪田版）	貞享5（一六八八）
鼇頭節用集大全	貞享5（一六八八）
頭書大成節用集＊	元禄元（一六八八）
真草増補節用集＊	元禄元（一六八八）
頭書増補節用集綱目	元禄2（一六八九）
頭書増補節用集大全	元禄2（一六八九）
頭書大成節用集＊	元禄2（一六八九）
二体節用集	元禄2（一六八九）
新撰節用集	元禄3（一六九〇）
頭書増補節用集大全	元禄3（一六九〇）
頭書大益節用集綱目	元禄3（一六九〇）
大極節用国家鼎宝三行綱目	元禄3（一六九〇）
頭書増補節用集大全（大野木版）	元禄4（一六九一）
頭書増補節用集大全（同別版）	元禄4（一六九一）
頭書増補節用集大全（松会版）	元禄4（一六九一）
頭書増補節用集大全（鎰屋版）	元禄4（一六九一）
頭書大広益節用集	元禄4（一六九一）
頭書増補節用集大全（須原版）	元禄5（一六九二）
頭書増補節用集大全（松会版）	元禄5（一六九二）
頭書増補節用集綱目	元禄6（一六九三）
広益字尽重宝記綱目　○	元禄6（一六九三）
大広益節用集	元禄6（一六九三）
頭書増補節用集大全（木下版）	元禄6（一六九三）か
頭書増補節用集大全	元禄6（一六九三）か
頭書増補節用集綱目	元禄7（一六九四）
頭書増補節用集大全（寸原版）	元禄7（一六九四）
頭書増補節用集大全（藪田版）	元禄7（一六九四）か
万宝節用集＊	元禄7（一六九四）
頭書増補節用集綱目	元禄8（一六九五）
頭書増補節用集大全	元禄8（一六九五）
頭書大成節用集	元禄8（一六九五）
（内題不記本）	元禄8（一六九五）
頭書増補節用集綱目	元禄9（一六九六）
頭書増補節用集大成	元禄9（一六九六）
頭書増補節用集大全	元禄9（一六九六）
頭書大成節用集（山形屋版）	元禄9（一六九六）
頭書大成節用集（万屋版）	元禄9（一六九六）
大広益節用集	元禄9（一六九六）
頭書増字節用集大成	元禄10（一六九七）

書名	刊年
頭書大成節用集＊	元禄10（一六九七）
頭書増補大大節用集	元禄10（一六九七）か
大増字万宝節用集	元禄10（一六九七）か
大万歳節用集	元禄10（一六九七）か
頭書増補大成節用集	元禄11（一六九八）
頭書大成節用集＊	元禄11（一六九八）
頭書増補大成節用集	元禄12（一六九九）
頭書大成節用集	元禄12（一六九九）
頭書増補節用集大全	元禄13（一七〇〇）
頭書増補宝鑑節用集	元禄13（一七〇〇）
頭書大成節用集＊	元禄13（一七〇〇）
三才全書誹林節用集	元禄13（一七〇〇）
新大成増字万宝節用集	元禄13（一七〇〇）
万宝節用集	元禄13（一七〇〇）
大徳増補節用集大全	元禄13（一七〇〇）か
頭書増補大成節用集	元禄14（一七〇一）
万宝節用集	元禄14（一七〇一）
頭書増字節用集大成	元禄16（一七〇三）
頭書増補宝撰節用集	元禄16（一七〇三）
万宝節用集	元禄16（一七〇三）
大大節用集大家蔵	元禄16（一七〇三）か
大広益拾遺節用集	元禄17（一七〇四）

書名	刊年
大万宝節用集増字大成	元禄17（一七〇四）
頭書節用集大全＊	宝永2（一七〇五）
頭書増補節用集大全＊	宝永2（一七〇五）
頭書増補大成節用集＊	宝永2（一七〇五）
広益字尽重宝記綱目　○	宝永2（一七〇五）
節用集大全＊	宝永2（一七〇五）
大広益拾遺節用集	宝永2（一七〇五）
永代節用重宝無尽蔵	宝永3（一七〇六）
万宝節用集	宝永3（一七〇六）
翰墨節用集身宝大成	宝永3（一七〇六）か
新節用集万物大成	宝永3（一七〇六）か
大魁節用悉皆不求人	宝永3（一七〇六）か
大大節用集新益大成	宝永3（一七〇六）か
万世節用集広益大成	宝永3（一七〇六）か
万宝節用集益大成	宝永3（一七〇六）か
大広益拾遺節用集	宝永4（一七〇七）
広大節用大全無尽蔵	宝永5（一七〇八）
大魁節用悉皆不求人	宝永5（一七〇八）
大増字万宝節用集	宝永5（一七〇八）
福寿皆無量節用大成	宝永5（一七〇八）か
女節用集文字袋	宝永6（一七〇九）
字林節用集拾遺大成	宝永6（一七〇九）か

広大節用字林大成　宝永7（一七一〇）か
大海節用和国宝蔵　宝永7（一七一〇）か
大国花節用集珍開蔵　宝永7（一七一〇）か
万海節用和国宝蔵　宝永7（一七一〇）か
万金節用永代通鑑　宝永7（一七一〇）か
万年節用集大成　宝永7（一七一〇）か
立新節用和国宝蔵　宝永7（一七一〇）か
字林節用集古今大成　宝永ごろ
大万宝節用集増字大成　宝永ごろ
女節用集文字袋家宝大成＊　正徳元（一七一一）
広大節用大全無尽蔵　正徳元（一七一一）か
万徳節用筆海類編　正徳2（一七一二）
万福節用大乗大尽　正徳2（一七一二）
宝林節用字海大成＊　正徳2（一七一二）
大福節用集大蔵宝鑑　正徳2（一七一二）か
大成節用集＊　正徳3（一七一三）
立新節用和国宝蔵　正徳3（一七一三）
頭書大益節用集綱目　正徳3（一七一三）か
年代節用集万宝大成　正徳3（一七一三）か
大国花節用集珍開蔵　正徳4（一七一四）
宝林節用字海大成＊　正徳4（一七一四）
錦字節用無窮成　正徳4（一七一四）か
字福節用大黒袋　正徳4（一七一四）か
大船節用字林大成　正徳4（一七一四）か
福寿節用文章淵海　正徳4（一七一四）か
万万節用福徳宝蔵　正徳4（一七一四）か
宝山節用万字図彙　正徳4（一七一四）か
万金節用永代通鑑　正徳4（一七一四）か
大国花節用集珍開蔵　正徳5（一七一五）
立新節用和国宝蔵　正徳5（一七一五）
大広益節用不求人大成　正徳5（一七一五）か
和光節用集百寿丸　正徳5（一七一五）か
大魁節用悉皆不求人＊　正徳ごろ
万玉節用字宝蔵　正徳ごろ
男節用集如意宝珠大成　享保元（一七一六）
懐宝節用集綱目大全　享保2（一七一七）
広益節用集　享保2（一七一七）
大益字林節用不求人大成　享保2（一七一七）
大国花節用集珍開蔵　享保2（一七一七）
和漢音釈書言字考節用集○☆　享保2（一七一七）
和光節用集百寿丸＊　享保2（一七一七）
万福節用世宝集　享保3（一七一八）
満字節用錦字選　享保3（一七一八）
大嘉節用無量宝蔵　享保4（一七一九）

書名	刊年
大広益節用集	享保4（一七一九）
大広益節用不求人大成	享保4（一七一九）
万倍節用字便	享保4（一七一九）
女節用集文字袋家宝大成	享保5（一七二〇）
広徳節用満玉宝蔵	享保5（一七二〇）
大増字宝節用連玉	享保5（一七二〇）
女節用集罌粟嚢家宝大成	享保6（一七二一）
新補節用加増大成＊	享保6（一七二一）
万花節用字林大成	享保6（一七二一）
万金節用永代通鑑	享保6（一七二一）か
如意節用宝集大成	享保7（一七二二）
万海節用和国宝蔵	享保7（一七二二）
広益字尽重宝記綱目　○	享保8（一七二三）
万世節用集広益大成	享保8（一七二三）
大海節用和国宝蔵	享保9（一七二四）
年代節用集万宝大成	享保9（一七二四）
万海節用和国宝蔵	享保9（一七二四）
増続字海節用大湊	享保10（一七二五）
大富節用福寿海	享保10（一七二五）
頭書増補節用集大成	享保10（一七二五）
万倍節用字便	享保11（一七二六）
増補頭書両点二行節用集	享保12（一七二七）
万図節用福字通便	享保12（一七二七）
増続字海節用大湊	享保13（一七二八）
広大節用字林大成	享保14（一七二九）
寿海節用万世字典	享保14（一七二九）
新増加節用懐珠大全	享保14（一七二九）
万花節用字林大成	享保14（一七二九）
大増字宝節用連玉	享保15（一七三〇）
年代節用集万宝大成	享保15（一七三〇）
満字節用書翰宝蔵	享保15（一七三〇）
悉皆世話字彙墨宝	享保18（一七三三）
増続字海節用大湊	享保18（一七三三）
大増字宝節用連玉	享保18（一七三三）
大富節用福寿海	享保18（一七三三）
大万宝節用集字海大成	享保18（一七三三）
万代節用悉皆字彙＊	享保18（一七三三）
宝玉節用万福蔵	享保18（一七三三）
（内題削除本）	享保18（一七三三）か
四海節用錦繍嚢	享保19（一七三四）
万蔵節用字海大成	享保19（一七三四）
珠玉節用万代宝匣	享保ごろ
増補節用万合宝鑑＊	享保ごろ
大国節用群玉蔵	享保ごろ

書名	記号	刊年
男節用集如意宝珠大成		元文元（一七三六）
新増節用無量蔵	△	元文2（一七三七）
大万宝節用集字海大成		元文3（一七三八）
森羅万象要字海		元文5（一七四〇）
大万宝節用集字海大成		元文5（一七四〇）
蠡海節用集		元文5（一七四〇）
倭節用悉改嚢		元文6（一七四一）
万国通用要字選		寛保2（一七四二）
女節用集罌粟嚢家宝大成		寛保3（一七四三）
万花節用字林大成		寛保3（一七四三）
増続字海節用大湊		延享元（一七四四）
大富貴節用万字綱目		延享元（一七四四）
豊栄節用世宝蔵		延享元（一七四四）
蠡海節用集		延享元（一七四四）
玉海節用字林蔵		延享2（一七四五）
篆字節用千金宝		延享2（一七四五）
万通節用福寿海		延享4（一七四七）
翰墨節用集身宝大成		延享ごろ
倭節用悉改嚢		延享ごろ
豊栄節用世宝蔵		寛延元（一七四八）
蠡海節用集		寛延元（一七四八）
大広益字尽重宝記綱目	○	寛延2（一七四九）
文海節用千金嚢		寛延2（一七四九）
永代節用大全無尽蔵		寛延3（一七五〇）
懐宝節用集綱目大全		寛延3（一七五〇）
新増節用無量蔵	△	寛延3（一七五〇）
袖宝節用集		寛延3（一七五〇）
蠡海節用集		寛延3（一七五〇）
四海節用錦繍嚢		寛延4（一七五一）
字典節用集		寛延4（一七五一）
万図節用福字通便		寛延ごろ
永代節用大全無尽蔵		宝暦2（一七五二）
新増加節用懐珠大全		宝暦2（一七五二）
頭書増補節用集大成		宝暦2（一七五二）
日本節用集		宝暦2（一七五二）
早引節用集〔宝暦新撰〕	■	宝暦2（一七五二）
明海節用正字通大成		宝暦2（一七五二）
倭漢節用無双嚢＊		宝暦2（一七五二）
新万倍節用宝		宝暦3（一七五三）
倭節用悉改嚢		宝暦3（一七五三）
蠡海節用集		宝暦4（一七五四）
大節用文字宝鑑	○	宝暦6（一七五六）
文会節用集大成		宝暦6（一七五六）
宝暦節用字海蔵		宝暦6（一七五六）

万世節用集広益大成　宝暦6（一七五六）か
五車抜錦　宝暦7（一七五七）
大大節用集万字海　宝暦7（一七五七）
早引節用集〔増補改正〕■　宝暦7（一七五七）
文翰節用集　宝暦7（一七五七）
袖中節用集　宝暦8（一七五八）
福神節用太平楽　宝暦8（一七五八）
泯江節用集　宝暦8（一七五八）
新撰部分節用集○　宝暦9（一七五九）
早引節用集〔増字百倍〕■　宝暦10（一七六〇）
書札節用要字海　宝暦11（一七六一）
早考節用集▼　宝暦11（一七六一）
百川学海錦字選　宝暦11（一七六一）
女節用集文字嚢　宝暦12（一七六二）
早字二重鑑（真字版）▲　宝暦12（一七六二）
早字二重鑑（行草字版）▲　宝暦12（一七六二）
大大節用集万字海　宝暦12（一七六二）
早引節用集〔増補改正〕■　宝暦12（一七六二）
倭節用悉改嚢　宝暦12（一七六二）
蠡海節用集　宝暦12（一七六二）
字彙節用悉皆蔵　宝暦13（一七六三）
万歳節用字宝蔵　宝暦13（一七六三）
大福節用集大蔵宝鑑　宝暦ごろ
万代節用字林宝蔵■　明和3（一七六六）
和漢音釈書言字考節用集○☆　明和3（一七六六）
大大節用集万字海　明和5（一七六八）
早引節用集〔増補改正〕■　明和5（一七六八）
百川学海錦字選　明和5（一七六八）
連城節用夜光珠▼　明和5（一七六八）
男節用集如意宝珠大成　明和6（一七六九）
新撰正字通　明和6（一七六九）
早引節用集〔増字百倍〕■　明和6（一七六九）
万歳節用字宝蔵　明和6（一七六九）
百万節用宝来蔵　明和6（一七六九）
連城大節用集夜光珠▼　明和6（一七六九）
蠡海節用集　明和6（一七六九）
永代節用大全無尽蔵　明和7（一七七〇）
早引節用集〔増補改正〕■　明和7（一七七〇）
文翰節用通宝蔵　明和7（一七七〇）
連城節用夜光珠▼　明和7（一七七〇）か
広益好文節用集◆　明和8（一七七一）
早引大節用集〔明和新編〕■　明和8（一七七一）
満字節用錦字選　明和8（一七七一）
字引節用集　安永2（一七七三）

書名	記号	刊年
森羅万象要字海		安永2（一七七三）
大魁訓蒙品字選		安永2（一七七三）か
大新増節用無量蔵	△	安永2（一七七三）
通俗節用集類聚宝		安永2（一七七三）
広益好文節用集	◆	安永3（一七七四）
新増早引節用集	■	安永4（一七七五）
大栄節用福寿蔵		安永4（一七七五）
早引節用集〔増字百倍〕	■	安永5（一七七六）
早引節用集〔増補改正〕	■	安永5（一七七六）
倭節用集悉改嚢		安永5（一七七六）
大豊節用寿福海		安永6（一七七七）
急用間合即坐引（行草一行）	▼	安永7（一七七八）
急用間合即坐引（真草二行）	▼	安永7（一七七八）
字林節用五嶽篇		安永7（一七七八）
拾玉節用集		安永8（一七七九）
新撰正字通		安永9（一七八〇）
早引節用集〔増字百倍〕	■	安永9（一七八〇）
急用間合即坐引（行草一行）	▼	安永9（一七八〇）か
明海節用大成		安永ごろ
大広益字尽重宝記綱目	○	天明元（一七八一）
早引節用集〔増補改正〕	■	天明元（一七八一）
文会節用集大成		天明元（一七八一）
大成正字通（初版）	▼	天明2（一七八二）
万代節用字林蔵		天明2（一七八二）
万徳節用集（次項の改題）	▼	天明2（一七八二）
急用間合即坐引（美濃判）	▼	天明2（一七八二）以前
合類節用無尽海（扉題）	○	天明3（一七八三）
倭漢節用無双嚢		天明4（一七八四）
画引節用集大成＊	▽	天明4（一七八四）か
早考節用集	▼	天明5（一七八五）
日本節用万歳蔵		天明5（一七八五）
早引残字節用集	■	天明5（一七八五）
急用間合即坐引（真草二行）	▼	天明6（一七八六）
字典節用集		天明6（一七八六）
早引節用集〔増字百倍〕	■	天明6（一七八六）
早引残字節用集	■（合冊）	天明8（一七八八）
早引節用集〔増字百倍〕	■（合冊）	天明8（一七八八）
早引節用集〔増補改正〕	■	天明8（一七八八）
万宝節用富貴蔵		天明8（一七八八）
袖中節用集		天明9（一七八九）
急用間合即坐引（真草二行・合冊）	▼	寛政元（一七八九）
森羅万象要字海＊		寛政元（一七八九）
新撰正字通		寛政2（一七九〇）
早引節用集〔増字百倍〕	■	寛政2（一七九〇）

書名	記号	刊年
字典節用集		寛政3（一七九一）
画引節用集大成	▽	寛政4（一七九二）
節用福聚海		寛政4（一七九二）
早引残字節用集	■（合冊）	寛政5（一七九三）
早引節用集〔増字百倍〕	■（合冊も在）	寛政5（一七九三）
早引節用集〔増補改正〕	■	寛政5（一七九三）
宝林節用集＊		寛政5（一七九三）
蠡海節用集		寛政5（一七九三）
急用間合即坐引〔行草一行〕	▼	寛政6（一七九四）
掌中節用急字引		寛政6（一七九四）
満字節用錦字選		寛政6（一七九四）
早引節用集〔増補改正〕	■	寛政7（一七九五）
満字節用錦字選＊		寛政7（一七九五）
万代節用字林蔵		寛政7（一七九五）
絵引節用集		寛政8（一七九六）
字貫節用集		寛政8（一七九六）
字典節用集		寛政8（一七九六）
大全早引節用集	■	寛政8（一七九六）
早引節用集〔増字百倍〕	■	寛政8（一七九六）
万代節用字林蔵		寛政8（一七九六）
書札節用要字海		寛政9（一七九七）
大広益字尽重宝記綱目	○	寛政11（一七九九）
大豊節用寿福海（合冊）		寛政11（一七九九）
早引節用集〔増補改正〕	■	寛政11（一七九九）
倭漢節用無双嚢		寛政11（一七九九）
入用字引集＊〈参考〉	▽	寛政12（一八〇〇）
早引節用集〔増字百倍〕	■	寛政12（一八〇〇）
都会節用百家通	☆	寛政13（一八〇一）
男節用集如意宝珠大成＊		寛政ごろ
懐宝早字引	▽	享和元ごろ
大成正字通	▼	享和2（一八〇二）
手引節用集大全		享和2（一八〇二）
万宝節用富貴蔵		享和2（一八〇二）
新板引方早字節用集		享和3（一八〇三）
満字節用錦字選		享和3（一八〇三）
偶奇仮名引節用集	◆■	文化元（一八〇四）
字会節用集永代蔵		文化元（一八〇四）
節用福聚海		文化元（一八〇四）
長半仮名引節用集	◆■	文化元（一八〇四）
早引節用集〔増補改正〕	■	文化元（一八〇四）
文翰節用通宝蔵（合冊）		文化元（一八〇四）
大全早引節用集	■	文化2（一八〇五）
仮名字引大成＊	■	文化2（一八〇五）か
字貫節用集	▽	文化3（一八〇六）

字引大全　文化3（一八〇六）
早引節用集〔増字百倍〕■　文化3（一八〇六）
万代節用字林蔵（合冊）　文化3（一八〇六）
長半仮名引節用集＊◆■　文化4（一八〇七）
手引節用集大全　文化5（一八〇八）
早引節用集〔増補改正〕■　文化6（一八〇九）
早引節用集〔訂正増益〕■　文化6（一八〇九）
早引大節用集〔世用万倍〕■　文化6（一八〇九）
国宝節用集▼　文化7（一八一〇）
節用早指南　文化7（一八一〇）
増補節用字海大成（合冊か）　文化7（一八一〇）
俗字早指南　文化7（一八一〇）
見出絵引節用集大全＊　文化7（一八一〇）
急要節用集　文化8（一八一一）
字彙節用悉皆蔵　文化8（一八一一）
大全早引節用集■　文化8（一八一一）
都会節用百家通　文化8（一八一一）
日本節用万歳蔵　文化8（一八一一）
万宝節用富貴蔵（合冊もあり）　文化8（一八一一）
満字節用錦字選　文化8（一八一一）
無双節用手紙大全＊　文化8（一八一一）
早引節用集（仮称。會津版）＊　文化8（一八一一）か

懐宝節用集綱目大全　文化9（一八一二）
早引節用集〔増字百倍〕■　文化9（一八一二）
万海節用字福蔵　文化9（一八一二）
大万宝節用集字海大成　文化11（一八一四）
手引節用集大全　文化11（一八一四）
早引節用集〔増補改正〕■　文化11（一八一四）
早引節用集〔増補改正〕（六行）■　文化11（一八一四）
日本節用万歳蔵　文化12（一八一五）
早引節用集〔増補改正〕（六行）■　文化12（一八一五）
万海節用字福蔵（合冊）　文化12（一八一五）
蘭例節用集▲　文化12（一八一五）
いろは節用集大成■☆　文化13（一八一六）序
万海節用字福蔵（合冊）　文化13（一八一六）
早引節用集大全（仮称。江戸重版）＊　文化13（一八一六）か
字典節用集　文化14（一八一七）
大全早引節用集■　文化14（一八一七）
字宝節用集千金蔵　文化15（一八一八）
玉海節用字林蔵（合冊）　文政元（一八一八）
大豊節用寿福海（合冊）　文政元（一八一八）
倭節用集悉改嚢☆　文政元（一八一八）
和漢音釈書言字考節用集〇☆　文政元（一八一八）
万海節用字福蔵（合冊）　文政元ごろ

書名	記号	刊年
都会節用百家通	☆	文政2（一八一九）
早引節用集〔増補改正〕	■	文政2（一八一九）
文会節用集大成		文政2（一八一九）
寺子節用集		文政3（一八二〇）
長半仮名引節用集	◆■	文政3（一八二〇）
五車抜錦		文政5（一八二二）
字典節用集		文政5（一八二二）
掌中節用急字引		文政5（一八二二）
新撰正字通		文政5（一八二二）
節用大全		文政5（一八二二）
節用福聚海		文政5（一八二二）
早字引大正	■	文政5（一八二二）
掌中節用急字引		文政6（一八二三）
俳字節用集		文政6（一八二三）
早引節用集〔増字百倍〕	■	文政6（一八二三）
豊栄節用世宝蔵		文政6（一八二三）
絵引節用集		文政7（一八二四）
増加節用集		文政7（一八二四）
大全早字節用集（外題）		文政8（一八二五）
倭節用集悉改大全	☆	文政9（一八二六）
掌中要字選		文政10（一八二七）
書札節用要字海		文政10（一八二七）
大広益節用不求人大成		文政10（一八二七）
大全早引節用集	■	文政10（一八二七）
大万蔵節用字海大全		文政11（一八二八）
大全早字節用集（外題）		文政12（一八二九）
早引節用集〔増補改正〕	■	文政12（一八二九）
文宝節用集		文政12（一八二九）
大宝節用集文林蔵		文政13（一八三〇）
早字節用集大全（外題）		文政13（一八三〇）
早引節用集〔増字百倍〕	■	文政13（一八三〇）
早字節用集〔増補新刻〕（外題）		文政14（一八三〇）
篆字節用千金宝		文政ごろ
永代節用無尽蔵	☆	天保2（一八三一）
字林節用五嶽篇		天保2（一八三一）
大全早字節用集（外題）		天保2（一八三一）
早字節用集〔増補新刻〕（外題）		天保2（一八三一）
増加節用集大全		天保3（一八三二）
増補広益好文節用集	▲	天保3（一八三二）
大全早引節用集	■	天保3（一八三二）
早引節用集（仮称。江戸重版）	＊	天保3（一八三二）か
早字節用集（外題）		天保4（一八三三）
早引節用集〔増字百倍〕	■	天保5（一八三四）
早引節用集〔増字百倍〕	■	天保6（一八三五）

懐宝節用集 ■ 天保7（一八三六）
大全早引節用集 ■ 天保7（一八三六）
都会節用百家通 ☆ 天保7（一八三六）
早引節用集〔増補改正〕■ 天保7（一八三六）
日本節用万歳蔵 天保8（一八三七）
字典節用集 天保9（一八三八）
早引節用集（仮称。甲州重版）＊ 天保10（一八三九）か
懐玉節用集 ■ 天保11（一八四〇）
新万倍節用宝 天保11（一八四〇）
文宝節用集 天保11（一八四〇）
和漢音釈書言字考節用集○☆ 天保11（一八四〇）
掌中要字選 天保12（一八四一）
節用大全 天保12（一八四一）
大全節用集＊ ■ 天保12（一八四一）
寺子節用集＊ 天保12（一八四一）
大全早字引〔十三門部分音訓正誤〕■☆ 天保13（一八四二）
二体節用集〔増補〕■ 天保13（一八四二）
永代節用集〔早引〕■☆ 天保14（一八四三）
懐宝節用集〔増字百倍〕■ 天保14（一八四三）
大全節用集 ■ 天保14（一八四三）
大全早字引節用集（播磨版）■ 天保14（一八四三）
大全早字引節用集（五肆版）■ 天保14（一八四三）
大全早引節用集 ■ 天保14（一八四三）
訂正早字引 ■ 天保14（一八四三）
早字引節用集〔天保新刻〕■ 天保14（一八四三）
早引節用集＊（菊屋版）■ 天保14（一八四三）
早引節用集（三河・菊地版）■ 天保14（一八四三）
早引節用集（吉田屋版）■ 天保14（一八四三）
早引節用集〔掌中〕■ 天保14（一八四三）
早引節用集〔増字百倍〕■ 天保14（一八四三）
早引節用集〔増補改正〕■ 天保14（一八四三）
早引文寿節用集 ■ 天保14（一八四三）
懐玉節用集 ■ 天保15（一八四四）
数引節用集〔懐宝〕■ 天保15（一八四四）
字宝節用集千金蔵 天保15（一八四四）
節用字便 天保15（一八四四）
懐宝数引節用集 ■ 弘化元（一八四四）
早引節用集〔増字百倍〕■ 弘化元（一八四四）
数引節用集〔増補改正伊呂波音訓〕■ 弘化3（一八四六）
和漢音釈書言字考節用集○☆ 弘化3（一八四六）
数引節用集〔増字万倍〕■ 弘化5（一八四八）
大全早引節用集 ■ 弘化ごろ
早引節用集〔増補改正〕■ 嘉永元（一八四八）
早引節用集〔寺子節用〕■ 嘉永元（一八四八）

書名	刊年
新いろは節用集大成	嘉永2（一八四九）
大成無双節用集	嘉永2（一八四九）
大日本永代節用無尽蔵 ☆	嘉永2（一八四九）
早引節用集（早引字会節用集）■	嘉永2（一八四九）
早引節用集（菊地虎松単刊）■	嘉永2（一八四九）
早引節用集（三河・菊地版）■	嘉永2（一八四九）
早引節用集＊〔増字百倍〕■	嘉永2（一八四九）か
永代節用集〔早引〕■☆	嘉永3（一八五〇）
懐玉節用集 ■	嘉永3（一八五〇）
懐宝数引節用集 ■	嘉永3（一八五〇）
早引節用集 ■	嘉永3（一八五〇）
万代節用集〔早引〕■☆	嘉永3（一八五〇）
字宝節用集千金蔵	嘉永4（一八五一）
新板引方早字節用集	嘉永4（一八五一）
大全早引節用集〔増補音訓〕■☆	嘉永4（一八五一）
早引節用集〔増字百倍〕■	嘉永4（一八五一）
字会節用集永代蔵	嘉永4（一八五一）か
節用早見二重引 ▲	嘉永5（一八五二）
早字二重鑑 ▲	嘉永6（一八五三）
早引万代節用集 ■	嘉永6（一八五三）
早引万宝節用集 ■	嘉永6（一八五三）
数引節用集〔真草両点〕■	嘉永7（一八五四）
大栄節用福寿蔵	嘉永7（一八五四）
大全早引節用集 ■	嘉永7（一八五四）
早引通字節用集 ■	嘉永7（一八五四）
節用大全〔新増四声〕	嘉永7ごろ
早字節用集〔増補改正〕＊	嘉永ごろ
嘉永早引節用集 ■	安政2（一八五五）
雅俗幼学新書	安政2（一八五五）
懐宝数引節用集 ■	安政3（一八五六）
早引節用集（吉田屋版）■	安政3（一八五六）
早引節用集〔増補〕■	安政3（一八五六）
和漢音釈書言字考節用集＊○☆	安政3（一八五六）
字会節用集永代蔵（合冊）	安政3（一八五六）か
字宝節用無双大成	安政4（一八五七）
字宝早引節用集 ■	安政4（一八五七）
日本節用無双大成	安政4（一八五七）
いろは節用集大成 ■☆	安政5（一八五八）
手紙早引節用集 ■	安政5（一八五八）
早引大節用集（仮称。大坂重版）＊	安政5（一八五八）か
増続字海節用大湊	安政6（一八五九）
大全早字引節用集 ■	安政6（一八五九）
いろは節用集〔増補早引〕■	安政ごろ
早引節用集 ■	万延元（一八六〇）

書名	記号	刊年
大全早引節用集	■	万延元（一八六〇）
長半仮名引節用集＊	◆■	万延元（一八六〇）
和漢音釈書言字考節用集○☆		万延元（一八六〇）
万代節用字林蔵＊		万延2（一八六一）
早引節用集（文江堂）	■	文久元（一八六一）
万寿早引節用集	■	文久元（一八六一）
和漢音釈書言字考節用集○☆		文久元（一八六一）
早引節用集〔掌中〕	■	文久2（一八六二）
早引節用集〔増補改正〕	■	文久2（一八六二）
早引万代節用集	■	文久2（一八六二）
万代節用字林蔵		文久2（一八六二）
蠡海節用集		文久2（一八六二）
江戸大節用海内蔵	☆	文久3（一八六三）
増加節用集大全		文久3（一八六三）
大全早字引節用集	■	文久3（一八六三）
大福節用無尽蔵		文久3（一八六三）
訂正早字引	■	文久3（一八六三）
早引節用集〔増字百倍〕	■	文久3（一八六三）
万世早引増字節用集	■	文久3（一八六三）
万代節用字林蔵＊		文久3（一八六三）
蠡海節用集		文久3（一八六三）
大日本永代節用無尽蔵	☆	文久4（一八六四）
字典節用集		元治元（一八六四）
大全早引節用集〔増補音訓〕	■☆	元治元（一八六四）
安政早引節用集	■	元治2（一八六五）
万世早引増字節用集	■	元治ごろ
いろは節用集〔増補早引〕	■	慶応元（一八六五）
懐宝数引節用集	■	慶応元（一八六五）
雅俗幼学新書		慶応元（一八六五）
万寿早引節用集	■	慶応元（一八六五）
用文早引節用集	■	慶応2（一八六六）
早引万宝節用集	■	慶応3（一八六七）
万代節用集〔早引〕	■☆	慶応3（一八六七）

要語索引

〈あ〉

〈か〉

〈ら〉

〈わ〉

著者紹介

佐藤貴裕（さとう たかひろ）

1960年、埼玉県生まれ。
東北大学大学院博士後期課程修了要件単位修得退学。
文学修士。東北大学助手・岐阜大学助教授・准教授を経て岐阜大学教授

【主要著書】
節用集と近世出版（和泉書院・2017年2月）

近世節用集史の研究

2019年2月25日 初版第1刷発行

著　　者：佐藤貴裕
発 行 者：前田智彦
装　　幀：武蔵野書院装幀室

発 行 所：武蔵野書院
〒101-0054
東京都千代田区神田錦町3-11 電話 03-3291-4859　FAX 03-3291-4839

印　　刷：三美印刷㈱
製　　本：㈲佐久間紙工製本所

ISBN 978-4-8386-0717-4 Printed in Japan